HTML5
et
CSS3

Cours et exercices corrigés

CHEZ LE MÊME ÉDITEUR

Du même auteur

J. ENGELS. – **PHP 5.** *Cours et exercices.*
N°13725, 3ᵉ édition, 2013, 632 pages.

Autres ouvrages sur HTML et CSS

R. RIMELÉ. – **HTML 5 : une référence pour le développeur Web.**
N°13638, 2ᵉ édition, 2013, 435 pages.

R. GOETTER. – **CSS 3.**
N°14023, 2015, 354 pages.

Autres ouvrages de développement Web

B. PHILIBERT. – **Bootstrap 3.**
N°14132, 2015, 318 pages.

A. BOUCHER. – **Ergonomie web.**
N°13215, 3ᵉ édition, 2011, 356 pages.

E. MARCOTTE. – **Responsive Web Design.**
N°13331, 2011, 160 pages.

E. SARRION. – **jQuery 1.7 et jQuery UI**.
N°13504, 2012, 568 pages.

E. DASPET, C. PIERRE de GEYER, F. HARDY. – **PHP 5 avancé**.
N°13435, 6ᵉ édition, 2012, 870 pages.

G. SWINNEN. – **Apprendre à programmer avec Python 3.**
N°13434, 3ᵉ édition, 2012, 435 pages.

Jean Engels

HTML 5
et
CSS 3

Cours et exercices corrigés

Deuxième tirage 2016

EYROLLES

ÉDITIONS EYROLLES
61, bd Saint-Germain
75240 Paris Cedex 05
www.editions-eyrolles.com

Table des matières

PARTIE II

Les styles CSS 217

CHAPITRE 8

Avant-propos

On ne peut pas encore vraiment qualifier HTML 5 de révolution ; cependant, il marque des avancées dans le domaine de la création de pages web. Avancées en termes de multimédia avec des éléments audio et vidéo natifs affranchissant l'utilisateur des plug-ins habituels. Avancées également, mais peut être moins perceptibles pour le grand public, en termes de sémantique avec l'introduction de nombreux éléments aux rôles prédéterminés qui permettent de structurer précisément les contenus des sites Internet. Son association indispensable avec les feuilles de styles CSS 3 *(Cascading Style Sheets)* rend possible la consultation des pages sur les terminaux les plus divers, allant de l'ordinateur classique à la tablette et au téléphone portable, grâce aux multiples possibilités d'adaptation offertes par CSS.

La conception des sites devant s'effectuer idéalement en deux phases (contenu et présentation), cet ouvrage est lui-même divisé en deux grandes parties.

La première traite du langage HTML 5 en tant qu'outil de structuration des documents. Elle vous permet d'acquérir une bonne connaissance de tous les éléments disponibles dans ce but. À ce stade, et même si nous indiquons la présentation par défaut liée à chacun d'eux, vous ne devriez pas vous préoccuper outre mesure de cet aspect et ne jamais choisir tel élément en fonction de son aspect prédéterminé, mais en fonction de son rôle logique et sémantique dans la structuration du contenu. C'est cette différence fondamentale de conception initiée par XHTML qui est poursuivie heureusement par HTML 5.

Cette première partie comprend les chapitres suivants.

- Le chapitre 1 est une introduction générale qui présente les notions à connaître pour utiliser un langage de balisage tel HTML 5. Il définit les règles pour créer un document conforme aux spécifications du WHATWG *(Web Hypertext Application Technology Working Group)* qui est à l'origine de HTML 5. Il indique également les outils et les procédures à suivre pour mettre en ligne les pages web que vous allez créer.

- Le chapitre 2 vous aide à créer la structure générale d'une page conforme à HTML 5. Cette structure fait apparaître les éléments essentiels qui sont communs à toutes les pages, comme la déclaration DOCTYPE. Vous y trouverez tous ceux qui constituent l'entête d'une page et qui, s'ils ne créent généralement pas de parties visibles dans un navigateur, ont un rôle important souvent négligé. En particulier, ils permettent de lier la page à des ressources externes comme une feuille de style ou des scripts JavaScript.

Certains autres éléments jouent aussi un rôle essentiel dans le référencement de votre site, en incluant des informations sur le document, dites méta-informations. Vous trouverez enfin dans ce chapitre une présentation de l'ensemble des catégories d'éléments incorporables dans le corps d'un document et les types d'inclusions autorisées entre éléments.

• Le chapitre 3 fait tout d'abord un tour d'horizon complet de tous les éléments utiles à la structuration en grandes divisions d'une page. Il aborde ensuite les divisions secondaires en particulier celles qui permettent d'organiser un texte et d'en marquer certains passages. Enfin, nous présentons comment structurer l'information au moyen des différentes formes de listes utilisées couramment dans la création de menus par exemple.

• Le chapitre 4 vous fait découvrir comment insérer les différents types d'éléments multimédias disponibles. Il peut s'agir aussi bien d'images que de musiques ou de vidéos à l'aide des nouveaux éléments audio et vidéo de HTML 5. Nous verrons également comment rendre une image réactive aux clics sur plusieurs zones différentes. Nous aborderons enfin la création de jauge et de barre de progression qui sont aussi des nouveautés HTML 5.

• Le chapitre 5 présente ce qui est la base des documents hypertextes, à savoir la création de liens déclenchés à partir d'un texte, d'un bouton ou d'une image, soit entre les différents éléments d'une même page, soit entre les pages d'un même site pour créer un système de navigation complet. Ces liens peuvent servir également à déclencher le téléchargement de documents externes non affichables dans une page web, à envoyer un e-mail ou encore à lancer un script JavaScript.

• Le chapitre 6 vous propose d'utiliser les différents éléments qui interviennent dans la création de tableaux. Il aborde et définit tout d'abord la structure générale commune à tous les tableaux. Les éléments de création de lignes, de cellules et leurs regroupements sémantiques éventuels, en groupes de ligne ou de colonnes, sont ensuite traités. Les tableaux sont envisagés ici aussi bien pour la structuration de données mais également comme moyen d'organisation d'une page. Nous précisons cependant les limites des tableaux en tant que technique de mise en page, l'usage des styles CSS étant une bonne alternative à ce type d'organisation.

• Le chapitre 7 présente le seul moyen de rendre une page web interactive, en y incorporant des formulaires. Après avoir défini la structure globale de ces derniers, nous décrivons l'ensemble des nombreux nouveaux composants qui permettent de saisir du texte, des mots de passe, des adresses e-mails, des URL, des dates, des nombres, et d'effectuer des choix à l'aide de boutons radio, de cases à cocher ou de listes de sélection d'options. Nous exposons enfin comment réaliser le transfert de fichiers du poste client vers un serveur. Nous montrons également dans ce chapitre comment utiliser des tableaux pour améliorer la structure d'un formulaire.

La seconde partie de cet ouvrage traite de la création des feuilles de styles au moyen de CSS (*Cascading Style Sheets* ou feuilles de styles en cascade). Elles sont le complément indispensable de HTML 5, la séparation du contenu et de la présentation d'un site ayant été bien mise en évidence dans la première partie.

- Dans le chapitre 8, vous découvrirez le fonctionnement des CSS et la syntaxe utilisée dans la création des styles applicables à un document HTML. Ce chapitre constitue une étape essentielle dans l'apprentissage des CSS car il aborde les nombreux sélecteurs CSS 3 qui permettent, entre autre, d'appliquer un même style à toutes les occurrences d'un élément ou d'appliquer des styles différents à un même élément en fonction de son contexte. C'est du bon usage de ces sélecteurs que dépendra toute la puissance et la diversité d'utilisation des styles que vous allez créer par la suite. Nous y étudions enfin les règles d'héritage et de cascade des propriétés CSS.

- Le chapitre 9 aborde les propriétés de gestion des couleurs, aussi bien pour le texte que pour le fond d'un élément, puis celles destinées à la création des images de fond et leurs différents types de positionnement dans tous les éléments HTML. S'ajoutent à cela les différentes améliorations apportées par CSS 3 pour obtenir des images de fond multiples ou des dégradés de couleurs.

- Le chapitre 10 présente tout d'abord le modèle de boîte applicable à tous les éléments CSS, puis traite de la création des bordures (style, épaisseur, couleur, image) applicables à chaque élément individuellement. Nous y abordons également la création des marges entre la boîte d'un élément et son environnement, ainsi que l'espacement entre son contenu et ses bordures. Toutes les propriétés exposées ici sont de nature à affiner la présentation à l'intérieur d'un document. La notion de contour y est également étudiée. Par rapport à la version précédente, CSS 3 propose des bordures multicolores ou contenant des images, des angles arrondis sans avoir recours à des images, comme c'était le cas auparavant, et des ombres très faciles à créer.

- Le chapitre 11 dresse un panorama des propriétés applicables aux textes, qu'il s'agisse du choix d'une police de caractères, des différentes façons de définir sa taille de manière absolue ou relative par rapport au contexte, du choix de sa couleur, de son style, de sa casse, de sa graisse, sans oublier les nombreuses autres possibilités décoratives comme l'ombrage de texte. Nous décrivons aussi la gestion des interlignes, de l'alignement, de la césure, de l'indentation et de l'espacement du texte. Ce chapitre présente enfin les propriétés spécifiques aux liens hypertextes et les sélecteurs spécifiques aux effets dynamiques.

- Le chapitre 12 apporte les éléments essentiels à la présentation et à la mise en page globale d'un document. Nous y étudions les méthodes de dimensionnement des éléments ainsi que les méthodes de positionnement qui sont des avancées essentielles de l'association CSS/HTML. Elles remplacent les méthodes de mise en page habituelles comme celles qui usent et abusent des tableaux ou encore celles qui emploient des cadres. La richesse de ces propriétés permet également d'agir sur la visibilité et l'ordre d'empilement des éléments. Toutes ces propriétés rendent possibles la création des mises en page les plus diverses. De nouvelles propriétés CSS 3 vous donnent aussi la faculté de présenter du texte sur plusieurs colonnes de façon très simple et de laisser l'utilisateur redimensionner un élément. Enfin, dans le domaine des effets visuels, CSS 3 s'est enrichi de propriétés pour transformer les éléments, qu'il s'agisse de translation, de rotation, de changement de taille ou de déformations diverses, tout ceci pouvant être déclenché par le visiteur de la page. À cela s'ajoute encore l'opportunité de gérer ces modifications afin de créer des animations dynamiques.

• Le chapitre 13 est spécialement dédié aux tableaux qui possèdent un modèle de gestion particulier. Nous montrons comment traiter la couleur des cellules en fonction, par exemple, de leur appartenance à un groupe de lignes ou de colonnes. Nous étudions également la gestion des bordures des cellules, de la détermination de la largeur des colonnes ou de l'ensemble d'un tableau, des alignements spécifiques à l'intérieur des cellules ou des groupes, etc.

• Le chapitre 14 est destiné spécifiquement aux listes et aux menus qui constituent un moyen de structuration efficace, très approprié aux menus par exemple. Nous y abordons les multiples styles de numérotation disponibles pour les listes ordonnées ou à puces graphiques et leur position par rapport aux items. L'emploi des compteurs est une autre façon de numéroter automatiquement des listes générées dynamiquement. La modification du rendu habituel des éléments nous permet de créer des listes en ligne, constituant par exemple des menus horizontaux, ou encore le rendu sous forme de liste d'un ensemble d'éléments dont ce n'est pas la vocation initiale.

• Le chapitre 15 présente plusieurs compléments utiles qui n'ont pas trouvé leur place ailleurs ! Il s'agit d'abord des Media Queries qui constituent l'outil d'adaptation automatique des styles d'une page en fonction du terminal qui la lit, et en particulier en fonction de la taille de son écran qui peut être très variée. Cette adaptation est aussi consacrée aux moyens disponibles pour obtenir un rendu correct du contenu d'un document web à l'impression, et plus généralement sur tout support constitué de pages calibrées (fichiers PDF, présentations de style diaporama…).

Nous abordons ensuite le stockage local pour enregistrer des données, y compris en grande quantité, sur le poste client bien mieux que ne le font les cookies. À titre d'exemple nous y développons une application de gestion de contacts. Enfin, nous donnons une initiation à l'incorporation de dessins vectoriels SVG *(Scalable Vector Graphics)* dans une page HTML 5 pour vous mettre l'eau à la bouche sur cette technologie très riche de possibilités et encore pas assez connue. Sont abordées ici la création de formes géométriques, aussi bien que les styles que l'on peut leur appliquer, et la manipulation du texte vectoriel. D'autres fonctionnalités complémentaires comme les animations SVG seront présentées sur mon site (www.funhtml.com) dans plusieurs nouveaux exemples.

• Enfin, les annexes A, B, C et D proposent des références sur des éléments HTML et de leurs attributs, des propriétés CSS 3 (essentiellement celles qui fonctionnent aujourd'hui) et de leurs valeurs, des codes de couleurs conseillées sur le Web et des entités de caractères.

Les exercices proposés à la fin de chaque chapitre vous proposent de mettre en œuvre immédiatement les points étudiés et de tester l'ensemble des connaissances acquises.

Les corrigés de ces exercices ne figurent pas dans cet ouvrage pour ne pas l'alourdir inutilement, mais ils sont téléchargeables librement sur le site des éditions Eyrolles (www.editions-eyrolles.com) et sur mon site dédié à ce sujet (www.funhtml.com). Ils vous permettront de mesurer votre compréhension des notions abordées.

Pour être tout à fait honnête, je me dois de signaler aussi ce que vous ne trouverez pas dans cet ouvrage et qui existe pourtant dans HTML 5.

- L'élément `<canvas>` qui fait beaucoup de bruit chez certains et qui est une sorte d'application de dessin bitmap dans un navigateur mais qui demande beaucoup de code JavaScript, ce qui n'était pas supposé être un acquis pour les lecteurs.

- Les bases de données SQL Web qui sont un sujet très intéressant qui demandent également des connaissances en JavaScript et SQL que nous n'aurions pas eu la place de développer ici.

- Le drag and drop (glisser-déposer).

Notez que la géolocalisation ne figure pas non plus dans ce livre ; ce n'est d'ailleurs pas du HTML 5.

Sur ces sujets on pourra se référer utilement à d'autres ouvrages aux éditions Eyrolles.

Enfin, vous trouverez aussi sur le site www.funhtml.com au fur et à mesure des nouvelles possibilités des navigateurs, des bonus sur certains points non abordés ici.

Partie I

Le langage HTML 5

1

Introduction à HTML 5

Après XHTML 1.1 on attendait, et moi le premier, une version XHTML 2.0 pour confirmer l'orientation prise par le W3C *(World Wide Web Consortium)*, l'organisme qui édite les recommandations des langages du Web. Or, le W3C n'est pas à l'origine de HTML 5. Évolution positive ou régression ? Contrairement aux avis qui courent sur le Web, je dirais qu'il s'agit des deux à la fois, mais aussi que ce langage peut constituer un progrès ; c'est l'objet de ce livre.

Progrès parce que sans se réclamer le moins du monde de XML et d'une rigueur qui était celle de XHTML, il introduit nombre d'éléments qui accentuent son rôle de langage de balisage sémantique. Sémantique parce qu'il n'est plus question d'utiliser le même élément pour des contenus aux sens très différents, mais au contraire d'employer des balises dont le nom indique clairement le contenu. Ainsi, `<header>` est évidemment un en-tête, pas nécessairement celui d'une page, mais toujours un en-tête et pas un pied de page. Il faut reconnaître que cette démarche est la bonne et qu'elle convient parfaitement aux moteurs de recherche dont la tâche d'indexation s'en trouve facilitée.

Régression parce que se trouvent réintroduites des pratiques qui ne devraient pas à mon sens être tolérées par un informaticien. On sait que dans le code d'un programme l'oubli d'un point-virgule en fin de ligne peut bloquer son exécution. L'informatique a des bases mathématiques et réclame donc des habitudes rigoureuses. Un cercle n'est pas un disque : c'est une différence de nature même ! J'ai donc préféré ne pas indiquer toutes les tolérances qu'accepte HTML 5 dans l'écriture du code par rapport aux exigences de XHTML, pour que vous ne les adoptiez pas, dans votre intérêt d'ailleurs. Le laxisme laisse toujours des traces mais c'est peut être encore une idée à contre-courant. En travaillant avec une syntaxe rigoureuse, vous obtiendrez du code propre et qui sera sans doute analysé et affiché plus vite par les navigateurs.

J'ai donc adopté dans ce livre le parti pris de profiter des progrès qu'apporte HTML 5 tout en gardant les bonnes pratiques de formation du code initiées par HTML 4 strict puis XHTML. Le code résultant est évidemment conforme aux spécifications HTML 5 mais, en plus, il est bien écrit.

Généalogie de HTML 5

HTML 5 *(HyperText Markup Language)* est un langage de balisage (dit aussi langage de marquage) qui permet de structurer le contenu des pages web dans différents éléments. Voilà une définition bien abstraite, reconnaissons-le, mais nous y reviendrons en détail dans la section suivante en présentant la notion de balisage.

Historiquement, les langages de balisage sont issus du langage SGML *(Standard Generalized Markup Language)* créé en 1986 pour structurer des contenus très divers. Ce langage s'est révélé trop complexe pour être appliqué tel quel au Web, d'où la nécessité d'en créer une version allégée respectant les mêmes principes essentiels.

L'inventeur du HTML (1992), Tim Berners-Lee, l'avait conçu à l'origine comme un outil de structuration des contenus, principalement textuels, et non pas pour créer des présentations diversifiées. Ce sont les développements successifs, l'essor populaire du Web et la concurrence acharnée entre Netscape et Microsoft pour s'emparer du marché des navigateurs, qui ont détourné HTML de sa vocation première avec l'ajout d'éléments de présentation qui n'avaient rien à y faire. Voulant faire mieux que l'autre, chacun des deux grands a empilé des couches superflues sur HTML. Il faut également reconnaître que l'entrée du Web dans le grand public nécessitait de répondre à une demande d'interfaces graphiques plus esthétiques.

L'absence d'un langage particulier dédié uniquement à la présentation poussait effectivement les webmestres à utiliser tous les moyens pour créer des présentations visuelles agréables. L'apparition de CSS *(Cascading Styles Sheets),* créé en 1996 par Håkon Wium Lie, aurait dû résoudre le problème du détournement de HTML de sa destination première. Mais les mauvaises habitudes étaient prises et la facilité faisait le reste.

L'apparition de HTML 4, et particulièrement de sa version *strict* associée à l'emploi systématique de CSS 2 (publié en 1998), pouvait apporter une solution efficace à ce problème. La création de XML *(eXtensible Markup Language)* en 1998 et son succès dans de multiples domaines d'application ont conduit le W3C à créer le langage XHTML, non plus comme une nouvelle version de HTML, mais comme une reformulation de HTML en tant qu'application XML. Au niveau des éléments et des attributs disponibles, il existait à vrai dire très peu de différences entre HTML 4 strict et XHTML 1.1.

L'impossibilité pour le W3C de trouver un consensus entre les éditeurs de navigateurs et les créateurs de moteurs de recherche pour faire évoluer XHTML a conduit un groupe indépendant, le WHATWG *(Web Hypertext Application Technology Working Group)* dirigé par Ian Hickson (aujourd'hui chez Google !), à entamer le développement de HTML 5.

Les éléments, balises et attributs

Mais au juste comment fonctionne HTML 5 et qu'est-ce qu'un langage de balisage ?

Vous avez sûrement déjà utilisé un traitement de texte tel que Word. Votre texte peut comprendre des titres, des paragraphes, des images, des tableaux, et vous pouvez employer différentes polices et tailles de caractères dans le même document. Le document final que vous avez réalisé ne laisse apparaître que le résultat de votre mise en page, mais en arrière-plan, votre traitement de texte a enregistré tous les paramètres de mise en page que vous avez utilisés en plus du texte lui-même.

Dans un langage de balisage, tout contenu, qu'il s'agisse de texte, d'images ou d'éléments multimédias les plus divers, doit être enfermé dans un élément. En HTML, chaque élément possède un nom déterminé ; la liste des éléments utilisables est limitative et clairement définie dans la spécification du langage. C'est la grande différence entre HTML et XML, langage dans lequel c'est le programmeur qui crée ses propres éléments selon ses besoins. À quelques exceptions près, un élément a la structure suivante :

```
<nom_element> Contenu </nom_element>
```

Son contenu est précédé par une balise d'ouverture `<nom_element>` et suivi par une balise de fermeture `</nom_element>`. Toutes les balises d'ouverture (ou marqueur) commencent par le signe < et se terminent par le signe >. La balise de fermeture suit la même règle mais le nom de l'élément est précédé d'un *slash* (/). Les navigateurs interprètent donc les contenus en fonction du nom de l'élément et attribuent un style par défaut à chacun de ses contenus.

Les caractéristiques de chaque élément peuvent être précisées par des informations complémentaires que l'on désigne en tant qu'attributs de l'élément. Il peut s'agir par exemple de la définition de la largeur, de la hauteur ou de l'adresse du contenu. Comme nous le verrons dans les sections suivantes, un certain nombre d'attributs sont communs à quasiment tous les éléments de base.

Les attributs d'un élément sont toujours définis dans la balise d'ouverture et doivent être séparés les uns des autres par au moins un espace typographique. Chaque attribut a généralement une valeur, même s'il ne peut prendre qu'une valeur unique. Presque toutes les valeurs ne sont donc pas implicites du moment que l'attribut figure dans la balise d'ouverture. La présence de certains attributs est obligatoire dans quelques éléments particuliers, ce que nous préciserons systématiquement le cas échéant. La plupart du temps, les attributs d'un élément sont facultatifs et il appartient au programmeur de déterminer leur définition par rapport au cas qu'il doit traiter. Nombre d'attributs ont une valeur par défaut. Cela signifie que même si on ne les définit pas dans l'élément, celui-ci se comporte comme si c'était le cas. Il est donc important de connaître ce type d'attribut et de ne pas négliger de les définir avec une autre valeur si ce comportement par défaut n'est pas désiré. La valeur de tous les attributs doit être définie entre guillemets. La syntaxe conforme d'un élément ayant des attributs est donc la suivante :

```
<nom_element attribut1="valeur1" attribut2="valeur2" > Contenu de l'élément
➡ </nom_element>
```

Le contenu d'un élément peut être constitué de texte ou d'autres éléments qui, eux-mêmes, peuvent en contenir d'autres, et ainsi de suite. Cet ensemble d'inclusion constitue la hiérarchie du document HTML 5.

Les attributs de base de HTML

Dans leur quasi-totalité, les éléments disponibles en HTML ont en commun un ensemble d'attributs ayant chacun le même rôle. Ces attributs se répartissent en trois catégories. Chaque élément peut posséder par ailleurs d'autres attributs particuliers. Quand nous définirons par la suite les différents éléments, nous signalerons s'ils possèdent ces attributs sans rappeler leur définition.

Les attributs globaux (ou noyau)

Ils s'appliquent à quasiment tous les éléments.

- L'attribut `accesskey` définit la touche de raccourci clavier pour accéder à un élément.
- L'attribut `id` sert à identifier un élément de manière unique en lui donnant un nom, soit pour lui attribuer un style, soit pour y faire référence sans ambiguïté dans un script JavaScript.
- L'attribut `class` contient le nom d'une classe CSS qui contient des définitions de styles. Comme nous le verrons dans la seconde partie, son usage est très répandu pour affecter ponctuellement des styles à un élément.
- L'attribut `contenteditable`, qui est un booléen, prend les valeurs `true` ou `false`. Si la valeur est `true` le contenu de l'élément en général textuel est modifiable par le visiteur.
- L'attribut `contextmenu` contient le nom de l'identifiant d'un menu contextuel (créé avec l'élément `<menu>`) qui s'affiche quand on utilise l'élément auquel il est attaché (pas encore opérationnel).
- L'attribut `draggable` prend les valeurs booléennes `true` ou `false` qui indiquent si l'élément est déplaçable dans la page. Peu fonctionnel pour l'instant.
- L'attribut `dropzone` définit les contenus que l'on peut déposer dans l'élément auquel il se rapporte.
- L'attribut `dir` indique le sens de lecture du contenu textuel d'un élément ; il peut prendre les valeurs `ltr` (lecture de gauche à droite) ou `rtl` (de droite à gauche).
- L'attribut `hidden` prend une valeur booléenne `true` ou `false` et indique que l'élément ne sera pas visible dans la page (valeur `true`). Il faudra utiliser un script JavaScript pour modifier sa valeur et le faire apparaître (valeur `false`).
- L'attribut `lang` contient le code de la langue utilisée dans l'élément.
- L'attribut `style` permet de définir un style localement pour un élément donné. Il est encore accepté en HTML mais déconseillé au profit des styles regroupés dans l'élément `<style>` ou dans un fichier externe à l'extension `.css`, ces solutions permettant une maintenance plus facile.
- L'attribut `tabindex` est généralisé à tous les éléments. Sa valeur est un nombre entier qui donne une position à l'élément dans l'ordre des tabulations.
- L'attribut `title` contient un texte qui apparaît dans une bulle quand l'utilisateur positionne le curseur quelques instants (ce n'est pas instantané) sur un élément. Le texte qu'il contient peut servir à fournir une information ou une explication sur le rôle de l'élément.

Les attributs de gestion d'événements

Ces attributs permettent de gérer les événements dont un élément peut être le siège et qui sont créés par l'utilisateur. Leur contenu est un script écrit en général en langage Java-Script. HTML 5 définit un grand nombre d'attributs de gestion d'événements, y compris pour des éléments qui ne peuvent pas être le support de ces événements. Il appartient donc aux programmeurs d'effectuer des tests pour vérifier la réalité des événements pour un élément donné. Vous trouverez ci-après la liste des gestionnaires de base et la description de l'événement correspondant.

Tableau 1-1. Les attributs gestionnaires d'événements communs (suite page 8)

attribut	Action de l'utilisateur
onabort	Arrêt d'une opération
oncanplay	Un fichier multimédia peut être lu (au moins son début)
oncanplaythrough	Un fichier multimédia peut être lu entièrement
onclick	Clic sur le contenu de l'élément
oncontextmenu	Un menu contextuel est déclenché
ondblclick	Double-clic sur le contenu de l'élément
ondrag	Un élément est en cours de déplacement
ondragend	Le déplacement est fini
ondragenter	Un déplacement a une cible qui l'accepte
ondragleave	L'origine du déplacement est acceptable
ondragover	Un élément déplacé survole l'élément concerné par l'attribut
ondragstart	Début du déplacement
ondrop	Dépose d'un élément
ondurationchange	Modification de l'attribut duration d'un élément multimédia
onemptied	Un élément multimédia n'est plus utilisable (chargement incomplet ou interrompu)
onended	Fin de lecture d'un son ou d'une vidéo
oninput	Un élément de formulaire est complété
oninvalid	Une saisie est non valable (par exemple en dehors d'un intervalle précisé)
onkeydown	Maintien d'une touche enfoncée
onkeypress	Frappe sur une touche
onkeyup	Relâchement d'une touche enfoncée
onloadeddata	Une donnée est chargée (comme un son, une vidéo)
onloadedmetadata	Une métadonnée est chargée (comme un script, des styles externes)

attribut	Action de l'utilisateur
onloadstart	Début d'un téléchargement d'un média
onmousedown	Enfoncement d'un bouton de la souris
onmousemove	Le curseur de la souris bouge dans la zone de l'élément
onmouseout	Le curseur de la souris quitte la zone de l'élément
onmouseover	Le curseur de la souris est au-dessus de la zone de l'élément
onmouseup	Relâchement d'un bouton de la souris au-dessus de la zone de l'élément
onpause	Pause dans la diffusion
onplay	Démarrage de la lecture
onplaying	Média prêt pour la lecture
onprogress	Média en cours de chargement
onratechange	Modification de la vitesse de lecture
onscroll	Défilement d'un contenu
onstalled	Erreur pendant le chargement d'un média
onsuspend	Arrêt déclenché avant la fin d'un chargement
ontimeupdate	La position actuelle de lecture est modifiée par l'utilisateur
onvolumechange	Modification du volume sonore
onwaiting	Arrêt de la lecture en attente de la disponibilité de la suite

Intérêt de la sémantique

Il s'agit bien plus selon moi d'un changement de pensée et d'organisation qui doit s'opérer dans la création des pages web.

Une page web créée avec HTML doit être pensée en distinguant deux parties.

- Un contenu, structuré au moyen des éléments HTML (grandes divisions, titres, paragraphes, tableaux, images et liens, etc.). À ce stade, et même s'il en a déjà une idée, le créateur ne doit pas nécessairement avoir une vue définitive de la présentation finale. Il lui faut maîtriser principalement l'organisation des informations à fournir à un utilisateur.

- Une feuille de style CSS, définissant la mise en page de ces éléments en fonction du média qui va opérer le rendu du contenu (polices et tailles de caractères, bordures, marges, couleurs, positionnement dans la page, etc.). Les médias se diversifiant en effet de plus en plus en devenant des éléments portables dotés de petits écrans, le traditionnel écran d'ordinateur n'est plus le principal vecteur d'affichage d'une page web. La séparation du contenu et de la présentation étant réalisée, il est possible d'associer à chaque média une feuille de style adaptée au terminal.

L'utilisation de ces méthodes présente les avantages suivants.

- Une meilleure organisation du contenu.

- Une meilleure qualité du code et une plus grande rapidité d'affichage sur les navigateurs récents (Firefox, Internet Explorer, Opera, Safari, Chrome...).

- Une réduction des coûts de développement et de maintenance des sites web ainsi qu'une réutilisabilité accrue et rapide du code. En effet, en ayant respecté les principes précédents, il est très facile de modifier rapidement toute la présentation d'une page sans toucher au code HTML.

Les spécifications HTML et CSS sont aujourd'hui incontournables pour tous ceux qui veulent concevoir un site web de manière professionnelle, et tous les étudiants en informatique et les professionnels du Web se doivent d'acquérir ou de mettre à jour leurs connaissances sur ces techniques.

Règles de base HTML 5

Un document bien formé

Un document HTML doit respecter certaines règles simples.

- Les éléments et les attributs sont insensibles à la casse. Par exemple, <body> et <BODY> sont acceptés. Choisissez une casse selon votre goût et conservez-la. Par habitude du XHTML, tout le code de ce livre est en minuscules.

- Les éléments non vides doivent avoir une balise d'ouverture et une balise de fermeture. Cela facilite la tâche des navigateurs. Par exemple, plutôt que d'écrire :

```
<ol>
  <li>Item 1
  <li>Item 2
```

on préférera le code suivant :

```
<ol>
  <li>Item1 </li>
  <li>Item2 </li>
</ol>
```

- Les éléments vides ne comportent qu'une seule balise et il est plus correct de les terminer par les caractères /> précédés d'un espace pour marquer la fin de l'élément. Par exemple, plutôt que d'écrire :

```
<img src= "monimage.gif"> <hr> <br>
```

on préférera le code suivant :

```
<img src= "monimage.gif" /> <hr /> <br />
```

- Les éléments ne doivent pas se chevaucher et donc obéir au principe premier ouvert, dernier fermé. Dans ce cas, le premier élément est le parent du second et celui-ci est enfant du premier. Par exemple, le code suivant est incorrect :

```
<div> Cette division contient un titre <h1> Important ! </div> </h1>
```

et doit être remplacé par :

```
<div> Cette division contient un titre <h1> Important ! </h1></div>
```

- Tous les attributs doivent avoir une valeur incluse entre guillemets ("). Les différents attributs du même élément doivent être séparés par au moins un espace. Par exemple, plutôt que d'écrire :

```
<p class=styleperso title=attention> Texte important</p>
```

on préférera le code suivant :

```
<p class="styleperso" title="attention" > Texte important</p>
```

- Une valeur doit être donnée à tous les attributs utilisés, y compris à ceux dont la valeur est unique. Par exemple, plutôt que d'écrire :

```
<input type= "checkbox" checked disabled />
```

on préférera le code suivant :

```
<input type= "checkbox" checked="checked" disabled="disabled" />
```

Il y a des exceptions car certains attributs ne doivent pas avoir de valeur en particulier quand elle est booléenne. Dans ce cas, la présence seule du nom de l'attribut signifie implicitement la valeur true et l'absence de la valeur false.

- Les scripts et les feuilles de style qui contiennent les caractères < et & peuvent figurer dans des sections CDATA de la façon suivante :

```
<script type="text/javascript">
< ![CDATA[
Code du script…
]]>
</script>
```

- Une autre solution efficace consiste à placer les scripts ou les feuilles de style contenant ces caractères dans des fichiers séparés et à les inclure à l'aide de l'élément <link> sur lequel nous reviendrons en détail par la suite.

Un document conforme

Un document HTML 5 se doit également de respecter les règles d'inclusion des éléments les uns dans les autres, telles qu'elles sont définies dans la spécification. En effet, elle définit la liste limitative de tous les éléments HTML 5 utilisables et énumère ceux qui peuvent y être inclus. Le respect de ces contraintes est impératif pour que le document soit déclaré conforme par le validateur. Vous trouverez à cet effet tout au long de cet ouvrage lors de la description des éléments, et dans l'annexe A, pour chaque élément, la liste de ses éléments enfants (ceux qu'il peut inclure) et de ses éléments parents (ceux dans lesquels il peut être inclus).

Validation d'un document : le label du WHATWG et W3C

Malgré toutes les vérifications auxquelles vous pouvez procéder personnellement, il peut rester des erreurs de conformité dans votre code. Comme peut le faire un compilateur qui signale les éventuelles erreurs de syntaxe, les validateurs du W3C et du WHATWG permettent de vérifier si le code est bien formé et conforme. Pour lancer cette validation automatique, vous devez soumettre l'URL ou le code de vos documents HTML au validateur du W3C accessible à l'adresse suivante : http://validator.w3.org, ou à celui du WHATWG à l'adresse : http://html5.validator.nu/.

La figure 1-1 montre la page de validation du site du whatwg.org dans laquelle plusieurs moyens sont mis à disposition pour valider un document. Dans la liste déroulante (repère ❶) vous pouvez choisir entre saisir l'URL de la page si le document est déjà transféré sur un serveur, choisir le fichier sur votre ordinateur, ou encore copier le code à vérifier directement dans une zone de saisie (repère ❷). Le bouton ❸ entraîne la vérification, et la récompense est l'annonce de la validité du code (repère ❹).

Figure 1-1

La page de validation du WHATWG

L'environnement de travail

Pour créer des pages web avec HTML 5 et CSS 3, il faut être doté d'un environnement de travail adapté. En théorie, un simple éditeur de texte tel que le Bloc-notes de Windows ou Emacs sous Linux peut suffire. Cependant, comme la saisie des noms des différents éléments HTML 5 dans ce type d'éditeur peut devenir à la longue plutôt rébarbative, nous mentionnons quelques outils susceptibles de faire gagner du temps.

Les éditeurs visuels

Dans ce type d'éditeurs, vous travaillez graphiquement sur une page en y incluant des éléments sans saisir une ligne de code. Le plus connu est Dreamweaver, mais il en existe bien d'autres. L'inconvénient de ces éditeurs tient en fait à ce qui paraît être leur avantage : le code que l'on ne saisit pas est généré automatiquement et rien ne garantit qu'il convienne ou qu'il soit conforme aux dernières spécifications. De plus, toute génération automatique éloigne du travail de programmation et ne présente pas un avantage évident pour la création de pages, alors que ce peut être le cas dans un éditeur dédié à un langage de programmation, Java par exemple, et qui peut décharger le programmeur de tâches répétitives.

Outre le temps d'apprentissage et son prix élevé, je ne pense pas qu'il soit utile de faire appel à ce genre d'éditeurs qui auraient tendance à vous rendre passif.

Les éditeurs classiques

Entre le Bloc-notes Windows et Dreamweaver, certains éditeurs offrent un compromis en apportant à la fois une aide à la saisie, qui dispense de taper soi-même le nom des éléments, tout en autorisant de les choisir librement. Outre le fait qu'ils présentent souvent l'avantage d'être gratuits, ces éditeurs, très nombreux et disponibles en téléchargement, permettent de créer rapidement la structure d'un document en utilisant un squelette commun à toutes les pages HTML. Nous donnerons la structure de base d'une telle page au chapitre 2. Il vous restera ensuite à inclure dans le corps de la page les différents éléments qui vont structurer son contenu. Si vous avez procédé à une analyse préalable sur le papier, comme il se doit avant tout codage, cette phase de travail d'inclusion sera très rapide. Parmi les nombreux éditeurs, j'ai choisi pour ma part HTMLPad qui s'avère très pratique pour incorporer rapidement les différents éléments HTML 5 et propriétés CSS 3. Pas tout à fait gratuit mais bon marché, vous pouvez le télécharger y compris en version d'essai complète sur le site : http://www.blumentals.net/htmlpad/.

La figure 1-2 montre l'aspect de l'environnement de travail qu'il fournit. La fenêtre de l'éditeur est divisée en plusieurs zones. La zone ❶ contient la liste des éléments HTML 5 et un double-clic sur l'un d'eux incorpore le code dans la page située au centre à la position du curseur (zone ❷). La zone ❸ contient l'ensemble des propriétés CSS 3 et leurs valeurs quand elles sont à choisir dans une liste ; on peut ainsi incorporer d'un clic n'importe quel style sans erreur de saisie. Cet outil peut faire gagner beaucoup de temps dans la création d'une page.

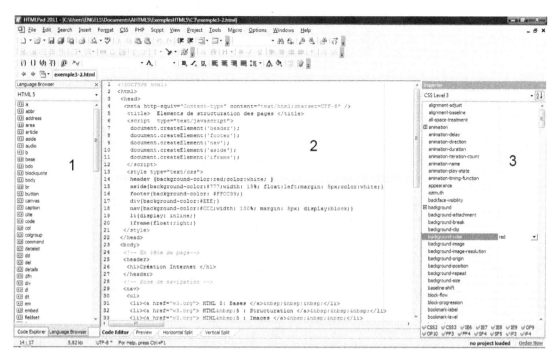

Figure 1-2

L'éditeur HTMLPad

Tests et mise en place du site

Une fois que vous aurez créé l'ensemble des pages de votre site, il faudra vous assurer qu'elles ont un aspect identique ou du moins très semblable dans les différents naviga-teurs du marché et les résolutions d'écrans afférentes. Ce dernier point doit d'ailleurs avoir fait l'objet d'un choix initial, en particulier si les dimensions retenues pour les diffé-rents éléments de la page sont définies de manière fixe (en pixels par exemple), et non en pourcentage, ce qui représente la meilleure solution. Choisir de créer des mises en page en ciblant le format le plus répandu (1 024 par 768 pixels actuellement par exemple) peut produire des résultats désagréables si le poste client est en 800 par 600 pixels ou moins encore.

Si cette phase de test vous amène à constater des résultats divergents et indésirables, c'est sans doute que vous avez utilisé des fonctionnalités non encore prises en compte par un navigateur particulier, et le plus souvent il s'agira de propriétés CSS encore marginales dans Internet Explorer par exemple. Il vous appartiendra alors de renoncer à certaines d'entre elles, au moins provisoirement, pour assurer l'universalité de vos pages si tel est votre objectif. Nous signalons à cet effet dans la seconde partie de cet ouvrage les pro-priétés qui risquent de poser problème dans certains navigateurs.

Une fois cette phase de test effectuée, il ne reste plus qu'à transférer l'ensemble des pages du site vers le serveur distant qui va les héberger pour les mettre à la disposition de tous. Vous devez pour cela utiliser un logiciel de transfert FTP *(File Transfert Protocol)*.

Les hébergements gratuits

Les hébergeurs gratuits de sites personnels peuvent mettre à votre disposition des pages spécialisées permettant ce transfert via une interface web simple. Si vous disposez d'un nom de domaine sur un serveur dédié ou mutualisé, il vous faut généralement utiliser un logiciel FTP.

Il existe de nombreux logiciels de ce type, gratuits ou payants. Je recommande pour ma part d'utiliser FileZilla téléchargeable sur le site http://filezilla.fr/, gratuit et très pratique. La figure 1-3 présente l'interface de FileZilla. Pour établir une connexion avec le serveur et acquérir les droits en vue d'effectuer les transferts de vos fichiers HTML, de vos images ou des supports multimédias, vous devez connaître les paramètres de connexion qui sont fournis par l'hébergeur du site. Il s'agit des données suivantes.

- Hôte : adresse du serveur FTP, par exemple `ftp.funhtml.com` (repère ❶).
- Identifiant : par exemple `funhtml` (repère ❷).
- Mot de passe d'accès au site (repère ❸).
- Éventuellement, indiquez le port de communication (repère ❹) (par défaut, il s'agit de la valeur 21).

Si ces paramètres sont correctement reconnus, vous avez accès à un gestionnaire de fichiers côté serveur similaire à celui que vous pouvez connaître dans Windows ou Linux (repère ❺). Dans la partie gauche, vous trouvez le même type de gestionnaire de fichiers pour sélectionner les fichiers présents sur votre ordinateur (repère ❻). Il vous suffit alors de réaliser une opération de glisser-déposer entre ces deux zones pour que le transfert commence. Sa durée dépend évidemment de la taille du fichier et de la vitesse de votre connexion. Le dossier principal côté serveur est nommé `www`. C'est dans ce dossier que le serveur ira chercher le fichier nommé `index.html` ou `index.htm` en réponse à la requête générale effectuée sur votre site sous la forme `http://www.votresite.com`. C'est dans ce fichier que vous devez créer la page d'accueil du site (ou la page `index.php` si elle contient du code PHP). Dans ce dossier `www`, vous pouvez créer autant de sous-dossiers que vous le désirez. Si vous constituez par exemple un sous-dossier nommé `html`, son contenu principal devra figurer dans un nouveau fichier nommé encore `index.html`, et il sera alors accessible directement par la requête `http://www.votresite.com/html`. Dans les deux cas (répertoire principal ou sous-répertoire), si vous ne créez pas de fichier nommé `index.html`, l'utilisateur devra écrire une requête complète, comprenant le nom du fichier auquel il veut accéder, de la forme `http://www.votresite.com/html/page1.html`.

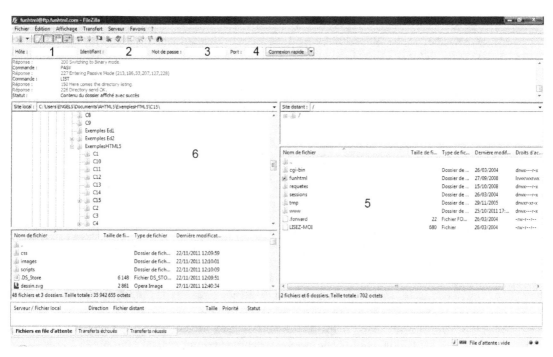

Figure 1-3

L'interface de FileZilla

Référencement du site

Après avoir créé votre superbe site conforme à HTML et CSS, il reste encore une phase importante à accomplir, à savoir le faire connaître. À moins de disposer de moyens publicitaires conséquents, la fréquentation souhaitée ne se produira pas du jour au lendemain. Même si c'est l'adaptation du contenu à un besoin qui fait venir et revenir les internautes, il vous faut d'abord faire connaître l'existence de votre site.

Le moyen le plus simple, et généralement gratuit, est de le référencer dans les annuaires et moteurs de recherche les plus connus comme Google ou Yahoo! afin qu'il soit bien placé en réponse à la recherche d'un internaute. Des ouvrages entiers sont consacrés au référencement, apportant des conseils avisés pour augmenter la fréquentation d'un site. Je recommande le site http://www.abondance.com ou de se procurer l'ouvrage *Réussir son référencement Web* d'Olivier Andrieu aux éditions Eyrolles portant sur le référencement. Nous retiendrons cependant les quelques points suivants.

• Si vous achetez un nom de domaine – ce qui, lié à un hébergement mutualisé, est aujourd'hui possible à bon marché et présente mieux que l'hébergement gratuit offert par votre fournisseur d'accès dont les adresses sont très longues –, choisissez de préférence un nom court et facile à mémoriser. Les noms longs, et particulièrement s'ils sont composés de plusieurs mots, posent soucis à l'utilisateur qui se demande alors si les mots se suivent ou sont séparés par des tirets, d'où des interprétations divergentes et des erreurs. Certains moteurs de recherche affichent les sites répondant aux mêmes critères par ordre alphabétique et il vaut mieux que votre nom de domaine commence par a plutôt que par z.

- Les extensions .com (ou .fr en France) sont préférables à .org ou .net car ce sont les premières qui viennent à l'esprit des internautes s'ils ont oublié l'extension réelle. La notion de site commercial qui était liée à l'extension .com a désormais disparu, et votre site peut présenter aucun aspect commercial et posséder cette extension.

- La définition d'un maximum de mots-clés rapportant objectivement le contenu de votre site est essentielle. Elle doit être réalisée à l'aide de l'élément (voir le chapitre 2) :

```
<meta name="keywords" content="liste des mots clés" />
```

qui est situé dans l'en-tête du document. Cette liste mérite toute votre attention car elle est utilisée par les moteurs de recherche pour indexer vos pages et mettre en adéquation la demande d'un internaute avec les sites qui lui correspondent. Les mots-clés se doivent de refléter fidèlement le contenu du site et les idées qui lui sont associées, et rien d'autre. Inutile par exemple d'identifier les mots les plus recherchés et de les inclure dans votre liste pour attirer du monde. Outre que vous risquez de tromper les internautes, vous pouvez surtout les décevoir si votre contenu ne correspond pas à leur attente. En revanche, n'hésitez pas à fournir une longue liste de mots-clés avec leurs variantes masculin/féminin et singulier/pluriel, ainsi que les mots dérivés qui peuvent correspondre à votre contenu. Vous augmenterez ainsi vos chances de figurer en bonne place dans les résultats des recherches effectuées par les internautes. Les moteurs de recherche se basant aussi sur le contenu des pages, rien ne vous empêche de faire apparaître plusieurs fois dans le contenu les mots importants. Une astuce consistait à répéter ces mots dans la page et à les écrire de la même couleur que le fond de la page en créant des styles CSS appropriés et non plus les balises et les attributs utilisés pour définir les couleurs. Leur répétition est ainsi invisible dans la page, mais perçue par les robots qui analysent le texte.

- Référencez votre site dans tous les principaux moteurs de recherche. Et si vous avez les moyens, Google se fera un plaisir de vous vendre une bonne place dans ses résultats de recherche très objectifs.

2

Structure d'un document HTML 5

Avant de créer des pages web et de leur donner un contenu, nous allons déterminer une structure générale commune à toute page en conformité avec les spécifications HTML 5. En fonction des besoins, les codes des exemples 2-1 à 2-4 serviront de base à la constitution de toutes nos pages. Il suffira donc de les copier dans votre éditeur préféré, puis de les compléter avec un contenu particulier pour chaque page.

Les éléments de base

Le langage HTML 5 est une amélioration du langage HTML 4, avec des simplifications par rapport à la version XHTML qui était de mise avant lui. Tout document peut donc débuter de la même manière par la déclaration suivante (exemple 2-1 repère ❶) :

```
<!DOCTYPE html>
```

Vient ensuite l'élément racine `<html>` (repère ❷) qui inclut les éléments `<head>` (repère ❸) et `<body>` (repère ❻). Chacun de ces éléments a un contenu et donc une balise d'ouverture et une balise de fermeture, `<head>` incluant obligatoirement l'élément `<title>` (repère ❺) et un élément `<meta />` (repère ❹) qui contient la définition du jeu de caractères utilisé dans la page, et `<body>` ayant au moins un élément enfant ; ici, il s'agit de `<h1>` (repère ❼). La structure minimale d'un document HTML 5 est donc semblable à celle de l'exemple 2-1. Le fichier contenant ce code doit avoir une extension `.html` ou `.htm`.

Exemple 2-1 Structure minimale d'un document HTML 5

```
<!DOCTYPE html> ❶
<html> ❷
 <head> ❸
  <meta http-equiv="Content-type" content="text/html;charset=UTF-8" /> ❹
  <title> HTML 5 et CSS 3 </title> ❺
 </head>
 <body> ❻
  <!-- Tout le contenu de la page -->
  <h1>Le corps de la page minimale</h1> ❼
 </body>
</html>
```

Nous retrouvons bien dans cet exemple la structure arborescente décrite au chapitre 1. L'élément racine, au sens XML du terme, est `<html>` et inclut les éléments `<head>` et `<body>`. L'élément `<head>` contient l'élément `<title>` qui est obligatoire ainsi que la déclaration du jeu de caractères dans un élément `<meta />` ; l'élément `<body>`, qui ne doit pas être vide (ce qui est évident), contient un titre de niveau 1 `<h1>` sur lequel nous reviendrons plus loin. Du point de vue hiérarchique, `<html>` est bien le parent ou l'ancêtre de tous les autres.

Les commentaires

Tout ce qui est contenu entre les symboles `<!--` et `-->` est considéré par le navigateur comme des commentaires et n'est pas affiché dans la page, même s'ils se trouvent dans l'élément `<body>`. Comme pour tout langage de programmation, nous avons tout intérêt à commenter le code HTML afin d'en faciliter la relecture a posteriori. Notez toutefois que les commentaires seront visibles par l'internaute si celui-ci choisit d'afficher le code source de la page dans son navigateur. Évitez donc d'y inclure des informations confidentielles et d'y faire figurer des informations privées.

Un document HTML 5 peut incorporer du code PHP pour créer des pages dynamiques (interaction avec une base de données et création automatique de pages). Dans ce cas, le code PHP est compris entre les balises `<?php` et `?>`. Notez que le code de l'exemple 2-2 passé au validateur n'est pas déclaré conforme car il ne reconnaît pas ces balises, mais le code créé par l'exemple sera conforme.

Pour éviter les problèmes d'interprétation divergente entre les différents navigateurs, nous utiliserons systématiquement la déclaration du jeu de caractères avec l'élément `<meta />` dans chaque document. La structure minimale de ce type de page est donc celle de l'exemple 2-2. Notez que le fichier PHP a une extension propre, du type `.php` ou `.php5` par exemple, toujours en fonction de la configuration du serveur. Pour que le document HTML, que le serveur va finalement envoyer au navigateur, soit conforme au standard, il faut que le premier script placé au début du document (repère ❶) ne crée aucun code HTML (il peut par exemple ne contenir que des fonctions) et que le second (repère ❷) ne crée que du code HTML conforme. En respectant ces conditions, il n'y a aucune limite à l'utilisation de scripts PHP à l'intérieur d'un document.

Exemple 2-2. Structure d'une page HTML 5 contenant un script PHP

```
<?php ❶
// Placez ici du code PHP
?>
<!DOCTYPE html>
<html lang="fr">
 <head>
   <meta http-equiv="Content-type" content="text/html;charset=UTF-8" />
   <title> HTML 5 et CSS 3 </title>
 </head>
 <body>
  <!-- Le corps de la page -->
  <h1>Le corps de la page</h1>
  <?php ❷
   echo "<h2> Placez ici du code PHP créant un titre</h2>";
   ?>
 </body>
</html>
```

Dans toute la suite de cet ouvrage, nous n'utiliserons que la structure de base présentée à l'exemple 2-1.

La déclaration DOCTYPE

Nous avons déjà indiqué que le code d'une page HTML devait se conformer à des règles précises. La déclaration DOCTYPE, obligatoire dans tout document, précise le type de document qui va être créé. Dans HTML 5, cette déclaration est désormais réduite à sa plus simple expression par rapport à XHTML :

```
<!DOCTYPE html>
```

Dans ce code, la partie html donne le nom de l'élément racine du document.

L'élément racine <html>

L'élément <html> est l'élément racine du document, au sens XML du terme. C'est donc lui qui est le parent de tous les autres, soit directement, comme <head> et <body>, soit indirectement par l'intermédiaire de ces derniers. Il est donc le conteneur de premier niveau placé en haut de la hiérarchie de tous les éléments du document. Il n'existe que deux éléments enfants de l'élément <html>. En HTML 5, son contenu est constitué de l'en-tête du document, introduit par la balise <head> et terminé par la balise </head>, puis par le corps du document introduit par <body> et terminé par </body>, comme nous pouvons le vérifier dans les exemples.

L'élément racine possède les attributs communs dont les plus utiles sont :

• l'attribut lang dont la valeur est un code de langue normalisée qui indique la langue utilisée par défaut dans la page. Cette valeur sera reconnue par les moteurs de recherche pour leur permettre d'indexer les pages du site en effectuant un tri par langue. Elles n'apparaîtront dans Google par exemple que si l'utilisateur a choisi le bouton France ;

- l'attribut dir qui indique le sens de lecture du texte de la page. Il peut prendre les valeurs ltr pour le texte qui se lit de gauche à droite (langues européennes) ou rtl pour le texte qui se lit de droite à gauche (langues orientales : hébreu, arabe).

Un élément <html> complet tel que nous pouvons l'utiliser s'écrira donc :

```
<html lang="fr" dir="ltr">
 <!--suite des éléments inclus -->
</html>
```

En pratique, pour des sites ayant un contenu dans une langue européenne, nous omettrons l'attribut dir ; dans nos exemples, nous n'utiliserons pas systématiquement l'attribut lang.

L'en-tête d'un document : l'élément <head>

L'élément <head> englobe un certain nombre d'informations utiles au bon affichage de la page web. Ces informations dites métadonnées sont contenues dans six éléments différents qui ont chacun un rôle bien déterminé. Il s'agit des éléments <base/>, <link />, <meta />, <script>, <style> et <title> dont nous allons étudier les rôles respectifs.

Aucun d'eux n'a de répercussion directement visible dans la page et seul le contenu de l'élément <title> sera visible, non dans la page mais dans la zone de titre du navigateur. Le bloc d'en-tête a donc la structure suivante, dans laquelle seuls les éléments <title> et <base /> ne doivent figurer qu'une seule et unique fois, les autres n'ayant pas de limites.

```
<head>
  <title>Titre de la page</title>
  <meta http-equiv="Content-type" content="text/html;charset=UTF-8" />
  <base href="http://www.monsite.com" />
  <link rel="shortcut icon" type="images/x-icon"  href="../images/favicon.ico" />
  <meta name="Author" content="Jean ENGELS" />
  <script  type="text/javascript">
   <!-- Scripts JavaScript -->
  </script>
  <style type="text/css">
   <!-- Styles CSS -->
  </style>
</head>
```

Remarquons d'emblée que seuls les éléments <title>, <script> et <style> ont un contenu, et donc une balise fermante.

Nous allons maintenant détailler le rôle de chacun des éléments inclus dans <head>.

L'adresse de base : l'élément <base />

Il s'agit d'un élément vide et n'a donc pas de balise de fermeture. L'information qu'il contient est donnée dans son unique attribut href dont l'utilisation est obligatoire. Le contenu de cet attribut est une URL qui fournit l'adresse de base de tous les fichiers utilisés dans la page quand leur adresse est transmise de manière relative. Si nous écrivons le code suivant :

```
<base href="http://www.funhtml.com/" />
```

le navigateur ira chercher une image dont l'URL est indiquée sur le serveur par `/html/images/monimage.gif` à l'adresse :

```
http://www.funhtml.com/html/images/monimage.gif
```

L'élément `<base />` possède également l'attribut commun `id`, qui ne peut servir qu'à modifier la valeur de l'attribut `href` au moyen d'un script JavaScript, selon la syntaxe suivante :

```
document.getElementById(id_element).href='valeur'
```

Les documents liés : l'élément <link />

Comme le précédent élément, il s'agit d'un élément vide dont l'information est contenue dans ses attributs. Il permet d'établir un lien entre la page HTML 5 en cours et un autre document externe nécessaire à la page. Nous l'utiliserons particulièrement pour lier la page à une feuille de style CSS contenue dans un fichier ayant l'extension `.css` ou un script JavaScript contenu dans un fichier sous l'extension `.js`.

L'utilisation de l'élément `<link />` crée l'incorporation virtuelle de ces documents dans le code de la page web. On parle d'incorporation virtuelle car la page se comportera comme si le code des fichiers externes faisait partie de la page, le contenu de ces fichiers n'étant pas visible, même en affichant le code source de la page.

La liaison avec les fichiers externes est déterminée par les attributs `rel`, `type`, `href`, `hreflang`, `media` et `sizes`.

• L'attribut `rel` indique le nom de la relation à établir avec le fichier externe. Il peut prendre les valeurs suivantes :

— `rel="stylesheet"` si le fichier externe est une feuille de style.

— `rel="alternate"` si le fichier est une page alternative (de rechange, proposée aux visiteurs dans les navigateurs).

— `rel="shortcut icon"` ou `"icon"` pour faire référence à l'icône identifiant le site et qui s'affiche devant l'adresse dans les navigateurs les plus conformes.

— `rel="previous"` ou `rel="prev"` si le fichier désigné est la page précédente dans l'ordre normal de consultation du site.

— `rel="next"` si le fichier est la page suivante dans l'ordre normal de consultation du site.

— `rel="help"` si le fichier est la page d'aide.

- L'attribut `type` précise le type de contenu du fichier externe. Il peut par exemple prendre les valeurs suivantes :

```
type = "text/css" pour une feuille de style CSS
type = "text/javascript" pour un script JavaScript
type = "text/html" ou "text/xml"
type = "images/x-icon" pour créer une icône
```

- L'attribut `href` contient l'adresse relative ou absolue de la ressource externe associée.
- L'attribut `hreflang` – qui, comme `lang`, prend pour valeur un code de langue – précise la langue utilisée dans le document cible.
- L'attribut `media` indique le type de média concerné par le document externe. Nous l'utiliserons en particulier pour lier une feuille de style en précisant le type de média visé par les styles du document CSS. Les valeurs de l'attribut `media` sont `screen` (écran d'ordinateur), `print` (imprimante), `tty` (télétype), `tv` (téléviseur), `projections` (rétro ou vidéoprojecteur), `handheld` (PDA, téléphone), `braille` (terminal braille), `aural` (navigateurs oraux) et `all` (tous les médias).
- L'attribut `sizes` indique la taille des icônes en particulier quand l'attribut `rel` vaut `icon`. Sa valeur doit comporter deux nombres entiers séparés par les caractères x ou X.

À titre d'exemple, nous pouvons écrire les codes suivants pour l'élément `<link/>` :

- Pour lier une feuille de style :

```
<link rel="stylesheet" type="text/css" href="code.css"/>
```

- Pour lier plusieurs feuilles de styles en précisant le média concerné :

```
<link rel="stylesheet" type="text/css" href="styleWeb1.css" media="screen"/>
<link rel="stylesheet" type="text/css" href="styleWeb2.css" media="print"/>
```

- Pour lier un script JavaScript :

```
<link rel="script" type="text/javascript" href="code.js"/>
```

- Pour créer une icône dans la barre d'adresse :

```
<link rel="icon" type="images/x-icon" href="/fashion.icon"/>
```

- Pour créer un lien de dépendance vers un document :

```
<link rel="next" type="text/html" href="page3.html" />
<link rev="prev" type="text/html" href="page1.html" />
```

- Pour créer un lien vers la page d'accueil :

```
<link rel="start" type="text/html" href="index.html" />
```

Les commentaires

Il est toujours utile de commenter votre code HTML 5, comme tout code informatique d'ailleurs, pour en permettre une meilleure compréhension, en particulier pour le relire un certain temps après l'avoir écrit. Tous les commentaires que vous écrirez seront ignorés par le navigateur, et vous pouvez donc vous exprimer librement. Pour placer un commentaire, vous devez l'ouvrir avec les symboles <!--, et le fermer avec les symboles -->. N'oubliez pas de fermer vos commentaires, sinon tout ce qui suit sera encore interprété en tant que tel, provoquant une erreur. Par exemple, on aura :

```
<!-- Voici un commentaire HTML
qui peut comporter plusieurs lignes
sans problème -->
```

Les méta-informations : l'élément <meta />

L'élément <meta /> est également un élément vide pour lequel l'information est contenue dans ses attributs. Ces informations ne sont donc pas visibles dans la page mais elles sont destinées au serveur web, aux navigateurs et aux moteurs de recherche. Chaque information est identifiée par un nom et un contenu. Le nom de l'information est défini dans les attributs name ou http-equiv dont les rôles sont similaires, et la valeur associée est contenue dans l'attribut content sous la forme suivante :

```
<meta name="nom1" content="valeur1" />
<meta http-equiv="nom2" content="valeur2" />
```

Si nous utilisons l'attribut http-equiv, l'information indiquée dans l'attribut content sera présente dans les en-têtes HTTP envoyés par le serveur au navigateur sous la forme de couple nom/valeur.

La plupart des valeurs des attributs name et http-equiv sont des mots-clés. Nous allons nous arrêter sur la signification et l'utilité des plus courants d'entre eux.

- name="author" désigne le nom de l'auteur de la page sans pour autant créer un copyright.

  ```
  <meta name= "author" content="Jean Engels" />
  ```

- name="keywords" : cette valeur est très importante pour le créateur de site car son incorporation dans un document sert à l'indexation des pages web par les moteurs de recherche et les annuaires. L'attribut content associé à name contient la liste des mots-clés que vous allez choisir comme les plus représentatifs du contenu du site. Chaque mot ou expression est séparé des autres par une virgule. Il n'est pas rare d'utiliser plusieurs lignes de mots-clés dans l'attribut content. L'utilisation de l'élément <meta /> à cette fin est donc des plus utile car il va permettre une mise en valeur de votre site qui apparaîtra dans les réponses fournies par les moteurs de recherche si vos mots-clés correspondent à la demande formulée par un internaute. Il est important de bien choisir ses mots-clés pour qu'ils correspondent vraiment au contenu du site et d'en multiplier les variantes dans la liste de l'attribut content. On pourra retrouver le même mot au singulier et au pluriel, au masculin et au féminin. En revanche, il serait contre-productif d'utiliser les mots les plus demandés dans les moteurs de recherche sous prétexte d'attirer du public, alors qu'ils ne correspondent pas au contenu réel de votre site. Exemple de code :

```
<meta name="keywords" content="HTML 4, XHTML, HTML 5, CSS 2, CSS 3, design web,
➡ création de sites />
```

- `name="description"`. Dans le même ordre d'idée que la valeur précédente, il indique une brève description de l'information contenue dans le site. C'est cette description qui apparaît dans le moteur de recherche et il est donc essentiel qu'elle soit courte et correcte. Inutile de donner une description de 10 lignes alors que Google par exemple n'en affiche que deux. Il est également fortement recommandé d'utiliser cet élément `<meta />` car si vous ne fournissez pas vous-même une description de la page, Google et les autres moteurs de recherche utilisent les premières lignes de votre page qui ne sont pas nécessairement les plus explicites. Exemple de code :

```
<meta name="Description" content="Le site du livre &raquo; HTML 5 et CSS 3
➡ &raquo; de Jean Engels Editions Eyrolles" />
```

- `http-equiv="refresh"`. Quand il est associé à l'attribut `content` qui a pour valeur un nombre de N secondes, son utilisation permet de forcer le navigateur à recharger la page toutes les N secondes. On procédera ainsi pour un site aux informations renouvelées très fréquemment, par exemple un site de cotation boursière, ou pour afficher l'heure régulièrement par exemple à l'aide d'un script JavaScript ou PHP. Vous pouvez également utiliser cet élément pour rediriger automatiquement le visiteur vers une autre page du même site ou encore d'un autre site. On appliquera cette technique si le contenu du site a changé de nom de domaine. Pour cela, l'attribut `content` doit contenir le nombre N de secondes avant lequel la redirection sera effectuée, suivi d'un point-virgule (;) et de l'URL absolue de la nouvelle page. Par exemple, pour rediriger vers une autre page au bout de dix secondes, écrivez le code suivant :

```
<meta http-equiv="refresh" content="10; http:/www.funhtml.com/index/>
```

- `http-equiv="Content-type"`. Cette valeur de l'attribut permet de définir simultanément le type du document et le jeu de caractères employé dans la page. Comme nous l'avons déjà signalé, il faut l'utiliser impérativement si le jeu de caractères n'a pas été précisé, ou si cette information est absente, comme dans le cas des pages PHP. Si cette déclaration n'est pas effectuée, l'utilisation de cet élément `<meta />` est indispensable sous peine de voir le document non validé. L'attribut `content` contient alors le type du document suivi d'un point-virgule puis le code du jeu de caractères. Ce qui donne par exemple le code suivant :

```
<meta http-equiv="Content-type" content="text/html;charset=UTF-8" />
```

Les scripts internes : l'élément <script>

Nous avons vu qu'il était possible de lier la page HTML 5 avec un fichier externe contenant du code JavaScript au moyen de l'élément `<link />`. Si cette solution correspond bien au concept de séparation des fichiers ayant chacun un rôle différent, il est également possible de réaliser la même opération avec l'élément `<script>` qui sera alors vide. Le type de langage utilisé est précisé dans l'attribut `type` qui est obligatoire et contient généralement la valeur `text/javascript` ou `application/javascript` pour JavaScript. Dans le cas d'un fichier externe, il faut employer l'attribut `src` qui donne l'URL du fichier externe du script qui possède l'extension `.js` pour JavaScript. Nous aurions par exemple le code suivant :

```
<script type="text/javascript" src="http://www.funhtml/html/fichiercode.js">
</script>
```

Il est toujours possible d'incorporer du code JavaScript dans une page de code au moyen de l'élément `<script>` mais, à la différence de l'utilisation précédente, le code du script est inclus entre les balises `<script>` et `</script>`. Dans ce cas, seul l'attribut `type` est requis. Il est d'usage courant d'inclure tout le code JavaScript dans un commentaire situé à l'intérieur de l'élément `<script>` pour qu'il ne soit pas interprété par les navigateurs dépourvus d'interpréteur (s'il en existait encore !) mais aussi et surtout si le visiteur a volontairement interdit l'exécution des scripts JavaScript.

Nous pouvons par exemple écrire le code suivant :

```
<script  type="text/javascript">
  <!--
  function debut()
  {alert('Bonjour HTML 5');}
  -->
</script>
```

En plus de l'attribut `id` commun à la plupart des éléments, l'élément `<script>` possède également les attributs suivants dont le rôle est annexe par rapport aux précédents.

- `charset` pour préciser le jeu de caractères utilisés dans l'élément.

- `defer` dont la seule valeur autorisée est `defer`. S'il est utilisé, l'interpréteur JavaScript du navigateur n'interprète pas le code contenu dans l'élément avant l'affichage de la page, ce qui rend l'affichage plus rapide. Cet attribut ne sera utilisé que si le code ne contient pas d'instructions provoquant un affichage direct dans la page du type de celles réalisées au moyen de la fonction `write ()`.

À la différence des autres éléments présents dans l'en-tête du document, l'élément `<script>` peut être utilisé également dans le corps du document, directement inclut entre les balises `<body>` et `</body>`, ou indirectement dans de nombreux autres éléments inclus eux-mêmes dans `<body>` et dont la liste figure dans le tableau 2-1.

Tableau 2-1

Tous les éléments de la catégorie Phrasing (voir le tableau 2-3) ainsi que `<head>`.

Le code suivant utilise l'élément `<script>` et tous ses attributs :

```
<script type="text/javascript" charset="UTF-8" defer="defer">
<!-- Code JavaScript -- >
</script>
```

L'incorporation des styles : l'élément <style>

L'utilisation des styles CSS est étroitement liée à HTML 5 comme elle l'était déjà avec XHTML. Nous avons vu qu'ils pouvaient le plus souvent être écrits dans un fichier externe lié à la page avec l'élément `<link />`. Cependant, comme pour les scripts, il est possible de les placer directement dans le code HTML en tant que contenu de l'élément `<style>`. Il n'est pas interdit d'écrire tous les styles dans cet élément mais cette possibilité sera réservée aux cas où les styles sont peu nombreux. Il est aussi envisageable de lier un fichier externe contenant les styles communs à toutes les pages d'un site avec `<link />` et d'ajouter des styles particuliers à une page dans l'élément `<style>` de celle-ci.

En plus des attributs `id`, `lang`, `dir` et `title` que nous avons déjà rencontrés, et peu utiles ici, l'élément `<style>` possède les attributs suivants.

• L'attribut `type`, dont la présence est obligatoire, précise le type de feuilles de styles utilisées. Pour les documents HTML, il prend toujours la valeur `text/css`.

• L'attribut `media` précise le type de média concerné par la feuille de style. Il est donc possible d'incorporer plusieurs éléments `<style>` dans l'en-tête de la page, chacun étant destiné à un média différent (voir l'exemple 2-4). Il prend les valeurs suivantes : `screen` (écran d'ordinateur), `print` (imprimante), `tty` (télétype), `tv` (téléviseur), `projections` (rétro ou vidéoprojecteur), `handheld` (PDA, téléphone), `braille` (terminal braille), `aural` (navigateur oral) et `all` (tous les médias).

Le code suivant définit une couleur de fond jaune pour la page et une couleur bleue pour le texte pour le media écran :

```
<style type="text/css" media="screen">
 body{background-color:yellow;color:blue;}
</style>
```

Nous reviendrons en détail sur l'écriture des styles dans la seconde partie de cet ouvrage. Il nous faut simplement retenir ici la localisation des styles.

Le titre de la page : l'élément <title>

Chacun a pu remarquer dans son navigateur qu'avant l'affichage complet d'une page web, un titre apparaît dans la barre de titre située en haut de la fenêtre du navigateur. Ce texte est défini dans l'élément `<title>` qui est l'un des deux seuls dont la présence est obligatoire dans l'élément `<head>`. Son contenu est un simple texte qui doit résumer le contenu de la page en une ligne maximum. Il est important de bien réfléchir à ce contenu car c'est aussi lui qui apparaîtra comme titre principal du site dans les moteurs de recherche. Il doit donc être accrocheur et bien correspondre à l'esprit de la page. Nous aurons par exemple le code suivant :

```
<title>Le site de HTML 5 et CSS 3 </title>
```

L'élément `<title>` possède les attributs globaux dont `lang`, `dir` et `id` que nous avons déjà rencontrés.

L'exemple 2-4 crée une page en utilisant la plupart des éléments possibles de l'en-tête `<head>` dont `<title>` (repère ❶), `<base />` (repère ❷), un grand nombre d'éléments `<meta />` (repère ❸) et `<link />` (repère ❹), les éléments `<style>` (repère ❺) et `<script>` (repère ❻). L'élément `<body>` (repère ❼) contient un minimum d'éléments pour obtenir un affichage, à savoir un titre (repère ❽) et une image (repère ❾). Nous reviendrons dans la section suivante sur cet élément important et sur ce qu'il peut contenir.

Exemple 2-4 Les éléments de l'en-tête du document

```
<!DOCTYPE html>
<html>
 <head>
  <meta http-equiv="Content-type" content="text/html;charset=UTF-8" />
    <!-- Element <title> --> ❶
    <title> HTML 5 et CSS 3 </title>
    <!-- Element  <base /> --> ❷
    <base href="http://www.funhtml.com/html/" />
    <!--Elements <meta />  --> ❸
    <meta name="Author" content="Jean ENGELS"/>
    <meta name="Keywords" content="HTML 5, CSS 3, Web" />
    <meta name="Description" content="Le site du livre &raquo; HTML 5 et CSS 3
    ➥ &raquo; de Jean Engels Editions Eyrolles" />
    <meta http-equiv="default-style" content="text/css" />
    <meta http-equiv="Refresh" content="1250; URL=http://www.funhtml.com/xhtml">
    <!-- Elements <link /> --> ❹
    <link rel="shortcut icon" type="images/x-icon" href="/html/images/
    ➥ favicon.ico" />
    <link rel="stylesheet" type="text/css" href="/xhtml/C2/messtyles.css" />
    <link rel="next" title="PHP 5" type="text/html" href="http://www.funhtml.com/
    ➥ php5" />
    <link rel="previous" title="Document HTML" type="text/html" href="/html/C2/
    ➥ exemple2-1.xml" />
    <link rel=alternate href="/en/html" hreflang=en type=text/html title="English
    ➥ HTML">
    <!-- Element <style> --> ❺
    <style type="text/css" media="screen">
      body {background-color:yellow;color:blue;font-size:40px}
    </style>
    <style type="text/css" media="print">
```

```
      body {background-color:white;color:green;}
    </style>
    <!-- Element <script> --> ❻
    <script  type="text/javascript">
     function debut()
     {alert('Bonjour HTML 5');}
    </script>
    <script type="text/javascript" src="http://www.funhtml/html/fichiercode.js">
    </script>
  </head>
  <body onload="debut()"> ❼
    <!-- Tout le contenu de la page -->
   <h1>Le corps de la page</h1> ❽
   <p>
      <img src="/html/images/html5.png" alt="HTML 5" /> ❾
   </p>
  </body>
</html>
```

La figure 2-1 montre le résultat minimal obtenu.

Figure 2-1

L'utilisation des éléments de l'en-tête

Le corps du document : l'élément <body>

L'essentiel des éléments de l'en-tête <head> que nous venons d'aborder ont un contenu invisible dans le navigateur. L'élément <body> au contraire est le conteneur de l'ensemble des éléments textuels et graphiques d'une page web.

Les catégories d'éléments

La presque totalité des éléments HTML 5 sont désormais regroupés en catégories qui précisent leur rôle. Celles-ci ne sont pas indépendantes les unes des autres et il existe de nombreuses intersections entre ces différents ensembles comme le montre la figure 2-2.

Figure 2-2

Les catégories d'éléments

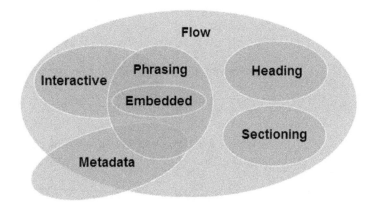

Les tableaux 2-2 à 2-8 donnent pour chaque catégorie la liste exhaustive des éléments qui la composent. Le tableau 2-9 donne la liste des éléments HTML 5 ne figurant dans aucune catégorie précise.

Tableau 2-2. L'ensemble des éléments de catégorie Flow

```
a, abbr, address, article, aside, audio, b, bdo, blockquote, br, button, cite, code, del, dfn, div, dl, em,
embed, fieldset, figure, footer, form, h1, h2, h3, h4, h5, h6, header, hgroup, hr, i, iframe, img, input, ins,
kbd, label, map, mark, math, menu, meter, nav, noscript, object, ol, output, p, pre, progress, q, s, samp,
script, section, select, small, span, strong, sub, sup, svg, table, textarea, u, ul, var, video, wbr, texte
brut
```

Tableau 2-3. L'ensemble des éléments de catégorie Phrasing

```
abbr, audio, b, bdo, br, button, cite, code, dfn, em, embed, i, iframe, img, input, kbd, label, mark, math,
meter, noscript, object, output, progress, q, s, samp, script, select, small, span, strong, sub, sup, svg,
textarea, u, var, video, wbr, texte brut
```

Tableau 2-4. L'ensemble des éléments de catégorie Interactive

a, button, embed, iframe, label, select, textarea, audio (si l'attribut controls est présent), img (si l'attribut usemap est présent), input (sauf pour un composant hidden), object (si l'attribut usemap est présent), video (si l'attribut controls est présent)

Tableau 2-5. L'ensemble des éléments de catégorie Heading

h1, h2, h3, h4, h5, h6, hgroup

Tableau 2-6. L'ensemble des éléments de catégorie Sectioning

article, aside, nav, section

Tableau 2-7. L'ensemble des éléments de catégorie Embedded

audio, embed, iframe, img, object, svg, video

Tableau 2-8. L'ensemble des éléments de catégorie Metadata

base, link, meta, noscript, script, style, title

Tableau 2-9. L'ensemble des éléments hors catégorie

caption, col, colgroup, dd, dt, figcaption, head, html, legend, li, optgroup, option, param, source, tboby, tfoot, th, thead, tr

Au fur et à mesure de leur étude, nous préciserons la catégorie des éléments qui peuvent être inclus dans tel élément. Ceci est utile pour savoir, comme en XHTML, quel peut être le contenu (les enfants) d'un élément et dans quels éléments il peut être inclus (ses parents). Il est important pour être conforme aux prescriptions HTML 5 de respecter les différentes inclusions. C'est donc le premier contrôle auquel vous devez procéder. Par exemple, l'élément <body> peut contenir tous les éléments de la catégorie Flow mais l'élément <caption> ne peut avoir comme parent que l'élément <table> et rien d'autre. Notons malgré tout que même si la catégorie Flow contient le texte brut, il est déconseillé d'inclure directement du texte dans l'élément <body> ; il vaut mieux le placer dans un élément enfant de <body>, ne serait-ce que pour lui appliquer simplement un style particulier et aussi pour qu'il apparaisse clairement dans la hiérarchie des éléments.

Exemple 2-5 Exemple d'inclusion des éléments dans une page HTML 5

```
<!DOCTYPE html>
<html>
 <head>
  <meta http-equiv="Content-type" content="text/html;charset=UTF-8" />
  <title>Les éléments du corps de la page</title>
  <meta name="Author" content="Jean ENGELS" />
  <meta name="Keywords" content="HTML 5" />
  <meta name="Description" content="Des inclusions" />
  <link rel="shortcut icon" type="images/x-icon" href="../images/favicon.ico" />
  <style type="text/css" title="style1">
       body{background-color:    #EEE;}
  </style>
 </head>
 <body>
  <div>
   <address>Contact : html@funhtml.com</address>
   <blockquote>
    <hgroup>
     <h1>titre de niveau 1</h1>
    </hgroup>
    <dl>
     <dt>Liste de d&eacute;finition</dt>
     <dd>UN</dd>
    </dl>
   </blockquote>
  </div>
  <!--  -->
  <form action="script.php">
   <fieldset>
    <legend>commentaires</legend><br />
    <textarea cols="30" rows="5">texte</textarea>
   </fieldset>
  </form>
  <!--  -->
  <table border="1">
   <tbody>
    <tr>
     <td>Cellule 1 de tableau</td>
    </tr>
    <tr>
     <td>Cellule 2 de tableau</td>
    </tr>
   </tbody>
  </table>
  <!-- The document is valid HTML5 + ARIA + SVG 1.1 + MathML 2.0  -->
 </body>
</html>
```

L'exemple 2-5 présente plusieurs exemples d'inclusions successives d'éléments qui créent une hiérarchie arborescente présentée ci-dessous. L'élément <body> a trois enfants directs qui ont chacun à leur tour un ou plusieurs enfants, et ainsi de suite.

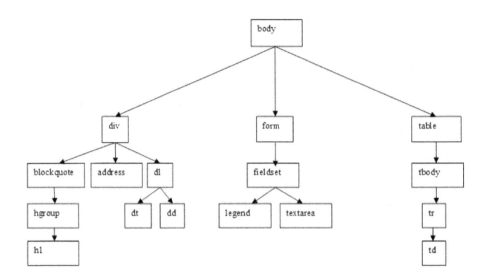

Figure 2-3

Arborescence d'un fichier HTML

Exercices

Exercice 1

La déclaration DOCTYPE est-elle obligatoire ? Où doit-elle être placée ? Quelles informations contient-elle ?

Exercice 2

Que faut-il faire pour que le code HTML 5 soit validé ?

Exercice 3

À quel emplacement est défini le jeu de caractères utilisé dans le document ?

Exercice 4

Où est déclaré le nom de l'élément racine du document ? Quel est son rôle et son nom ?

Exercice 5

Quels sont les éléments enfants de l'élément <html> ?

Exercice 6

À quoi sert l'élément `<head>` ? Quels sont ses éléments enfants ? Peuvent-ils être employés plusieurs fois dans le même document ?

Exercice 7

Quel élément est obligatoire dans l'élément `<head>` ? À quoi sert-il ?

Exercice 8

Écrire le code nécessaire à la liaison d'une feuille de style avec un document.

Exercice 9

Écrivez le code nécessaire à la liaison d'un document externe contenant des scripts JavaScript avec un document.

Exercice 10

Comment déclarer les mots-clés associés au site ? Quelle est l'utilité de cette déclaration ? Écrivez-en un exemple.

Exercice 11

Quel est le rôle de l'élément `<base />` ? Écrivez-en un exemple.

Exercice 12

Peut-on écrire le code suivant dans une page ?

```
<body>
 Bienvenue dans notre site
 <h1>Le site du HTML 5 et de CSS 3</h1>
</body>
```

Exercice 13

Peut-on inclure les éléments `<tbody>`, `<form>` et `<li>` directement dans l'élément `<body>` ?

Exercice 14

Écrivez un script qui affiche un message d'alerte quand l'utilisateur arrive sur le site.

Exercice 15

Écrivez le code CSS suivant à l'endroit adéquat :

```
body {background-color:white;color:green;font-size :20px}
```

Incluez ensuite un texte dans la page et testez le résultat. Vous devez obtenir un fond rouge, un texte bleu avec des caractères de 20 pixels.

3

Structurer le contenu
d'une page

Créer un site web, c'est d'abord créer une charte graphique que l'on va retrouver sur les différentes pages. Dans chaque page, on doit pouvoir distinguer du premier coup d'œil les grandes zones qui la composent comme l'en-tête, la zone de navigation permettant de surfer à l'intérieur du site, la zone principale, dans laquelle est situé le contenu propre de la page, et le pied de page. Mais le contenu d'une page peut être encore plus diversifié, en évitant toutefois la multiplication des zones qui peut distraire l'attention et obliger le visiteur à chercher ce qu'il désire. Nous allons tout d'abord envisager les éléments anciens, ceux propres à HTML 5 qui permettent cette structuration de la page en grandes divisions, puis ceux dédiés particulièrement à l'organisation du texte, et enfin ceux destinés à l'affichage des informations sous forme de listes.

Les grandes divisions de la page

L'élément <div>

L'élément `<div>` peut être directement inclus dans le corps du document `<body>`. Il crée une division de la page. Ce type de division permet de grouper dans un seul bloc un ensemble composé soit de textes, soit d'éléments inclus, auxquels on pourra appliquer globalement des styles particuliers. Une division créée avec `<div>` permet d'inclure une très grande variété d'éléments HTML 5, comme du texte brut, les éléments en ligne et la totalité des éléments de la catégorie Flow comme l'autorise `<body>`, dont par exemple les titres, les listes et les formulaires, ce qui est interdit dans un paragraphe. C'est donc un élément très riche qui se prêtait bien à la création de la structure entière d'une page avant HTML 5, et auquel il est possible d'appliquer par la suite des styles propres et des positions précises (voir le chapitre 12, section sur le positionnement).

L'élément `<div>` admet l'ensemble des attributs communs dont `id`, `class`, `title`, `dir` et `lang`, qui sont les plus utilisés. Il sera également possible à l'aide de scripts simples de créer des effets graphiques sur des divisions en les faisant apparaître ou disparaître en fonction des actions du visiteur. Notons aussi que, contrairement aux paragraphes `<p>` (voir les divisions secondaires), la fin d'une division n'entraîne pas un saut de ligne par défaut, mais seulement un retour à la ligne. Les contenus des différentes divisions peuvent donc se succéder sans rupture.

Dans l'exemple 3-1, nous créons trois éléments `<div>` contenant du texte brut (repères ❶, ❸ et ❺), les deux premiers contenant un titre (repères ❷ et ❹). Les couleurs de fond données à ces divisions permettent de visualiser leur emprise dans la page. Nous pouvons remarquer dans la figure 3-1 que les deux dernières divisions se suivent et ne sont séparées que par un retour à la ligne.

Dans cet exemple, la réalisation d'une séparation du texte entre les deux derniers blocs `<div>` ne se justifie que si l'on veut leur appliquer des styles différents par la suite.

Exemple 3-1 Les divisions avec l'élément <div>

```
<!DOCTYPE html>
<html>
 <head>
  <meta http-equiv="Content-type" content="text/html;charset=UTF-8" />
   <title>Les éléments &lt;div&gt;</title>
  <link rel="shortcut icon" type="images/x-icon" href="../images/favicon.ico" />
  <style>
  div{background-color:#EEE;}
  </style>
 </head>
 <body>
 <div> ❶
   <h1>Chapitre 1</h1> ❷
 In principio creavit Deus caelum et terram terra autem erat inanis et vacua et
   ➡ tenebrae super faciem abyssi et spiritus . . .
 </div>

 <div> ❸
   <h1>Chapitre 2</h1> ❹
 Et vocavit Deus aridam terram congregationesque aquarum appellavit maria et vidit
   ➡ Deus quod esset bonum et ait germinet . . .
 </div>

 <div> ❺In principio creavit Deus HTML 5 et CSS 3 terra autem erat inanis
   ➡ et vacua et tenebrae super faciem abyssi et . . .
 </div>
 </body>
</html>
```

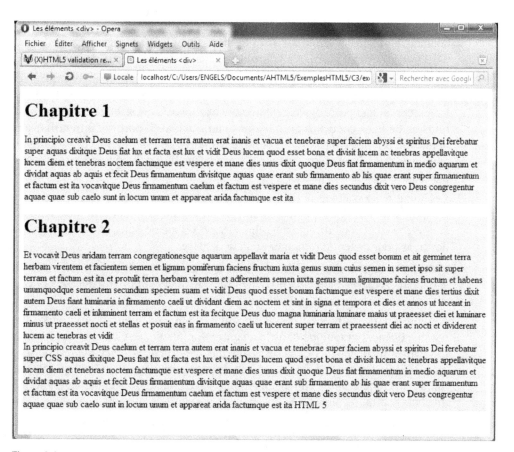

Figure 3-1

Les éléments <div>

Les nouveaux éléments HTML 5

Il faut bien reconnaître que dans XHTML et les versions précédentes de HTML, l'élément <div> n'avait pas un rôle sémantique bien déterminé et qu'il était employé à toutes les sauces. L'usage courant était d'organiser la page en plusieurs zones, chacune contenue dans un élément <div> identifié par son attribut id qui pouvait être nommé entete, corps, pied, navigation, etc., en fonction de sa destination. HTML 5 a introduit un ensemble de nouveaux éléments ayant chacun une fonction sémantique précise. Ceci a pour but principal de faciliter l'indexation du contenu des pages par les moteurs de recherche ; on sent là l'influence probable du plus grand d'entre eux dans le groupe qui a élaboré HTML 5.

Leur rôle est de structurer la page en plusieurs grandes zones dont le simple nom de l'élément est évocateur de son utilité. Il s'agit des éléments <header>, <footer>, <aside> et <nav>.

L'élément `<header>` comme son nom l'indique constitue l'en-tête de la page. Il va pouvoir contenir un bandeau et/ou une liste de liens organisés en menus. Dans la continuité du précédent, l'élément `<footer>` a pour rôle de contenir le pied de page qui peut être commun à toutes les pages du même site et inclure des informations comme une adresse de contact avec le webmestre, les coordonnées de l'entreprise ou la déclaration Cnil par exemple.

L'élément `<aside>` porte également un nom explicite. C'est en effet le conteneur d'informations ou de liens connexes avec le contenu principal. Il pourrait être utilisé par exemple pour faire référence à des sujets complémentaires ou pour définir des termes spécifiques employés dans le contenu principal. En termes de positionnement, il est logiquement placé sur un coté de la page.

L'élément `<nav>` contient la liste des liens utiles à la navigation vers les différentes pages du site ou vers des pages externes en rapport avec lui. Il peut être inclus aussi bien dans l'en-tête `<header>` que directement dans `<body>` ou même dans `<footer>` en guise de rappel des liens pour éviter de remonter en haut de page.

Dans cette optique d'organisation de la page, on gardera l'élément `<div>` pour le contenu principal. Tous ces éléments possèdent des attributs communs dont les plus utiles sont `accesskey`, `id`, `class`, `lang`, `style` et `title`.

Un peu à part des précédents, l'élément `<iframe>`, qui pourrait tout aussi bien figurer comme élément graphique dans le chapitre 4, rappelle les éléments qui servaient à créer des cadres indépendants dans une page dans les versions précédentes comme HTML 4 ou XHTML frameset. Il incorpore de manière privilégiée un contenu externe comme une carte Google Maps ou carrément une page d'un autre site par exemple. En plus des attributs communs, il possède les attributs particuliers suivants.

- `src` : il contient l'adresse absolue ou relative du contenu externe.
- `width` : il définit la largeur de la fenêtre.
- `height` : il définit la hauteur de la fenêtre.
- `name` : il contient le nom de la fenêtre, variable utilisée dans le code pour agir sur celle-ci.

Dans l'exemple 3-2 nous créons une structuration de la page en utilisant tous ces éléments. La page comprend six zones bien lisibles grâce aux couleurs qui leur sont affectées par les différents styles (repère ❶). Dans l'ordre du code, nous avons un en-tête `<header>` (repère ❷) qui ne contient qu'un titre, une zone de navigation `<nav>` (repère ❸) qui contient une suite de liens (voir le chapitre 5 pour leur création), une zone annexe `<aside>` qui contient un titre et un texte supposé complémentaire (repère ❹), puis un cadre `<iframe>` (repère ❺) affichant le plan Google nécessaire pour courir à la librairie Eyrolles acheter ce livre. Viennent ensuite la zone du contenu principal dans un élément `<div>` (repère ❻) et enfin un pied de page `<footer>` qui contient les renseignements d'usage (repère ❼). Le positionnement de ces éléments est réalisé par des styles CSS (repère ❶) sur lesquels nous reviendrons en détail dans la seconde partie de l'ouvrage mais dont la compréhension n'est pas nécessaire pour l'instant. Tous ces éléments peuvent être inclus et inclure comme enfants tous les éléments de la catégorie Flow. La figure 3-2 montre le résultat obtenu.

Exemple 3-2 Structuration d'une page

```html
<!DOCTYPE html>
<html>
 <head>
  <meta http-equiv="Content-type" content="text/html;charset=UTF-8" />
   <title> Elements de structuration des pages </title>
   <script  type="text/javascript">
    document.createElement('header');
    document.createElement('footer');
    document.createElement('nav');
    document.createElement('aside');
    document.createElement('iframe');
   </script>
   <style type="text/css"> ❶
    header {background-color:red;color:white; }
    aside{background-color:#777; width: 15%; float:left; margin: 5px; color:white;}
    footer{background-color: #FFCC99;}
    div{background-color:#EEE;}
    nav{background-color:#CCC;width: 100%; margin: 5px; display:block;}
    li{display: inline;}
    iframe{float:right;}
  </style>
 </head>
<body>
 <!-- En tête -->
 <header> ❷
  <h1>Création Internet </h1>
 </header>
 <!-- Zone de navigation -->
 <nav> ❸
  <ul>
   <li><a href="w3.org"> HTML 5: Bases </a>   </li>
   <li><a href="w3.org"> HTML 5 : Structuration </a>   </li>
   <li><a href="w3.org"> HTML 5 : Images </a>   </li>
   <li><a href="w3.org"> HTML 5 : Vidéo </a>   </li>
   <li><a href="w3.org"> CSS 3 : Sélecteurs</a>   </li>
   <li><a href="w3.org"> CSS 3 : Couleurs</a>   </li>
   <li><a href="w3.org"> CSS 3 : Positionnement</a>   </li>
   <li><a href="w3.org"> CSS 3 : Transformation</a>   </li>
  </ul>
 </nav>
 <!-- Zone annexe -->
 <aside> ❹
  <h2>La création de HTML 5</h2>
  <p>
   In principio creavit Deus HTML 5 caelum et terram terra autem erat inanis
   ➥ et vacua et tenebrae super faciem abyssi . . .
  </p>
 </aside>
 <!-- Cadre -->
```

```
<iframe width="300" height="450"   src="http://maps.google.fr/?t=m&amp;
➡ vpsrc=0&amp;ie=UTF8&amp;ll=48.849708,2.351182&amp;spn=0.007469,0.01929&amp;
➡ z=16&amp;output=embed"></iframe> ❺
<!-- Contenu principal -->
<div> ❻
 <h2>"HTML 5 et CSS 3" : Editions Eyrolles Bd St Germain</h2>
  In principio creavit Deus caelum et terram terra autem erat inanis et vacua et
  ➡ tenebrae super faciem abyssi et spiritus Dei ferebatur super aquas . . .
</div>
<!-- Pied de page -->
<footer>Contact avec l'auteur : <a id="auteur" href="mailto:html@funhtml.com">
➡ html@funhtml.com</a>
</footer> ❼
</body>
</html>
```

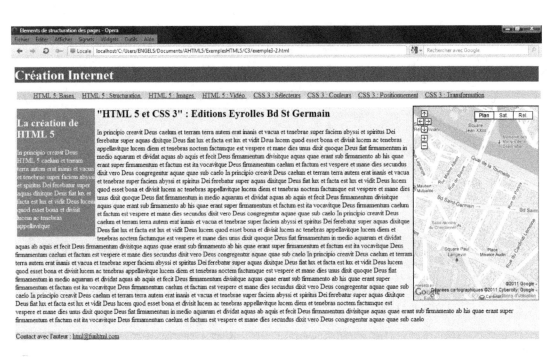

Figure 3-2

Premier exemple de structuration d'une page

Pour bien montrer la distinction entre structure et présentation, l'exemple 3-3 reprend le même code HTML 5 que le précédent mais avec une présentation différente. Tous les éléments ‹header› (❷), ‹nav› (❸), ‹aside› (❺), ‹iframe› (❹), ‹div› (❻) et ‹footer› (❼) sont exactement les mêmes que dans l'exemple 3-2, la seule différence étant que ‹iframe› est maintenant dans l'élément ‹nav›. Pourtant, la figure 3-3 montre bien que le résultat obtenu n'est pas du tout le même en termes de présentation parce que les styles affectés à ces éléments ont changé (❶). Le même contenu donne lieu à d'autres possibilités comme inclure l'élément <nav> dans l'en-tête <header> ou dans l'élément <aside>. S'il en était encore besoin, ces exemples prouveraient l'importance de la séparation entre la phase de création du contenu et celle de création de la présentation.

Exemple 3-3 Structuration différente d'un même contenu

```
<!DOCTYPE html>
<html>
 <head>
  <meta http-equiv="Content-type" content="text/html;charset=UTF-8" />
  <title> Elements de structuration des pages </title>
  <script  type="text/javascript">
    document.createElement('header');
    document.createElement('footer');
    document.createElement('nav');
    document.createElement('aside');
    document.createElement('iframe');
  </script>
  <style type="text/css"> ❶
    header {background-color:red;color:white; }
    aside{background-color:#777;width:200px;height:450px;float:right; margin:
    ➥ 5px;color:white;}
    footer{background-color: #FFCC99;}
    div{background-color:#EEE;}
    nav{background-color:#CCC;width: 17%; height:400px;margin: 5px;float:left;}
  </style>
 </head>
<body>
 <!-- En tête de page-->
 <header> ❷
  <h1>Création Internet </h1>
 </header>
 <!-- Zone de navigation -->
 <nav> ❸
  <ul>
   <li><a href="w3.org"> HTML 5: Bases </a>   </li>
   <li><a href="w3.org"> HTML 5 : Structuration </a>   </li>
   <li><a href="w3.org"> HTML 5 : Images </a>   </li>
   <li><a href="w3.org"> HTML 5 : Vidéo </a>   </li>
   <li><a href="w3.org"> CSS 3 : Sélecteurs</a>   </li>
   <li><a href="w3.org"> CSS 3 : Couleurs</a>   </li>
   <li><a href="w3.org"> CSS 3 : Positionnement</a>   </li>
   <li><a href="w3.org"> CSS 3 : Transformation</a>   </li>
  </ul>
  <!-- Cadre -->
  <iframe width="190" height="200"
   src="http://maps.google.fr/?t=m&amp;vpsrc=0&amp;ie=UTF8&amp;
   ➥ ll=48.849708,2.351182&amp;spn=0.007469,0.01929&amp;z=16&amp;output=embed">
```

```
    </iframe> ❹
  </nav>
  <!-- Zone annexe -->
  <aside> ❺
   <h2>La création de HTML 5</h2>
   <p>
    In principio creavit Deus HTML 5 caelum et terram terra autem erat inanis
➥   et vacua et tenebrae super faciem abyssi . . .
   </p>
  </aside>
  <!-- Contenu principal -->
  <div> ❻
   <h2>"HTML 5 et CSS 3" : Editions Eyrolles Bd St Germain</h2>
    In principio creavit Deus caelum et terram terra autem erat inanis et vacua et
➥   tenebrae super faciem abyssi et spiritus Dei ferebatur super aquas . . .
  </div>
  <!-- Pied de page -->
  <footer>Contact avec l'auteur : <a id="auteur" href="mailto:html@funhtml.com">
➥   html@funhtml.com</a>
 </footer> ❼
 </body>
</html>
```

Figure 3-3

Un autre exemple de structuration d'une page à partir du même code HTML 5

Les divisions secondaires

Les grandes divisions d'une page étant établies, le contenu de ces zones peut lui-même être séparé en différentes parties. Ces divisions permettent de bien structurer l'information contenue dans une page. Nous nous intéresserons ici particulièrement aux éléments qui structurent le texte.

Les titres et groupes de titres

Dans une page web, c'est en priorité les titres qui identifient les grandes sections de texte, comme dans ce livre. Les titres sont contenus dans les éléments `<h1>` ... `</h1>`, pour les titres de premier niveau, à `<h6>` ... `</h6>`, pour les titres de plus bas niveau. Entre ces extrêmes, nous pouvons utiliser les titres `<h2>`, `<h3>`, `<h4>` et `<h5>` ; nous noterons `<hN>` l'ensemble de ces éléments. Si aucun style personnalisé ne leur est donné, les navigateurs affichent les titres dans des polices de tailles dégressives pour les éléments `<h1>` (le plus grand) à `<h6>` (le plus petit). Les éléments de titre faisant partie des éléments de bloc, ils sont automatiquement suivis d'un saut de ligne, après la balise de fin `</h1>` par exemple. On peut cependant adapter cette particularité en définissant un style personnalisé pour ces éléments. Un élément `<hN>` peut contenir bien sûr du texte, ce qui en constitue l'utilisation la plus fréquente, mais il est utile de savoir qu'il peut aussi inclure tous les éléments de la catégorie `phrasing`. Il peut par ailleurs être inclus dans tous les éléments de type Flow.

Les éléments `<h1>` ... `<h6>` possèdent l'ensemble des éléments communs vus au chapitre 2. Nous utilisons le plus souvent `id`, `class`, `title` et, par exemple, les gestionnaires d'événements `onmouseover` et `onmouseout` pour changer leur style, comme pour modifier la couleur du titre quand le curseur le survole et la rétablir quand il quitte la zone du titre. Sans utiliser aucun style, les titres de niveaux 1 à 6 sont donc affichés avec des polices de tailles décroissantes comme le montre la figure 3-4, obtenue par l'affichage de la page de l'exemple 3-4 qui crée six titres de niveaux décroissants (repères ❶ à ❻) et utilise les deux gestionnaires d'événements `onmouseover` pour écrire le titre de niveau 1 en rouge et `onmouseout` pour le remettre en noir, sa couleur par défaut (repère ❶).

Exemple 3-4. Les différents niveaux de titre et leur style par défaut

```
<!DOCTYPE html>
<html>
 <head>
  <meta http-equiv="Content-type" content="text/html;charset=UTF-8" />
  <title>Les niveaux de titre</title>
 </head>
<body>
 <h1 onmouseover="this.style.color='red';" onmouseout="this.style.color='black'">
   ➥ Titre de niveau 1</h1> ❶
 <h2>Titre de niveau 2</h2> ❷
 <h3>Titre de niveau 3</h3> ❸
```

```
    <h4>Titre de niveau 4</h4> ➍
    <h5>Titre de niveau 5</h5> ➎
    <h6>Titre de niveau 6</h6> ➏
  </body>
</html>
```

Figure 3-4

*Les différents
niveaux de titre*

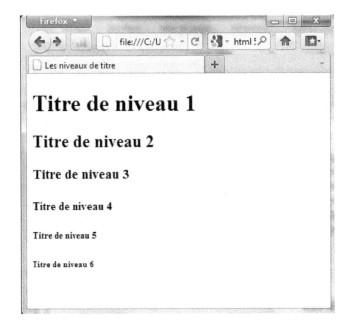

Signalons encore une fois qu'il ne faut pas choisir un niveau de titre en fonction de sa taille physique par défaut telle qu'elle est représentée à la figure 3-4, mais en fonction de la sémantique sous-jacente qui lui est attachée. Si une page ne comporte que des titres d'un seul niveau, il est conseillé de n'utiliser que des titres <h1> sans tenir compte de la taille par défaut et non pas des titres <h2> par exemple, au motif que la taille convient mieux. La taille à laquelle on veut afficher réellement ces titres dans la page sera déterminée en écrivant un style CSS. Dans le code suivant, nous organisons le contenu d'une page en utilisant quatre niveaux de titre selon une structure similaire à celle d'un livre. Le niveau <h1> est celui des parties du livre (repères ➊ et ⓰), le niveau <h2> est celui des chapitres (repères ➋ et ➒), le niveau <h3> est celui des différentes sections (repères ➌, ➏, ➓ et ⓭) et enfin le niveau <h4> est celui des titres des différents paragraphes (repères ➍, ➎, ➐, ➑, ⓫, ⓬, ⓮ et ⓯). Les niveaux suivants peuvent par exemple être utilisés pour les titres des exemples et des figures. Chacun peut ensuite être doté d'un style CSS approprié aux goûts du concepteur de la page mais la structure reste identique quelle que soit la présentation adoptée.

```
<body>
<h1>PARTIE I : HTML 5</h1>❶
 <h2>Chapitre 1 : Introduction</h2>❷
  <h3>Section 1</h3>❸
   <h4>Paragraphe 1</h4>❹
   <h4>Paragraphe 2</h4>❺
  <h3>Section 2</h3>❻
   <h4>Paragraphe 1</h4>❼
   <h4>Paragraphe 2</h4>❽
 <h2>Chapitre 2 : Structure d'un document</h2>❾
  <h3>Section 1</h3>❿
   <h4>Paragraphe 1</h4>⓫
   <h4>Paragraphe 2</h4>⓬
  <h3>Section 2</h3>⓭
   <h4>Paragraphe 1</h4>⓮
   <h4>Paragraphe 2</h4>⓯
<h1>PARTIE II : CSS 3</h1>⓰
 <!—Suite de la structure -->
 </body>
```

L'élément `<hgroup>` a été introduit dans HTML 5 pour créer des groupes de titres ; s'il peut avoir comme parent tous les éléments de la catégorie Flow, il ne peut contenir que les éléments `<h1>` à `<h6>`. Dans l'exemple 3-5 comme dans l'exemple précédent, un plan de livre est contenu dans des titres, avec la même hiérarchie. Mais ici tous les titres de chaque chapitre sont regroupés dans un élément `<hgroup>` et rendus invisibles par défaut (style `display:none`, repère ❺ : voir le chapitre 12 pour plus de détails). Tous les titres des sections et des paragraphes de chaque chapitre (repères ❻ et ❼) ne sont visibles que si le curseur se place sur le titre `<h2>` d'un chapitre puis de nouveau cachés quand le curseur quitte cette zone grâce au code JavaScript (repères ❷, ❸ et ❹).

Exemple 3-5 Les groupes de titres

```
<!DOCTYPE HTML>
<html>
 <head>
  <title>Les groupes de titres</title>
  <meta http-equiv="Content-type" content="text/html;charset=UTF-8" />
  <style >
   hgroup{background-color:#EEE;} ❶
  </style>
 </head>
 <body>
  <h1>Partie I : HTML 5</h1>
  ❷<h2 onmouseover="document.getElementById('plan1').style.display='block';" ❸
  onmouseout="document.getElementById('plan1').style.display='none';" ❹>
  ➡ Chapitre 1</h2>
```

```
<!-- Plan du chapitre 1 -->
<hgroup   id="plan1" style="display:none;" > ❺
<h3>Section 1</h3> ❻
<h4>Paragraphe 1</h4> ❼
<h4>Paragraphe 2</h4> ❼
<h3>Section 2</h3> ❻
<h4>Paragraphe 1</h4> ❼
<h4>Paragraphe 2</h4> ❼
</hgroup>
❷<h2 onmouseover="document.getElementById('plan2').style.display='block';"❸
onmouseout="document.getElementById('plan2').style.display='none';" ❹>
➡ Chapitre 2</h2>
<!-- Plan du chapitre 2 -->
<hgroup   id="plan2" style="display:none;" > ❺
<h3>Section 1</h3> ❻
<h4>Paragraphe 1</h4> ❼
<h4>Paragraphe 2</h4> ❼
<h3>Section 2</h3> ❻
<h4>Paragraphe 1</h4> ❼
<h4>Paragraphe 2</h4> ❼
</hgroup>
</body>
</html>
```

Les figures 3-5 et 3-6 montrent respectivement l'état normal et l'état développé des titres.

Figure 3-5

*Les groupes de titres :
état normal*

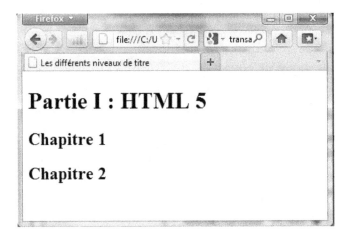

Figure 3-6

*Les groupes de titres :
état développé*

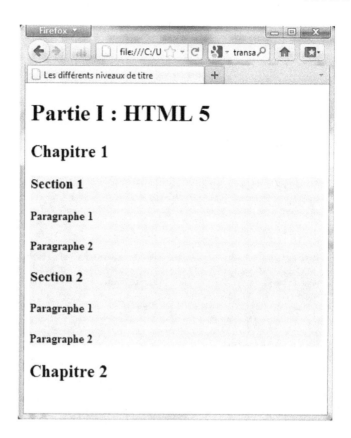

Les paragraphes : l'élément <p>

Comme dans un traitement de texte, le contenu d'une page peut être divisé en différents paragraphes. Chaque paragraphe sera par défaut précédé et suivi d'un saut de ligne pour marquer la séparation avec le contenu précédent et suivant. Chaque paragraphe doit être contenu dans l'élément <p>, et donc délimité par les balises <p> et </p>. S'il peut être inclus dans tous les éléments de la catégorie Flow, chaque paragraphe peut bien sûr contenir du texte mais également tous les éléments de la catégorie Phrasing comme des images, des objets multimédias ou des composants de formulaire (voir le chapitre 7, *Créer des formulaires*).L'élément <p> possède l'ensemble des attributs communs et aucun autre attribut particulier. L'exemple 3-6 montre une utilisation de titres et de paragraphes pour structurer un texte. Le texte est contenu dans trois paragraphes (repères ❶, ❷ et ❸). La figure 3-7 montre le résultat obtenu pour cette page, la couleur affectée aux paragraphes permettant de mieux visualiser leur emprise dans la page.

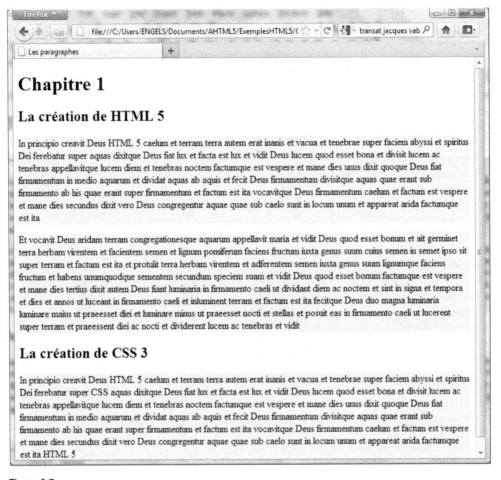

Figure 3-7

Les paragraphes

Exemple 3-6 Structuration du texte en paragraphes

```
<!DOCTYPE html>
<html>
 <head>
  <meta http-equiv="Content-type" content="text/html;charset=UTF-8" />
  <title>Les paragraphes</title>
  <style>
   p{background-color:#EEE;}
  </style>
 </head>
 <body>
  <h1>Chapitre 1</h1>
  <h2>La création de HTML 5</h2>
```

```
❶ <p>In principio creavit Deus HTML 5 caelum et terram terra autem erat
➡ inanis et vacua et tenebrae super faciem abyssi et spiritus . . .
</p>
❷ <p>Et vocavit Deus aridam terram congregationesque aquarum appellavit maria et
➡ vidit Deus quod esset bonum et ait . . .
</p>
<h2>La création de CSS 3</h2>
❸ <p>In principio creavit Deus HTML 5 caelum et terram terra autem erat
➡ inanis et vacua et tenebrae super faciem abyssi et spiritus . . .
</p>
</body>
</html>
```

Notons que si l'utilisateur redimensionne la fenêtre du navigateur, la largeur des paragraphes s'adapte à cette nouvelle taille. Le texte reste totalement visible mais sur davantage de lignes, sans avoir à utiliser la barre de défilement horizontale.

Les articles et les sections

La division du contenu textuel ou graphique au moyen des éléments `<div>` ou `<p>` étant assez pauvre du point de vue sémantique, HTML 5, dont c'est la principale évolution, enrichit dans ce but l'éventail des éléments signifiants en ajoutant les éléments `<article>` et `<section>`. On discute beaucoup par ailleurs de l'imbrication de ces deux éléments l'un dans l'autre et pour savoir qui est le parent de l'autre. Un article se veut être un contenu indépendant (comme celui d'un journal) qui peut contenir des titres, des sous-titres puis être divisé en sections elles-mêmes dotées de titres, par exemple. La structure peut donc être la suivante :

```
*article
**titre de l'article
**section 1
***titre de section 1
***contenu section 1
**section 2
***titre section 2
***contenu section 2
etc . . .
```

D'un point de vue purement technique de conformité aux prescriptions HTML 5, ils sont tous les deux dans la catégorie Flow, font partie des éléments de sectionnement et peuvent être parents ou enfants de tous les éléments de cette catégorie. Il n'est donc pas exclu qu'une section soit divisée à son tour en plusieurs articles indépendants. Dans ce cas, la section fait penser à une rubrique générale d'un journal (politique, sport, faits divers...) qui contient plusieurs articles. L'exemple 3-7 utilise ces deux nouveaux éléments pour organiser un contenu textuel. Dans la division principale `<div>` figure un article (repère ❶) contenant un titre (repère ❷) et divisé en deux sections (repère ❸) qui contiennent chacune un titre de niveau inférieur (repère ❹) et bien sûr du texte brut.

Dans la figure 3-8, les couleurs de fond données à ces différents éléments montrent bien les différentes inclusions de leurs conteneurs.

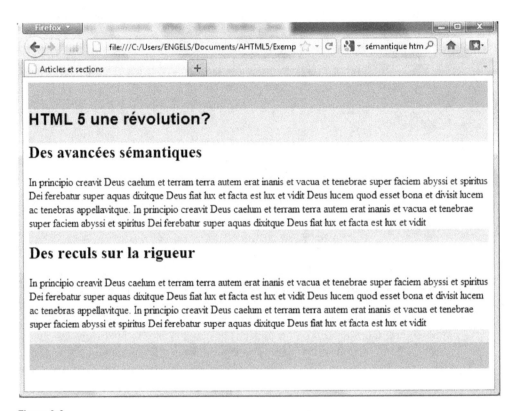

Figure 3-8

Texte divisé en articles et sections

Exemple 3-7 Les articles et les sections

```
<!DOCTYPE html>
<html>
 <head>
  <meta http-equiv="Content-type" content="text/html;charset=UTF-8" />
  <title> Articles et sections </title>
  <style>
  div{background-color:#BBB;font-family:Arial;}
  section{ background-color:#FFF;font-family:Times;}
  article{ background-color:yellow;  }
  </style>
 </head>
```

```
<body>
 <div> <br />
  <article> ❶
   <h1>HTML 5 une révolution?</h1> ❷
   <section> ❸
    <h2>Des avancées sémantiques</h2> ❹
    In principio creavit Deus caelum et terram terra autem erat inanis et vacua et
    ➡ tenebrae super faciem abyssi . . .
   </section>
   <section> ❸
    <h2>Des reculs sur la rigueur</h2> ❹
    In principio creavit Deus caelum et terram terra autem erat inanis et vacua et
    ➡ tenebrae super faciem abyssi . . .
   </section>
   <br />
  </article> <br /> <br />
 </div>
 </body>
</html>
```

Les divisions de bloc locales

Le corps du document peut contenir d'autres éléments de niveau bloc qui étaient destinés en HTML à obtenir un rendu particulier, essentiellement pour des parties de texte généralement annexes mais qui mettent en évidence une partie du texte, ceci pouvant être renforcé à l'aide de styles spécifiques (couleur de fond, bordures, police).

Les blocs de citations : l'élément <blockquote>

L'élément <blockquote> sert à créer une division de petite taille dans le corps d'une page. À l'origine, il était destiné à contenir des blocs de citations, comme un petit poème ou une note. Son contenu est par défaut mis en évidence au moyen d'un affichage en retrait par rapport aux bords gauche et droit de la page. Chaque élément est suivi d'un saut de ligne, tout comme pour les paragraphes. L'élément <blockquote> peut être inclus dans tous les éléments de catégorie Flow et les contenir tous également.

L'exemple 3-8 illustre une utilisation possible de cet élément <blockquote>. La page contient une division principale <div> (repère ❶) suivie d'un grand paragraphe (repère ❷) qui englobe tout le contenu textuel. Au milieu du texte de ce dernier se trouve un élément <blockquote> (repère ❸) qui contient une sorte d'aparté par rapport au reste du texte. Comme on le voit, ce bloc peut contenir son propre titre.

La figure 3-9 montre le type de présentation que fournissent par défaut les navigateurs pour l'élément <blockquote>. Les différences avec les exemples précédents ne se situent qu'au niveau de la présentation et celle-ci aurait pu être obtenue en appliquant des styles aux éléments <p> ou <div> employés précédemment. Cela confirme bien qu'il faut s'attacher dans un premier temps à la structure et non à l'aspect.

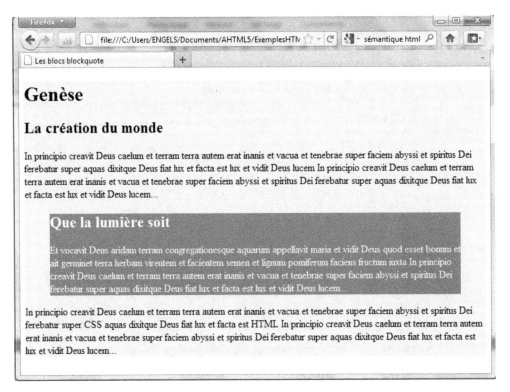

Figure 3-9

Une division <blockquote> dans une page

Exemple 3-8 Le bloc <blockquote>

```
<!DOCTYPE html>
<html>
 <head>
  <meta http-equiv="Content-type" content="text/html;charset=UTF-8" />
  <title>Les blocs blockquote</title>
  <style type="text/css">
    blockquote {background-color:grey;color:white; }
    div{background-color:#EEE;}
  </style>
 </head>
 <body>
  <div> ❶
   <h1>Genèse</h1>
   <p> ❷
   <h2>La création du monde</h2>
   In principio creavit Deus caelum et terram terra autem erat inanis et vacua et
   ➥ tenebrae super faciem abyssi et spiritus Dei ...
   <blockquote> ❸
    <h2>Que la lumière soit</h2>
```

```
   Et vocavit Deus aridam terram congregationesque aquarum appellavit maria et vidit
  ➥ Deus quod esset bonum et ait germinet ...
   </blockquote>
   In principio creavit Deus caelum et terram terra autem erat inanis et vacua et
  ➥ tenebrae super faciem abyssi et spiritu Deus lucem ...
   </p>
  </div>
 </body>
</html>
```

Le texte préformaté : l'élément <pre>

Usuellement, cet élément sert à afficher le texte qu'il contient en préservant sa présentation et les différents espaces et indentations qui se trouvent dans le code HTML, alors que par défaut les autres éléments ne conservent pas cette présentation. Le texte qu'il contient est alors affiché dans une police à espacement fixe, comme dans un éditeur de code. Pour ces raisons, l'élément <pre> est traditionnellement utilisé pour afficher du code en préservant tous ses espaces. Il possède l'ensemble des attributs communs. L'élément <pre> peut être inclus dans tous les éléments de catégorie Flow et peut contenir des éléments Phrasing. On notera par exemple qu'il ne peut pas contenir de paragraphes.

L'exemple 3-5 illustre l'utilisation de cet élément pour l'affichage du code d'un script JavaScript (repère ❶) et du code d'une page HTML 5 (repère ❷) en conservant leurs indentations. Notez que pour écrire du code HTML, par exemple, il faut utiliser des entités de caractères pour les caractères spéciaux comme < ou > ; nous écrivons donc <html> pour afficher <html> sinon ceci serait interprété comme une balise HTML.

Exemple 3-5 Utilisations de l'élément <pre>

```
<!DOCTYPE html>
<html>
 <head>
  <meta http-equiv="Content-type" content="text/html;charset=UTF-8" />
  <title> L'élément pre </title>
 </head>
 <body>
  <h1>Exemple de script JavaScript</h1>
  <hr />
   <pre> ❶
&lt;script  type="text/javascript" &gt;
  &lt;!--
    function couleur(col)
    {
      document.getElementById("corps").style.color=col;
    }
  --&gt;
&lt;/script&gt;
</pre>
  <hr />
   <h1>Exemple de code HTML 5</h1>
```

```
<pre> ❷
L e   c o n t e n u   d ' u n e   p a g e     H T M L   5
&lt;!DOCTYPE html&gt;
&lt;html&gt;
 &lt;head&gt;
  &lt;meta http-equiv="Content-type" content="text/html;charset=UTF-8"&gt;
  &lt;title>Une page HTML 5 de base &lt;/title&gt;
 &lt;/head&gt;
 &lt;body&gt;
  &lt;h1&gt; La page HTML 5 &lt;/h1&gt;
 &lt;/body&gt;
&lt;/html&gt;
 </pre>
 </body>
</html>
```

La figure 3-10 montre le résultat obtenu.

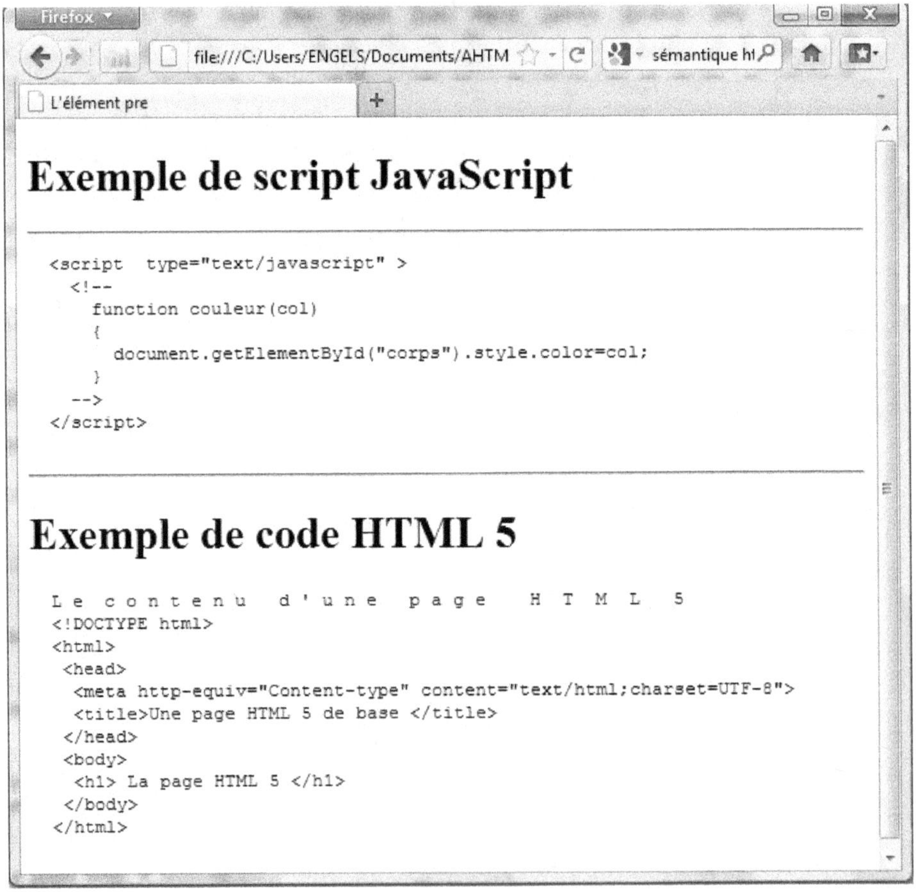

Figure 3-10

*L'aspect
par défaut
des éléments
<pre>*

Les autres éléments de marquage sémantique

Le langage HTML 5 définit plusieurs éléments mineurs de niveau bloc dont l'utilisation se révèle accessoire. Il s'agit des éléments suivants.

- L'élément `<address>` dont le contenu est généralement du texte brut ou un lien. Son principal rôle est d'afficher l'adresse de contact avec le responsable du site. Son contenu est affiché par défaut en italique et en petits caractères. Il est traditionnellement inséré en bas de page (voir la figure 3-11). Il possède l'ensemble des attributs communs.

- Les éléments `<del>` et `<ins>`, généralement associés l'un à l'autre, sont destinés à contenir respectivement des informations actuellement supprimées, pour cause d'obsolescence par exemple, et la version actualisée de ces informations. Ces deux éléments possèdent l'ensemble des attributs communs ainsi que l'attribut `cite` qui contient l'URL d'un document contenant les informations détaillées sur le contenu supprimé. L'attribut `datetime` contient la date de la suppression ou de la validité des contenus. Cette date doit être au format `AAAA-MM-JJ T hh:mm:ss Z`. Les navigateurs actuels n'exploitent pas directement ces attributs. Pour y accéder, il faut avoir recours soit à un script, soit à un style CSS qui permet d'en afficher le contenu (voir l'utilisation de la propriété `content`).

- L'élément `<fieldset>` fait aussi partie de la catégorie Flow. Son rôle habituel est également d'être inclus dans l'élément `<form>` pour créer des groupes de composants d'un formulaire (voir le chapitre 7). Par défaut, ces groupes sont délimités par un liseré fin. S'il contient l'élément `<legend>`, le contenu de ce dernier est affiché dans le liseré. L'élément `<fieldset>` pouvant contenir tous les autres éléments Flow, il est donc envisageable de l'utiliser pour créer des divisions particulières dans la page, même en dehors du contexte des formulaires, en profitant de son style par défaut. Il possède la totalité des attributs communs.

L'exemple 3-10 permet de tester les éléments `<del>` et `<ins>` pour lesquels nous gérons l'événement `onclick` qui permet d'afficher une boîte d'alerte présentant la valeur de l'attribut `cite` (repères ❶ et ❷). Avec l'élément `<fieldset>` (repère ❸), on peut afficher une zone de note encadrée contenant un titre et un paragraphe (repères ❹, ❺ et ❻). Enfin, l'élément `<address>` contient un lien qui permet d'entrer en contact avec le responsable du site (repère ❼).

Exemple 3-10 Les éléments de marquage annexes

```
<!DOCTYPE html>
<html>
 <head>
  <meta http-equiv="Content-type" content="text/html;charset=UTF-8" />
   <title> Divers Elements de bloc  </title>
 </head>
 <body>
  <h1>Les éléments annexes de blocs</h1>
  <p>La version ancienne
   <del cite="http://www.w3.org" datetime="1998-10-14" onclick="alert(this.cite);">
   ➥ HTML 4 </del> ❶
    a été remplacée par les spécifications
```

```
      <ins cite="http://www.whatwg.org" datetime="2012-01-21"
   ➥ onclick="alert(this.cite)">HTML 5</ins> ❷
  </p>
  <fieldset> ❸
  <legend>Note : </legend> ❹
   <h2>La création de HTML 5 </h2> ❺
   <p>In principio creavit Deus caelum et terram terra autem erat inanis et vacua
   ➥ et tenebrae super faciem abyssi et spiritus . . .
   </p> ❻
  </fieldset><br />
  <address>Contact avec l'auteur : <a id="auteur"
   ➥ href="mailto:html5@funhtml.com">html5@funhtml.com</a>
  </address> ❼
 </body>
</html>
```

La figure 3-11 offre un rendu visuel de ces éléments.

Figure 3-11

Les éléments de
marquage annexes

Les éléments des divisions sémantiques du texte

Le langage HTML offrait un nombre relativement important d'éléments qui permettaient de délimiter des contenus en ligne. Ces derniers étaient souvent limités à quelques mots afin de les particulariser et de les mettre en évidence, le plus fréquemment au moyen d'un style prédéfini. HTML 5 a conservé la plupart de ces éléments. Ils ont cependant uniquement un rôle dans la structuration du contenu d'un texte. En tant que tels, ils doivent être inclus dans un élément de catégorie Phrasing, et jamais directement dans le corps de la page. Les paragraphes suivants présentent l'ensemble de ces éléments en ligne et leur rôle respectif.

Les abréviations : <abbr>

L'élément `<abbr>` contient une abréviation, par exemple `kg` pour kilogramme ou `ciné` pour cinématographe. Cet élément possède la totalité des attributs communs, les plus adaptés étant `id`, `class` et `title`. Il peut contenir tous les éléments Phrasing. Nous utilisons généralement l'attribut commun `title` pour afficher la signification exacte de l'abréviation quand l'utilisateur place le curseur sur son contenu signalé dans les navigateurs par un soulignement en pointillés. Les attributs gestionnaires d'événements `onclick` et `onmouse-over` peuvent permettre d'afficher une boîte d'alerte contenant la définition détaillée.

Le code suivant :

```
<abbr title="kilogramme" onmouseover="alert('Unité de masse: kilogramme')">kg</abbr>
```

définit l'abréviation d'une unité physique. Sa signification est donnée dans l'attribut `title`, et elle s'affiche de manière détaillée dans une boîte d'alerte quand le curseur survole le texte en utilisant l'attribut gestionnaire d'événements `onmousever` (voir l'exemple 3-11, repères ❷ et ❸, et la figure 3-12).

Le sens de lecture du texte : <bdo>

L'élément `<bdo>` permet de modifier localement la définition du sens de lecture de son contenu qui a pu être donné avec l'attribut `dir` de son élément parent. En plus des attributs de base (`id`, `class`, `title`), il possède en effet l'attribut obligatoire `dir` qui prend les valeurs habituelles, `ltr` et `rtl`, pour indiquer que le sens de lecture est respectivement de gauche à droite, ou l'inverse. L'attribut `lang` permet de préciser le code de la langue associée localement au contenu de l'élément `<bdo>`. Cet élément généralement employé pour des textes courts peut cependant contenir tous les éléments Phrasing.

Le code suivant :

```
<p>Lire de gauche à droite
 <bdo dir="ltr" lang="fr">HTML 5</bdo> ou de droite à gauche   <bdo dir="rtl"
 ➡ lang="ar">HTML 5</bdo>
</p>
```

permet d'afficher le mot HTML 5 successivement de gauche à droite et de droite à gauche, ce qui fournit les affichages `HTML 5` et `5 LMTH` (voir l'exemple 3-11, repère ❹, et la figure 3-12).

Les citations : <cite>

Nous avons déjà vu que l'élément `<blockquote>` permet d'inclure des citations et de les mettre en évidence. L'élément `<cite>` a un objectif similaire mais il est utilisé en ligne pour des citations courtes. Il peut contenir directement du texte brut, tous les éléments Phrasing ainsi que `<ins>`, `<del>` et `<script>`, et possède tous les attributs communs.

Le code suivant :

```
<p>Comme le disait Boris Vian
 <cite title="Vian 1920-1959"> La vérité n'est pas du coté du plus grand nombre car
 on ne veut pas qu'elle y soit. Le jour où il sera à même, par sa culture et ses
 connaissances, de choisir lui même sa vérité, il y a peu de chance pour qu'il se
 trompe.
 </cite>
</p>
```

affiche une citation dans une police en italique par défaut (voir l'exemple 3-11, repère ❺, et la figure 3-12).

L'inclusion du code source : <code>

Nous avons déjà utilisé l'élément `<pre>` pour insérer du texte préformaté dans un bloc. L'équivalent en ligne est l'élément `<code>` qui nous permet d'inclure dans une phrase le texte d'une instruction et de le mettre en évidence par rapport au contexte ; il est affiché par défaut dans une police à espacement fixe du type listing.

Le code suivant :

```
<p>Pour créer une boîte d'alerte en JavaScript, nous écrivons par exemple:
    <code>alert('Bonjour')</code>. Dans ce cas l'exécution du script s'arrête.
</p>
```

affiche un paragraphe contenant du code JavaScript (voir l'exemple 3-11, repère ❻, et la figure 3-12).

L'élément `<code>` peut contenir par ailleurs tous les éléments Phrasing. Il possède aussi tous les attributs communs. L'attribut `title` peut servir par exemple à afficher le nom du langage de programmation du code.

Les définitions en ligne : <dfn>

L'élément `<dfn>` sert de conteneur à une définition de terme. Son emploi est rare en tant que tel. Il contient du texte et les autres éléments Phrasing. Par défaut, son contenu est en italique. Il possède tous les attributs communs.

Le code suivant :

```
<p>Ce bâtiment a la forme d'un pentagone
 <dfn>(polygone à cinq cotés)</dfn> et abrite des gens peu recommandables.
 </p>
```

affiche le contenu de l'élément en italique (voir l'exemple 3-11, repère ❼, et la figure 3-12).

Les saisies au clavier : <kbd>

Afin d'indiquer au visiteur les saisies à opérer au clavier pour effectuer une action particulière, il faut les inclure dans l'élément `<kbd>`, dont l'emploi se révèle d'ailleurs aussi rare que le précédent. Par défaut, son contenu textuel est affiché comme celui de l'élément `<code>` dans une police à espacement fixe.

Nous écrirons par exemple (voir l'exemple 3-11, repère ❽, et la figure 3-12) :

```
<p>Si vous en avez assez, tapez : <kbd>Ctrl+Alt+Suppr</kbd>, et au revoir!
 </p>
```

Les citations courtes : <q>

En supplément de l'élément `<cite>`, nous pouvons utiliser l'élément `<q>` pour des citations courtes qui sont par défaut automatiquement incluses entre guillemets (en anglais, *quotes* d'où le nom de l'élément) dans la plupart des navigateurs. Toutefois, il n'est pas dans l'esprit HTML de compter sur une présentation automatique et il vaudra mieux créer un style personnalisé pour obtenir cet effet. On se reportera à ce sujet aux pseudo-éléments `:before` et `:after` au chapitre 8, et à la propriété `content`. L'attribut `cite` permet de donner l'URL d'une page susceptible de renseigner en détail sur la citation et son auteur.

Nous pouvons écrire, par exemple :

```
<p>Comme Hamlet posons nous la question : <q cite="http://www.funhtml.com/
➡ hamlet.html" title="Hamlet : William Shakespeare" onclick="alert('Voir '+
➡ this.cite")>Etre ou ne pas &ecirc;tre </q>
 </p>
```

L'attribut `cite` est ici défini, et le gestionnaire d'événements `onclick` permet d'afficher une boîte d'alerte contenant l'adresse figurant dans cet attribut `cite` (voir l'exemple 3-11, repère ❾, et la figure 3-12).

Les exemples en ligne : <samp>

Pour mettre en évidence, en particulier dans un paragraphe de texte, un texte d'exemple pour illustrer le propos qui précède, il est possible d'utiliser l'élément `<samp>` contenant le texte de l'exemple qui sera par défaut représenté dans une police à espacement fixe du type Courier dans les navigateurs. Notons encore que l'utilisation de l'élément `<span>` doté d'un style particulier remplirait la même fonction. L'élément `<samp>` peut contenir l'ensemble des éléments en ligne et possède tous les attributs communs.

Nous pouvons écrire, par exemple (voir l'exemple 3-11, repère ❿, et la figure 3-12) :

```
<p>Le type de l'équation du premier degré à deux inconnues est :
 <samp> ax+by = c</samp>. Elle n'a pas de solution unique
</p>
```

Les divisions en ligne : <span>

L'équivalent en ligne de l'élément `<div>` peut être réalisé à l'aide de l'élément `<span>`. C'est le plus employé des éléments créant des divisions sémantiques en ligne. Il n'a pas de rôle prédéfini et peut remplacer nombre des éléments précédents de cette section à condition de lui attribuer un style particulier adapté à chaque besoin de présentation. Il possède l'ensemble des attributs communs et c'est son attribut `class` qui sera systématiquement utilisé pour lui attribuer un style.

Le code suivant :

```
<p>Le langage <span class="gras">HTML 5 </span> a pour complément indispensable les
➥ styles <span class="gras">CSS 3 </span>
</p>
```

crée deux divisions en ligne qui utilisent un style CSS particulier, défini par ailleurs dans l'élément `<style>` de l'en-tête (repère ❶). Leurs contenus sont donc affichés dans une police plus grande que celle du paragraphe parent et en gras (voir l'exemple 3-11, repère ⓫, et la figure 3-12).

C'est donc un élément passe-partout à usage très divers que nous retrouverons à chaque fois qu'il s'agira d'appliquer un style de façon ponctuelle à un contenu réduit en ligne.

Le conteneur des dates : <time>

L'élément `<time>` est un conteneur spécifique destiné au marquage sémantique des dates au sens large c'est-à-dire à la fois date et heure. Comme les formats standards sont peu lisibles, on peut afficher la date en clair dans son contenu et la date au format standard dans son attribut `datetime` dont il est pourvu, en plus des attributs globaux. La récupération des dates au format standard se fera en utilisant JavaScript, par exemple. Un format complet est de la forme :

```
<time>2012-11-21T06:54:39.92922-01:00</time>
```

et comprend dans l'ordre l'année, le mois, le quantième du mois, la lettre T pour séparer date et heure, l'heure, les minutes, les secondes et enfin le décalage horaire par rapport à l'heure UTC (anciennement Greenwich). On peut n'utiliser qu'une partie des informations, date ou heure seule par exemple, ou même indiquer la semaine sous la forme :

```
<time datetime="2012-W25">Semaine 25 </time>
```

Le contenu de l'élément est donc affiché dans une police identique à celle du paragraphe parent sans aucun caractère particulier (voir l'exemple 3-11, repère ⓬, et la figure 3-12).

Le conteneur des variables : <var>

Le dernier conteneur en ligne, `<var>`, est destiné à contenir des textes représentant une variable. Son contenu est par défaut affiché dans une police cursive. Il peut par ailleurs renfermer tous les éléments Phrasing et possède tous les attributs communs.

Le code suivant :

```
<p> Dans l'équation <code> ax+bg = c </code> les variables sont <var> x </var> et
➡ <var> y </var> </p>
```

met en évidence les variables x et y (voir l'exemple 3-11, repère ⓭, et la figure 3-12).

L'exemple 3-11 rend compte d'une utilisation de tous ces éléments en ligne.

Exemple 3-11 Les éléments sémantiques

```
<!DOCTYPE html>
<html>
 <head>
  <meta http-equiv="Content-type" content="text/html;charset=UTF-8" />
  <title>Les éléments sémantiques en ligne</title>
  <style type="text/css" title="">❶
   .gras {font-size:larger; font-weight:bold;}
   h1{font-size:1.3em; font-weight:bold;}
  </style>
 </head>
<body>
 <!-- L'élément abbr -->
 <h1>Abréviations</h1>
 <p>La masse se mesure en <abbr title="kilogramme" onmouseover="alert('Unité de
 ➡ masse: kilogramme')">kg</abbr>❷<br />
  La force se mesure en <abbr title="Newton" onmouseover="alert('Unité de force:
  ➡ Newton')">N</abbr>❸<br />
 </p>
 <!-- L'élément  bdo -->
 <h1>Sens de lecture</h1>
 <p>Lire de gauche à droite
   <bdo dir="ltr" lang="fr">HTML 5</bdo> ou de droite à gauche <bdo dir="rtl"
   ➡ lang="ar">HTML 5</bdo>❹
 </p>
 <!-- L'élément  cite -->
 <h1>Citations</h1>
 <p>Comme le disait Boris Vian
   <cite title="Vian 1920-1959"> La vérité n'est pas du coté du plus grand nombre
   ➡ car on ne veut pas qu'elle y soit.<br />
   Le jour où il sera à même, par sa culture et ses connaissances, de choisir lui
   ➡ même sa vérité, il y a peu de chance pour qu'il se trompe.</cite>❺
```

```
</p>
<!-- L'élément code -->
<h1>Code source en ligne</h1>
<p>Pour créer une boite d'alerte en JavaScript, nous écrivons par exemple:
  <code>alert('Bonjour')</code>❻. Dans ce cas l'exécution du script s'arrête.
</p>
<!-- L'élément  dfn -->
<h1>Définition en ligne</h1>
<p>Ce batiment a la forme d'un pentagone
  <dfn>(polygone à cinq cotés)</dfn>❼ et abrite des gens peu recommandables.
</p>
<!-- L'élément  kbd -->
<h1>Saisies clavier</h1>
<p>Si vous en avez assez, tapez : <kbd>Ctrl+Alt+Suppr</kbd>❽, et au revoir!</p>
<!-- L'élément q -->
<h1>Citations courtes</h1>
<p>Comme Hamlet posons nous la question :
 <q cite="http://www.funhtml.com/hamlet.html" title="Hamlet : William Shakespeare"
 onclick="alert('Voir '+this.cite)">Etre ou ne pas  &ecirc;tre
 </q>❾
</p>
<!-- L'élément  samp -->
<h1>Exemples en ligne</h1>
<p>Le type de l'équation du premier degré à deux inconnues est : <samp> ax+by =
➥ c</samp>❿. Elle n'a pas de solution unique</p>
<!-- L'élément span -->
<h1>Le conteneur span</h1>
<p>Le langage <span class="gras">HTML 5</span> a pour complément indispensable les
➥ styles <span class="gras">CSS 3</span>⓫</p>
 <!-- L'élément  time -->
<h1>Dates et heures</h1>
<p>Mon anniversaire c'est le <time datetime="2012-01-21T21:15"
➥ title="Anniversaire">21 Janvier 2012</time>⓬</p>
<!-- L'élément  var -->
<h1>Variables</h1>
<p> Dans l'équation <code> ax+by = c </code> les variables sont <var> x       </var>
➥ et <var> y </var>⓭</p>
</body>
</html>
```

La figure 3-12 montre tous les affichages obtenus en utilisant ces éléments sémantiques en ligne.

Figure 3-12

Le rendu des éléments sémantiques en ligne

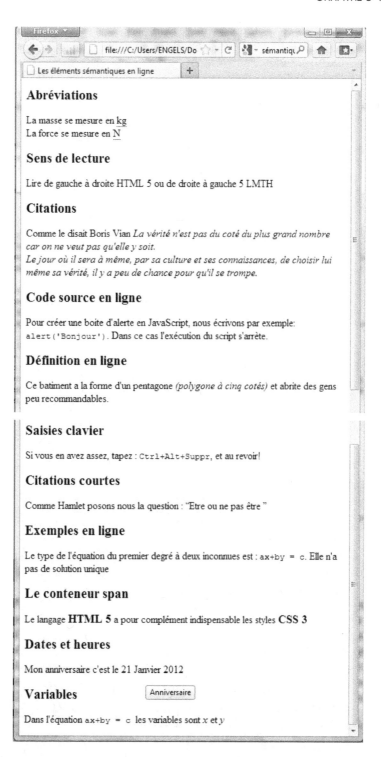

Les styles physiques

Parmi les éléments en ligne utilisables pour contenir du texte, certains permettent de créer des styles physiques pour leur contenu. Une partie d'entre eux correspondent aux modifications courantes que chacun peut effectuer dans son traitement de texte, comme mettre un texte en gras, en italique, ou certains caractères en indice ou en exposant. Ce type de marquage est indépendant de la taille et de la police de caractères. D'autres éléments agissent de manière relative sur leur contenu en permettant d'afficher dans une police plus grande ou plus petite que la police utilisée dans le texte qui précède sans préjuger de cette taille. À chacun de ces éléments correspond un style par défaut qui peut donner satisfaction ; dans le cas contraire, ce style pourra être personnalisé à loisir avec CSS.

Mettre un texte en gras

Pour mettre en gras une partie de texte comprise dans un élément de la catégorie Phrasing, il faut l'inclure dans l'élément <b> (donc entre <b> et </b>). Il peut aussi contenir tous les éléments Phrasing et possède tous les attributs communs. Nous pouvons également utiliser l'élément <strong> pour obtenir le même effet. Il n'est pas possible d'imbriquer ces éléments les uns dans les autres pour forcer le caractère gras d'un texte.

Nous écrirons par exemple le code suivant (voir l'exemple 3-12, repère ❷, et la figure 3-13) :

```
<p> Le contenu suivant est <b> important </b>. La suite l'est moins. Mais ceci est
➡ <strong>également remarquable.</strong> </p>
```

Il sera toujours possible de redéfinir l'affichage obtenu pour ces éléments et de différencier <b> et <strong> au moyen de styles CSS particuliers.

Mettre un texte en italique

Comme pour les éléments précédents, il existe deux éléments qui affichent par défaut leur conteneur en italique. Il s'agit des éléments <i> et <em>. L'élément <i> a clairement pour destination une mise en italique et <em> plutôt une mise en évidence d'un passage. Nous pourrons également redéfinir le résultat obtenu en créant des styles personnalisés.

Nous écrirons, par exemple, le code suivant :

```
<p>Eléments i et em : Celui-ci est en <i>caractères italiques </i> et le suivant
➡ en<i><b> caractères italiques gras</b></i>
 Celui est en <em>caractères italiques </em> et le suivant en<em><b> caractères
➡ italiques gras</b></em></p>
```

Nous y remarquons qu'il est possible d'imbriquer des éléments <b> dans les éléments <i> et <em> pour que le texte apparaisse à la fois en italique et en caractères gras (voir l'exemple 3-12, repère ❸, et la figure 3-13).

Modifier la taille du texte

À l'intérieur d'une division de la page, nous pouvons modifier la taille relative du texte en utilisant l'élément `<small>`. Il permet d'afficher son contenu avec une taille de police plus petite que celle du contexte quel que soit celui-ci. En imbriquant les éléments `<small>` les uns dans les autres, on peut obtenir des tailles de polices de plus en plus petites. Le nombre d'imbrications possibles dépend de la taille de la police du conteneur.

Le code suivant :

```
<p>Ce texte-ci est <small>petit, <small>encore plus petit, <small>et plus petit
➡ encore, <small>toujours plus petit </small></small></small></small></p>
```

permettra d'obtenir des mots de plus en plus petits en imbriquant les éléments `<small>` sur quatre niveaux (voir l'exemple 3-12, repère ❹, et la figure 3-13). Dans cet exemple, la taille de la police de l'élément `<body>` a été définie à 24 pixels à l'aide d'un style (repère ❶) pour que l'effet des imbrications soit visible sur un plus grand nombre de niveaux qu'avec la taille par défaut.

Créer des exposants et des indices

Les traitements de texte offrent aussi la possibilité de mettre des caractères en exposant ou en indice. Cette opération est également possible en HTML. Pour mettre un texte en exposant, il faut l'inclure dans l'élément `<sup>` (entre `<sup>` et `</sup>`), et pour écrire un texte en indice, il faut l'inclure dans l'élément `<sub>` (entre `<sub>` et `</sub>`).

Nous pouvons écrire par exemple le code suivant dans l'exemple 3-12 (repère ❺). Le résultat est visible sur la figure 3-13.

```
<p>Le n<sup>ième</sup> terme de la suite numérique est noté u<sub>n</sub>. La
➡ fonction cube est notée : x<sup>3</sup></p>
```

Afficher du texte dans une police à espacement fixe

Nous avons déjà utilisé l'élément `<code>` pour afficher du texte dans un style listing. L'élément `<tt>` (comme télétype) permet d'obtenir par défaut le même résultat pour des textes courts en ligne. Il peut contenir éventuellement tous les attributs communs.

Nous pouvons, par exemple, écrire le code suivant :

```
<p> La fonction JavaScript <tt> alert() </tt> permet d'afficher une boîte d'alerte.
➡ On peut écrire, par exemple: <tt> alert(" Vérifier votre code ") </tt> pour
➡ prévenir le visiteur.</tt> </p>
```

pour mettre en évidence dans un paragraphe du code JavaScript (voir l'exemple 3-12, repère ❻, et la figure 3-13).

Créer un retour à la ligne

L'élément `<br />` permet de créer un retour à la ligne. C'est un élément vide, d'où l'utilisation du caractère antislash (/) en guise de signe de fermeture. Il possède les attributs de base `id`, `class`, `title`, mais ceux-ci n'ont pas un intérêt particulier.

Surligner un texte

Afin de pouvoir surligner un texte, HTML 5 a introduit l'élément `<mark>` dont le contenu est mis en évidence dans tous les navigateurs par un fond jaune vif comme on le fait couramment avec un surligneur sur du papier. En écrivant par exemple :

```
<p>Ne pas oublier d'acheter <mark>HTML 5 et CSS 3</mark> en
➥ librairie</p>
```

le texte HTML 5 et CSS 3 sera surligné. Si la couleur de fond de la page ne contraste pas assez avec le jaune, il faudra redéfinir le style de cet élément (voir l'exemple 3-12, repère ❼, et la figure 3-13).

L'exemple 3-12 utilise successivement l'ensemble de ces éléments, créant des styles physiques.

Exemple 3-12 Les éléments de style physique

```
<!DOCTYPE html>
<html lang="fr">
 <head>
  <meta http-equiv="Content-type" content="text/html;charset=UTF-8" />
  <title>Les éléments de style physique</title>
  <style type="text/css" >
  body{font-size:24px;}
  </style>❶
 </head>
 <body>
  <p>Eléménts b et strong : Le contenu suivant est <b> important </b>❷. La suite
  ➥ l'est moins. Mais ceci est <strong>également
  remarquable.</strong></p>
  <p>Eléménts i et em : Celui-ci est en <i>caractères italiques </i> et le suivant
  ➥ en<i><b> caractères italiques gras</b></i>❸
  Celui-ci est en <em>caractères italiques </em> et le suivant en<em><b> caractères
  ➥ italiques gras</b></em>❸</p>
  <p>Ce texte-ci est <small>petit, <small>encore plus petit, <small>et plus petit
  ➥ encore, <small>toujours plus petit </small>
  </small></small></small>❹</p>
  <p>Le n<sup>ième</sup> terme de la suite numérique est noté u<sub>n</sub>. La
  ➥ fonction cube est notée : x<sup>3</sup>❺</p>
  <p> La fonction Java Script <code> alert() </code>❻ permet d'afficher une boîte
  ➥ d'alerte. On peut écrire, par exemple:
```

```
    <code> alert(" Vérifier votre code ") </code> pour prévenir le visiteur. </p>
    <p>Ne pas oublier d'acheter <mark>HTML 5 et CSS 3</mark>❼ en
➡ librairie</p>
  </body>
</html>
```

La figure 3-13 présente l'ensemble des résultats obtenus en utilisant ces éléments.

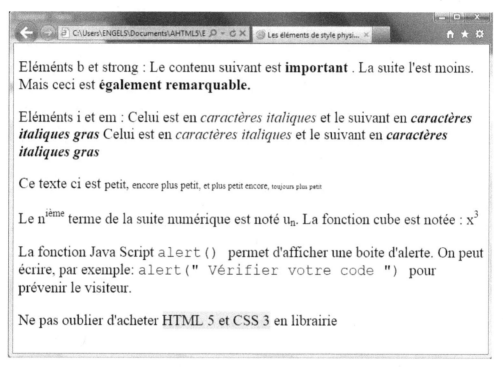

Figure 3-13

Les éléments de style physique

Les listes

La présentation sous forme de liste permet une structuration de l'information telle qu'elle peut apparaître dans une table des matières. On peut également mettre en évidence les points importants. Les utilisateurs de traitement de texte sont familiarisés avec cette façon de procéder. Elle implique qu'une série d'informations aient un rapport entre elles, par exemple sous forme d'énumération d'une liste de tâches à réaliser. Ces listes d'informations peuvent être numérotées ou marquées par une puce graphique. De la même façon, avec HTML 5 on peut créer des listes d'items numérotés, nommées listes ordonnées, ou de listes à puces, nommées listes non ordonnées, et l'introduction d'un élément de menu proche des listes dans son comportement. Un troisième type de listes permet également d'énumérer des termes et d'en donner les définitions. Les éléments permettant la création de listes sont des éléments de la catégorie Flow et peuvent être inclus directement dans tous les éléments Flow.

Les listes ordonnées

Pour créer une liste dans laquelle la notion d'ordre a une importance, nous pouvons utiliser une liste ordonnée dont chaque item sera numéroté par défaut à l'aide d'entiers incrémentés de 1 à N, suivis d'un point puis du contenu de chaque item. Cette présentation type résulte du style utilisé par défaut par les navigateurs mais nous verrons dans la seconde partie de ce livre (voir le chapitre 14, *Style des listes*) que la présentation des éléments de liste peut être beaucoup plus variée en utilisant des propriétés CSS spécifiques. Une liste ordonnée doit commencer par l'élément <ol> (pour *Ordered List*) qui doit obligatoirement contenir au moins un élément <li> qui lui-même renferme le contenu visible de chaque item. Il faut donc que <ol> contienne autant d'éléments <li> qu'il y a d'items dans la liste désirée. L'élément <ol> ne peut rien contenir d'autre, même pas de texte brut.

En plus des attributs globaux, cet élément possède l'attribut start dont la valeur est un nombre pour que la numérotation ne commence pas à 1, comme c'est le cas par défaut, mais à un nombre ou une lettre précisés. Son attribut type permet de choisir le style de la numérotation ; nous avons les choix suivants :

- type="1" : numérotation décimale : 1, 2, 3…
- type="a" : numérotation alphabétique minuscule : a, b, c, d…
- type="A" : numérotation alphabétique majuscule : A, B, C, D…
- type="i" : numérotation en chiffres romains minuscules : i, ii, iii, iv…
- type="I" : numérotation en chiffres romains majuscules : I, II, III, IV…

Il existe également l'attribut reversed qui ne prend pas de valeur explicite et qui, s'il est présent, entraîne une numérotation de la liste décroissante. Il n'est actuellement pas pris en compte par les navigateurs.

La structure d'une liste ordonnée est par exemple la suivante :

```
<ol type="a" start="5" >
    <li>Item 1</li>
    <li>Item 2</li>
  <li>Item 3</li>
</ol>
```

Les éléments <li> peuvent avoir un contenu très varié, qu'il s'agisse de texte, de titres et de tous les éléments de la catégorie Flow.

L'exemple 3-13 montre une utilisation des éléments <ol> et <li> pour créer des listes ordonnées. L'élément <ol> (repère ❸) contient trois éléments <li> créant ainsi trois items (repères ❹, ❼ et ❿). Tous ces éléments <li> renferment chacun un titre <h3> (repères ❺, ❽ et ⓫) et un paragraphe (repères ❻, ❾ et ⓬). Le type de numérotation est alphabétique majuscule (repère ❶) et commence à la lettre C car start a la valeur 3 (repère ❷).

Exemple 3-13 Une liste ordonnée

```
<!DOCTYPE html>
<html>
 <head>
  <meta http-equiv="Content-type" content="text/html;charset=UTF-8" />
  <title> Les listes HTML 5 </title>
 </head>
 <body>
  <h1>Les listes</h1>
  <h2>Les listes ordonnées</h2>
  <ol  type="A" ❶ start="3" ❷> ❸
   <li> ❹
    <h3>Le premier jour</h3> ❺
    <p> In principio creavit Deus caelum et terram terra autem erat inanis et vacua
    ➥ et tenebrae super faciem abyssi et spiritus Dei
    </p> ❻
   </li>
   <li> ❼
    <h3>Le deuxième jour</h3> ❽
    <p> In principio creavit Deus caelum et terram terra autem erat inanis et vacua
    ➥ et tenebrae super faciem abyssi et spiritus Dei . . .
    </p> ❾
   </li>
   <li> ❿
    <h3>Le troisième jour</h3> ⓫
    <p> In principio creavit Deus caelum et terram terra autem erat inanis et vacua
    ➥ et tenebrae super faciem abyssi et spiritus . . .
    </p> ⓬
   </li>
  </ol>
 </body>
</html>
```

La figure 3-14 présente le résultat obtenu.

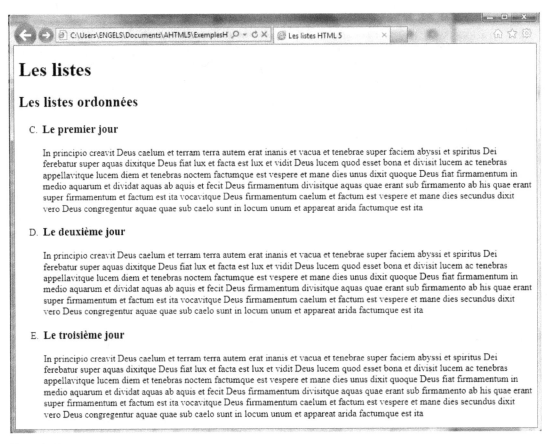

Figure 3-14

Une liste ordonnée et son style par défaut

Les listes non ordonnées

Les listes non ordonnées *(Unordered List)* fournissent un outil de structuration similaire au précédent mais sans la notion de numérotation. Elles sont également appelées listes à puces car chaque item est précédé d'une puce graphique qui, par défaut, est un disque plein de la même couleur que le texte qui la suit. Nous verrons au chapitre 14 que ces puces graphiques peuvent être personnalisées à volonté. Une liste à puces est introduite par l'élément ‹ul› et fermée par ‹/ul›. Comme l'élément ‹ol›, son seul contenu direct est un ou plusieurs éléments ‹li›. Le contenu de chaque élément ‹li› est le même que pour les listes ordonnées. La structure d'une liste à puces est donc la suivante :

```
<ul>
  <li>Item 1</li>
  <li>Item 2</li>
```

```
    <li>Item 3</li>
  </ul>
```

L'exemple 3-14 montre une utilisation complète d'une liste à puces. L'élément <ul> contient trois éléments <li> créant ainsi trois items (repères ❶, ❹ et ❼). Tous ces éléments <li> contiennent chacun un titre <h3> (repères ❷, ❺ et ❽) et un paragraphe (repères ❸, ❻ et ❾). Nous pouvons noter que le code est pratiquement identique à celui de l'exemple 3-13, la seule différence résidant dans le remplacement de l'élément <ol> par <ul>.

Exemple 3-14 Une liste à puces

```
<!DOCTYPE html>
<html>
 <head>
  <meta http-equiv="Content-type" content="text/html;charset=UTF-8" />
  <title> Les listes HTML 5</title>
 </head>
 <body>
  <h1>Les listes</h1>
  <h2>Les listes à puces</h2>
  <ul>
   <li> ❶
    <h3>Le premier jour</h3> ❷
    <p> In principio creavit Deus caelum et terram terra autem erat inanis et vacua
    ➡ et tenebrae super faciem abyssi et spiritus Dei ferebatur
    </p> ❸
   </li>
   <li> ❹
    <h3>Le deuxième jour</h3> ❺
    <p> In principio creavit Deus caelum et terram terra autem erat inanis et vacua
    ➡ et tenebrae super faciem abyssi et spiritus Dei ferebatur
    </p> ❻
   </li>
   <li> ❼
    <h3>Le troisième jour</h3> ❽
    <p> In principio creavit Deus caelum et terram terra autem erat inanis et vacua
    ➡ et tenebrae super faciem abyssi et spiritus Dei ferebatur        </p> ❾
   </li>
  </ul>
 </body>
</html>
```

La figure 3-15 montre le résultat obtenu.

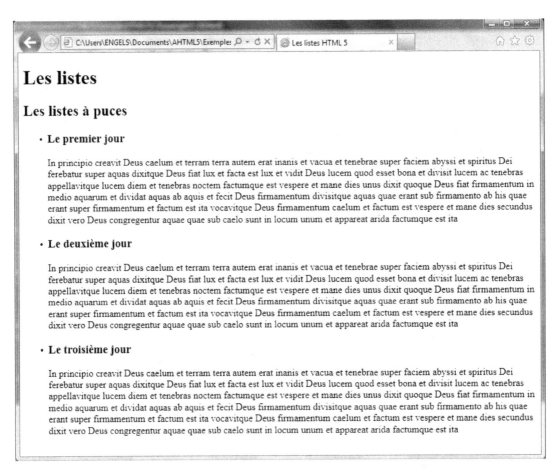

Figure 3-15

Une liste à puces et son style par défaut

L'élément de menu

L'élément `<menu>` a eu un sort variable selon les versions de HTML ; présent en HTML 4, il a été déclaré obsolète dans XHTML et le voilà remis au goût du jour par HTML 5. Comme son nom l'indique, sa destination est d'être le conteneur de menus comprenant par exemple un ensemble de liens permettant la navigation. Appartenant à la fois aux catégories Flow et Interactive, il peut être inclus et incorporer tous les éléments Flow et l'élément `<li>` quand son objet est de contenir une liste. D'après ses créateurs, il est censé permettre la création rapide de menus déroulants ou contextuels, mais pour l'instant, aucun navigateur ne gère ces possibilités. On se contentera donc de ne l'utiliser que comme conteneur de listes ou de boutons comme le montre l'exemple 3-15 qui n'utilise que son rôle sémantique. De plus, même dans cette simple utilisation, le validateur HTML 5 le déclare comme non reconnu par aucun navigateur. Le corps du document contient deux éléments <menu> (repères ❶ et ❼), le premier ayant pour contenu une suite d'éléments <li> (repères ❷ à ❻) qui incluent des liens <a> (voir le chapitre 5 sur les liens) ce qui crée finalement une liste à puces comme l'élément <ul>. Le second contient une suite de boutons (repères ❽ à ❿) (voir le chapitre 7 sur les formulaires) qui créent un menu horizontal ; l'événement onclick est géré pour chacun d'eux par du code JavaScript et permet l'affichage d'un message. La figure 3-16 montre le résultat obtenu.

Exemple 3-15 L'élément de menu

```
<!DOCTYPE html>
<html>
 <head>
  <meta http-equiv="Content-type" content="text/html;charset=UTF-8" />
  <title> L'élément de menu</title>
 </head>
 <body>
  <!-- Suite de liens -->
  <menu> ❶
   <li><a href="index.html">Accueil</a></li> ❷
   <li><a href="http://www.whatwg.org">HTML 5</a></li> ❸
   <li><a href="http://www.w3c.org">CSS 3</a></li> ❹
   <li><a href="http://www.php.net">PHP 5</a></li> ❺
   <li><a href="http://www.mysql.com">MySQL</a></li> ❻
  </menu>
  <!-- Suite de boutons -->
  <menu> ❼
   <button type="button" onclick="alert('Fichier')">Fichier</button> ❽
   <button type="button" onclick="alert('Editer')">Editer</button> ❾
   <button type="button" onclick="alert('Afficher')">Afficher</button> ❿
  </menu>
 </body>
</html>
```

Figure 3-16

Utilisations de l'élément
<menu>

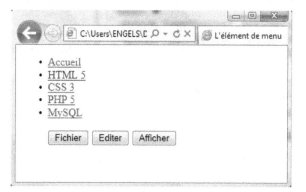

Le site whatwg.org donne un exemple de ce que pourrait être l'élément <menu> dans l'avenir ; à titre d'information, nous donnons ci-après le code de cet exemple.

```
<!DOCTYPE html>
<html>
 <head>
  <meta http-equiv="Content-type" content="text/html;charset=UTF-8" />
  <title> Les listes HTML 5</title>
 </head>
 <body>
  <menu type="toolbar">
   <li>
    <menu label="File">
     <button type="button" onclick="fnew()">New...</button>
     <button type="button" onclick="fopen()">Open...</button>
     <button type="button" onclick="fsave()">Save</button>
     <button type="button" onclick="fsaveas()">Save as...</button>
    </menu>
   </li>
   <li>
    <menu label="Edit">
     <button type="button" onclick="ecopy()">Copy</button>
     <button type="button" onclick="ecut()">Cut</button>
     <button type="button" onclick="epaste()">Paste</button>
    </menu>
   </li>
   <li>
    <menu label="Help">
     <li><a href="help.html">Help</a></li>
     <li><a href="about.html">About</a></li>
    </menu>
   </li>
  </menu>
 </body>
</html>
```

On y remarque une inclusion d'éléments <menu> dont le premier niveau contient des éléments <li> et le second des boutons ou des <li>. L'ensemble donne des menus déroulants comme on le voit sur la figure ci-dessous (sans aucune garantie puisqu'aucun navigateur à ma connaissance ne l'affiche, mais ça viendra peut-être, ce qui serait très pratique !).

Figure 3-17

Menus déroulants

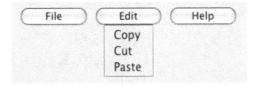

Les listes imbriquées

L'élément <li>, seul contenu autorisé des éléments <ol> et <ul>, peut lui-même avoir un contenu très varié, et contenir d'autres éléments <ol> ou <ul>. Ainsi, nous pouvons exploiter cette propriété pour créer des listes imbriquées les unes dans les autres. Nous obtenons ainsi plusieurs niveaux de numérotation ou de puces, à l'instar d'une table des matières qui reflète les titres des chapitres puis les titres des différentes sections les composant. Chaque élément `<li>` de premier niveau contient un élément `<ol>` ou `<ul>` qui lui-même renferme des éléments `<li>` de deuxième niveau.

La structure des listes ordonnées imbriquées est donc la suivante :

```
<ol>
 <li>Item 1
  <ol>
    <li>Item 1 A</li>
    <li>Item 1 B</li>
  </ol>
 </li>
 <li>Item 2
  <ol>
    <li>Item 2 A</li>
    <li>Item 2 B</li>
  </ol>
 </li>
</ol>
```

La numérotation des listes ordonnées de deuxième niveau figure par défaut en chiffres arabes et reprend à 1 pour chaque liste de deuxième niveau. De plus, les contenus des items de deuxième niveau sont indentés par défaut par rapport à ceux du niveau supérieur. Pour créer des listes à puces imbriquées, il suffit de remplacer les éléments `<ol>` par `<ul>`. Notons que, dans ce cas, les puces de deuxième niveau sont par défaut des cercles au lieu de disques, ce qui permet de distinguer chaque niveau.

Il est aussi envisageable de créer des listes à puces imbriquées mixtes, c'est-à-dire dans lesquelles un élément `<ul>` est utilisé comme descendant de l'élément `<ol>`, et réciproquement. L'exemple 3-16 montre une possibilité de mise en œuvre de listes imbriquées. Le premier niveau est constitué d'une liste numérotée en chiffres romains majuscules (repère ❶) qui contient deux éléments `<li>` de premier niveau (repères ❷ et ❽). Chacun d'eux contient alors une liste numérotée de manière décimale (repères ❸ et ❾) qui inclut à son tour quatre éléments `<li>` de second niveau (repères ❹ à ❼ puis ❿ à ⓭). L'utilisation de l'attribut `type` permet que le premier niveau soit numéroté dans un style différent du second ; de plus, comme il manque des éléments `<li>` dans la première liste, nous faisons démarrer la seconde au chiffre 8 en définissant l'attribut `start` de la seconde liste (repère ❾).

Exemple 3-16 Les listes imbriquées

```
<!DOCTYPE html>
<html>
 <head>
  <meta http-equiv="Content-type" content="text/html;charset=UTF-8" />
  <title>Les listes imbriquées</title>
 </head>
```

```
<body>
 <h1>Listes imbriquées</h1>
 <ol type="I"> ❶
  <li>❷
   <h2>HTML 5</h2>
   <ol type="1"> ❸
     <li>Chapitre 1</li>❹
     <li>Chapitre 2</li>❺
    <li>Chapitre 3</li>❻
    <li>... suite ...</li>❼
   </ol>
  </li>
  <li>❽
   <h2>CSS 3</h2>
   <ol type="1" start="8">❾
     <li>Chapitre 8</li>❿
    <li>Chapitre 9</li>⓫
     <li>Chapitre 10</li>⓬
    <li>...suite...</li>⓭
   </ol>
  </li>
 </ol>
 </body>
</html>
```

La figure 3-18 montre le résultat obtenu.

Figure 3-18

Des listes imbriquées

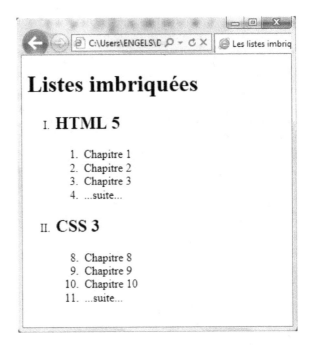

Les listes de définitions

Une liste de définitions permet de créer une liste de termes, chacun d'entre eux étant suivi de sa définition. Le conteneur de l'ensemble de la liste est l'élément ‹dl› qui ne peut contenir que des éléments ‹dt›, ‹dd›, ou l'élément ‹dl› lui-même et rien d'autre. Le plus souvent, l'élément ‹dt› contient le terme et ‹dd› en renferme la définition. Par défaut, la définition est affichée à la ligne et indentée par rapport à la ligne du terme. L'élément ‹dl› peut être inclus directement dans le corps du document ‹body› mais aussi dans tous les éléments Flow.

L'élément ‹dd› a un contenu plus étendu car il peut contenir tous les éléments Flow.

La diversité de ces éléments enfants permet de structurer des informations beaucoup plus variées que de simples définitions de termes. Nous pouvons par exemple envisager de créer des listes d'images ou de paragraphes.

La structure de base d'une liste de définitions est donc la suivante :

```
<dl>
  <dt>Terme 1</dt>
  <dd>Définition 1</dd>
  <dt>Terme 2</dt>
  <dd>Définition 2</dd>
</dl>
```

Les navigateurs affichent les définitions indentées de plusieurs caractères par rapport aux termes. L'exemple 3-17 crée une liste de définitions (repère ❶) contenant quatre éléments ‹dt›, lesquels renferment des sigles informatiques (repères ❷, ❹, ❻ et ❽). Les éléments ‹dd› qui suivent chacun d'entre eux en donnent les définitions (repères ❸, ❺, ❼ et ❾).

Exemple 3-17 Les listes de définitions

```
<!DOCTYPE html>
<html>
 <head>
  <meta http-equiv="Content-type" content="text/html;charset=UTF-8" />
  <title>Les listes de définitions</title>
  <style type="text/css">
   dt{background-color:#FF0;}
   dd{background-color:#EEE;}
  </style>
 </head>
 <body>
  <dl>❶
   <dt>HTML</dt>❷
   <dd>HyperText Markup Language : C'est le langage moderne de création de pages
   ➡ Web...</dd>❸
   <dt>CSS</dt>❹
   <dd>Cascading Style Sheet : Le langage de création des styles et du design...
   ➡ </dd>❺
   <dt>PHP</dt>❻
```

```
   <dd>PHP Hypertext Preprocessor : Le meilleur langage de création de pages
   ➡ dynamiques...</dd>❼
   <dt>SQL</dt>❽
   <dd>Structured Query Language : Le langage d'interrogation des bases de
   ➡ données...</dd>❾
 </dl>
 </body>
</html>
```

La figure 3-19 montre le résultat obtenu avec le style par défaut.

Figure 3-19

Une liste de définitions

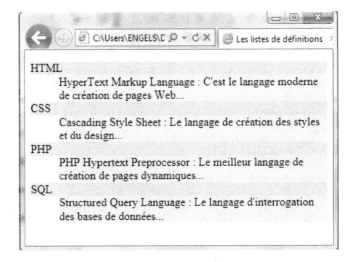

Comme les listes numérotées ou à puces, il est possible de créer des listes imbriquées en incluant des éléments <dl> dans l'élément <dd>.

Exercices

Exercice 1

Écrire une page contenant des titres de chapitres suivis d'une introduction puis de paragraphes ayant chacun un titre. Choisir les éléments appropriés à une bonne structuration.

Exercice 2

Créer la structure d'une page avec les éléments <header>, <div> et <footer>.

Exercice 3

Dans l'en-tête de l'exercice 2, incorporer un élément permettant la navigation dans le site.

Exercice 4

Créer deux divisions contenant chacune un titre général et deux paragraphes ayant chacun un titre. Quel intérêt peut avoir cette disposition par rapport à celle de l'exercice 1 ? Proposer ensuite une autre solution employant les éléments `<section>` et `<article>`.

Exercice 5

Dans le corps d'une page, inclure des articles et les commentaires que peuvent faire les lecteurs. L'organisation doit être visible.

Exercice 6

Écrire une liste d'adresses e-mails indiquant les différents contacts possibles sur le site.

Exercice 7

Écrire plusieurs abréviations et leur définition respective dans leur attribut `title`. L'ensemble doit être inclus dans un élément adéquat. Une boîte d'alerte doit afficher cette même définition quand le curseur survole le texte de l'abréviation.

Exercice 8

Inclure des citations courtes dans le texte d'un article.

Exercice 9

Écrire les textes suivants : $u_n = 2(u_{n-1} + u_{n-2})$ et $f(x) = 3x^4 + 7x^3 - 9x^2$ pour qu'ils s'affichent de cette façon.

Exercice 10

Inclure du code source de plusieurs balises HTML dans un texte normal, par exemple `<html>` ou `<head>`.

Exercice 11

Écrire les mots HTML et CSS en gras dans un texte normal.

Exercice 12

Écrire les mots HTML et CSS dans un élément afin de leur appliquer un style particulier par la suite.

Exercice 13

Écrire des mots en italique, d'autres dans une taille plus petite dans un texte inclus dans un article.

Exercice 14

Créer une liste de noms numérotés de 1 à 4.

Exercice 15

Créer la même liste numérotée en chiffres romains majuscules.

Exercice 16

Créer la même liste de noms avec des puces.

Exercice 17

Créer une liste imbriquée. Le premier niveau doit avoir des puces et le second des numéros.

Exercice 18

Créer un menu composé de boutons dont les cibles sont les sites de chaînes de télévision.

4

Insérer des images
et du multimédia

On n'envisage plus aujourd'hui un site sans images, comme paradoxalement peut l'être celui de W3C, qui a l'excuse de ne pas être grand public, mais uniquement très technique et destiné aux spécialistes. Les sites grand public se doivent donc d'égayer leurs pages avec des illustrations photographiques ou simplement graphiques. L'abus d'images pouvant se révéler aussi nocif que leur absence en termes d'attractivité du site pour le visiteur, il appartient au concepteur d'effectuer un choix judicieux de ses illustrations. De plus, il faut encore tenir compte du poids des contenus multimédias en kilo-octets. Le poids des images est sans commune mesure avec celui du code d'une page HTML 5 et vient rapidement allonger le temps d'affichage complet d'une page si elle en contient beaucoup, bien que les connexions ADSL aient aujourd'hui accéléré les chargements.

Les types d'images

Les navigateurs actuels n'acceptent qu'un nombre restreint de types d'images. Il faudra vous limiter aux trois grands types les plus utilisés et enregistrer vos images selon les formats présentés ci-après (ou les convertir après coup) qui sont suffisants pour satisfaire tous les besoins d'un concepteur de sites.

- GIF : *Graphics Interface Format*, ayant pour extension .gif. Ce format est limité à 256 couleurs et est donc déconseillé pour les photographies ayant une grande plage de teintes différentes. On l'utilisera en priorité pour des icônes, des dessins ou des bandeaux publicitaires car il présente aussi l'avantage de permettre la création de petites animations et l'entrelacement qui autorise l'affichage progressif de l'image, d'abord en basse résolution puis, au fur et à mesure du chargement, à la résolution maximale.

- JPEG : *Joint Photographic Experts Group*, ayant pour extensions `.jpeg` ou `.jpg`. Ce format permet la création d'images en 24 bits (16 millions de couleurs) et est donc très adapté aux photographies réalistes. En contrepartie, les images JPEG ont habituellement un poids plus important en Ko, ce qui ralentit leur chargement. C'est en effet le format courant des appareils photo numériques et les fichiers qu'ils créent peuvent avoir un poids de plusieurs mégaoctets ce qui est inutile pour un affichage sur écran ; il faudra donc penser à les redimensionner.

- PNG : *Portable Network Graphics*, ayant pour extension `.png`. Ce format est assez récent et a été conçu comme alternative au format GIF qui faisait l'objet (théoriquement, car qui s'en préoccupait ?) de droits d'auteurs, les inventeurs de ce format pouvant vous réclamer des redevances. Le format PNG créé à l'initiative du W3C est donc libre de droit et permet normalement la création de graphiques et de photographies. Comme il est de création relativement récente, les vieux navigateurs ne le reconnaissaient pas, mais comme ils sont désormais très minoritaires, vous pouvez l'employer sans trop de crainte.

À première vue, une image GIF ou PNG aura un poids plus faible qu'une image JPEG ; cependant, c'est la variété des teintes de l'image (la palette des couleurs) qui va influencer le poids final de l'image. Quand vous créez une image, essayez donc systématiquement de l'enregistrer sous les trois formats. Vous serez parfois surpris par le poids réel des images obtenues et vous pourrez choisir la moins lourde, donc celle qui s'affichera le plus vite dans votre page. Ne vous fiez pas non plus au temps d'affichage des images dans votre navigateur lors de vos tests, car le fichier provient directement de votre disque dur, et ce temps de chargement n'a rien à voir avec celui que les visiteurs du site auront à subir si votre image occupe 100 Ko par exemple. Pour faire bonne mesure, diminuez la définition des photos numériques pouvant atteindre une taille de plusieurs Mo. De plus, on estime généralement qu'après quelques secondes d'attente, un visiteur moyen commence à s'impatienter. Testez donc vos pages en ligne pour vous mettre dans la situation de vos visiteurs.

L'insertion d'images

L'élément <img />

L'élément `<img />` permet d'inclure des images dans une page web. Il s'agit d'un élément de type en ligne et qui doit généralement être inclus directement dans un élément de type bloc, dans une liste, ou encore un grand nombre d'autres éléments en ligne. C'est un élément vide, d'où l'utilisation du symbole de fermeture incorporé à la fin de la balise d'ouverture.

Le tableau 4-1 donne la liste de tous les éléments parents de l'élément `<img />`.

Tableau 4-1. Les éléments parents de l'élément `<img />`

Tous les éléments de la catégorie Phrasing.

L'élément `<img />` est qualifié d'élément remplacé car l'affichage obtenu n'est pas le contenu de l'élément qui est vide. C'est en agissant sur ses attributs que l'on peut définir l'image et ses caractéristiques. L'image obtenue à l'écran provient d'un fichier externe simplement référencé par l'attribut `src`. En outre, les dimensions de l'image ne sont pas nécessairement égales à celles de l'image originale car elles sont fixées par les attributs `height` et `width`. L'élément `<img />` possède tous les attributs communs, tels `id` et `title`, et les gestionnaires d'événements communs. Nous allons voir maintenant les différents attributs de cet élément qui permettent de bien gérer les images.

- L'attribut `src` : précise l'adresse relative ou absolue du fichier image que l'on désire afficher dans la page. Son utilisation est donc obligatoire. Nous écrivons par exemple :

```
<img src="image.png" />
```

  pour une adresse relative, ce qui suppose que le fichier PNG est situé dans le même répertoire que le fichier XHTML qui l'incorpore. En écrivant :

```
<img src="http://www.site.com/images/image.png"/>,
```

  nous définissons une adresse absolue, l'image pouvant donc figurer sur un autre serveur que le nôtre. L'utilisation des adresses relatives est préférable en vue de faciliter la maintenance du site. Si le fichier n'est pas disponible, les navigateurs affichent une icône à la place.

- L'attribut `alt` : sa présence est également nécessaire et il doit contenir un texte fournissant une brève description de l'image. Ce texte apparaîtra à la place de l'image si celle-ci n'est pas disponible (absente du répertoire cible ou illisible). Il est également utilisé par les navigateurs n'affichant pas les images et il sera lu par les navigateurs spécialisés pour malvoyants. L'attribut `title` peut contenir un texte similaire.

- Les attributs `height` et `width` permettent de définir respectivement la hauteur et la largeur qu'aura l'image sur le média d'affichage. Ces dimensions peuvent être définies à l'aide d'un pourcentage. Dans ce cas, les pourcentages font référence aux dimensions de l'élément parent de l'image. Si la fenêtre du navigateur est redimensionnée, les dimensions de l'image seront alors recalculées, laissant l'image entièrement visible. La définition de ces attributs accélère l'affichage dans les navigateurs car elle leur permet de déterminer la zone d'affichage avant même d'avoir téléchargé l'image. Le poids de l'image en kilo-octets ayant une influence évidente sur le temps de chargement de la page, il est déconseillé de définir des dimensions nettement inférieures à celles de l'image originale. Il vaut mieux dans ce cas créer un autre fichier image de dimensions réduites dont le poids sera plus petit. Si le rapport entre les valeurs des attributs `height` et `width` n'est pas le même que celui de l'image réelle, il en résulte une déformation de cette dernière, sans doute peu esthétique (à moins que cela ne soit volontaire). Il faut donc vérifier les dimensions réelles de l'image avant d'utiliser ces attributs.

- L'attribut `ismap` : s'il est utilisé, il précise qu'il existe une grille créant des zones sensibles au clic dans l'image. Ces zones sont l'origine de liens hypertextes depuis l'image vers des documents externes ou des parties de la page. L'attribut prend la valeur booléenne unique `ismap`. Il est toujours associé à l'attribut `usemap` présenté ci-après.

- L'attribut `usemap` indique l'identificateur (l'attribut `id`) de l'élément `<map>` qui définit les zones sensibles au clic de l'image. La valeur de l'identificateur doit être précédée du caractère dièse (#). Nous allons voir dans la section suivante comment délimiter ces zones.

L'exemple 4-1 permet d'incorporer plusieurs images dans une page. La première est incluse dans un paragraphe et possède les dimensions initiales du fichier image (soit 466 × 378 pixels) car les attributs `height` et `width` ne sont pas précisés (repère ❶). La deuxième, incluse dans le même élément `<p>`, a des dimensions fixées à un tiers de celles d'origine (repère ❷). Pour éviter des calculs de proportionnalité la seule définition d'une des deux dimensions suffit, et les proportions sont ainsi conservées. La troisième à être incluse dans un élément `<div>` est du type TIFF et ne peut pas être affichée directement par certains navigateurs (Safari et Explorer l'affichent !) (repère ❸). C'est donc le contenu de l'attribut `alt` qui apparaît à sa place dans les autres. Les images suivantes sont incluses dans les éléments d'une liste non ordonnée avec des dimensions fixées explicitement en pixels et en donnant une adresse absolue (repères ❹, ❺ et ❻).

Exemple 4-1 Insertion d'images dans une page

```
<!DOCTYPE html>
<html>
 <head>
  <meta http-equiv="Content-type" content="text/html;charset=UTF-8" />
  <title> Insertion d'images </title>
  <link rel="shortcut icon" type="images/x-icon" href="../images/favicon.ico" />
  <style type="text/css" title="">
  </style>
 </head>
<body>
 <h1>Insertion d'images</h1>
 <p>
  <img src="../images/xjr1300.jpg" alt="Ma moto : Yamaha XJR 1300"
  ➥ title="Yamaha XJR 1300: pas mal!" /> ❶
  <img src="../images/xjr1300.jpg" alt="Ma moto : Yamaha XJR 1300"
  ➥ title="Yamaha XJR 1300: fun!!" height="126" width="155"/> ❷
 </p>
 <div>
  <img src="romy.tif" alt="Cette image TIFF n'est pas accessible" /> ❸
 </div>
  <ul>
   <li><img src="http://www.funhtml.com/images/xjr1300.jpg"
   ➥ alt="XJR 1300" width="45" height="35" /> YAMAHA XJR 1300</li> ❹
   <li><img src="http://www.funhtml.com/images/zrx1200.jpg" alt="ZRX 1200"
   ➥ width="45" height="35" /> KAWASAKI ZRX 1200</li> ❺
   <li><img src="http://www.funhtml.com/images/cb1300.jpg" alt="CB 1300" width="45"
   ➥ height="35" /> HONDA CB 1300</li> ❻
  </ul>
 </body>
</html>
```

La figure 4-1 montre le résultat obtenu quand le navigateur ne reconnaît pas les images TIFF.

Figure 4-1

L'insertion d'images dans une page

Titre d'une image

Pour améliorer la présentation d'une image, nous disposons maintenant avec HTML 5 de nouveaux éléments qui permettent de titrer correctement une image sans recourir à des processus compliqués et qui fournissent une présentation semblable à celle des figures de ce livre, soit une image et sa légende. Il s'agit de l'élément <figure> dans lequel sont insérés un élément <img/> qui permet l'affichage de l'image et un élément <figcaption> qui crée un titre (au-dessus ou en dessous, par exemple, mais pas les deux à la fois). La syntaxe générale de l'ensemble est la suivante :

```
<figure>
  <img src="image.jpg" alt="commentaire" />
  <figcaption>Légende</figcaption>
</figure>
```

L'exemple 4-2 en fournit une illustration d'emploi très simple. Tout d'abord, nous y créons les éléments <figure> et <figcaption> pour les navigateurs qui les ignorent encore (repères ❶ et ❷). Nous incluons ensuite dans la page un élément figure (repère ❺) qui contient une image (repère ❻) puis un titre (repère ❼) qui venant après l'image va s'afficher en dessous de celle-ci. Les styles (repères ❸ et ❹) ne sont là que pour améliorer l'aspect visible à la figure 4-2.

Exemple 4-2 Image avec légende

```
<!DOCTYPE html>
<html>
 <head>
  <meta http-equiv="Content-type" content="text/html;charset=UTF-8" />
  <title>Image avec titres</title>
  <script>
   document.createElement('figure'); ❶
   document.createElement('figcaption'); ❷
  </script>
  <style>
  figure {display:inline-block; border: 4px  solid  #FF9933; background-color: #FF0;
  ➥ margin: 16px; padding:1em;} ❸
  figcaption {display:block; text-align: center; font-size:2em; } ❹
  </style>
 </head>
 <body>
  <figure> ❺
   <img src="xjr1300.jpg" alt="Moto Top" /> ❻
   <figcaption>Yamaha XJR 1300<br />Engin d'exception</figcaption> ❼
  </figure>
 </body>
</html>
```

Figure 4-2

Une image avec sa légende

Les images réactives

Grâce aux gestionnaires d'événements onclick ou onfocus, il est possible de déclencher un script JavaScript en réponse à l'action d'un visiteur. Cependant, ces événements ont lieu quel que soit le point de l'image sur lequel ils se produisent. Pour affiner ce comportement, il est possible de créer une carte définissant plusieurs zones de la même image, chacune d'elles pouvant par exemple déclencher un script différent ou être à l'origine d'un lien vers un autre document, comme nous le verrons au chapitre 5. Une telle carte contient la définition de toutes les zones sensibles de l'image. Une carte est définie à l'aide de l'élément <map> qui possède l'ensemble des attributs communs. La présence de l'attribut id est obligatoire car c'est lui qui sert à associer la carte à une image à l'aide de l'attribut usemap de l'élément <img />. La même carte peut donc servir pour plusieurs images différentes. L'élément <map> doit contenir la définition d'au moins une zone sensible. Chaque zone est créée par un élément <area />.

La définition d'une carte doit donc avoir la structure suivante :

```
<map id="carte1">
  <!--Définition de la zone 1ère zone-->
  <area alt="zone1" />
  <!--Définition de la 2ème zone-->
  <area alt="zone2" />
  …
</map>
```

On constate que l'élément `<area />` est un élément vide. La définition des zones s'effectue par l'intermédiaire de certains de ses attributs dont voici la liste.

- L'attribut `accesskey` : sa valeur est un caractère qui permet de créer un raccourci clavier (Alt + caractère sous Windows) simulant un clic sur la zone définie.

- L'attribut `alt` contient un texte qui joue le même rôle que dans l'élément `<img />` et il est également obligatoire.

- L'attribut `href` contient l'URL du document cible qui sera affiché après un clic sur la zone. Il est facultatif car le concepteur peut vouloir qu'un clic sur la zone entraîne une autre action, comme le déclenchement d'un script.

- L'attribut `nohref` prend la valeur booléenne unique `nohref` pour définir explicitement que la zone sensible ne dirige pas vers un autre document.

- L'attribut `tabindex` : sa valeur est un nombre entier qui donne une position à la zone sensible dans l'ordre de tabulation. Si par exemple nous écrivons `tabindex="2"`, il suffit à l'utilisateur de taper deux fois sur la touche Tab pour rendre la zone active. La frappe de la touche Entrée équivaut alors à un clic sur la zone.

- L'attribut `shape` permet de définir la forme de la zone sensible. Il peut prendre quatre valeurs.

  - `rect` pour un rectangle, qui est la valeur par défaut.

  - `circle` pour un disque.

  - `poly` pour un polygone quelconque.

  - `default` pour gérer les clics qui sont effectués en dehors d'une des zones sensibles définies sur l'image.

- L'attribut `coords` vient en complément du précédent pour indiquer les dimensions de la forme choisie. L'origine des coordonnées est le sommet supérieur gauche de l'image, et celles-ci sont exprimées en pixels sans avoir à préciser l'unité px.

  - Si `shape="rect"`, il faut indiquer dans cet ordre les coordonnées des sommets supérieur gauche et inférieur droit du rectangle sous la forme :

  ```
  shape="rect" coords="XH,YH, XB, YB"
  ```

  - Si `shape="circle"`, il faut indiquer les coordonnées du centre suivies du rayon sous la forme :

  ```
  shape="circle" coords="XC, YC, R"
  ```

– Si shape="poly", il faut donner les coordonnées de tous les sommets dans l'ordre et terminer cette liste en répétant celles du point de départ. Pour un triangle, nous pouvons écrire :

```
shape="poly" coords="X1, Y1, X2, Y2, X3, Y3, X1, Y1"
```

L'élément <area /> possède également deux attributs gestionnaires d'événements particuliers à partir desquels on peut gérer les actions du visiteur.

- L'attribut onfocus permet de gérer l'événement qui se produit quand la zone sensible reçoit le focus, ce qui peut se reproduire à l'aide de la souris ou en utilisant la touche Tab ou un raccourci clavier si les attributs tabindex ou accesskey ont été définis.

- L'attribut onblur permet de gérer l'événement qui se produit quand la zone perd le focus par les mêmes moyens.

- L'attribut target permet de choisir où va s'afficher la page cible du lien. Il prend quatre valeurs au choix.

  – _blank pour une nouvelle page ou un nouvel onglet.

  – _self pour un affichage dans la page d'origine, ce qui fait disparaître le contenu d'origine.

  – _parent pour un affichage dans la page parent de la page en cours.

  – _top pour un affichage dans la page de plus haut niveau dans la généalogie de la page en cours.

L'exemple 4-3 permet la réalisation d'une image réactive. La création de la carte à l'aide des éléments <map> et <area /> amène à définir trois zones. La première est un rectangle (repère ❶), la deuxième un disque (repère ❸) et la troisième un polygone (repère ❺).

La définition de l'attribut href déclenche l'affichage de la cible dans une nouvelle page après un clic sur la première zone car l'attribut target vaut _blank (repère ❶). Pour la deuxième zone, l'attribut href dont la valeur est nohref précise que le clic ne redirige pas vers une autre page. Il provoque en revanche l'exécution d'un script JavaScript (repère ❷), ici une simple boîte d'alerte. La définition de l'attribut onfocus pour la troisième zone entraîne l'affichage d'une boîte d'alerte JavaScript quand elle reçoit le focus (repère ❹). La carte ainsi définie est utilisée par une image (repère ❼) dont l'attribut usemap permet d'identifier l'élément <map> concerné (repère ❻).

Exemple 4-3 Création d'une image réactive

```
<!DOCTYPE html>
<html>
 <head>
  <meta http-equiv="Content-type" content="text/html;charset=UTF-8" />
  <title>Liens et image sensible</title>
  <link rel="shortcut icon" type="images/x-icon" href="../images/favicon.ico" />
 </head>
 <body>
 <div>
  <h1>Les sites des régions</h1>
```

```
<map id="regions" name="regions">
 <area  href="http://www.orleans.fr"  title="Région Centre" shape="rect"
➥ coords="142,118,188,180" alt="Région centre" target="_blank"/> ❶
 <area  href="nohref" ❷ onclick="alert('Visitez la plus belle ville du monde')"
➥ title="Région parisienne" shape="circle" coords="180,98,16"
➥ alt="Région parisienne"/> ❸
 <area  href="http://www.nantes.fr"  ❹ onfocus="alert('Nantes en plein
➥ développement')" title="Pays de Loire" shape="poly" coords="76,146,95,110,
➥ 138,130,94,182,76,146" alt="Pays de Loire"/> ❺
</map>
<img ❻ usemap="#regions" src="france.gif" alt="Carte des régions" width="344"
➥ height="336"/> ❼
</div>
</body>
</html>
```

La figure 4-3 montre le résultat obtenu et la forme du curseur au survol des liens pour la troisième zone.

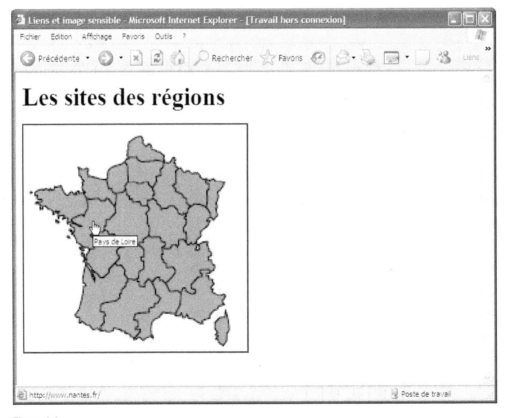

Figure 4-3

Une image réactive

L'insertion d'images en tant qu'objets

Nous avons vu que les navigateurs ne supportent qu'un nombre limité de formats d'images. Si, par exemple, nous essayons d'insérer une image TIFF dans une page au moyen de l'élément `<img />`, cette image ne sera pas affichée (comme nous l'avons vu à la figure 4-1 pour certains navigateurs seulement). Pour pouvoir afficher un plus grand nombre de documents graphiques et multimédias, le W3C a introduit depuis HTML 4 le nouvel élément `<object>` qui peut être inclus dans de nombreux autres éléments de bloc ou en ligne. Le tableau 4-2 rappelle la liste des différentes valeurs possibles pour l'élément `<object>`.

Tableau 4-2. Les éléments parents de `<object>`

Tous les éléments de la catégorie Phrasing

L'élément le plus couramment employé dans `<object>` est l'élément `<param />`, qui est un élément vide et qui permet de passer des paramètres à l'application qui lit le fichier multimédia, et dont les attributs influencent la lecture. Ses paramètres sont donnés sous la forme de paire nom/valeur dans les attributs `name` et `value` de l'élément. En voici la forme générale :

```
<param name="nom_param" value="valeur_param"/>
```

Les valeurs de ces paramètres varient selon le type de fichier à lire. Pour une animation ou un fichier son que l'on veut lire en boucle, nous pouvons écrire par exemple :

```
<param name="loop" value="true"/>
```

Avant d'utiliser un tel paramètre, il est bon de vérifier s'il correspond bien à l'application et s'il est bien accepté par les différents navigateurs. L'ajout d'un élément `<param />` inapproprié bloque parfois la lecture du fichier dans certains navigateurs, tels qu'Internet Explorer ou même Mozilla, alors même que son absence permet la lecture correcte du fichier.

Le contenu de l'élément `<object>` quand il est différent de l'élément `<param />` ne sert que d'alternative en cas de non-affichage de l'objet multimédia et, normalement, n'est donc pas visible.

L'élément `<object>` permet entre autres d'afficher des images et possède un grand nombre d'attributs. Nous n'allons utiliser ici que les attributs utiles à l'insertion d'image et nous recourons aux autres dans les sections suivantes consacrées à l'insertion de contenus multimédias.

- L'attribut `data` contient l'URL relative ou absolue de l'image à afficher. C'est l'équivalent de l'attribut `src` de l'élément `<img />`.
- L'attribut `type` précise le type MIME du fichier indiqué dans l'attribut `data`.
- L'attribut `standby` contient le texte qui est affiché pendant le temps de chargement de l'image. Il équivaut à l'attribut `alt` de l'élément `<img />`.

- Les attributs `width` et `height` permettent de définir les dimensions de l'objet dans la page, et en particulier celle d'une image.

On retrouve également les attributs `usemap` et `tabindex` qui jouent le même rôle que dans l'élément `<img />`. En particulier, l'attribut `usemap` permet de créer des zones réactives dans l'image. Dans l'exemple 4-4, nous incluons d'abord une image de type JPEG au moyen de l'élément `<object>` aussi facilement qu'avec l'élément `<img />` (repère ❶). Le contenu de l'élément `<object>` n'est pas visible et ne sert que de solution de substitution dans le cas où l'image ne serait pas affichée. L'insertion d'une image de type TIFF, qui était impossible avec `<img />`, devient alors possible avec `<object>` en précisant le type et les dimensions voulues pour l'image (repère ❷). De même, l'insertion d'une image dans un format exotique pour le Web, puisqu'il s'agit de la même image mais au format BMP, est aussi réalisable en utilisant l'élément `<object>` et en précisant encore le type et les dimensions du rendu désiré (repère ❸). La largeur de l'image est ici donnée en pourcentage de celle du conteneur `<div>`.

Exemple 4-4 Insertion d'images en tant qu'objets

```
<!DOCTYPE html>
<html>
 <head>
  <meta http-equiv="Content-type" content="text/html;charset=UTF-8" />
  <title> Les objets images </title>
  <link rel="shortcut icon" type="images/x-icon" href="../images/favicon.ico" />
 </head>
 <body>
  <div>
<h1>Insertion d'images en tant qu'objets</h1>
   <object data="xjr1300.jpg" id="img1"  title="yamaha XJR 1300" width="400"
➥ height="350"> ❶
   <h1>Moto classe</h1>
   </object>
   <!-- -->
   <object data="romy.tif" id="img2"   title="Romy en tifs" type="image/tiff"
➥ width="150"> ❷
   <h1>ROMY </h1>
   </object>
   <!-- -->
   <object data="romy2011.bmp" id="img3"   title="Romy en tifs" type="image/bmp"
➥ width="400" > ❸
   <h1>ROMY</h1>
   </object>
  </div>
 </body>
</html>
```

La figure 4-4 montre les images affichées dans le navigateur Mozilla. Pour réaliser cet affichage, certains navigateurs peuvent nécessiter l'emploi d'un plug-in comme QuickTime ou Windows Media Player installés par défaut ou que l'utilisateur doit télécharger. Il est toujours utile de créer un lien dans le site vers les sites des fabricants de ces plug-ins.

Figure 4-4

Affichage d'images en tant qu'objets

Images et boutons

Il est courant de rencontrer dans des pages web des images ayant l'apparence de boutons sur lesquels l'utilisateur peut cliquer pour déclencher une action gérée par un script (écrit par exemple en JavaScript) exécuté côté client, ou par un script (écrit par exemple en PHP) côté serveur. Ce type d'images implique la création de deux images, l'une correspondant à l'état initial du bouton et la seconde à l'état du bouton quand l'utilisateur clique dessus. L'affichage successif de ces images en cas de clic crée un effet d'enfoncement du bouton. Pour créer le même effet sans avoir recours à la création de plusieurs images, il existe l'élément `<button>`, apparu en HTML 4. Créé pour être utilisé plus particulièrement dans les formulaires (voir le chapitre 7), il peut être incorporé en dehors de ce contexte pour déclencher des scripts côté client. Comme il s'agit d'un élément en ligne, il devra être inclus dans un bloc `<p>` ou `<div>` par exemple. Pour que la face du bouton affiche une image, il suffit d'inclure un élément `<img />` dans l'élément `<button>`.

Le code de création d'un bouton avec image a donc la structure suivante :

```
<button>
 <img alt="Texte" src="image.gif"/>
</button>
```

L'élément `<button>` possède l'ensemble des attributs communs et, par exemple, le gestionnaire d'événements `onclick` qui va nous permettre de déclencher l'exécution d'un script à la suite d'un clic. Comme pour les éléments `<area>`, nous retrouverons ici les attributs `accesskey`, `tabindex`, `onblur` et `onfocus`. L'attribut `disabled` qui prend la valeur booléenne unique `disabled` rend le bouton inactif. Il ne sera utilisé que pour rendre le bouton inactif à l'aide de code JavaScript après une action particulière d'un utilisateur. L'attribut `type` permet de déterminer le rôle assigné au bouton. Il peut prendre les valeurs `button`, `submit` ou `reset`, ces deux dernières n'étant utiles que dans le cadre des formulaires. Quand il prend la valeur `button`, il n'a pas de rôle prédéterminé et c'est au concepteur de lui en donner un, en gérant les attributs gestionnaires d'événements comme `onclick`.

L'exemple 4-5 crée une page comportant deux boutons qui contiennent chacun une image (repères ❹ et ❼), et dont l'attribut `type` a la valeur `button`. Le premier bouton (repère ❷) est réactif au clic par l'utilisation de l'attribut `onclick` (repère ❸) et affiche le nom du modèle de la moto représentée par l'image. Le second (repère ❺) affiche une boîte d'alerte JavaScript contenant la date et l'heure actuelles en réagissant à l'événement `onmouseover` (repère ❻) quand le curseur survole le bouton. Le style créé (repère ❶) permet d'établir une couleur de fond pour le bouton.

Exemple 4-5 Images et boutons

```
<!DOCTYPE html>
<html>
 <head>
  <meta http-equiv="Content-type" content="text/html;charset=UTF-8" />
  <title> Boutons et images </title>
  <style type="text/css" title="">
   button{background-color:#EEE;} ❶
  </style>
 </head>
 <body>
  <div><h2>Images et boutons</h2>
   ❷ <button type="button" ❸ onclick="alert('Modèle : YAMAHA XJR 1300')" ><br />
    ❹ <img src="xjr1300.jpg" width="200" height="140" alt="Moto Yamaha">
   </button><br /><br />
   ❺ <button type="button" ❻ onmouseover="time=new Date();alert(time)" ><br />
   ❼ <img src="horloge.jpg" width="200" height="200" alt="La pendule" /><br /><br />
   </button>
  </div>
 </body>
</html>
```

La figure 4-5 représente les boutons obtenus ainsi que la boîte d'alerte créée par le survol du second bouton.

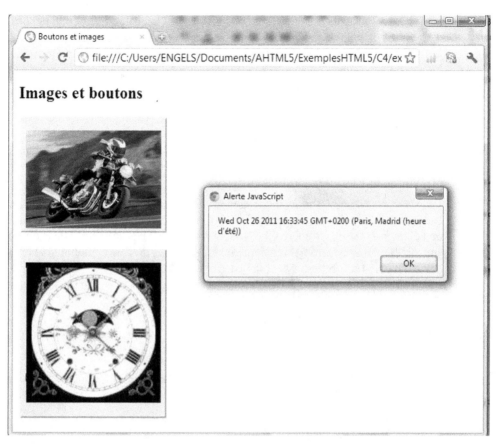

Figure 4-5

Création de boutons avec une image

L'insertion du multimédia

Les images ne sont pas les seuls éléments décoratifs d'une page web. À cet effet, nous disposons désormais de multiples éléments multimédias qui vont des animations Flash à la vidéo, en passant par les fichiers son MP3 et les applets Java. Avec le langage HTML 5, on peut incorporer ces fichiers multimédias de manière conforme en oubliant l'élément `<applet>` désormais obsolète. L'élément `<embed />` qui était exclus de XHTML a été remis au goût du jour dans HTML 5 et nous l'utiliserons par la suite. C'est l'élément `<object>` qui se prête aujourd'hui à l'inclusion de ces différents composants. Nous verrons aussi les nouvelles possibilités offertes par HTML 5 dans la suite de ce chapitre.

Notez bien cependant que la lecture des contenus multimédias par les navigateurs n'est pas une évidence comme celle du texte d'une page. Il est souvent nécessaire que ceux-ci soient munis de plug-ins spécialisés que le visiteur du site doit avoir installés au préalable, faute de quoi les contenus ne seront pas visibles ou audibles. Pour cette raison, il est bon de préciser dans la page les adresses de téléchargement de ces plug-ins, tel que le site de Macromedia pour Macromedia Flash Player (http://www.adobe.com/cfusion/search/index.cfm?term=flash+player&siteSection=home&loc=en_us) ou QuickTime (http://support.apple.com/kb/DL235).

L'insertion d'une animation Flash en HTML 5

Pour incorporer une animation au format Flash, nous disposons maintenant de deux méthodes, l'une avec l'élément `<object>` et la seconde avec l'élément `<embed />` ajoutée ou plutôt remise d'actualité par HTML 5.

Dans la première méthode, nous devons, comme le montre l'exemple 4-6, préciser l'adresse relative ou absolue du fichier Flash dont l'extension est `.swf` dans l'attribut `data` de l'élément `<object>` (repère ❶). Nous pouvons préciser le type MIME du fichier dans son attribut `type` (repère ❷) ainsi que les dimensions de l'animation dans la page à l'aide des attributs `width` (repère ❸) et `height` (repère ❹). Le titre `<h1>` (repère ❺) n'est visible que si l'animation n'est pas lue par le navigateur. Il pourrait être complété par un lien vers le site de téléchargement de Macromedia Flash Player.

La seconde méthode consiste à utiliser l'élément `<embed />` selon la syntaxe suivante :

```
<embed src="URL fichier" type="MIME" width="Xpx" height="Ypx" />
```

dont les attributs nous sont déjà connus, le principal étant `src` qui contient l'adresse du fichier Flash à inclure.

`<embed />` et le multimédia

L'élément `<embed />` rajouté à HTML 5 peut aussi contenir des images ou des vidéos et, selon le type de fichier, faire appel à un plug-in spécialisé.

Dans l'exemple 4-6, nous incluons le même fichier Flash à l'aide de cette seconde méthode. L'élément `<embed />` contient toutes les informations nécessaires dans ses attributs. L'adresse du fichier dans l'attribut `src` (repère ❻), le type du fichier dans l'attribut `type` (repère ❼) et les éventuelles dimensions que l'on veut donner à l'animation Flash (repère ❽).

Exemple 4-6 Inclusion d'une animation Flash

```
<!DOCTYPE html>
<html>
 <head>
  <meta http-equiv="Content-type" content="text/html;charset=UTF-8" />
  <title>Objet Flash</title>
```

```
  <link rel="shortcut icon" type="images/x-icon" href="../images/favicon.ico" />
 </head>
 <body>
 <div>
 <h1>OBJET FLASH 1</h1>
  <object ❶ data="nav.swf"  ❷ title="FLASH" type="application/x-shockwave-flash"
  ➥ ❸ width="880" ❹ height="165">
   <p>OBJET FLASH NON AFFICHE : Téléchargez QuickTime</p>
  </object>
  <h1>OBJET FLASH 2</h1> ❺
   <embed ❻ src="nav.swf" ❼ type="application/x-shockwave-flash" height="100"
   ➥ width="600" ❽/>
 </div>
 </body>
</html>
```

La figure 4-6 montre les résultats obtenus par l'incorporation d'une superbe animation Flash du site www.portix.org qui sert de menu commun à ses pages. Notons que selon l'application Flash, il peut être utile de placer des éléments <param /> dans l'élément <object> pour définir des particularités ou des interactions avec le visiteur.

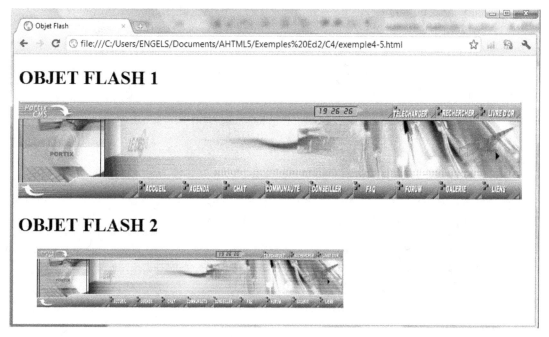

Figure 4-6

Incorporation d'une animation Flash

L'insertion d'une vidéo avant HTML 5

L'insertion d'une vidéo dans une page est à distinguer de la lecture simple de ce type de fichier à l'aide d'un logiciel spécialisé, en dehors d'un navigateur, comme chacun peut le faire avec les ordinateurs récents après le téléchargement du fichier. Il s'agit ici que la vidéo soit visible à l'intérieur même de la page comme l'est une image. Nous allons envisager successivement dans l'exemple 4-7 une technique qui nécessite l'emploi d'un plug-in externe, les tests ayant été effectués avec QuickTime installé sur le poste client.

Cette méthode est similaire à celle employée dans l'exemple précédent. Nous incluons encore un élément `<object>` (repère ❶) en précisant ses attributs `data` (repère ❷) qui contient le nom du fichier vidéo (ici de type MPEG mais pas nécessairement, les types de vidéos étant nombreux), l'attribut `type` (repère ❸) qui donne le type MIME de ce fichier ainsi que les attributs `width` (repère ❹) et `height` (repère ❺) pour préciser les dimensions de la zone qui contient la fenêtre de visualisation du plug-in. Cela ne veut pas dire que l'image vidéo prend les dimensions de cette fenêtre, car contrairement aux images fixes, elle garde ses dimensions initiales déterminées lors de sa création. Cette méthode simple fonctionne dans tous les navigateurs récents comme Explorer, Mozilla, FireFox, Opera, Chrome et Safari.

Le paragraphe (repère ❻) inclus dans l'objet permet un affichage alternatif en cas d'absence d'un plug-in adapté à la lecture de la vidéo. Ils contiennent un conseil de téléchargement (repère ❼) et un lien direct vers le fichier vidéo que l'utilisateur peut alors visualiser plus facilement dans un lecteur multimédia externe (repère ❽).

Exemple 4-7 Lecture d'une vidéo

```
!DOCTYPE html>
<html>
 <head>
  <meta http-equiv="Content-type" content="text/html;charset=UTF-8" />
  <title>Objet Vidéo</title>
  <link rel="shortcut icon" type="images/x-icon" href="../images/favicon.ico" />
 </head>
 <body>
  <h1>OBJET VIDEO</h1>
  <div>
❶ <object ❷ data="romy.mpg"   title="Romy" ❸ type="video/mpeg" width="320"❹
➡ height="255" ❺>
   ❻ <p>OBJET VIDEO 1 NON AFFICHE. Vous ne pouvez pas voir cette vidéo: téléchargez
   ❼ <a  href="http://support.apple.com/kb/DL235"  >QuickTime</a>
   ❽ <a  href="romy.mpg" >Voir la vidéo dans votre lecteur</a>
   </p>
  </object>
  </div>
 </body>
</html>
```

La figure 4-7 montre le résultat obtenu dans Opera, dans lequel l'objet vidéo est visible avec les boutons de contrôle qui apparaissent en dessous de la vidéo.

Figure 4-7

Lecture d'une vidéo avant HTML 5

L'insertion d'une vidéo en HTML 5

L'élément `<video>` constitue une des nouveautés essentielles de HTML 5 mais pas vraiment ce que certains pourraient qualifier de révolution. Il permet, du moins en théorie pour l'instant, d'afficher une vidéo sans avoir à utiliser un plug-in comme QuickTime ou Real Player, et ce, quel que soit le navigateur. Cependant des difficultés persistent encore aujourd'hui pour permettre une gestion aisée des différents formats de vidéos comme nous allons le voir. La syntaxe de base de l'élément `<video>` est la suivante :

```
<video src="URL fichier">…</video>
```

qui suffit à afficher le contenu du fichier vidéo précisé.

On peut lui ajouter des particularités avec les attributs supplémentaires.

- `controls="controls"` qui permet d'afficher des éléments de contrôle (lecture, pause, retour, durée...) en dessous de la vidéo.

- `autoplay="autoplay"` qui déclenche la lecture dès l'ouverture de la page et le début du chargement du fichier. Pour obtenir le cas contraire, il faut simplement supprimer cet attribut.

- `poster="URL image"` qui affiche une image fixe le temps que la vidéo se charge et démarre soit automatiquement, soit par action du visiteur.

- `loop="loop"` pour lire le fichier en boucle (c'est le cas sur les sites pour les publicités par exemple) ; sinon, il faut enlever cet attribut.

- `muted="muted"` pour supprimer le son (non reconnu à ce jour).

- `preload="none | metadata | auto"` qui détermine le comportement du navigateur quant au préchargement du fichier. Avec la valeur `none`, aucun préchargement n'est effectué jusqu'à ce que l'utilisateur ne démarre la lecture. Avec la valeur `metadata`, seules les métadonnées sont préchargées. La valeur `auto` entraîne le préchargement du fichier en même temps que celui de la page.

- `height` et `width` pour imposer des dimensions au cadre de la vidéo. Si une seule valeur est donnée, l'autre est déterminée pour conserver les proportions de l'image.

S'il est vrai que l'élément `<video>` est accepté par les navigateurs du marché, il n'en est pas de même des formats vidéo. Le tableau 4.4 donne les compatibilités des principaux navigateurs. Là aussi une normalisation s'imposerait !

Tableau 4-4. Les formats vidéo et les navigateurs

	.mp4	.ogg	.webm
Firefox		OUI	OUI
Chrome	OUI	OUI	OUI
Opera		OUI	OUI
Safari	OUI		
Explorer	OUI		OUI

Donc en écrivant par exemple le code suivant :

```
<video src="mavideo.mp4"> </video>
```

on obtiendra un affichage correct dans trois navigateurs sur cinq et rien dans les autres, ce qui n'est pas envisageable. Pour pallier cet inconvénient, il faut donner deux ou plusieurs sources de fichiers vidéo avec des formats différents que l'on peut fabriquer à l'aide de convertisseurs à partir d'un fichier original. Ceci est réalisé en incorporant dans l'élément `<video>` autant d'éléments `<source>` que de formats. La syntaxe de l'élément `<source>` est la suivante :

```
<source src="URL fichier" type="type MIME" media="(règles)" />
```

- L'attribut `src` est connu et contient l'URL relative ou absolue du fichier.

- L'attribut `type` facultatif précise le type MIME du fichier et peut être par exemple de la forme `video/mp4`.

- L'attribut `media` permet d'obtenir des informations sur le media qui visualise la vidéo et d'adapter éventuellement le contenu à celui-ci comme la taille de la vidéo (voir la directive `@media` dans la section sur les Media Queries du chapitre 15).

Dans l'exemple 4-8, nous insérons une vidéo dans une page en utilisant l'élément `<video>` (repère ❶) avec les attributs `controls`, `autoplay` et `loop` (repères ❷, ❸ et ❹) et deux éléments `<source />` (repères ❺ et ❼) pour le même film, l'un au format `mp4` (repère ❻) et l'autre pour le format Webm (repère ❽) ce qui permet un affichage correct dans les différents navigateurs. On remarquera ici la simplicité du code. La figure 4-8 montre le résultat obtenu dans Chrome.

Exemple 4-8 Insertion d'une vidéo en HTML 5

```
<!DOCTYPE html>
<html>
 <head>
  <title>Une vidéo en HTML 5</title>
  <meta charset="UTF-8"/>
 </head>
 <body>
  <h1>ELEMENT VIDEO</h1>
❶<video ❷controls="controls"  height="300" width="450" ❸autoplay="autoplay"
➡ ❹loop="loop">
    ❺<source src="videochevaux.mp4" ❻type="video/mp4">
    ❼<source src="videochevaux.webmvp8.webm" ❽type="video/webm">
  </video>
 </body>
</html>
```

Figure 4-8

Une vidéo en HTML 5

L'insertion d'éléments audio avant HTML 5

L'insertion de fichiers sonores dans une page se réalise avec deux éléments `<object>` imbriqués (repères ❶ et ❺) tout comme pour les vidéos, comme le montre l'exemple 4-9. Avec ce procédé, si un navigateur ne reconnaît pas le premier format, c'est le second qui est utilisé. Par rapport à l'exemple 4-7, nous modifions simplement les valeurs des attributs `type`, lesquels prennent la valeur `audio/mp3` (repère ❷) ou `audio/wav` (repère ❻) et `data`, contenant le nom du fichier dont l'extension est `.mp3` (repère ❸) ou `.wav` (repère ❼). L'utilisation des éléments `<param/>`, dont les attributs `autoplay` prennent la valeur `false`, permet d'empêcher la lecture automatique (repères ❹ et ❽). Le lien contenu dans le paragraphe `<p>` (repère ❾) établit un lien direct vers le fichier qui ne sera affiché que dans les navigateurs de votre grand-mère qui ne lirait pas les formats précédents.

Pour diffuser ce type de fichier en musique de fond sans intervention possible du visiteur, il suffit de mettre les paramètres `autoplay` à la valeur `true` et d'ajouter le code suivant pour cacher les boutons de contrôle.

```
<param name="controller" value="false"    />
```

Exemple 4-9 Lecture d'un fichier MP3 avant HTML 5

```
<!DOCTYPE html>
<html>
 <head>
  <meta http-equiv="Content-type" content="text/html;charset=UTF-8" />
  <title>Objet MP3</title>
 </head>
 <body>
  <div>
   <h1>Lecture d'un fichier son MP3 ou WAV </h1>
   ❶<object ❷type="audio/mp3" ❸data="piaf.mp3" title="La vie en rose"
➡ height="60" width="300" >
    ❹<param name="autoplay" value="false"    />
    ❺<object ❻type="audio/wav" ❼data="piaf.wav" title="La vie en rose"
➡ height="60" width="300">
     ❽<param name="autoplay" value="false"   />
     ❾<p>Ecouter <a  href="piaf.mp3" > "Vie en rose" en MP3</a></p>
    </object>
   </object>
  </div>
 </body>
</html>
```

La figure 4-9 montre l'affichage obtenu dans Firefox où l'on ne voit que les boutons de contrôle dont il est possible de réduire ou d'agrandir la taille en agissant sur les attributs `width` et `height` des éléments `<object>`. Remarquez que (miracle !) ce code fonctionne dans tous les navigateurs, même dans Explorer !

Figure 4-9

Lecture d'un fichier MP3

Pour lire des fichiers son de types différents, il faut simplement modifier les attributs type et data, en écrivant par exemple pour un fichier MIDI :

```
<object data="breeze.mid" type="audio/mid">
```

L'insertion d'éléments audio en HTML 5

Une autre nouveauté dans le domaine du multimédia est l'élément <audio> qui permet de lire des fichiers son dans un navigateur sans plug-in. Sa syntaxe est la suivante :

```
<audio src="URL fichier" controls="controls" preload="none | metadata | auto"
➥ loop="loop" autoplay="autoplay" muted="muted" > </audio>
```

dans laquelle les attributs ont le même rôle que dans l'élément <video> ; c'est pourquoi, nous ne les redéfinirons pas.

Là aussi, les navigateurs n'acceptent ou refusent les types de fichiers audio que selon le tableau 4-5 ci-dessous.

Tableau 4-5. Les différents types de fichiers audio acceptés par les navigateurs

	.mp3	.wav	.ogg .oga	.acc
Firefox		OUI	OUI	
Chrome	OUI	OUI	OUI	OUI
Opera		OUI	OUI	
Safari	OUI	OUI		OUI
Explorer	OUI			OUI

On remarque qu'il faut donc utiliser au moins deux types différents pour obtenir un résultat dans tous ces navigateurs. Il faut donc encore employer l'élément `<source>` et procéder éventuellement à des conversions de fichiers pour en fournir plusieurs versions (MP3 et WAV suffisent pour ces cinq navigateurs). Le code de l'exemple 4-10 permet la lecture à la demande d'une chanson en utilisant un élément `<audio>` (repère ❶) avec l'attribut `controls` et deux éléments `<source/>` pour le format MP3 (repère ❷) et pour le format WAV (repère ❸) dont les attributs `src` précisent le nom des fichiers. Notons, comme pour les vidéos, que l'on peut multiplier les éléments `<source />` et que seul le premier qui sera compatible avec le navigateur sera lu. Le code est donc encore une fois très simple et très court.

Exemple 4-10 Lecture d'un fichier MP3 en HTML 5

```
<!DOCTYPE html>
<html>
 <head>
  <meta http-equiv="Content-type" content="text/html;charset=UTF-8" />
  <title>Chanson mp3</title>
 </head>
 <body>
  <h1>Chanson de Piaf:</h1>
  <audio controls="controls" title="La vie en rose"> ❶
   <source src="piaf.mp3" /> ❷
   <source src="piaf.wav" /> ❸
  </audio>
 </body>
</html>
```

Le résultat graphique affiché est le même que sur la figure 4-9.

L'insertion d'une applet Java

Les applets sont de petits programmes écrits en langage Java, qui peuvent s'exécuter dans une page web à condition, bien sûr, que le poste client soit doté des moyens de les exécuter, en l'occurrence de la console Java, et que celle-ci soit activée dans le navigateur. Les tâches réalisées par ces applets sont des plus variées et on en trouve un très grand nombre en téléchargement gratuit sur Internet.

Le code exécutable de l'applet est contenu dans un ou plusieurs fichiers qui portent l'extension `.class` et qui doivent être présents sur le serveur en même temps que la page HTML qui les utilise. Pour inclure une applet, nous employons encore l'élément `<object>` et non plus `<applet>`, désormais obsolète en HTML. L'exemple 4-11 présente l'incorporation d'une applet (due à Dario Sciacca www.dseffects.com, merci à lui !) affichant un diaporama de photographies que vous pouvez choisir avec fondu enchaîné entre chaque photo.

L'attribut essentiel de l'élément `<object>` (repère ❶) est `data` qui contient le nom de la classe Java issue de la compilation du code (repère ❷). L'attribut type indique la nature de l'objet (repère ❸) et les dimensions de ce qui va être visible sont données par les attributs bien connus `width` et `height`. Le nom de la classe est rappelé dans le premier élément `<param>` (repère ❹) avec l'attribut `name` et l'attribut `value`. Ceci a pour but de faire fonctionner l'applet dans un maximum de navigateurs, certains ayant besoin de cette notation de la classe dans l'élément `<param>` plutôt que comme attribut de `<object>`. Dans chaque applet, les paramètres sont évidemment différents et dépendent du concepteur. Dans le cas présent et à titre d'exemple, il faut passer à l'application les paramètres qui donnent le nom de chacune des photos du diaporama (ici il y en a trois mais nous pouvons en mettre plus) (repères ❺, ❻ et ❼), celui qui indique le sens de défilement (repère ❽), le nombre de bandes qui découpent l'image (repère ❾), la vitesse de défilement (repère ❿) et le temps de pose entre chaque fondu enchaîné (repère ⓫). Généralement le rôle des paramètres est donné dans un fichier texte qui accompagne le fichier `.class`.

Exemple 4-11 Insertion d'une applet Java

```
<!DOCTYPE html>
<html>
 <head>
  <meta http-equiv="Content-type" content="text/html;charset=UTF-8" />
  <title>Applet Java</title>
 </head>
 <body>
  <h1>Photos défilantes</h1>
❶ <object ❷ data="DS_Blinds.class" ❸ type="application/x-java-applet"
➡ width="416" height="312">
  ❹ <param name="code" value="DS_Blinds.class">
  <!-- Paramètres liés à l'applet -->
  <param name=credits value="Applet by Dario Sciacca (www.dseffects.com)">
  <param name=image1 value="pic1.jpg"> ❺
  <param name=image2 value="romy2011.jpg"> ❻
  <param name=image3 value="pic3.jpg"> ❼
  <param name=direction value="horizontal"> ❽
  <param name=numblinds value="4"> ❾
  <param name=speed value="2"> ❿
  <param name=pause value="1"> ⓫
 </object>
 </body>
</html>
```

La figure 4-10 montre le résultat obtenu dans Opera.

Figure 4-10

Insertion d'une applet dans une page

Jauges et barre de progression

Deux éléments nouveaux dans HTML 5 permettent d'afficher des jauges ou des barres de progression dont l'aspect est similaire. Le premier type est plutôt destiné à des informations statiques, le second à des informations variables comme l'indication d'un téléchargement. Ces deux types sont donc plus appropriés à une utilisation à l'aide d'un script JavaScript ou PHP.

Une jauge est réalisée avec l'élément `<meter>` dont la syntaxe est la suivante :

```
<meter min="N1" max="N2" value="N3" > </meter>
```

Les attributs min et max sont les valeurs extrêmes et value la valeur affichée. Dans l'exemple 4-12, nous utilisons deux éléments <meter> pour afficher les résultats d'un sondage en pourcentage donc avec un minimum de 0 et un maximum de 100 (repères ❶ et ❷), les attributs value étant ici fixés mais pouvant aussi être créés de façon dynamique à partir d'une base de données par exemple ; les valeurs de chaque jauge étant fixées respectivement à 53 % et 47 % sont affichées dans des éléments <span>.

Une barre de progression est réalisée avec l'élément <progress> dont la syntaxe est :

```
<progress  max=150 value="55"> </progress>
```

Ici, seul le maximum peut être défini, le minimum étant toujours 0 par défaut. L'attribut value contient la valeur affichée par la barre.

Dans l'exemple 4-12, nous créons une barre de progression avec un maximum de 150 et une valeur de départ de 55 (repère ❸). Pour lui donner un coté dynamique, du code JavaScript permet d'augmenter la valeur de 5 unités à chaque clic (repère ❹), puis d'afficher le contenu de l'attribut value dans un élément <span> (repères ❺ et ❻).

Exemple 4-12 Jauges et barre de progression

```
<!DOCTYPE html>
<html>
 <head>
  <meta http-equiv="Content-type" content="text/html;charset=UTF-8" />
  <title>Sondage</title>
  <script>
   document.createElement('progress');
   document.createElement('meter');
  </script>
  <style type="text/css">
   meter{width:   300px;height:50px;}
   p,span{font-size:2em;}
  </style>
 </head>
<body>
 <h2>Résultats du sondage</h2>
 <ul>
  <li>
   <p>Candidat Pays Bas : <span>53%</span> <meter min="0" max="100" value="53" >
   ➥ </meter> </p> ❶
  </li>
  <li>
   <p>Candidat Hongrie : <span>47%</span> <meter min="0" max="100" value="47">
   ➥ </meter> </p> ❷
  </li>
 </ul>
 <h2>Barre de Progression</h2>
 <p><b>Cliquez pour augmenter: </b>
```

```
❸ <progress max=150 value="55" onclick="this.value+=5;❹ getElementById('num').
➡ innerText=this.value;" ❺ >
</progress>
<span id="num"></span> ❻
</p>
</body>
</html>
```

La figure 4-11 montre le résultat obtenu, les styles appliqués n'ayant pour objet que de grossir ces éléments. Pour l'instant, seuls Opera et Chrome reconnaissent ces éléments.

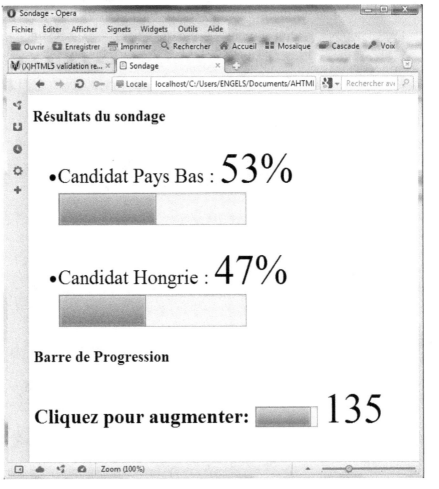

Figure 4-11

Jauges et barre de progression

Exercices

Exercice 1

Quel type d'images peut-on inclure avec l'élément `<img />` ?

Exercice 2

Dans quels cas et pourquoi a-t-on intérêt à choisir une image au format GIF plutôt qu'au format JPEG ou PNG ?

Exercice 3

Quels sont les attributs indispensables dans l'élément `<img />` ?

Exercice 4

Incluez une image JPEG dans un paragraphe tout en faisant en sorte qu'elle conserve ses dimensions initiales.

Exercice 5

Incluez une image GIF dans un titre en la dimensionnant à 50 % de sa taille normale.

Exercice 6

Créez une image réactive comprenant deux zones sensibles. La première, de forme circulaire, dirige vers un autre site, quelconque, et la seconde, qui est un pentagone, permet l'affichage d'un message de bienvenue. Gérez les clics effectués en dehors de ces deux zones en affichant le message `Hors zone`.

Exercice 7

Affichez dans une division `<div>` une image de type TIFF, BMP ou autre format non courant sur le Web. Dimensionnez l'image à 80 %.

Exercice 8

Créez un bouton dont la face est une image de votre choix. Le clic sur le bouton doit rediriger le visiteur vers le site www.funhtml.com.

Exercice 9

Récupérez ou fabriquez une animation Flash et incorporez-la dans un paragraphe. Créez un lien vers le site www.macromedia.com pour ceux qui ne peuvent pas la visualiser.

Exercice 10

Insérez une vidéo dans un élément `<button>` sans utiliser d'éléments `<param />`.

Exercice 11

Créez une musique de fond à l'aide d'un fichier WAV.

Exercice 12

Téléchargez une applet Java et installez ses fichiers sur le serveur. Incluez ensuite cette applet dans une page en définissant ses paramètres, s'ils existent.

Exercice 13

Insérez une vidéo muette et un fichier son à démarrage automatique dans la même page.

Exercice 14

Insérez une musique de fond dans une page avec l'élément `<audio>`.

5

Créer des liens

Dans l'abréviation HTML, on peut considérer que l'élément le plus important est le mot *Hypertext*. En effet, la création de documents contenant des liens hypertextes est la particularité qui a rendu le Web si populaire. Les liens hypertextes permettent de passer, d'un simple clic, sur un mot ou sur une image, d'une page à l'autre, qu'elle soit située sur le même serveur ou en n'importe quel point du réseau. Nous parlerons dans ce cas de lien externe (sous-entendu par rapport au document initial). Il est également possible de passer instantanément d'un point de la page à un autre situé sur la même page et identifié par un nom particulier. Nous parlerons alors de lien interne (encore par rapport au document initial). Tout contenu essentiel d'une page HTML 5 peut faire l'objet d'un lien hypertexte externe ou interne. Si l'origine d'un lien est très souvent un clic sur une partie d'un texte, nous pourrons tout aussi bien définir celle-ci sur une image, une partie donnée d'une image, un bouton ou encore créer cette redirection en utilisant un script JavaScript en réaction à d'autres événements que le traditionnel clic. Enfin, nous allons voir qu'un lien peut même permettre de déclencher l'exécution d'un script ou l'ouverture automatique de la messagerie électronique du visiteur pour envoyer un e-mail vers le site ou à l'attention de tout autre destinataire.

Les liens à partir d'un texte

L'élément HTML 5 primordial pour la création de liens est l'élément ‹a›, dont le contenu, situé entre les balises ‹a› et ‹/a›, est la partie visible, texte ou image, sensible au clic. Ses attributs permettent de définir la cible du lien et les moyens de le déclencher. Comme il s'agit d'un élément en ligne, il doit être inclus dans un bloc ou tout autre élément admettant comme contenu cet élément. Il peut donc être placé quasiment en tout point d'une page, aussi bien dans un bloc `<div>` ou `<p>` que dans une liste, une cellule de tableau ou un formulaire.

Quand nous définissons un lien dont l'origine est par exemple un texte, celui-ci apparaît souligné, dans une couleur particulière définie par défaut dans le navigateur (généralement en bleu), et le curseur prend l'aspect d'une main pour signaler l'existence de ce lien. Ces conventions visuelles sont communes à tous les navigateurs et, même s'il est possible de les modifier à loisir avec des styles CSS comme nous le verrons au chapitre 11, il faut en user modérément, plus particulièrement pour le soulignement et l'aspect du curseur, car les internautes sont habitués à ces conventions bien établies.

Les liens externes

Les liens externes permettent de diriger le visiteur vers de nouveaux documents non contenus dans la page d'origine. Il peut s'agir de types de fichiers très divers. Les liens les plus usuels permettent de visualiser des documents courants directement dans le navigateur, tels que des pages HTML 5 ou des images. Mais il est possible de définir des liens vers des documents de type très varié comme des documents PDF, des fichiers compressés selon des formats divers comme ZIP, des animations Flash, des vidéos, des fichiers son MP3 ou l'un des multiples formats actuels.

Les liens vers des documents courants

Pour indiquer l'adresse URL de la cible d'un lien, il faut donner une valeur à l'attribut `href` de l'élément `<a>`. Cette adresse peut être relative comme dans le code suivant :

```
<p>La page <a href= "pagecss.html" > CSS 2 </a></p>
```

Dans ce cas, l'aspect du texte est tel que celui représenté à la figure 5-1 et le document `pagecss.html` doit se trouver sur le serveur, dans le même dossier que la page en cours qui contient le lien. Dans le cas contraire, vous exposez les visiteurs à l'affichage de la page maudite des webmestres, nommée Erreur 404.

L'adresse de la page cible peut aussi être absolue comme dans le code suivant :

```
<div>Visitez le site du <a href= "http://www.w3.org" >W3C </a></div>
```

L'élément `<a>` possède l'ensemble des attributs communs parmi lesquels nous noterons particulièrement `id` qui permet d'identifier le lien pour agir sur son contenu à l'aide d'un script JavaScript (voir l'exemple 5-1). L'attribut `title` doit être défini systématiquement car il est utile pour afficher un bref message d'explication sur le contenu de la page cible du lien. De plus, il sera lu par les navigateurs oraux destinés aux malvoyants, ce qui améliore l'accessibilité du site. N'oublions pas non plus l'attribut `class` qui permet d'appliquer des styles spécifiques aux liens (voir le chapitre 11, *Style du texte et des liens*). En plus de ces attributs, l'élément `<a>` possède un grand nombre d'attributs dont les définitions sont les suivantes.

- accesskey permet de créer un raccourci clavier pour ouvrir le document cible sans effectuer de clic sur le contenu de l'élément <a>. Sa valeur doit être un caractère spécifique, de préférence une lettre. L'utilisateur accède alors à la cible en tapant Alt + caractère. Cette possibilité doit être signalée au visiteur, soit en clair par un texte explicatif, soit en soulignant le caractère choisi, généralement dans un des mots du lien, comme le font les menus de nombreux logiciels. Il faut veiller à ne pas utiliser les mêmes raccourcis que ceux qui existent dans les navigateurs (comme Alt+F, qui ouvre le menu Fichier) car ils agiraient sur le navigateur et non sur le lien.

Exemple de code :

```
<div>Visitez le site du <a href= "http://www.w3.org" accesskey="W"
➥ title="W3C:raccourci Alt+W">W3C </a></div>
```

- tabindex : il définit un ordre d'accès au lien avec une tabulation, ce qui rend le lien actif si la page en comporte plusieurs. En écrivant le code suivant, il faudra que l'utilisateur tape deux fois sur la touche Tab pour rendre le lien actif, la redirection vers la page cible s'effectuant ensuite avec la touche Entrée :

```
<p>Les standards<a href="page2.html" tabindex="2">W3C</a></p>
```

- type indique si nécessaire le type MIME du document cible. Nous l'utilisons uniquement si la cible n'est pas un document HTML 5 comme une image, un fichier son, vidéo ou un document PDF ou ZIP. Son utilisation permet de fournir au navigateur une information sur la manière d'afficher la cible, ce qui accélère son apparition. Nous pouvons écrire par exemple :

```
<li><a href="mapomme.tif" type="image/tiff">Ma photo</a></li>
```

- hreflang précise le code de langue du document cible s'il est différent de celui du document initial tel qu'il est indiqué par l'attribut xml:lang précisé par exemple dans l'élément <body>.

- rel donne la relation de dépendance existant entre le document d'origine et le document cible. Cet attribut a déjà été utilisé dans l'élément <link>, et peut prendre par exemple les valeurs index, next ou prev.

- target indique dans quelle fenêtre du navigateur doit s'ouvrir la cible du lien ; il prend les valeurs suivantes :
  - _blank : cible dans une nouvelle fenêtre ;
  - _self : cible dans la même fenêtre ;
  - _parent : cible affichée dans la fenêtre parent immédiat de celle du lien ;
  - _top : cible affichée dans la fenêtre parent de plus haut niveau de celle du lien.

Enfin, comme les autres éléments visuels pouvant recevoir le focus, l'élément <a> possède les attributs de gestion des événements onfocus quand son contenu reçoit le focus (donc par défaut encadré par une bordure en pointillés), et `onblur` quand il perd le focus. Nous pouvons gérer ces événements en écrivant par exemple le code suivant :

```
<p>Le site du <a href="w3.org" onfocus="alert('Ne manquez pas le site du
➡ W3C')">W3C</a></p>
```

Signalons enfin que l'utilisation des gestionnaires d'événements communs `onmouseover` et `onmouseout` peut se révéler intéressante pour les liens en permettant la création d'effets graphiques attrayants. En les associant à la méthode `getElementById()`, nous pouvons modifier le style du contenu de l'élément `<a>` quand le curseur survole ou quitte sa zone de contenu. En écrivant le code ci-après, le texte du lien devient rouge quand le curseur le survole, et noir quand il le quitte :

```
<p>Le site du <a id="lien1" href="http://w3.org"
➡ onmouseover="getElementById('lien1').style.color='red'"
➡ onmouseout="getElementById('lien1').style.color='black'">W3C</a></p>
```

L'exemple 5-1 réalise la mise en œuvre des différents types de liens que nous venons d'envisager. Le premier crée un lien vers le site du W3C et utilise l'attribut `onfocus` pour afficher une boîte de dialogue (repère ❶). Le deuxième lien définit les attributs `access-key`, `tabindex` et `title` pour augmenter l'accessibilité, ainsi que l'attribut `target` pour que la cible s'ouvre dans une nouvelle fenêtre (repère ❷). Le troisième lien utilise les attributs `onmouseover` et `onmouseout` pour modifier le style du lien (repère ❸). Le suivant est effectué vers une image de type JPEG qui s'affichera dans une nouvelle page (repère ❹). Le dernier pointe sur un document au format texte brut qui s'affiche tel quel dans une nouvelle page (repère ❺). Notons que, dans ces deux derniers cas, le contenu cible est affiché dans le navigateur mais il ne s'agit pas d'un document HTML 5. Cela peut être vérifié en tentant d'afficher le code source de la page cible.

Exemple 5-1 Divers types de liens courants

```
<!DOCTYPE html>
<html>
 <head>
  <meta http-equiv="Content-type" content="text/html;charset=UTF-8" />
  <title>Liens vers des cibles diverses</title>
  <link rel="shortcut icon" type="images/x-icon" href="../images/favicon.ico" />
 </head>
 <body>
 <!-- Documents  HTML -->
  <p>Le site du <a id="lien1" href="http://w3.org"
onfocus="alert('Ne manquez pas le site du W3C')">W3C</a></p>❶
  <p>Le site du <a id="lien2" href="http://whatwg.org"
accesskey="A" tabindex="2" title="R&eacute;f&eacute;rence HTML 5"
➡ target="_blank">HTML 5 </a></p>❷
  <p>Le site du <a id="lien3" href="http://www.w3.org/"
onmouseover="getElementById('lien3').style.color='red'"
onmouseout="getElementById('lien3').style.color='black'">CSS 3</a></p>❸
```

```
<!-- Image JPEG  -->
 <p>La photo de la <a id="lien4" href="http://www.funhtml.com/php5/
 ➡ couverture_PHP5.jpg" accesskey="E"
tabindex="5" title="Couverture du livre (Alt+E)">couverture du livre</a></p> ❹
<!-- Document  Texte-->
 <p>La bible en <a id="lien5" href="latin.txt" accesskey="G" tabindex="5"
 ➡ title="Bible (Alt+G)"> latin </a>(Au format texte)</p> ❺
 </body>
</html>
```

La figure 5-1 montre le résultat obtenu dans la page.

Figure 5-1

Différents types de liens

Les liens vers des documents particuliers

Quand leur attribut `href` pointe vers certains documents de types particuliers, les liens entraînent le démarrage de plug-ins spécialisés, propres au navigateur, ou de logiciels extérieurs qui lisent ces documents. L'exemple 5-2 contient de nombreux liens vers des documents très variés. La lecture de chacun d'eux fait appel à des modules ou des applications externes en général non installés par défaut sur les ordinateurs.

Exemple 5-2 Les liens vers des documents particuliers

```
<!DOCTYPE html>
<html>
 <head>
  <meta http-equiv="Content-type" content="text/html;charset=UTF-8" />
  <title>Liens vers des documents multimédia</title>
  <link rel="shortcut icon" type="images/x-icon" href="../images/favicon.ico" />
 </head>
 <body>
```

```
<!-- 1 Document PDF -->
<p>La documentation CSS 3 au format <a id="lien4" href="http://www.w3.org/TR/
➡ CSS21/css2.pdf" accesskey="A" tabindex="3" type="application/pdf"
➡ title="R&eacute;f&eacute;rence CSS 3 (Alt+A)">PDF</a></p> ❶
<!-- 2 Document Word -->
<p>La bible en <a id="lien7" href="latin.doc" accesskey="B" tabindex="7"
➡ type="application/msword" title="Bible en latin (Alt+B)"> latin </a>(Au format
➡ Word)</p> ❷
<!-- 3 Flash -->
<p>Lire une animation <a id="lien8" href="lettres.swf" accesskey="D" tabindex="8"
➡ type="application/x-shockwave-flash" title="Animation Flash (Alt+D)">
➡ Flash</a></p> ❸
<!-- 4 Vidéo MPEG -->
<p>Lire un Vidéo <a id="lien9" href="romy.mpg" accesskey="G" tabindex="9"
➡ type="video/mpeg" title="Romy la Star (Alt+G)"> MPEG</a></p> ❹
<!-- 5 MP3 -->
<p>Lire un fichier son au format<a id="lien10" href="respire.mp3" accesskey="H"
➡ tabindex="10" type="audio/mpeg" title="Mickey 3D: Respire (Alt+H)"> MP3</a>
➡ </p> ❺
<!-- 6 MIDI -->
<p>Lire un fichier son au format<a id="lien11" href="breeze.mid" accesskey="J"
➡ tabindex="11" type="audio/mid" title="Son midi (Alt+J)"> MIDI</a></p> ❻
<!-- 6 Image TIFF -->
<p>Lire une image au format<a id="lien12" href="romy.tif" accesskey="R"
➡ tabindex="12" type="image/tiff" title="Romy (Alt+R)"> TIFF</a></p> ❼
<!-- 7 Son WAV -->
<p>Lire un son au format<a id="lien13" href="cigales.wav" accesskey="S"
➡ tabindex="13" type="audio/x-wav" title="Cigales (Alt+S)"> WAV</a></p> ❽
</html>
```

Le premier lien est effectué vers un document PDF qui entraîne le démarrage du module spécialisé Acrobat Reader (repère ❶). Le chargement de ce module (qui prend du temps, auquel il faut ajouter ensuite le temps de téléchargement du fichier PDF lui-même) permet au navigateur de lire et d'afficher le document. Une nouvelle barre d'outils apparaît alors dans le navigateur. Elle permet de naviguer aisément dans le document. La figure 5-2 montre l'aspect de la fenêtre obtenue.

Le deuxième lien est effectué vers un document Word (repère ❷). L'activation de ce lien provoque l'apparition d'une fenêtre semblable à celle de la figure 5-3, qui invite le visiteur à choisir le programme à utiliser pour ouvrir le document, en suggérant une application. Si le visiteur clique sur la case à cocher de la dernière ligne, lors de son ouverture, le navigateur ouvre toujours la même application pour les fichiers Word sans afficher cette fenêtre de choix.

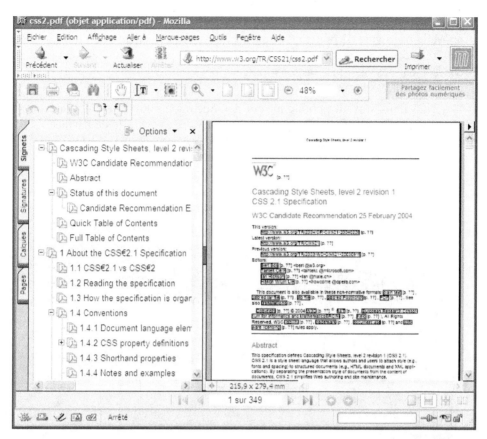

Figure 5-2

Visualisation d'un document PDF

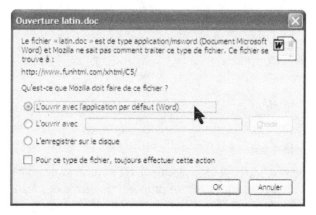

Figure 5-3

Visualisation d'un document Word

Le troisième lien dirige vers une animation Flash (repère ❸) qui est affichée dans une nouvelle page vide. Il faut cependant que le navigateur client soit muni du module de lecture adéquat. Il est conseillé en règle générale de proposer un lien vers le site de téléchargement des plug-ins Flash (http://getadobe.com/fr/flashplayer) pour ceux qui n'en disposeraient pas encore.

Les cinq liens suivants pointent vers des documents multimédias vidéo et sonores (repères ❹, ❺, ❻, ❼ et ❽). Leur activation va déclencher le démarrage d'une application externe comme les lecteurs Windows Media QuickTime ou iTunes selon la configuration du poste client. La figure 5-4 montre la fenêtre de l'application Windows Media ouverte d'un clic sur le lien MP3.

Figure 5-4

Le lecteur Windows Media

Les liens ciblés : les ancres

Quand le contenu d'une page est volumineux, l'utilisateur ne peut pas en avoir une vision globale. Il est alors souhaitable de lui proposer une table des matières ou un menu composé de liens internes vers les différentes sections de la page. Il pourra ainsi accéder directement au point de son choix sans faire défiler la page. De même, si le lien est externe, il est possible d'accéder en un point particulier de la page cible. Chaque point cible de la page doit être signalé par un lien particulier, appelé ancre nommée, lequel est créé à l'aide de l'élément <a>, muni simplement d'un attribut id dont la valeur doit être unique dans la page. Notons que l'ancre peut aussi se trouver dans un autre document. L'attribut href ne doit pas nécessairement être utilisé dans une ancre car celle-ci peut n'être que la cible du lien. Nous pouvons par exemple écrire le code suivant pour le contenu d'une page :

```
<p><a id="para1">Paragraphe 1</a>Un document (x)HTML 5 doit avoir la structure…</p>
<p><a id="para2">Paragraphe 2</a>Une feuille de style CSS comporte…</p>
```

Chaque paragraphe devient alors la cible d'un lien. Nous devons ensuite créer le lien d'origine pour lequel un clic permet l'affichage du paragraphe cible en haut de la fenêtre du navigateur. L'élément <a>, origine du lien, doit contenir un attribut href dont la valeur est celle de l'attribut id de la cible, précédé du caractère dièse (#). Nous disposons par exemple du code suivant pour créer le lien vers le premier paragraphe :

```
<p><a href="#para1">Vers le paragraphe 1</a></p>
```

Si l'ancre est située dans un autre document (X)HTML 5, l'attribut href contient l'adresse relative ou absolue du document, suivie du caractère dièse, puis de l'identifiant de l'ancre. Pour une adresse relative, nous pouvons écrire :

```
<p><a href="page2.html#para1">Paragraphe 1</a></p>
```

Pour une adresse absolue, le code devient :

```
<p><a href="http://www.funhtml.com/page2.html#para1">Paragraphe 1</a></p>
```

Pour créer un menu sous forme de liste, situé en haut de la page, et qui permet d'accéder directement à chaque partie de la page, nous pouvons écrire le code suivant :

```
<ul>
 <li><a href="#sujet1"> (x)HTML 5</a></li>
 <li><a href="#sujet2"> CSS 3</a></li>
 <li><a href="#sujet3"> JavaScript</a></li>
</ul>
```

Pour permettre des allers et retours rapides entre les liens origines et les ancres cibles, il faut utiliser conjointement les attributs href et id dans chacun des éléments <a>. En reprenant l'exemple du menu, nous aurions le code de l'exemple 5-2 qui, à partir d'un menu contenant trois liens (repères ❶, ❷ et ❸), permet l'accès aux différentes sections du texte contenu dans des éléments <div> (repères ❹, ❻ et ❽). Avec les ancres qui possèdent un attribut href (repères ❺, ❼ et ❾), on peut revenir au menu à partir des différents paragraphes.

Exemple 5-3 Système de navigation dans une page unique

```html
<!DOCTYPE html>
<html>
 <head>
  <meta http-equiv="Content-type" content="text/html;charset=UTF-8" />
  <title>Les ancres </title>
  <link rel="shortcut icon" type="images/x-icon" href="../images/favicon.ico" />
 </head>
 <body>
  <h1>Vos sujets préférés</h1>
  <ul>
   <li><a href="#sujet1" id="menu1"> HTML 5</a></li>❶
   <li><a href="#sujet2" id="menu2"> CSS 3</a></li>❷
   <li><a href="#sujet3" id="menu3"> JavaScript</a></li>❸
  </ul>
<hr />
<!-- Première section -->
 <div>❹
<h1>HTML 5</h1><a  id="sujet1" href="#menu1">Retour vers le menu</a><br />❺
Quand le contenu d'une page est assez long, l'utilisateur ne peut pas en avoir une
➡ vision globale. Il est alors possible de lui proposer une table des matières ou
➡ un menu composé de liens vers les différentes sections de la page. Il pourra
➡ alors accéder directement au point qui lui convient sans avoir à faire défiler la
➡ page… </div><br /><hr />
<!-- Deuxième section -->
 <div>❻
<h1>CSS 3</h1><a  id="sujet2" href="#menu2">Retour vers le menu</a><br />❼
Quand le contenu d'une page est assez long, l'utilisateur ne peut pas en avoir une
➡ vision globale. Il est alors possible de lui proposer une table des matières ou
➡ un menu composé de liens vers les différentes sections de la page. Il pourra
➡ alors accéder directement au point qui lui convient sans avoir à faire défiler la
➡ page…</div><br /><hr />
<!-- Troisième section -->
 <div>❽
<h1>JavaScript</h1><a  id="sujet3" href="#menu3">Retour vers le menu</a><br />❾
Quand le contenu d'une page est assez long, l'utilisateur ne peut pas en avoir une
➡ vision globale. Il est alors possible de lui proposer une table des matières ou
➡ un menu composé de liens vers les différentes sections de la page. Il pourra
➡ alors accéder directement au point qui lui convient sans avoir à faire défiler la
➡ page… </div><br /><hr />
</body>
</html>
```

La figure 5-5 donne l'aspect de la page obtenue avec des paragraphes courts pour alléger le code, mais ce système convient bien évidemment à des textes longs. Dans cette page, un clic sur le lien CSS 3 amène le texte concerné en haut de la page.

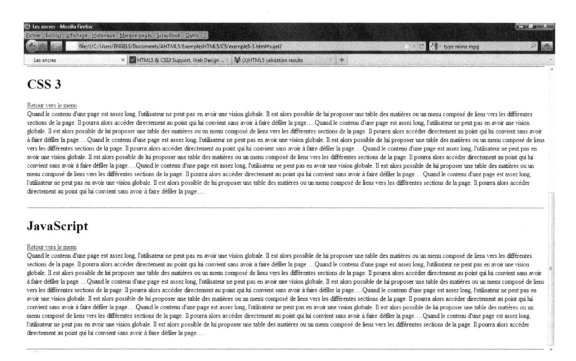

Figure 5-5

Navigation dans une page unique

Chacun des liens de cette page est donc l'origine d'un lien interne vers une ancre nommée – par exemple, le lien nommé HTML 5 (repère ❶) conduit au premier paragraphe identifié par l'attribut id de valeur sujet1 (repère ❺) – mais, réciproquement, le lien nommé sujet1 (repère ❺) permet de remonter au menu HTML 5 identifié par l'attribut id de valeur menu1 (repère ❶), et donc de le réafficher si la page est trop longue. De même, le lien nommé CSS du menu (repère ❷) conduit au deuxième paragraphe (repère ❼) et le lien nommé Java-Script (repère ❸) mène au troisième paragraphe (repère ❾). Réciproquement, les liens incorporés dans chaque division permettent de remonter au menu en tête de page.

Emplacement des attributs id

Pour permettre le retour à l'ensemble du menu, court ici, il est également possible de supprimer les attributs id de chacun des liens de la liste <ul> et de définir un seul attribut id pour cet élément <ul> avec la valeur menu. Tous les liens situés dans les différents paragraphes ont alors un attribut href ayant la valeur #menu. Ils conduisent alors tous au même point de la page.

L'exemple 5-4 permet d'illustrer les possibilités offertes en créant un système de navigation complet entre trois pages du même site. La page d'accueil nommée index5-4.html affiche un menu permettant d'accéder directement aux différents chapitres des pages nommées `html5.html` et `css.html`. Chacune de ces pages comporte également le même menu, ce qui permet une navigation croisée entre toutes les pages sans utiliser le bouton Précédent du navigateur pour revenir à la page d'accueil, et également d'atteindre n'importe quel chapitre de n'importe quelle page.

Exemple 5-4 Un système de navigation entre plusieurs pages

Le fichier index5-4.html

La page d'accueil contient deux titres de niveau 1 (repères ❶ et ❺) qui contiennent chacun trois liens (repères ❷, ❸ et ❹) vers les chapitres 1, 2 et 3 situés dans les pages `html5.html` et `css.html` (repères ❻, ❼ et ❽). Chacun de ces chapitres est contenu dans un paragraphe des pages cibles.

```
<!DOCTYPE html>
<html>
 <head>
  <meta http-equiv="Content-type" content="text/html;charset=UTF-8" />
  <title>Navigation entre plusieurs pages</title>
  <link rel="shortcut icon" type="images/x-icon" href="../images/favicon.ico" />
 </head>
 <body>
  <h1 id="menuxhtml">HTML 5 ❶
   <a href="html5.html#chap1"> Chapitre 1</a>*** ❷
   <a href="html5.html#chap2"> Chapitre 2</a>*** ❸
   <a href="html5.html#chap3"> Chapitre 3</a> ❹
  </h1><hr />
  <h1 id="menucss">CSS 3 ❺
   <a  href="css.html#chap1"> Chapitre 1</a>*** ❻
   <a  href="css.html#chap2"> Chapitre 2</a>*** ❼
   <a href="css.html#chap3"> Chapitre 3 </a> ❽
  </h1><hr />
 </body>
</html>
```

Le fichier html5.html

Les pages `html5.html` et `css.html` ont une structure identique. On y retrouve le même menu que dans la page d'accueil (repères ❶ et ❷), auquel s'ajoute un lien vers le menu général de la page d'accueil (repère ❸). Chaque page contient ensuite trois paragraphes correspondant aux trois chapitres de chaque sujet (repères ❹, ❺ et ❻). Pour faciliter la navigation, chaque chapitre renferme en outre un lien vers le menu de sa propre page (repères ❼, ❽ et ❾).

```
<!DOCTYPE html>
<html>
 <head>
  <meta http-equiv="Content-type" content="text/html;charset=UTF-8" />
```

```
    <title>La page de HTML 5</title>  <link rel="shortcut icon" type="images/x-icon"
    ➡ href="../images/favicon.ico" />
  </head>
  <body>
   <h1 id="menuhtml5">HTML 5 ❶
    <a  href="html5.html#chap1"> Chapitre 1 </a> **
    <a href="html5.html#chap2"> Chapitre 2 </a> **
    <a href="html5.html#chap3"> Chapitre 3 </a>
   </h1><hr />
   <h1 id="menucss">CSS 3 ❷
    <a  href="css.html#chap1"> Chapitre 1 </a> **
    <a  href="css.html#chap2"> Chapitre 2 </a> **
    <a href="css.html#chap3"> Chapitre 3 </a>
   </h1><hr />
   <h1>
    <a  href="index5-3.html#menuhtml5"> Accueil </a> ❸
   </h1><hr />
<!-- Contenu de la page -->
   <h2>Chapitre 1: Introduction</h2>❹
    <p><a id="chap1" href="#menuhtml5">Menu</a>❼<br />
     Pourquoi utiliser HTML 5...In principio creavit Deus caelum et terram terra
     ➡ autem erat inanis et vacua et tenebrae super faciem abyssi et spiritus Dei
     ➡ ferebatur super aquas dixitque Deus fiat lux et facta est lux </p>
   <h2>Chapitre 2: La structure</h2>❺
    <p><a id="chap2" href="#menuhtml5">Menu</a>❽<br />
     La structure d'un document HTML 5...In principio creavit Deus caelum et terram
     ➡ terra autem erat inanis et vacua et tenebrae super faciem abyssi et spiritus
     ➡ Dei ferebatur super aquas dixitque Deus fiat lux et facta est lux
    </p>
   <h2>Chapitre 3: Le texte</h2>❻
    <p><a id="chap3" href="#menuhtml5">Menu</a>❾<br />
    Pour structurer le texte...In principio creavit Deus caelum et terram terra autem
    ➡ erat inanis et vacua et tenebrae super faciem abyssi et spiritus Dei ferebatur
    ➡ super aquas dixitque Deus fiat lux et facta est lux
    </p>
  </body>
</html>
```

Le fichier css.html

```
<!DOCTYPE html>
<html>
 <head>
  <meta http-equiv="Content-type" content="text/html;charset=UTF-8" />
  <title>La page de HTML 5</title>
  <link rel="shortcut icon" type="images/x-icon" href="../images/favicon.ico" />
 </head>
```

```
<body>
 <h1 id="menuhtml5">HTML
 <a  href="html5.html#chap1"> Chapitre 1 </a> **
 <a href="html5.html#chap2"> Chapitre 2 </a> **
 <a href="html5.html#chap3"> Chapitre 3 </a></h1><hr />
 <h1 id="menucss">CSS 3
 <a  href="css.html#chap1"> Chapitre 1 </a> **
 <a  href="css.html#chap2"> Chapitre 2 </a> **
 <a href="css.html#chap3"> Chapitre 3 </a></h1><hr />
 <h1> <a  href="index5-4.html#menuhtml5"> Accueil </a></h1><hr />
 <h2>Chapitre 1: Introduction à CSS</h2>
 <p><a id="chap1" href="#menuhtml5">Menu</a><br />Pourquoi utiliser CSS 3...In
 principio creavit Deus caelum et terram terra autem erat inanis et vacua et
 tenebrae super faciem...  </p>
 <h2>Chapitre 2: Les sélecteurs CSS</h2>
 <p><a id="chap2" href="#menuhtml5">Menu</a><br />Les sélecteurs CSS...In principio
 creavit Deus caelum et terram terra autem erat inanis et vacua et tenebrae
 super faciem ...</p>
 <h2>Chapitre 3: Créer des styles</h2>
 <p><a id="chap3" href="#menuhtml5">Menu</a><br />Créer des styles...In principio
 creavit Deus caelum et terram terra autem erat inanis et vacua et tenebrae
 super faciem ...</p>
 </body>
</html>
```

Ce système complet permet donc en chaque point de n'importe quelle page d'accéder rapidement aux autres points des différentes pages du site. Les figures 5-6 et 5-7 montrent respectivement le menu de la page d'accueil et la page html5.html (la page css.html a le même aspect).

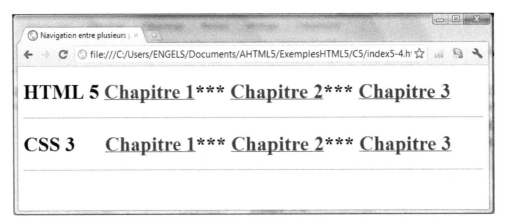

Figure 5-6

La page d'accueil du système de navigation

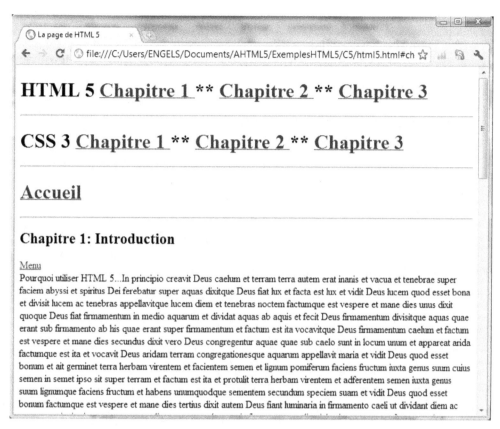

Figure 5-7

La page de HTML 5

Ouverture de la cible dans une nouvelle fenêtre

La création de liens externes comme ceux de l'exemple 5-7 présente l'inconvénient de provoquer la fermeture de la page de votre site afin d'en ouvrir une autre. Pour y remédier et laisser votre page visible, vous pouvez choisir d'afficher le document cible dans une nouvelle fenêtre en utilisant, comme nous l'avons déjà fait par ailleurs, la méthode Java-Script `window.open()` dont le premier paramètre est l'adresse URL de la cible, et dont les deux suivants sont respectivement la largeur et la hauteur de la fenêtre souhaitées, exprimées en pixels. Il faut alors l'associer à l'attribut `onclick` de chaque élément `<area />` pour obtenir l'effet désiré pour chaque lien. L'attribut `href` de cet élément n'est alors plus utile et doit être supprimé, faute de quoi la page cible s'ouvre dans deux fenêtres différentes, l'ancienne et une nouvelle.

Nous pouvons écrire par exemple le code suivant :

```
<map id="regions" name="regions">
    <area alt="Région parisienne" title="Région parisienne" shape="circle"
    ➥ coords="180,98,16" onclick="window.open('http://www.paris.fr/',800,600)" />
</map>
```

Dans ce cas, la page cible www.paris.fr sera visible dans une nouvelle fenêtre de 800 sur 600 pixels.

Rappel de l'attribut `target`

Dans les DTD HTML 4 et en XHTML 1.0 Transitional, l'élément `<a>` possède un attribut `target` qui permet de désigner la page cible d'un lien. Il peut prendre les valeurs prédéfinies `_blank`, `_parent`, `_self` et `_top` pour afficher la cible, respectivement, dans une nouvelle fenêtre, la fenêtre parent de la fenêtre en cours, la fenêtre elle-même et la fenêtre de plus haut niveau. Inexistant en XHTML 1.1, il a été rétabli dans HTML 5 comme nous l'avons signalé plus haut, et on pourra donc l'utiliser à nouveau pour forcer la page cible à s'afficher comme on le désire et non pas comme le navigateur le gère.

Lien à partir d'une image ou d'un bouton

Le contenu de l'élément `<a>`, s'il est généralement composé de texte, peut également inclure des éléments graphiques, tels que des images.

S'il est théoriquement possible d'inclure un élément `<button>` entre les balises `<a>` et `</a>`, ceci n'est pas accepté dans le validateur HTML 5. Nous allons donc contourner le problème en utilisant JavaScript pour chaque bouton origine d'un lien.

On utilise les boutons comme origine de lien en incorporant un élément `<button>`. L'attribut `type` de l'élément `<button>` doit avoir la valeur `button`, et le contenu de cet élément est le texte visible sur le bouton.

L'exemple 5-4 crée un ensemble de boutons utilisés comme déclencheur de liens vers des sites externes. Pour pallier ce souci de conformité, il faut ajouter les gestionnaires d'événements `onclick` de l'élément `<button>` de la manière suivante, en appelant la propriété JavaScript `window.location`, dont la valeur est l'adresse de la page vers laquelle le visiteur va être redirigé, c'est-à-dire la même valeur que celle de l'attribut `href` de l'élément `<a>` ; nous avons donc le type de code suivant pour chaque bouton :

```
<button type="button" onclick="window.location = 'http://www.funhtml.com'"> HTML 5
➥ </button>
```

L'élément `<nav>` (repère ❷) doté d'un style (repère ❶, voir le chapitre 10 sur les bordures) contient un titre et quatre boutons (repères ❸ à ❻) qui utilisent ce code. Cette forme paraît plus simple et est plus conforme au standard HTML 5. Notons également que cette simplicité apparente nécessite l'emploi de JavaScript. Il n'est pas difficile d'imaginer ce qui peut se passer si l'utilisateur a choisi de bloquer l'exécution de JavaScript dans son navigateur : aucun lien de ce type ne fonctionne plus.

Exemple 5-5 Navigation utilisant des boutons

```
<!DOCTYPE html>
<html>
 <head>
  <meta http-equiv="Content-type" content="text/html;charset=UTF-8" />
  <title> Liens et boutons </title>
  <script>document.createElement('nav');</script>
  <style type="text/css">
  nav{border: double 3px #FF6600;display:block;} ❶
  </style>
 </head>
 <body>
  <nav> ❷
   <h1>HTML 5 et CSS 3</h1>
   Visitez les sites :  
   <button type="button" onclick="window.location='http://www.whatwg.org'">
   ➥ HTML 5</button> ❸   
   <button type="button" onclick="window.location='http://www.w3.org/TR/css'"> CSS
   ➥ </button> ❹   
   <button type="button" onclick="window.location='http://www.w3.org'"> Le site W3C
   ➥ </button> ❺   
   <button type="button" onclick="window.location='http://www.editions-eyrolles.
   ➥ com'"> Editions Eyrolles </button> ❻   <br /><br /><br />
  </nav>
 </body>
</html>
```

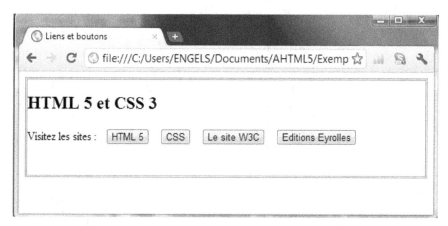

Figure 5-8

Création de liens à partir de boutons

Dans son état courant, une image n'est pas sensible au clic pour provoquer un lien hypertexte, à moins de gérer l'attribut onclick comme nous venons de le faire pour l'élément <button>. Pour qu'elle devienne l'origine d'un lien, il suffit de l'inclure dans un élément

<a> et de définir l'attribut href de cet élément de la même manière que pour un lien ordinaire. L'image pourra alors être entourée d'une bordure, généralement en bleu, pour signaler qu'il s'agit d'un lien et/ou le curseur changera pour devenir par défaut une main signalant un lien. L'exemple 5-6 crée un système de navigation dont les origines des liens sont des images représentant des couvertures de livre de votre éditeur préféré. Chaque clic sur une image dirige le visiteur vers la page dans laquelle se trouve une image grand format de la même couverture et une description détaillée du livre. Chaque élément <a> (repères ❶, ❸, ❺ et ❼) contient une image (repères ❷, ❹, ❻ et ❽). L'attribut href de chaque élément <a> renferme l'adresse de la page cible du lien. L'élément <a> ne contenant aucun texte, sinon il serait visible en plus des images, c'est l'attribut title de chaque élément <img /> qui peut donner une information sur la cible du lien quand le curseur survole l'image.

Exemple 5-6 Création de liens à partir d'images

```
<!DOCTYPE html>
<html>
 <head>
  <meta http-equiv="Content-type" content="text/html;charset=UTF-8" />
  <script>document.createElement('nav');</script>
  <title> Liens et images </title>
 </head>
 <body>
  <h1>De bonnes lectures recommandées</h1>
  <!-- Ensemble des liens créés à partir d'images miniatures -->
  <nav>
   <hr /><br />
   <a href="http://www.funhtml.com" > ❶
    <img src="couvphp5.gif" alt="PHP 5 Cours et exercices" width="100" height="130"
    ➥ title="PHP 5 Cours et exercices"/> ❷
   </a>  
   <a href="http://www.funhtml.com/xhtml"> ❸
    <img src="couvxhtml.gif" alt="XHTML et CSS"  width="100" height="130"
    ➥ title="XHTML et CSS"/> ❹
   </a>  
   <a href="objet.html"> ❺
    <img src="couvobjet.gif" alt="L'orienté Objet" width="100" height="130"
    ➥ title="L'orienté Objet" /> ❻
   </a>  
   <a href="mysql.html"> ❼
    <img src="couvmysql.gif" alt="MySQL 5"  width="100" height="130"
    ➥ title="MySQL 5"/> ❽
   </a><br />
   <hr />
  </nav>
 </body>
</html>
```

La figure 5-9 montre le résultat obtenu.

Figure 5-9

Création de liens à partir d'images

Comme nous l'avons fait pour un texte, il est possible de définir une ancre sur une image en définissant l'attribut id de l'élément <a>. Cette technique peut être utilisée par exemple pour diriger le visiteur vers une image particulière en grand format (soit l'ancre), située dans la même page ou dans une autre à partir d'une série d'images miniatures (les origines des liens).

Créer plusieurs liens sur la même image

Nous avons déjà vu au chapitre précédent comment créer des zones sensibles au clic sur une image pour déclencher des scripts quand l'utilisateur clique ou positionne simplement le curseur sur l'une des zones. En utilisant les mêmes éléments HTML 5, nous pouvons définir des zones sensibles au clic sur une même image pour créer un lien différent pour chaque zone. L'ensemble des zones sensibles est défini dans une carte créée grâce à l'élément <map> qui contient autant d'éléments <area /> que nous voulons créer de zones. La structure du code HTML 5 de création d'une carte de liens est la suivante :

```
<div>
  <map id="carte1">
    <area href="URL de la cible 1" alt="Cible 1" shape="mot-clé"
    ➡ coords="coordonnées" />
    <area href="URL de la cible 2" alt="Cible 2" shape="mot-clé"
    ➡ coords="coordonnées" />
    <!-- Suite des éléments <area> -->
  </map>
</div>
```

L'élément `<map>` doit avoir un attribut `id` qui contient l'identificateur de la carte. Précédé du caractère dièse (#), celui-ci peut être utilisé par plusieurs images différentes en étant affecté à l'attribut `usemap` de l'élément `<img />`. Chaque élément `<area />` contient l'URL du document cible du lien, définie dans son attribut `href` comme pour l'élément `<a>`. Comme pour une image, l'attribut `alt` de chaque élément `<area />` est obligatoire et fournit un texte de substitution si l'image ne peut pas être affichée, ou pour les navigateurs non graphiques. L'attribut `shape` définit la forme de la zone sensible au clic. Il prend les valeurs `rect`, `circle`, `poly` pour créer respectivement un rectangle, un disque, un polygone, ou la valeur `default` qui permet de gérer tous les clics effectués en dehors des zones sensibles définies avec les éléments `<area />`. La définition des formes est réalisée en exprimant en pixels les coordonnées des points clés de la forme dans l'attribut `coords`. L'origine des coordonnées est l'angle supérieur gauche de l'image.

- Si `shape="rect"`, l'attribut `coords` s'écrit `coords="Xhg,Yhg,Xbd,Ybd"`. Les valeurs (`Xhg,Yhg`) et (`Xbd,Ybd`) sont respectivement les coordonnées des sommets supérieur gauche et inférieur droit du rectangle.

- Si `shape="circle"`, l'attribut `coords` s'écrit `coords="Xc,Yc,R"`, (`Xc,Yc`) étant les coordonnées du centre et `R` le rayon du disque.

- Si `shape="poly"`, l'attribut `coords` contient la suite des coordonnées de chaque sommet et se termine par la répétition des coordonnées du premier point pour fermer le polygone.

L'utilisation de l'attribut `title` pour chaque élément `<area />` permet de définir un texte explicatif différent qui s'affiche quelques instants si le curseur reste sur la zone sensible.

Pour chaque élément `<area />`, il est utile de définir les attributs `accesskey` et `tabindex`, que nous avons déjà rencontrés, pour créer un raccourci clavier et un ordre de tabulation pour rendre chaque zone active. Comme un lien `<a>`, chaque zone sensible peut être définie comme une ancre. Dans ce cas, il faut lui donner un attribut `id`, omettre l'attribut `href` et facultativement préciser cette omission en définissant l'attribut `nohref` avec la valeur booléenne unique `nohref`. Comme tous les éléments pouvant recevoir le focus, l'élément `<area />` possède les attributs gestionnaires d'événements `onfocus` quand la zone reçoit le focus au moyen de la souris, d'un raccourci clavier ou d'une tabulation, et `onblur` quand elle le perd par les mêmes moyens. Il est alors possible de déclencher l'exécution d'un script JavaScript lorsque ces événements surviennent. Nous pouvons également déclencher des scripts pour créer des effets visuels avec les gestionnaires d'événements `onmouseover` et `onmouseout` quand le curseur survole ou quitte une zone sensible.

Dans l'exemple 5-7, nous créons une navigation à partir de l'image d'une carte de France pour laquelle nous définissons un ensemble de zones sensibles à l'aide des éléments `<map>` et `<area />`. La carte des zones est identifiée par l'attribut `id` de l'élément `<map>` sous le nom `regions` (repère ❷). La première zone correspondant à la région parisienne est circulaire (repère ❸), la deuxième pour la région Pays de la Loire est un polygone à quatre côtés (repère ❹) et la dernière pour la région Centre est un rectangle (repère ❺). Le dernier élément `<area>` ayant l'attribut `shape` avec la valeur `default` permet de diriger les visiteurs vers la page d'accueil en cas de clic sur les autres parties de la carte (repère ❻) ou sur tout ce qui se trouve à l'intérieur de sa bordure créée par le style ❶. La carte des zones sensibles est utilisée par l'image de la carte de France (repère ❼). À cet effet, l'identifiant de la carte est donc donné comme valeur de l'attribut usemap de l'élément <img />. L'utilisation des attributs target pour chaque élément <area> permet d'ouvrir la cible du lien dans un nouvel onglet (valeur _blank) ou dans l'onglet d'origine (valeur _self).

Exemple 5-7 Liens à partir d'une image

```
<!DOCTYPE html>
<html>
 <head>
  <meta http-equiv="Content-type" content="text/html;charset=UTF-8" />
  <title>Liens et image sensible aux clics</title>
  <link rel="shortcut icon" type="images/x-icon" href="../images/favicon.ico" />
  <style type="text/css">
  img{border: solid 1px grey;} ❶
  </style>
 </head>
 <body>
  <div>
   <h1>Les sites des régions</h1>
   <map id="regions" name="regions"> ❷
    <area  href="http://www.paris.fr"   alt="Région parisienne" title="Région
    ➡ parisienne" shape="circle" coords="180,98,16" target="_blank" /> ❸
    <area  href="http://www.nantes.fr"  alt="Pays de Loire" title="Pays de Loire"
    ➡ shape="poly" coords="76,146,95,110,138,130,94,182,76,146" target="_self"/> ❹
    <area  href="http://www.orleans.fr"  alt="Région Centre" title="Région Centre"
    ➡ shape="rect" coords="142,118,188,180" target="_blank"/> ❺
    <area  href="http://www.funhtml.com" alt="Page d'accueil" title="La page
    ➡ d'accueil" shape="default" target="_self"/> ❻
   </map>
   <img usemap="#regions" src="france.gif" alt="Carte des régions" width="344"
   ➡ height="336" /> ❼
  </div>
 </body>
</html>
```

La figure 5-10 illustre le résultat obtenu, dans lequel on peut remarquer que l'utilisation de l'attribut title permet l'affichage d'un message pour chaque région.

Figure 5-10

Création de zones sensibles dans une image

Lien déclenchant l'envoi d'un e-mail

Un site qui se dit à l'écoute de ses visiteurs doit leur permettre d'entrer en contact avec son webmestre afin qu'ils envoient leurs observations ou questions. Pour leur faciliter la tâche, il ne suffit pas d'indiquer une adresse e-mail dans chaque page. On doit créer un type de lien particulier provoquant, en un clic, l'ouverture automatique du logiciel de courrier préféré du visiteur avec comme destinataire l'adresse que l'auteur du site aura choisi dans son code. Notons cependant que les navigateurs les plus récents sont parfois récalcitrants pour effectuer cette opération, certains se contentant d'ouvrir seulement votre logiciel de courrier alors que les plus anciens ne posaient pas ce genre de problème. Pour réaliser cette opération, il suffit que l'attribut href du lien soit composé du nom de protocole mailto: suivi de l'adresse e-mail du contact.

En associant les éléments <address> et <a>, nous pouvons écrire par exemple le code suivant :

```
<address>
 <a href="mailto:webmaster@funhtml.com"> Contactez nous! </a>
</address>
```

L'élément <address> peut bien sûr être remplacé par un autre élément de type bloc, comme <p> ou <div>. Il est de plus possible de faciliter la tâche du visiteur en remplissant à sa place des champs dans son logiciel de courrier. Pour définir le sujet du courrier, dans l'attribut href, il faut faire suivre l'adresse e-mail d'un point d'interrogation (?) puis du mot-clé subject= et du texte choisi pour l'objet du message sans guillemets, les caractères spéciaux devant être remplacés par des entités de caractères (%20, par exemple, pour un espace). Nous pouvons définir par exemple l'objet de l'e-mail de la manière suivante :

```
<p>
Demande de <a href="mailto:html@funhtml.com?subject=Demande%20de renseignements">
➡ documentation</a>
</p>
```

Nous pouvons encore ajouter un ou plusieurs destinataires en copie visible. Dans ce cas, le destinataire d'une copie de l'e-mail sera informé qu'il n'en reçoit qu'une copie et aura connaissance du destinataire principal et des autres destinataires mis en copie. Il faut pour cela faire suivre l'adresse du destinataire principal du caractère ?, puis du code cc=, suivi de l'adresse du destinataire mis en copie. Pour ajouter plusieurs destinataires en copie, il faut séparer chaque adresse de la précédente par un caractère point-virgule (;). Pour ajouter un destinataire, nous pouvons écrire :

```
<p>
Réclamation de
<a href="mailto:html@funhtml.com?cc=php5@funhtml.com"> commande non reçue</a>
</p>
```

Si nous voulons ajouter un destinataire sans que son adresse e-mail apparaisse, il faut l'ajouter en copie cachée en utilisant le code bcc à la place de cc. Là aussi, nous pouvons indiquer plusieurs adresses en les séparant par un point-virgule (;).

Toutes les options précédentes peuvent être utilisées simultanément en les séparant toutes les unes des autres par l'entité de caractère correspondant au caractère esperluette (&), soit l'entité &. Notez que le caractère & lui-même est interdit dans l'attribut href et qu'il faut le remplacer par l'entité correspondante.

L'exemple 5-8 crée une liste de liens permettant au visiteur de demander l'envoi d'une documentation sur différents types de services offerts par un site d'assurance. Il comporte trois liens contenus chacun dans un paragraphe (repères ❶, ❷ et ❸). Ces liens déclenchent l'envoi d'un e-mail à une adresse différente selon le choix effectué par le visiteur. Pour tous ces liens, nous avons défini un objet de message personnalisé différent (avec subject=), une adresse en copie simple et une adresse en copie cachée vers deux services de l'entreprise.

Exemple 5-8 Envoi d'e-mail à partir d'un lien

```
<!DOCTYPE html>
<html>
 <head>
  <meta http-equiv="Content-type" content="text/html;charset=UTF-8" />
```

```
 <title>Envoi de mail</title>
 <link rel="shortcut icon" type="images/x-icon" href="../images/favicon.ico" />
</head>
<body>
 <h1>Vos contact assurances</h1>
 <p>Demande de documentation sur l'
    <a href="mailto:auto@funhtml.com?subject=assurance%20auto&amp;
    ➥ cc=market@funhtml.com&amp;bcc=commercial@funhtml.com">assurance auto</a> ❶
</p>
 <p>Demande de documentation sur l'
  <a href="mailto:habitation@funhtml.com?subject=assurance%20habitation&amp;cc=
  ➥ market@funhtml.com&amp;bcc=commercial@funhtml.com">assurance habitation</a> ❷
 </p>
 <p>Demande de documentation sur l'
  <a href="mailto:vie@funhtml.com?subject=assurance%20vie&amp;
  ➥ cc=market@funhtml.com&amp;bcc=commercial@funhtml.com">assurance vie</a> ❸
 </p>
 </body>
</html>
```

La figure 5-11 présente le résultat obtenu. Notons que le contenu de l'attribut href est affiché comme les autres types de liens dans la barre d'état du navigateur, quand le curseur survole le lien.

Figure 5-11

Création de liens
vers des e-mails

Les liens utilisant le protocole mailto: peuvent, comme tous les autres, contenir une image. Un clic sur celle-ci provoque donc l'ouverture du logiciel de courrier. Cette possibilité peut être exploitée pour une demande de renseignements dans un site de petites annonces, par exemple après un clic sur la photographie de l'article qui intéresse un visiteur. La référence de l'article peut alors être insérée dans l'objet de l'e-mail, ainsi que l'adresse du destinataire. Compte tenu des problèmes signalés plus haut avec les navigateurs récents, une solution employant PHP, s'il est disponible sur votre serveur, peut se révéler meilleure et guère plus compliquée (voir à cet effet mon ouvrage *PHP 5 Cours et exercices* dans la même collection chez Eyrolles).

Les liens déclenchant un script JavaScript

Un lien peut également être utilisé pour déclencher l'exécution d'un script JavaScript sans utiliser un gestionnaire d'événements tel que `onclick` comme nous l'avons vu précédemment. Pour réaliser cette opération, il faut que l'attribut `href` de l'élément `<a>` contienne le nom de protocole `javascript:`, suivi du code que l'on désire voir s'exécuter en cas de clic sur le lien. Ce code peut être l'appel d'une fonction qui doit alors être écrite dans un élément `<script>` situé soit dans l'en-tête de la page (l'élément `<head>`), soit dans le corps du document de cette même page, ou encore dans un fichier externe ayant l'extension `.js` incorporé par un élément `<link>` (voir le chapitre 2).

Pour créer ce type de lien, nous écrivons par exemple le modèle suivant :

```
<p>Cliquez pour <a href="javascript:code JavaScript">exécuter le script</a></p>
```

Si le code JavaScript est court, il peut être écrit directement à la suite du mot-clé `javascript:`. Mais s'il est plus long, il est conseillé de définir une fonction dans un élément `<script>` et de faire suivre le mot-clé de l'appel de cette fonction.

L'exemple 5-9 utilise ce type de lien pour proposer le déclenchement de plusieurs fonctions JavaScript définies dans l'en-tête du document (repère ❶). Le premier lien permet d'afficher à la demande la date et l'heure complètes dans une boîte de dialogue (repère ❷) par l'appel de la fonction `ladate()` (repère ❸). Le deuxième permet de modifier la couleur de fond de la division contenant les liens (repère ❹) en appelant la fonction `fondrouge()` qui attribue un style à la division dont l'attribut `id` vaut `divs` (repère ❺). Enfin, le troisième lien permet à l'utilisateur de modifier la taille de la police du texte de l'élément `<div>` dans lequel il se trouve (repère ❻) en appelant la fonction `grandtexte()` (repère ❼).

Exemple 5-9 Création de liens JavaScript

```
<!DOCTYPE html>
<html>
 <head> ❶
  <meta http-equiv="Content-type" content="text/html;charset=UTF-8" />
  <title> Liens vers des scripts JavaScript </title>
  <script  type="text/javascript">
  <!--
  function ladate() ❸
  {
   jour= new Date;
   alert(jour);
  }
  function fondrouge() ❺
```

```
    {
     col="#F00";
     document.getElementById('divis').style.backgroundColor=col;
    }
    function grandtexte()  ➐
    {
     document.getElementById('divis').style.fontSize='20px';
    }


    -->
    </script>
   </head>
   <body id="page">
    <div id="divis">
     <h1>Lancer des scripts JAVASCRIPT</h1>
     <a  href="javascript:ladate()">Afficher la date</a><br />  ➋
     <a  href="javascript:fondrouge() ">Créer un fond rouge pour cette division</a>
  ➥ <br />  ➍
     <a  href="javascript:grandtexte() ">Afficher le texte avec des caractères de
  ➥ 20 Pixels</a><br />  ➏
    </div>
   </body>
  </html>
```

La figure 5-12 montre l'état initial de la page et celui qu'elle a après l'activation des trois liens.

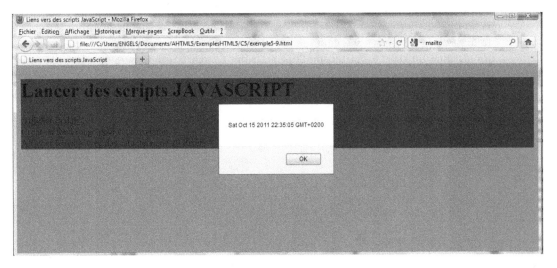

Figure 5-12a

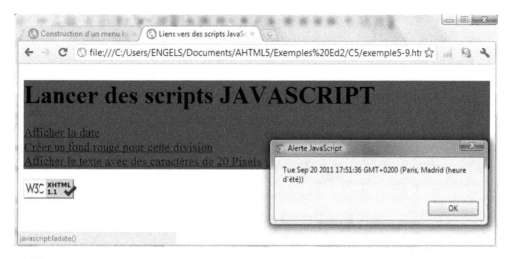

Figure 5-12b

Création de liens JavaScript

Exercices

Exercice 1

Peut-on inclure directement un élément `<a>` dans les éléments `<body>`, `<address>`, `<pre>` ou `<form>` ?

Exercice 2

Écrire la phrase : « Le langage HTML permet la création de pages structurées, CSS 3 des présentations variées. » Créer des liens vers les sites http://www.funhtml.com/html et http://www.w3.org/TR/CSS21/ pour les mots HTML et CSS 3.

Exercice 3

Déclencher l'ouverture d'une boîte de dialogue JavaScript en cas de clic sur un lien textuel.

Exercice 4

Créer un lien vers un document PDF (par exemple : http://www.w3.org/TR/CSS21/css2.pdf), puis vers un fichier MP3. Indiquer le type du document cible en utilisant l'attribut correct.

Exercice 5

Créer plusieurs paragraphes dans une page. Chacun d'eux contient un titre et un texte quelconque assez long. Chaque titre doit avoir un identifiant et contenir une ancre. En haut de la page, écrire un titre `<h1>` contenant les noms des différents paragraphes, chacun étant inclus dans un lien. Gérer ensuite les attributs `href` pour permettre une navigation réciproque entre ce menu et chacun des paragraphes.

Exercice 6

À partir de l'exercice précédent, remplacer le titre qui sert de menu par des boutons. Un clic sur chaque bouton doit permettre la même navigation vers les paragraphes.

Exercice 7

Récupérer les logos des différentes chaînes de télévision sur leur site respectif. Créer une page incluant ces logos, puis des liens vers le site de chaque chaîne à partir de ces logos sans utiliser l'attribut `onclick`.

Exercice 8

Même question que dans l'exercice 7, mais sans utiliser l'élément `<a>`.

Exercice 9

À partir de l'exercice 7, modifier le code de façon à ce que chaque cible d'un lien s'ouvre dans une nouvelle fenêtre sans que la page d'origine ne se ferme.

Exercice 10

À partir d'une carte d'Europe (récupérable, par exemple, sur le site http://europa.eu/about-eu/countries/index_fr.htm), créer des zones sensibles pour la France (en forme de cercle), l'Allemagne (en forme de rectangle) et la Grande-Bretagne (en forme de polygone), et diriger le visiteur vers un site quelconque de chaque pays (par exemple, amazon.com avec les extensions `.fr`, `.de` et `.co.uk`). Le clic en dehors de ces zones doit être géré, c'est-à-dire qu'il doit diriger le visiteur vers un site par défaut (par exemple, amazon.com).

Exercice 11

Réutiliser l'exemple précédent de façon à ce que chaque page cible s'affiche dans une nouvelle fenêtre de dimensions 640 par 480 pixels.

Exercice 12

Créer des liens à partir de la carte d'Europe précédente afin que chaque clic sur une zone déclenche l'envoi d'un e-mail à votre adresse. Chaque e-mail a pour objet le nom du pays concerné. Si vous possédez plusieurs adresses, placez-les en copie.

Exercice 13

Créer deux boutons dans une page. Le premier contient le texte « Fond rouge/Texte blanc », et le second « Fond noir/Texte jaune ». En vous inspirant de l'exemple 5-9, provoquer le changement des couleurs de fond et de texte en cas de clic sur les boutons.

6

Créer des tableaux

Dans une page HTML 5, il est possible de réaliser une présentation d'informations de type textuelle ou graphique sous la forme de tableau. De la même manière que dans un tableur Excel ou OpenOffice, un tableau créé en HTML 5 est composé de lignes et de colonnes. À l'intersection de ces dernières se trouve une cellule du tableau dont le contenu peut être constitué aussi bien d'éléments de type bloc (titres, paragraphes, divisions, listes), d'éléments en ligne tels que des images, ou encore d'éléments de formulaire. Nous verrons qu'à partir d'une grille de base, il est possible de fusionner plusieurs cellules voisines, ce qui permet de créer des tableaux asymétriques très variés. Les tableaux ont souvent été utilisés pour élaborer des mises en page de documents sur plusieurs colonnes en lieu et place des cadres disparus. Même si nous étudions dans ce chapitre le procédé permettant de réaliser des présentations variées, il faut savoir que cette tendance est actuellement abandonnée au profit de l'utilisation des propriétés CSS de positionnement qui permettent de procéder aux mêmes types de réalisations d'une manière plus élégante et moins rigide. Nous retrouvons ici la tendance permanente en HTML 5 de séparation du contenu et de la présentation. Les tableaux n'en demeurent pas moins des éléments essentiels d'une page HTML 5 pour la présentation des données.

La structure générale d'un tableau

L'élément essentiel dans la création de tableaux est `<table>` : il s'agit du conteneur renfermant tous les autres éléments de tableau. En lui-même, il ne fournit donc aucun résultat visuel et ne prend d'importance que par ses éléments enfants. Comme il est de type bloc, il peut être inclus directement dans le corps du document `<body>`. Il peut aussi être inséré dans des éléments HTML 5 divers dont la liste est présentée dans le tableau 6-1.

Tableau 6-1. Les éléments parents de l'élément `<table>`

> En théorie, d'après les concepteurs de HTML 5, tous les éléments de la catégorie Flow, y compris, par exemple, `<br />` ce qui est aberrant. En pratique, nous utiliserons les éléments structurant comme `blockquote`, `body`, `div` `section`, `nav`, `header`, `footer`, etc., ainsi que `form`, `li`, `td` et `th`.

Nous devons créer sa structure ligne par ligne. Chaque ligne est déclarée par un élément `<tr>` (pour *table row*). La création de chaque cellule d'une ligne est déclarée par un élément `<td>` (pour *table data*) pour les cellules standards du tableau ou `<th>` (pour *table head*) pour les cellules qui jouent le rôle d'en-tête de colonne ou de ligne. Ces éléments sont les seuls enfants autorisés pour l'élément `<tr>`. La priorité est en effet donnée aux lignes sur les colonnes, priorité que nous retrouverons dans la définition des styles des tableaux au chapitre 13. Pour un tableau régulier, nous obtenons donc une structure du code HTML 5 dans laquelle il y a autant d'éléments `<tr>`, inclus dans `<table>`, que de lignes et d'éléments `<td>` ou `<th>`, inclus dans les différents éléments `<tr>`, que de colonnes dans chaque ligne. La diversité du contenu d'un tableau n'apparaît que dans le contenu des éléments `<td>` et `<th>` dont le tableau 6-2 donne la liste des éléments enfants.

Tableau 6-2. Les éléments enfants des éléments `<td>` et `<th>`

> Pour `<td>`, tous les éléments de la catégorie Flow et pour `<th>` ceux de la catégorie Phrasing.

La structure d'un tableau élémentaire régulier (contenant autant de cellules dans chaque ligne) est donc celle présentée dans l'exemple 6-1. Faute de précision supplémentaire, la largeur du tableau est fonction du contenu des cellules le composant. Dans ces conditions, si le contenu d'une cellule est important, elle s'élargit automatiquement jusqu'à ce que le tableau occupe toute la largeur de la page. Si toutes les cellules ont ce type de contenu, le partage de la largeur est opéré équitablement entre elles et leur contenu occupe plusieurs lignes. Pour terminer la présentation d'un tableau, nous pouvons lui attribuer un titre général qui doit être contenu dans l'élément `<caption>`, lui-même inclus dans `<table>`. Cet élément doit être le premier à apparaître dans `<table>`. Son contenu, qui figure par défaut au-dessus du tableau, peut être constitué d'éléments divers dont la liste figure dans le tableau 6-3. Cette position peut être modifiée en recourant à un style CSS (voir la propriété `caption-side`).

Tableau 6-3. Les éléments enfants de l'élément `<caption>`

> Texte et tous les éléments de la catégorie Flow.

Exemple 6-1 Un tableau élémentaire

```
<!DOCTYPE html>
<html>
 <head>
  <meta http-equiv="Content-type" content="text/html;charset=UTF-8" />
```

```
        <title>Tableau élémentaire</title>
        <link rel="shortcut icon" type="images/x-icon" href="../images/favicon.ico" />
    </head>
    <body >
     <table border="1">
      <caption>Un tableau &#233;l&#233;mentaire</caption>
      <tr>
          <td> Ligne 1 Colonne 1 </td>    <td> Ligne 1 Colonne 2 </td><td> Ligne 1
          ➡ Colonne 3 </td>
      </tr>
      <tr>
          <td> Ligne 2 Colonne 1 </td>    <td> Ligne 2 Colonne 2 </td><td> Ligne 2
          ➡ Colonne 3 </td>
      </tr>
      <tr>
          <td> Ligne 3 Colonne 1 </td>    <td> Ligne 3 Colonne 2 </td><td> Ligne 3
          ➡ Colonne 3 </td>
      </tr>
     </table>
    </body>
</html>
```

La figure 6-1 présente le résultat obtenu avec ce code.

Figure 6-1

Un tableau élémentaire

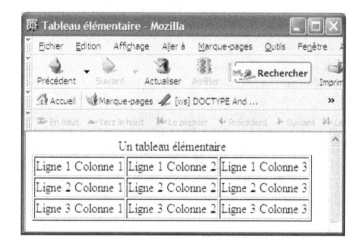

Créer des groupes de lignes et de colonnes

Pour mieux structurer les données d'un tableau, nous pouvons y créer des groupes de lignes ou de colonnes. Cette structuration permet de mettre en évidence différentes parties du tableau et peut, dans ce cas, se révéler particulièrement utile en vue d'y appliquer des styles personnalisés.

Les groupes de lignes

Nous pouvons créer des groupes de lignes pour opérer une structuration horizontale du tableau. Il s'agit dans ce cas de réaliser un en-tête, un ou plusieurs groupes de lignes contenant les données proprement dites, et éventuellement un pied de tableau.

Un en-tête est créé à l'aide de l'élément `<thead>`. Il contient autant d'éléments `<tr>` que de lignes nécessaires à l'en-tête, chacun contenant ensuite autant d'éléments `<th>` (au lieu de `<td>`) que de colonnes. Chaque élément `<th>` inclut généralement le titre d'une colonne. Par défaut, le contenu de ces éléments est mis en évidence en étant affiché en caractères gras et centré dans la cellule.

Quand le tableau est d'une hauteur supérieure à celle de la fenêtre du navigateur, il est utile de répéter ces titres en pied de tableau. Un pied de tableau peut aussi contenir les totaux de chaque colonne dans les tableaux de données numériques. Pour créer ce pied de tableau, nous employons l'élément `<tfoot>`, contenant comme `<thead>` les éléments `<tr>` qui, à leur tour, incluent des éléments `<th>`. Notons que la position de ces éléments dans le code n'influe pas sur leur position dans le tableau, et qu'ils doivent être écrits à l'intérieur de l'élément `<table>` avant la définition des lignes de données du tableau créées avec l'élément `<tbody>`. De plus, ils ne doivent apparaître chacun qu'une seule fois dans le tableau.

Entre l'en-tête et le pied de tableau se trouve le corps du tableau avec ses données. Il est créé en utilisant l'élément `<tbody>` qui contient un élément `<tr>` par ligne, puis des éléments `<td>` pour chaque cellule. Quand il est nécessaire de faire ressortir plusieurs groupes de données dans le corps du tableau, il est envisageable d'insérer plusieurs éléments `<tbody>` dans le même tableau. Cela permet d'appliquer un style différent pour chaque groupe.

La structure d'un tableau comprenant des en-tête, pied, et corps de tableau est donc semblable à celle présentée dans l'exemple 6-3. Nous définissons dans l'élément `<table>` l'attribut border (repère ❷). Il contient un en-tête et un pied de tableau qui incluent les titres de colonnes dans des éléments `<th>` (repères ❸ et ❹). Viennent ensuite deux éléments `<tbody>` (repères ❺ et ❾) dont le rôle est de définir des groupes de lignes aux-quelles il est alors possible d'appliquer des styles différents. Le premier groupe contient trois lignes (repères ❻, ❼ et ❽) et le second deux lignes (repères ❿ et ⓫). Ces styles, que nous ne détaillerons pas ici, sont définis dans l'élément `<head>` (repère ❶) et permet-tent de bien distinguer à l'aide de couleurs les deux groupes comme nous pouvons le constater sur la figure 6-2.

Exemple 6-2 Un tableau avec en-tête et pied de tableau

```
<!DOCTYPE html>
<html>
 <head>
  <meta http-equiv="Content-type" content="text/html;charset=UTF-8" />
  <title>Tableau avec en-tête et pied </title>
  <link rel="shortcut icon" type="images/x-icon" href="../images/favicon.ico" />
```

```
<style type="text/css" > ❶
.rouge{background-color:yellow;}

.bleu{background-color:gray;color:#FFF;}
table{border-color:red;width:90%;}
</style>
</head>
<body >
<h1>Statistiques des contr&ocirc;les radars sur autoroute A7</h1>
  <table border="1"> ❷
   <thead> ❸
    <tr>
     <th> Vitesse mesurée en km/h </th>
     <th> Nombre de Véhicules </th>
     <th> Sanctions opérées</th>
    </tr>
   </thead>
   <tfoot> ❹
    <tr>
     <th> Vitesse mesurée en km/h </th>
     <th> Nombre de Véhicules </th>
     <th> Sanction opérée</th>
    </tr>
   </tfoot>
   <tbody class="rouge"> ❺
    <tr> ❻
       <td> de 90 à 110  km/h </td>    <td> 325 </td><td> NON </td>
    </tr>
    <tr> ❼
       <td> de 110 à 130 km/h </td>    <td> 564 </td><td> NON </td>
    </tr>
    <tr> ❽
       <td> de 130 à 140 km/h </td>    <td> 323 </td><td> NON </td>
    </tr>
</tbody>
<tbody class="bleu"> ❾
    <tr> ❿
       <td> de 140 à 160 km/h </td>    <td> 223 </td><td> Amende </td>
    </tr>
    <tr> ⓫
       <td> de 160 à 190 km/h </td>    <td> 87 </td><td> Retrait </td>
    </tr>
   </tbody>
  </table>
 </body>
</html>
```

La figure 6-2 présente le résultat obtenu grâce à ce code. On notera la séparation nette des groupes qui y est opérée à l'aide des couleurs et des bordures horizontales.

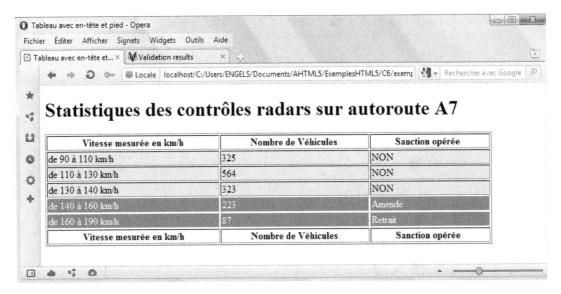

Figure 6-2

Un tableau avec en-tête, pied et deux groupes de données

L'élément <thead> permet de créer des titres de colonnes mais nous pouvons aussi envisager de structurer le tableau pour que les titres soient en tête de ligne et non plus de colonnes. Pour cela, le premier élément inclus dans chaque ligne créée avec <tr> doit être <th> au lieu de <td>. Les éléments <thead> et <tfoot> n'ont alors plus d'utilité. L'exemple 6-3 reprend les données de l'exemple précédent en les réorganisant en lignes. Le tableau ne comprend plus que trois lignes (repères ❶, ❸ et ❺) dont le premier élément inclus est un titre de ligne incorporé dans <th> (repères ❷, ❹ et ❻). La structuration des données est donc maintenant verticale. Nous pourrions appliquer des styles différents pour la première colonne, qui correspond aux éléments <th>, et les colonnes suivantes, qui correspondent aux éléments <td>.

Exemple 6-3 Un tableau avec des titres de lignes

```
<!DOCTYPE html>
<html>
 <head>
  <meta http-equiv="Content-type" content="text/html;charset=UTF-8" />
  <title>Tableau avec en-tête, pied et corps de données </title>
  <link rel="shortcut icon" type="images/x-icon" href="../images/favicon.ico" />
 </head>
 <body >
  <h1>Statistiques des contr&ocirc;les radars sur l'autoroute A7</h1>
  <table border="1">
   <tbody>
    <tr> ❶
    <th> Vitesse mesurée en km/h </th> ❷
     <td> de 90 à 110  km/h </td>
     <td> de 110 à 130 km/h </td>
```

```
        <td> de 130 à 140 km/h </td>
        <td> de 140 à 160 km/h </td>
        <td> de 160 à 190 km/h </td>
       </tr>
       <tr> ❸
       <th> Nombre de Véhicules </th> ❹
        <td> 325 </td><td> 564 </td><td> 323 </td><td> 223 </td><td> 87 </td>
       </tr>
       <tr> ❺
        <th> Sanction opérée</th>❻<td> NON </td><td> NON </td><td> NON </td><td>
    ➥     Amende </td><td> Retrait </td>
       </tr>
      </tbody>
     </table>
    </body>
   </html>
```

La figure 6-3 présente la structure visuelle du tableau muni de titres de lignes.

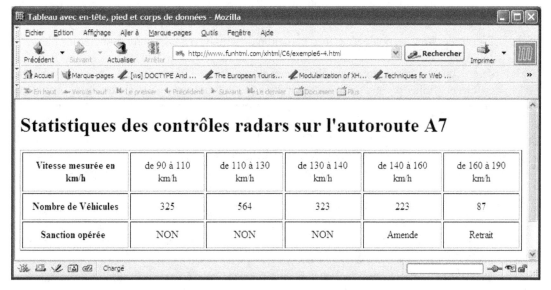

Figure 6-3

Un tableau avec des titres de lignes

Les groupes de colonnes

Pour structurer l'information contenue dans un tableau, nous pouvons également créer des groupes de colonnes qui peuvent être matérialisés à l'écran en affichant uniquement leurs bordures, et non plus celles de toutes les cellules, en définissant les attributs `frame` et `rules` de l'élément `<table>`. On crée des groupes de colonnes au moyen des éléments `<colgroup>` ou `<col />`.

Ces éléments possèdent, outre les attributs communs et notamment id, qu'il est utile de définir pour chaque groupe, l'attribut spécifique span="N" qui définit le nombre de colonnes du groupe. Sa valeur par défaut est 1.

En recourant à ces éléments, on ne crée pas les colonnes elles-mêmes mais on les associe en un groupe sémantique qui peut contenir une ou plusieurs colonnes. Il faut impérativement définir les groupes dans l'élément <table> avant les éléments <tbody>, <thead> et <tfoot>. On distingue deux manières de les mettre en œuvre, soit avec <colgroup> seul, soit avec ce même élément contenant autant d'éléments <col> que l'on veut créer de sous-groupes de colonnes.

Quand il est utilisé seul, l'élément <colgroup> permet de créer un groupe de colonnes identiques. On se sert de son attribut span pour indiquer le nombre de colonnes du groupe. L'exemple 6-4 en donne une illustration. Le tableau créé permet de procéder à l'affichage du récapitulatif d'une commande de livres. Le premier élément <colgroup> ne contient qu'une seule colonne dont l'en-tête est la date du livre (repère ❶). L'attribut span a ici explicitement la valeur 1, mais sa définition n'est pas indispensable car il s'agit de la valeur par défaut. Le second groupe, qui utilise encore l'élément <colgroup> seul, définit deux colonnes identiques, en définissant l'attribut span à la valeur 2 (repère ❷). Elles contiennent le titre et le nom de l'auteur.

Pour créer un groupe de colonnes constitué de sous-groupes, il faut associer les éléments <colgroup> et <col />. Le premier définit le groupe, son attribut id permettant de l'identifier pour lui appliquer un style, par exemple. Avec l'élément <col />, qui est le seul enfant possible du précédent, on définit chaque colonne ou même chaque sous-groupe de colonnes identiques. Chacun de ces sous-groupes contient alors N colonnes en définissant l'attribut span="N". Pour créer plusieurs colonnes ayant chacune des caractéristiques différentes, nous devons inclure autant d'éléments <col /> que nous désirons obtenir de sous-groupes et définir leur attribut span de la même façon.

La création de sous-groupes est illustrée par l'exemple 6-4, dans lequel le troisième élément <colgroup> (repère ❸) contient deux éléments <col /> mais plus d'attribut span. Le premier définit un sous-groupe d'une colonne qui contient les quantités (l'attribut span a la valeur 1, repère ❹), et le second un autre sous-groupe de deux colonnes (l'attribut span a la valeur 2, repère ❺). Ces divisions permettent par exemple d'attribuer à chacun un style particulier (repères ❿, ⓫, ⓬ et ⓭).

Le tableau contient donc trois groupes et un total de six colonnes dont les contenus sont donnés dans les éléments <tr> et <td> (repères ❼, ❽ et ❾) inclus dans un élément <tbody> (repère ❻).

Exemple 6-4 Création de groupes de colonnes

```
<!DOCTYPE html>
<html>
 <head>
  <meta http-equiv="Content-type" content="text/html;charset=UTF-8" />
  <title>Groupement de colonnes</title>
  <link rel="shortcut icon" type="images/x-icon" href="../images/favicon.ico" />
```

```
  <style type="text/css" >
  table{ font-size:2em;}
   #date{background-color:#AAA;color:red;} ❿
   #livre{background-color:yellow;} ⓫
   #quantite{background-color:#CCC;} ⓬
   #prix{background-color:#EEE;} ⓭
  </style>
</head>
<body>
 <table border="1">
  <caption>Facture de votre commande de livres</caption>
  <!-- Groupe 1 : Dates -->
   <colgroup id="date" span="1"></colgroup> ❶
   <!-- Groupe 2 : Titre et Auteur -->
   <colgroup  id="livre" span="2"></colgroup> ❷
   <!-- Groupe 3: Quantité, Prix unitaire, Prix total -->
   <colgroup   class="prix"> ❸
       <col span="1" id="quantite"/> ❹
       <col span="2" id="prix"/> ❺
   </colgroup>
  <thead>
   <tr>
    <th>Date </th><th>Titre </th>
    <th>Auteur</th><th>Quantité </th>
    <th>Prix Unitaire </th>
    <th>Prix Total </th></tr>
  </thead>
  <tfoot>
   <tr>
    <th>Date </th>
    <th>Désignation </th>
    <th>Auteur</th>
    <th>Quantité </th>
    <th>Prix Unitaire </th>
    <th>Prix Total </th>
   </tr>
  </tfoot>
  <!-- Données du tableau -->
  <tbody> ❻
   <tr> ❼
    <td>29/05/2005</td>
     <td>XHTML Design</td>
     <td>Jeffrey Zeldman</td>
     <td>3</td>
     <td>32.00 &euro;</td>
     <td>96.00 &euro;</td>
   </tr>
   <tr> ❽
    <td>15/03/2011</td>
    <td>CSS  </td>
```

```
            <td>Raphael Goetter</td>
            <td>2</td>
            <td>38.00 &euro;</td>
            <td>76.00 &euro;</td>
          </tr>
          <tr> ❾
            <td>10/01/2012</td>
            <td>HTML 5 et CSS 3 </td>
            <td>Jean Engels</td>
            <td>5</td>
            <td>29.90 &euro;</td>
            <td>149.50 &euro;</td>
          </tr>
        </tbody>
      </table>
    </body>
  </html>
```

Pour matérialiser les groupes, des styles différents sont définis pour chacun d'eux. La figure 6-4 montre le résultat obtenu en tenant compte de ces styles. Les séparations entre les différents groupes y apparaissent nettement grâce aux différentes couleurs employées.

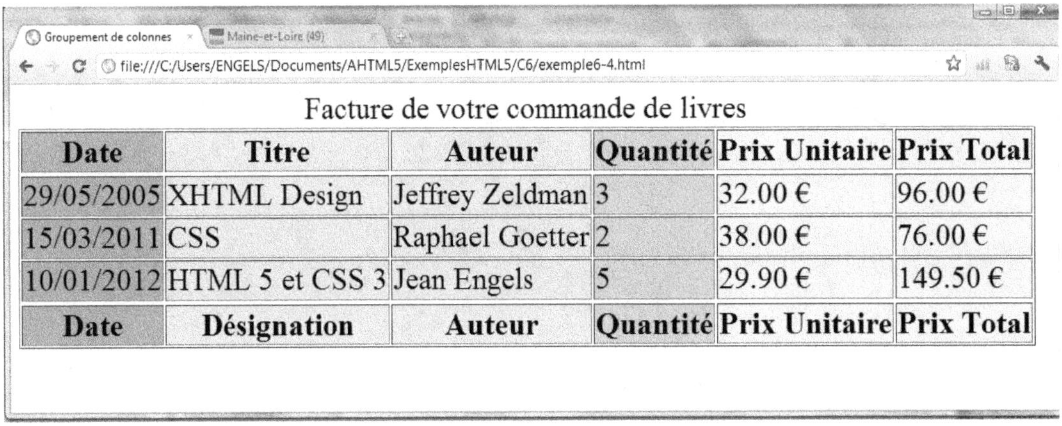

Figure 6-4

Les groupes de colonnes

Créer des tableaux irréguliers

Les tableaux que nous venons de créer ont tous une structure régulière, toutes les lignes et toutes les colonnes ayant le même nombre de cellules. Ce type de présentation peut se révéler contraignant, particulièrement quand le contenu de plusieurs cellules adjacentes est varié, puisqu'elles peuvent contenir aussi bien du texte que des éléments de type bloc ou de type en ligne, comme des images occupant une grande surface. Pour créer des tableaux à structure irrégulière, il faut fusionner des cellules voisines comme dans un tableur. On procède à cette fusion en utilisant les attributs `colspan` et `rowspan` des éléments `<td>` et `<th>`.

Comme la création d'une mise en page de site, celle de tableaux irréguliers doit être précédée d'un travail sur le papier. Il faut tracer au préalable un quadrillage basé sur le plus grand nombre de lignes et de colonnes virtuelles nécessaires dans le tableau final. Il faut ensuite tracer les cellules qui vont être fusionnées pour obtenir l'aspect désiré. Il faudra également vérifier que le nombre total de cellules des colonnes et des lignes est bien constant, sachant que, dans ce décompte, la fusion de deux colonnes ou lignes compte pour deux cellules, même si elles n'en forment plus qu'une visuellement.

Cette organisation préliminaire du travail facilite l'écriture du code.

Fusion de colonnes

On procède à la fusion de cellules d'une même ligne en définissant la valeur de l'attribut `colspan` d'un élément `<td>` ou `<th>` avec un entier, lequel indique le nombre de cellules à fusionner en partant de la gauche. La syntaxe à suivre pour fusionner N cellules est la suivante :

```
<td colspan="N"> Contenu de la cellule</td>
```

Si nous considérons le code de l'exemple 6-5 et le résultat obtenu à la figure 6-5, nous constatons que le tableau possède potentiellement cinq colonnes, comme le montre la deuxième ligne créée avec cinq éléments `<td>` (repère ❹).

Dans la première ligne (repère ❶), les cellules des colonnes une et deux sont fusionnées ainsi que celles des cellules quatre et cinq en écrivant `colspan="2"` (repères ❷ et ❹). Entre les deux se trouve une cellule ordinaire (repère ❸). Il y a bien un total de cinq colonnes virtuelles (2 + 1 + 2).

La deuxième ligne (repère ❺) qui ne réalise aucune fusion comprend cinq colonnes définies par autant d'éléments `<td>` (repères ❻ à ❿), la première et la dernière s'alignent bien avec celles de même position dans la ligne précédente.

Dans la troisième ligne (repère ⓫), l'attribut `colspan` est utilisé dans le deuxième élément `<td>` (repère ⓭). Les cellules des colonnes 2, 3 et 4 sont donc fusionnées en une seule. La première et la dernière cellule sont normales (repères ⓬ et ⓮). Il y a également un total de cinq colonnes virtuelles dans cette ligne (1 + 3 + 1).

Exemple 6-5 Fusion de colonnes

```
<!DOCTYPE html>
<html>
 <head>
  <meta http-equiv="Content-type" content="text/html;charset=UTF-8" />
  <title>Fusion de colonnes</title>
  <link rel="shortcut icon" type="images/x-icon" href="../images/favicon.ico" />
```

```
<style type="text/css" title="">
 td {background-color:lightblue;height:50px;font-size:1.5em;}
</style>
 </head>
 <body>
  <table border="1">
   <tr> ❶
    <td colspan="2"> ❷ Colonnes 1 et 2 fusionnées </td>
    <td>  Colonne 3 </td> ❸
    <td colspan="2"> ❹ Colonnes 4 et 5 fusionnées</td>
   </tr>
   <tr> ❺
    <td> Colonne 1 </td> ❻
    <td> Colonne 2 </td> ❼
    <td> Colonne 3 </td> ❽
    <td> Colonne 4 </td> ❾
    <td> Colonne 5 </td> ❿
   </tr>
   <tr> ⓫
    <td> Colonne 1</td> ⓬
    <td colspan="3"> ⓭ Colonnes 2, 3 et 4 fusionnées </td>
    <td> Colonne 5</td> ⓮
   </tr>
  </table>
<!-- The document is valid HTML5 + ARIA + SVG 1.1 + MathML 2.0 -->
 </body>
</html>
```

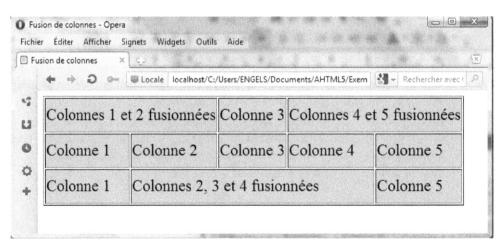

Figure 6-5

La fusion des colonnes

Un cas particulier de fusion de colonnes

La notion précédente de colonnes virtuelles prend tout son sens dans certaines mises en page de tableau ; une seule ligne contient le nombre total de colonnes, les autres étant composées uniquement par des diviseurs de ce nombre. Supposons par exemple que nous souhaitions réaliser le tableau représenté à la figure 6-6. Il est composé d'une colonne à la première ligne, de deux à la deuxième, de trois à la troisième et de six à la quatrième.

Figure 6-6

Un tableau très irrégulier

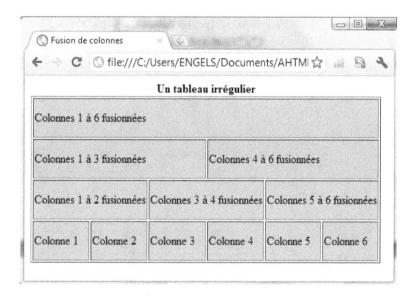

Il faut que notre tableau ait virtuellement six colonnes (soit le plus petit multiple commun à 2, 3 et 6) pour pouvoir obtenir des divisions de ce type. L'exemple 6-6 permet de créer ce tableau. Dans la première ligne, nous définissons l'attribut colspan avec la valeur 6 pour fusionner nos six cellules virtuelles afin d'obtenir une cellule unique (repère ❶). Dans la deuxième, cet attribut prend la valeur 3 pour obtenir deux colonnes (repères ❷ et ❸). La troisième ligne opère la fusion des colonnes par quatre en écrivant colspan="2" pour en obtenir trois visuellement (repères ❹, ❺ et ❻), et la dernière fusion est effectuée par groupe de trois colonnes avec le code colspan="6" pour en donner six (repères ❼, ❽, ❾, ❿, ⓫ et ⓬). Pour que ces regroupements de colonnes soient valides du point de vue HTML 5, il faut absolument qu'une des lignes comporte le nombre total de colonnes (ici, six colonnes).

Exemple 6-6 Fusion des cellules

```
<!DOCTYPE html>
<html>
 <head>
  <meta http-equiv="Content-type" content="text/html;charset=UTF-8" />
  <title>Fusion de colonnes</title>
  <link rel="shortcut icon" type="images/x-icon" href="../images/favicon.ico" />
  <style type="text/css">
```

```
      td {background-color:lightblue;height:50px}
    </style>
  </head>
  <body>
   <table border="1">
    <caption><strong> Un tableau irrégulier </strong></caption>
    <tbody>
    <!-- Ligne 1 -->
     <tr>
      <td colspan="6"> Colonnes 1 à 6 fusionnées</td>  ❶
     </tr>
     <!-- Ligne 2 -->
     <tr>
      <td colspan="3"> Colonnes 1 à 3 fusionnées </td>  ❷
      <td colspan="3"> Colonnes 4 à 6 fusionnées </td>  ❸
     </tr>
     <!-- Ligne 3 -->
     <tr>
      <td colspan="2"> Colonnes 1 à 2 fusionnées </td>  ❹
      <td colspan="2"> Colonnes 3 à 4 fusionnées </td>  ❺
      <td colspan="2"> Colonnes 5 à 6 fusionnées </td>  ❻
     </tr>
     <!-- Ligne 4 -->
     <tr>
      <td colspan="1"> Colonne 1 </td>  ❼
      <td colspan="1"> Colonne 2 </td>  ❽
      <td colspan="1"> Colonne 3 </td>  ❾
      <td colspan="1"> Colonne 4 </td>  ❿
      <td colspan="1"> Colonne 5 </td>  ⓫
      <td colspan="1"> Colonne 6 </td>  ⓬
     </tr>
    </tbody>
   </table>
  </body>
 </html>
```

Cet exemple montre l'importance de la préparation graphique qui doit être réalisée avant le codage HTML 5 afin de créer des fusions opérationnelles de manière rigoureuse. En observant bien la figure 6-6, nous pouvons remarquer que les colonnes de la même ligne n'ont pas toujours la même largeur. Ce problème pourra être résolu en appliquant les propriétés CSS de dimensionnement aux différentes cellules du tableau.

Fusion de lignes

La fusion de cellules situées dans les lignes adjacentes peut être définie à l'aide de l'attribut rowspan des éléments <td> et <th>. Il a pour valeur le nombre de cellules à fusionner. La fusion doit être déclarée dans la cellule la plus haute. Sa syntaxe est donc la suivante :

```
<td rowspan="N"> Contenu de la cellule</td>
```

Ici encore, la phase de conception sur le papier doit permettre d'effectuer un décompte des cellules virtuelles, sachant que nous devons en retrouver un nombre égal pour chaque colonne. Comme nous l'avons déjà mentionné, la création des tableaux donne la priorité aux lignes sur les colonnes et s'opère ligne après ligne en incluant des éléments `<tr>`. La fusion de lignes demande une plus grande attention que celle des colonnes. En effet, le fait d'écrire, par exemple, `rowspan="3"` dans un élément `<td>` implique que, dans les deux éléments `<tr>` qui suivent, il doit y avoir une définition de cellule de moins par rapport au nombre total de colonnes. Dans le même élément `<td>` ou `<th>`, il est possible d'inclure simultanément les attributs `colspan` et `rowspan` pour réaliser la fusion de lignes et de colonnes.

Pour créer par exemple le tableau représenté à la figure 6-7, il faut écrire le code de l'exemple 6-7.

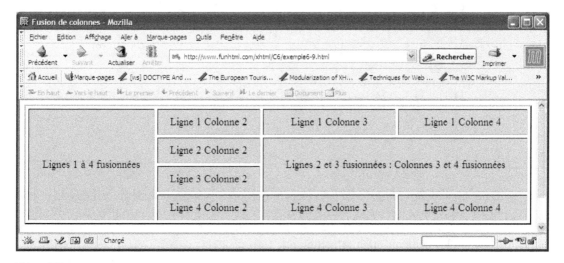

Figure 6-7

La fusion de cellules de lignes adjacentes

Exemple 6-7 Fusion de lignes

```
<!DOCTYPE html>
<html>
 <head>
  <meta http-equiv="Content-type" content="text/html;charset=UTF-8" />
  <title>Fusion de colonnes</title>
  <link rel="shortcut icon" type="images/x-icon" href="../images/favicon.ico" />
<style type="text/css" title="">
 td {background-color:lightblue;height:50px;}
</style>
 </head>
 <body>
```

```
<table border="1">
 <!-- Ligne 1 -->
 <tr> ❶
  <td rowspan="4"> Lignes 1 à 4 fusionnées</td> ❷
  <td>Ligne 1 Colonne 2</td> ❸
  <td>Ligne 1 Colonne 3</td> ❹
  <td>Ligne 1 Colonne 4 </td> ❺
 </tr>
 <!-- Ligne 2 -->
 <tr> ❻
  <td >Ligne 2 Colonne 2 </td> ❼
  <td colspan="2" rowspan="2">Lignes 2 et 3 fusionnées : Colonnes 3 et 4
  ➡ fusionnées </td> ❽
 </tr>
 <!-- Ligne 3 -->
 <tr> ❾
  <td>Ligne 3 Colonne 2 </td> ❿
 </tr>
 <!-- Ligne 4 -->
 <tr> ⓫
  <td>Ligne 4 Colonne 2  </td> ⓬
  <td>Ligne 4 Colonne 3 </td> ⓭
  <td>Ligne 4 Colonne 4  </td> ⓮
 </tr>
 </table>
 </body>
</html>
```

Dans la première ligne du tableau (repère ❶), nous fusionnons quatre cellules de la première colonne (repère ❷), puis nous créons les trois colonnes suivantes de cette ligne (repères ❸, ❹ et ❺). À ce stade, nous savons donc déjà que les éléments <tr> suivants ne doivent plus contenir qu'un maximum de trois éléments <td>.

Dans la deuxième ligne (repère ❻), nous créons d'abord une cellule normale qui correspond à la deuxième colonne (repère ❼), puis la suivante qui est la fusion des colonnes 3 et 4 avec le code colspan="2", et la fusion des lignes 2 et 3 avec le code rowspan="2" (repère ❽). La cellule obtenue contient donc quatre cellules virtuelles. La troisième ligne (repère ❾) ne contient donc plus qu'un seul élément <td> (repère ❿), les autres cellules de la même ligne ayant été déclarées implicitement dans les éléments <tr> et <td> précédents. Quant à la quatrième ligne (repère ⓫), elle contient trois éléments <td> correspondant aux colonnes 2, 3 et 4 (repères ⓬, ⓭ et ⓮).

Imbrication de tableaux

Chaque élément <td> ou <th> inclus dans une ligne peut lui-même contenir un élément <table> comme nous l'avons mentionné. Cela permet d'inclure un nouveau tableau dans une cellule d'un premier tableau, ce qui entraîne une imbrication de tableaux.

Le tableau créé à l'exemple 6-8 illustre cette possibilité nous permettant d'afficher un calendrier, représenté à la figure 6-8. Ce dernier comporte quatre cellules virtuelles principales, réparties en deux groupes (repère ❶), celles de la première colonne étant fusionnées pour n'en former qu'une contenant l'année dans un élément <th> (repère ❷). La deuxième cellule de la première ligne contient le nom du mois dans un second élément <th> (repère ❸). La deuxième cellule de la deuxième ligne va contenir le calendrier proprement dit. Celui-ci est créé dans un nouveau tableau, constitué de sept lignes et de sept colonnes. Un second élément <table> est donc inclus dans la dernière cellule du premier tableau (repère ❹). La première ligne de ce tableau contient le nom des jours (repère ❺), et les suivantes les dates (repères ❻, ❼, ❽, ❾ et ❿).

Exemple 6-8 Imbrication de tableaux

```
<!DOCTYPE html>
<html>
 <head>
  <meta http-equiv="Content-type" content="text/html;charset=UTF-8" />
  <title>Tableaux inclus l'un dans l'autre</title>
  <link rel="shortcut icon" type="images/x-icon" href="../images/favicon.ico" />
  <style type="text/css">
  span{
    font-size:2em;
  }
  </style>
 </head>
 <body>
  <!-- Premier tableau -->
  <table border="1">
   <caption><strong> Calendrier SEPTEMBRE 2012 </strong></caption>
   <colgroup span="1"></colgroup>
   <colgroup span="1"></colgroup>
<tbody>
   <tr> ❶
   <th rowspan="2" ><span> 2 <br /> 0 <br /> 1 <br /> 2 <br /> </span></th> ❷
   <th><span>SEPTEMBRE</span></th> ❸
   </tr>
   <tr>
    <td>
     <!-- Deuxième tableau -->
     <table border="1"> ❹
      <tbody>
      <tr> ❺
         <th>Lun</th>
         <th>Mar</th>
         <th>Mer</th>
         <th>Jeu</th>
         <th>Ven</th>
         <th>Sam</th>
         <th>Dim</th>
      </tr>
```

```
<tr> ❻
    <td> </td>
    <td> </td>
    <td> </td>
    <td> </td>
    <td> </td>
    <td>1</td>
    <td>2</td>
</tr>
<tr> ❼
    <td>3</td>
    <td>4</td>
    <td>5</td>
    <td>6</td>
    <td>7</td>
    <td>8</td>
    <td>9</td>
</tr>
<tr> ❽
    <td>10</td>
    <td>11</td>
    <td>12</td>
    <td>13</td>
    <td>14</td>
    <td>15</td>
    <td>16</td>
</tr>
<tr> ❾
    <td>17</td>
    <td>18</td>
    <td>19</td>
    <td>20</td>
    <td>21</td>
    <td>22</td>
    <td>23</td>
</tr>
<tr> ❿
    <td>24</td>
    <td>25</td>
    <td>26</td>
    <td>27</td>
    <td>28</td>
    <td>29</td>
    <td>30</td>
</tr>
</tbody>
</table>
</td>
</tr>
</tbody>
```

```
      </table>
    </body>
  </html>
```

La figure 6-8 montre le résultat obtenu.

Figure 6-8

*Un calendrier créé par
inclusion de tableaux*

Organisation d'une page à l'aide de tableaux

Dans les années 1990 et 2000, la tendance en matière de création de sites était de structurer les pages au moyen de tableaux utilisés en tant que grille contenant les différentes parties de la page. L'utilisation de tableaux couplée à la définition de leur largeur en pourcentage à l'aide de l'attribut width peut permettre d'obtenir un tableau qui occupe par exemple toute la largeur d'une page, quelle que soit la définition de l'écran du poste client. Afin de rendre les pages plus attractives et que le visiteur ne perçoive pas la grille générée par l'élément <table>, on utilise souvent comme astuce la définition de son attribut border à la valeur 0, ce qui rend les bordures des cellules invisibles. De nombreux sites utilisent encore ces principes. À titre d'expérience, rendez-vous sur le site www.amazon.fr et affichez-en le code source (Outils>Développeur>Code source dans Firefox par exemple), puis enregistrez-le et ouvrez ce fichier dans votre éditeur HTML 5. Cherchez ensuite tous les éléments <table> et remplacez la valeur 0 de l'attribut border par la valeur 1. Vous pourrez constater, outre la non-conformité du code source à HTML 5, l'usage abusif des tableaux dans cette page uniquement dans le but d'organiser la présentation de la page. Tentez ensuite les mêmes opérations sur le site www.eyrolles.com, strictement conforme à la DTD XHTML 1.0, et comparez le nombre d'éléments <table>. Vous n'en trouverez pas un seul. Il s'agit bien là de deux politiques radicalement différentes, reconnaissons-le. Chacun choisira la sienne, mais je l'espère en connaissance de cause, après la lecture de ce livre, où vous constaterez dans la seconde partie qu'il est parfaitement possible de se passer de la mise en page systématique à l'aide de tableaux. La figure 6-9 montre la page d'accueil du site www.amazon.fr, avec une bordure de 1 pixel, ce qui met en évidence tous les tableaux inclus dans la page au nombre d'une dizaine dans cette partie.

Figure 6-9

Le site www.amazon.fr avec des bordures de tableaux

Nous allons cependant présenter cette possibilité de travail en soulignant que l'utilisation conjointe de divisions `<div>`, `<header>`, `<footer>` et `<aside>`, par exemple, et de propriétés CSS de positionnement et de dimensionnement présente des solutions aux problèmes de mise en page.

La présentation choisie est simple et divise la page en quatre zones distinctes, à savoir un bandeau contenant le titre général du site, une zone de menu située sur la gauche, une zone principale affichant le contenu au centre et enfin une zone de liens utiles située à droite. L'aspect final est présenté à la figure 6-10. Le tableau incluant tous ces éléments est plutôt simple car il ne contient que six cellules virtuelles. Les éléments `<colgroup>` et `<col />` permettent de créer les trois colonnes (repères ❶, ❷, ❸ et ❹ de l'exemple 6-9).

Les trois cellules de la première ligne (repère ❺) sont fusionnées pour n'en former qu'une seule, contenant le titre du site dans un élément `<h1>` (repère ❻).

La deuxième ligne (repère ❼) contient les trois cellules principales (repères ❽, ❿ et ⓰). La cellule de gauche du menu (repère ❽) comporte une liste à puces des liens vers les différentes pages du site (repère ❾), qui abordent les sujets préférés des webmestres.

La cellule centrale (repère ❿) affiche un titre général (repère ⓫), deux sous-titres suivis chacun d'une division incluant le contenu rédactionnel de la page d'accueil (repères ⓬ et ⓭, puis ⓮ et ⓯).

La cellule de droite (repère ⓰) contient une liste de liens utiles.

Exemple 6-9 Mise en page à l'aide de tableau

```html
<!DOCTYPE html>
<html>
 <head>
  <meta http-equiv="Content-type" content="text/html;charset=UTF-8" />
 <title>Mise en page à l'aide de tableaux</title>
  <link rel="shortcut icon" type="images/x-icon" href="../images/favicon.ico" />
 </head>
 <body>
 <table>
 <!--Définition  des colonnes  -->
 <colgroup> ❶
  <col span="1" /> ❷
  <col span="1" /> ❸
  <col span="1" /> ❹
 </colgroup>
 <!-- Première ligne -->
 <tr> ❺
  <td colspan="3"><h1>HTML 5 et CSS 3</h1><hr /></td> ❻
 </tr>
 <!-- Deuxième ligne-->
 <tr> ❼
 <!-- Première colonne -->
  <td> ❽
   <ul> ❾
    <li><h2><a id="xhtml" href="xhtml.html" tabindex="1" accesskey="X"
    ➡ title="La page HTML 5">HTML 5 </a></h2></li>
    <li><h2><a id="css" href="css.html" tabindex="2" accesskey="A"
    ➡ title="La page CSS 3">CSS 3 </a></h2></li>
    <li><h2><a id="js" href="javascript.html" tabindex="3" accesskey="J"
    ➡ title="La page JavaScript">JavaScript </a></h2></li>
    <li><h2><a id="php" href="php.html" tabindex="4" accesskey="P"
    ➡ title="La page PHP 5">PHP 5 </a></h2></li>
    <li><h2><a id="mysql" href="mysql.html" tabindex="5" accesskey="B"
    ➡ title="La page MySQL 5">MySQL 5 </a></h2></li>
    <li><h2><a id="sqlite" href="sqlite.html" tabindex="6" accesskey="S"
    ➡ title="La page SQLite">SQLite </a></h2></li>
    <li><h2><a id="xml" href="xml.html" tabindex="7" accesskey="D"
    ➡ title="La page XML">XML </a></h2></li>
   </ul>
```

```
    </td>
    <!-- Deuxième colonne -->
    <td> ❿
     <h2>Utilisez les standards du Web </h2> ⓫
     <h3>HTML 5</h3> ⓬
     <div> L'adoption des standards du Web devient un préalable à la création de
       ➡ sites modernes et accessibles à tous avec HTML 5 ET CSS 3.

     </div> ⓭
     <h3>CSS 3</h3> ⓮
     <div> L'adoption des standards du Web devient un préalable à la création de
       ➡ sites modernes et accessibles à tous…
     </div> ⓯
    </td>
    <!-- Troisième colonne -->
    <td> ⓰
     <a href="mailto:xhtml@funhtml.com">Contact </a><br /><br />
      <a href="funhtml.com/html"> Référence HTML 5 </a><br /><br />
      <a href="funhtml.com/css"> Référence CSS 3 </a><br /><br />
      <a href="w3.org"> Le site du W3C</a><br /><br />
      <a href="eyrolles.com"> La librairie Eyrolles</a><br /><br />
    </td>
   </tr>
  </table>
 </body>
</html>
```

La figure 6-10 donne le résultat obtenu par cette mise en page. Dans un but pédagogique, nous n'avons envisagé qu'une mise en page simple ne comportant que quatre zones, mais sur le même principe, il est évidemment possible de créer davantage de cellules et d'opérer des regroupements de colonnes plus complexes.

Nous pouvons dès à présent constater que l'aspect visuel de la page est des plus pauvres. Le code de cette page est en effet purement HTML 5 et remplit bien la fonction qui lui est assignée de structurer l'information. En respectant uniquement les recommandations HTML 5, il est impossible de faire mieux. En effet, aucun attribut ne permet de définir une couleur pour le fond ou le texte, ni la taille des caractères, et chacun d'entre nous, maintenant convaincu de l'utilité de séparer le contenu et la présentation, ne peut que s'en réjouir car la structuration du contenu de la page est bien réalisée en quatre zones distinctes.

Une présentation plus esthétique ne peut être obtenue qu'en utilisant des styles CSS appliqués aux différents éléments du code HTML 5 de cet exemple. Nous verrons par la suite comment appliquer des styles aux éléments de tableau ou à leurs contenus (voir la deuxième partie). De plus, le type de présentation de la page en trois colonnes pourra être obtenu sans même avoir à utiliser de tableau, simplement en positionnant les différentes divisions de la page (voir le chapitre 12) d'une manière plus souple et moins lourde au niveau du code.

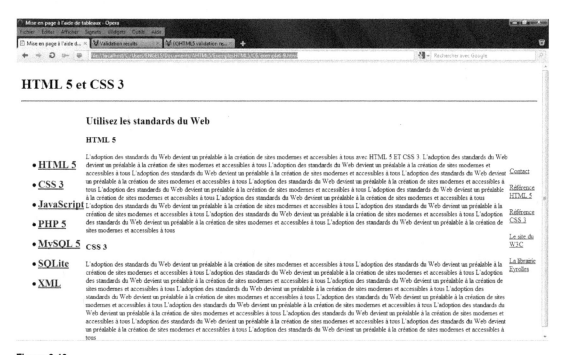

Figure 6-10

Mise en page à l'aide d'un tableau

En conclusion, il n'est pas dans mes intentions de déconseiller systématiquement l'emploi des tableaux, mais plutôt de faire comprendre que leur emploi doit être réservé à des situations spécifiques comme la structuration de données numériques pour lesquelles ils sont particulièrement destinés. Si vous n'avez pas l'idée d'écrire une lettre de motivation et votre CV avec un tableur Excel ou OpenOffice (même si c'est potentiellement réalisable), vous n'utiliserez pas non plus un tableau pour structurer vos pages web en emboîtant de multiples tableaux les uns dans les autres.

Exercices

Exercice 1

Citer tous les éléments spécialisés utilisables pour la création des tableaux et leur ordre d'apparition dans le code HTML 5.

Exercice 2

Peut-on inclure un tableau dans les éléments `<body>`, `<form>` ou `<td>` ?

Exercice 3

Créer un tableau composé de quatre lignes et de cinq colonnes.

Exercice 4

Créer un tableau de 600 pixels de large contenant cinq lignes et trois colonnes avec des bordures de 4 pixels et un espacement entre cellules de 10 pixels. Seules les bordures verticales doivent s'afficher.

Exercice 5

Construire un tableau statistique ayant un en-tête, un pied de tableau et deux corps de données. N'affichez que les bordures horizontales des groupes de données. Centrer le contenu des cellules de données et aligner à gauche les titres de l'en-tête et du pied de tableau.

Exercice 6

Créer un tableau composé de sept colonnes et de cinq lignes avec des bordures verticales de groupes. Les colonnes sont organisées en groupe. Le premier groupe possède deux colonnes de 100 pixels chacune, le deuxième trois colonnes de 150 pixels et le troisième deux colonnes de 50 pixels, et une de 100 pixels.

Exercice 7

Créer le tableau suivant en fusionnant les colonnes.

1	2	3	4
5		6	7
8	9		10
11		12	13	14

Exercice 8

Créer le tableau suivant en fusionnant les lignes.

1	2	3	4	5
6			7	8
		9	10	
11		12		

Exercice 9

Créer un tableau selon le modèle suivant.

1		2		3
4	5	6	7	8
9		10	11	12
		13	14	
	15	16		

Exercice 10

Créer un tableau selon le modèle suivant.

1	2	3	4
5	6		7
8			9
10	11	12	13

Exercice 11

Créer un tableau selon le modèle suivant.

	1		
2	3	4	5
	6	7	
	8		

Exercice 12

Créer un tableau selon le modèle suivant en utilisant la notion de cellules virtuelles.

1		2	3	4		5		
6	7	8	9			10	11	12
13								
14		15			16			
17		18	19	20	21	22		23

Exercice 13

À partir d'un tableau de deux lignes et de deux colonnes, fusionner les deux cellules inférieures. Insérer dans les deux cellules supérieures des tableaux de deux lignes et cinq colonnes, puis dans la cellule inférieure un tableau de trois lignes et cinq colonnes selon le modèle suivant.

1	2	3	4	5		A	B	C	D	E
6	7	8	9	10		F	G	H	I	J

a	b	c	d	e	f
g	h	i	j	k	l
m	n	o	p	q	r

7

Créer des formulaires

S'inscrire dans une liste de diffusion *(mailing-list)*, laisser son avis dans un livre d'or, saisir un mot-clé dans un moteur de recherche ou passer une commande en ligne, etc., sont toutes des actions devenues aujourd'hui très courantes pour nombre d'entre nous mais qui ne sont possibles que grâce à l'existence des formulaires insérés dans une page web. Tout échange de données entre un visiteur (le poste client) et l'ordinateur hébergeant le site (le serveur), opéré via le protocole HTTP, a donc lieu via les saisies effectuées dans un formulaire. L'utilisateur peut entrer des textes ou des mots de passe, opérer des choix grâce à des boutons radio, des cases à cocher ou des listes de sélection. Il peut également effectuer le transfert de ses propres fichiers vers le serveur, par exemple sur les sites proposant le tirage de photographies numériques par correspondance. Les formulaires sont donc présents dans un très grand nombre de sites. Nous allons aborder dans ce chapitre les éléments HTML 5 qui permettent de créer la structure et les différents composants des formulaires. Nous étudierons également quelques notions relatives à la récupération des données côté serveur à l'aide de scripts PHP.

Structure d'un formulaire

Les éléments constitutifs d'un formulaire doivent être contenus entre les balises `<form>` et `</form>`. Comme il s'agit d'un élément de niveau bloc, il peut être inclus directement dans l'élément `<body>`. Le tableau 7-1 présente la liste exhaustive de ses éléments parents. L'élément `<form>` peut contenir entre autres des éléments de titre, des blocs (mais jamais `<form>`), des listes et l'élément `<fieldset>` pour structurer son contenu. Aucun des composants de formulaire que nous allons étudier dans ce chapitre ne peut être inclus directement dans l'élément `<form>`, et il faut d'abord y insérer un autre élément. Le tableau 7-2 présente la liste de tous ses éléments enfants.

Tableau 7-1. Les éléments parents de l'élément `<form>`

En théorie, tous les éléments de la catégorie Flow mais il serait bon de se limiter aux éléments de structuration de la page comme parents.

Tableau 7-2. Les éléments enfants de l'élément `<form>`

En théorie, tous les éléments de la catégorie Flow.

L'élément `<fieldset>` est très souvent inclus dans un formulaire. Il a pour vocation de délimiter les groupes de composants actifs du formulaire. D'un point de vue graphique, chaque groupe de composants est encadré par défaut, dans les navigateurs, par une bordure mince dans laquelle il est possible d'intégrer un titre pour chaque groupe. Chaque titre est le contenu d'un élément `<legend>` inclus dans `<fieldset>`. L'effet obtenu pour un formulaire à deux groupes est présenté à la figure 7-1, page 173. Chaque groupe peut contenir des titres, des blocs, des listes et des éléments de type en ligne parmi lesquels figurent ceux qui créent les composants actifs propres aux formulaires. L'élément `<fieldset>` peut avoir comme contenu une grande variété d'éléments dont la liste est donnée au tableau 7-3.

Tableau 7-3. Les éléments enfants de l'élément `<fieldset>`

Texte, les éléments de la catégorie Flow et l'élément `<legend>`.

Le code HTML 5 de la structure d'un formulaire est donc de la forme présentée dans l'exemple 7-1.

Exemple 7-1 Structure d'un formulaire

```
<!DOCTYPE html>
<html >
 <head>
  <title>Formulaire de base</title>
  <meta http-equiv="Content-type" content="text/html; charset=utf-8" />
  <link rel="shortcut icon" type="images/x-icon" href="../images/favicon.ico" />
 </head>
 <body>
  <form method="post" action="traitement.php">
   <fieldset>
   <legend>Formulaire type</legend>
   <h1>Les composants du formulaire</h1>
   <!-- Composants du formulaire -->
   </fieldset>
  </form>
 </body>
</html>
```

Les attributs de l'élément <form>

L'élément `<form>` possède l'ensemble des attributs communs. Nous ne manquerons pas d'utiliser systématiquement l'attribut `id` pour identifier le formulaire dans une page qui peut en compter plusieurs, ainsi que l'attribut `title` pour améliorer l'accessibilité du site.

En supplément de ses attributs communs désormais bien connus, l'élément `<form>` possède les attributs propres suivants.

* `action` : cet attribut est obligatoire car il désigne le fichier qui est chargé de traiter les données du formulaire côté serveur. Je recommande particulièrement l'emploi du langage PHP pour écrire les scripts de traitement de ces données. D'autres solutions, JSP et ASP.Net par exemple, peuvent également être envisagées. Le code du script de traitement des données peut être inclus dans un fichier séparé de celui qui contient le code HTML, mais il peut être placé dans ce même fichier qui doit alors avoir une extension appropriée à la place de `.html` (par exemple, `.php` pour le langage PHP ou `.aspx` pour ASP.Net). De plus, dans ce cas, comme nous l'avons indiqué au chapitre 2, la déclaration XML doit être supprimée. La structure initiale de la page est alors celle de l'exemple 2-2. Le contenu de l'attribut `action` doit donc être une URL, qui peut être relative, de la forme :

```
<form action="traitement.php">
```

Dans ce cas, le fichier désigné doit être présent dans le même répertoire que le fichier XHTML. L'URL peut également être absolue, que le fichier soit présent sur le même serveur, ou même sur un autre serveur. Elle est alors de la forme suivante :

```
<form action="http://www.monsite.com/scripts/traitement.php">
```

Traitement par le fichier lui-même

Si le script de traitement est incorporé dans le fichier XHTML, nous pouvons utiliser du code PHP pour désigner le fichier lui-même. En cas de changement de nom du fichier, il n'y a ainsi rien à modifier. Pour réaliser cette opération, il convient d'écrire le code suivant :

```
<form action="<?= $_SERVER['PHP_SELF'] ?>">
```

L'attribut `action` peut aussi avoir la valeur `mailto:` qui provoque l'envoi des données (leur nom et leur valeur) à une adresse e-mail qu'il faut préciser à la suite du mot-clé `mailto:`, par exemple :

```
<form method="post" action="mailto:xhtml@funhtml.com">
```

Pour que la transmission vers une adresse e-mail ait lieu, il faut que l'attribut `method` soit utilisé et qu'il ait la valeur `post`. La soumission du formulaire provoque le démarrage du logiciel de courrier sur le poste du visiteur, et celui-ci doit approuver l'envoi comme celui d'un e-mail habituel. Cette méthode interdit tout traitement informatique des données sur le serveur et nous ne l'utiliserons pas systématiquement ici. Elle peut cependant avoir l'avantage de rendre possible la transmission instantanée d'informations à une personne et ce, quel que soit l'endroit où elle se trouve. Cela n'est pas à négliger pour créer un contact rapide entre un client et un commercial itinérant par exemple, s'il est doté d'un terminal portable pouvant recevoir des e-mails.

- `method` détermine la méthode d'envoi des données vers le serveur. Il peut prendre les deux valeurs `get` ou `post`. La méthode `get` est celle qui est utilisée par défaut (si nous ne définissons pas explicitement l'attribut `method`). Elle présente l'inconvénient d'ajouter les données du formulaire sous la forme `nom=valeur` à la suite de l'URL définie dans l'attribut `action`. Si, par exemple, le formulaire contient deux champs de saisie, le premier nommé `prenom` dans lequel est saisie la valeur `jean` et un second nommé `nom` avec la saisie `engels`, l'URL affichée dans la barre d'adresse du navigateur sera la suivante : `http://www.funhtml.com/fichier.php?prenom=jean&nom=engels`.

  Remarquons que les données sont précédées du point d'interrogation (?) et séparées l'une de l'autre par le caractère esperluette (&). Les données transmises sont donc visibles par l'utilisateur, mais peuvent aussi être plus facilement interceptées par des personnes mal intentionnées. De plus, la quantité de caractères de l'URL est limitée, ce qui pose un problème pour l'envoi de commentaires longs par exemple. En revanche, il est possible de contourner cet inconvénient en passant directement des données à un script, en les ajoutant à une URL. Elles sont alors traitées par le fichier désigné dans l'URL et peuvent déclencher l'affichage d'une page particulière créée dynamiquement à partir de ces informations. En indiquant par exemple l'adresse suivante : http://www.eyrolles.com/Informatique/Recherche/index.php?q=php+5&themes=INF, l'utilisateur se trouve sur une page, comme s'il avait effectué une recherche avec le mot-clé « php 5 » et la rubrique « INF » dans la page d'accueil du site www.eyrolles.com.

  La seconde valeur de l'attribut `method` est `post`. Elle ne présente pas l'inconvénient de la méthode `get` car les données transmises sont invisibles dans l'URL, et leur longueur n'est plus limitée. C'est donc celle que nous recommandons dans la plupart des cas.

- `id` : nous y revenons ici car il permet d'identifier le formulaire pour pouvoir accéder à ses composants à partir d'un script JavaScript avec par exemple la méthode `getElementById(id)` que nous avons déjà utilisée.

- `name` : le nom du formulaire avec un rôle similaire à l'attribut `id`, la méthode JavaScript étant alors `getElementByName(name)`.

- `enctype` détermine le type d'encodage de données transmises vers le serveur. Sa valeur par défaut est `application/x-www-form-urlencoded` ; elle est applicable dans la plupart des cas, sauf pour le transfert de fichiers du poste client vers le serveur. Dans ce cas, l'attribut doit prendre la valeur `multipart/form-data`. Quand nous utilisons la valeur `mailto:` pour l'attribut `action`, la valeur de `enctype` doit être `text/plain` ou `text/html`, ce qui dépendra de l'encodage de l'e-mail (texte brut ou HTML).

- `accept` contient un ou plusieurs types MIME de la forme `text/html` ou `image/jpeg`, qui correspond au type des fichiers acceptés pour les opérations de transfert de fichiers vers le serveur. Cela évite d'effectuer un contrôle du type des fichiers transférés côté serveur. Chaque type indiqué doit être séparé du précédent par une virgule. Les fichiers de type non listé dans cet attribut seraient ainsi refusés.

- accept-charset contient un ou plusieurs jeux de caractères admis pour les saisies effectuées dans les champs du formulaire. Par défaut, la valeur est la même que celle définie dans l'attribut <meta /> (voir le chapitre 2).

- autocomplete prend la valeur on pour que l'autocomplétion soit activée (récupération de données déjà saisies dans d'autres formulaires, telles que le nom par exemple) pour ne pas avoir à saisir souvent les mêmes données.

- target indique dans quelle page ou quel onglet vont être affichés les résultats de la soumission du formulaire. Il prend les valeurs que nous avons déjà indiquées pour les liens à savoir _blank (dans une nouvelle page), _parent (dans la page d'origine), _self (dans la même page que celle du formulaire) et _top (dans la page parent de plus haut niveau).

- onsubmit permet de gérer l'événement qui survient quand l'utilisateur clique sur le bouton d'envoi des données de type submit (voir l'élément <input />). Il peut être utilisé pour effectuer un contrôle de validité des saisies, par exemple pour vérifier qu'un code postal comporte cinq chiffres, un numéro de téléphone dix chiffres, ou la syntaxe d'une adresse e-mail.

- onreset permet de gérer l'événement qui survient quand l'utilisateur efface en bloc toutes les saisies réalisées en cliquant sur le bouton de type reset (voir les sections suivantes).

Les composants communs

Quel que soit le rôle que l'on assigne à un formulaire, questionnaire ou bon de commande par exemple, ils doivent comporter certains éléments obligatoires et au minimum un bouton d'envoi.

Bouton d'envoi et de réinitialisation

Le bouton d'envoi, généralement nommé Envoi ou OK, est indispensable car il est le seul qui, après un clic, peut déclencher l'envoi des données vers le serveur ou vers un e-mail. La manière la plus courante de créer un bouton d'envoi est d'utiliser l'élément <input/> que nous allons retrouver dans tous les paragraphes suivants car ses effets sont très divers. C'est son attribut type qui permet de lui assigner une fonction particulière. Pour un bouton d'envoi (on dit aussi de soumission du formulaire), l'attribut type prend la valeur submit. L'élément <input /> étant vide, c'est le contenu de l'attribut value qui permet de déterminer le texte du bouton. Sa valeur est récupérée côté serveur au même titre que les données du formulaire. Il est possible de créer plusieurs boutons d'envoi et de gérer différemment les données en fonction du bouton choisi. Cet élément possède l'ensemble des attributs communs et nous ne manquerons pas d'utiliser systématiquement id et title. En supplément de id, nous pouvons définir l'attribut name, qui sert également à identifier le bouton d'envoi dans les scripts JavaScript ou PHP, en lui donnant la même valeur. Pour améliorer l'accessibilité, nous pouvons aussi définir les attributs `accesskey` et `tabindex`. Le code créant un bouton d'envoi courant peut donc être le suivant :

```
<form>
 <fieldset>
  <input type="submit" value="Envoi" name="soumission" id="soumission"
 ➡ tabindex="5" accesskey="E" title="Bouton d'envoi"/>
 </fieldset>
</form>
```

La figure 7-1 et l'exemple 7-2 (repère ❶) montrent le résultat obtenu par ce code.

L'effet visuel obtenu est assez spartiate et il sera possible d'ajouter à ces boutons des couleurs de fond et de texte ainsi que des bordures en écrivant des styles CSS (voir les propriétés `color` et `background-color` au chapitre 10 et `border` au chapitre 11). Pour créer un bouton d'envoi, il est également envisageable de recourir à l'élément `<button>`. Pour cela, on définit son attribut `type` avec la valeur `submit`. Son attribut `value` contient la valeur associée au bouton. Comme l'élément `<input />`, il possède les attributs `name`, `accesskey` et `tabindex`. Le texte visible sur le bouton est le contenu de l'élément et non pas la valeur de l'attribut `value`. Il peut également s'agir d'une image, ce qui enrichit beaucoup les possibilités graphiques par rapport à l'élément `<input />`. Pour créer ce type de bouton d'envoi, nous écrivons le code suivant :

```
<fieldset>
 <button type= "submit" value="Envoi2"  name="soumission2" id="soumission2"
 ➡ accesskey="B" title="Bouton d'envoi"> Envoi2
 </button>
</fieldset>
```

La figure 7-1 et l'exemple 7-2 (repère ❷) montrent un bouton d'envoi dont le contenu est textuel.

Pour créer un bouton utilisant le même élément avec une image pour contenu, nous pouvons écrire le code suivant :

```
<fieldset>
 <button type="submit" value="Envoi3" name="soumission3" id="soumission3"
 ➡ accesskey="C" title="Bouton d'envoi">
  <img src="france2.gif" height="50" width="50" alt="France"/>
 </button>
</fieldset>
```

La figure 7-1 et l'exemple 7-2 (repère ❸) montrent ce type de bouton contenant une image.

Quand ces effets décoratifs sont insuffisants, il est envisageable de créer des boutons d'envoi avec des images. La première des possibilités est fournie par l'élément `<input />` dont l'attribut `type` prend la valeur `image`.

Le fichier image, de type GIF, JPEG ou PNG, doit être référencé avec l'attribut `src` comme il en va pour une image créée avec l'élément `<img />`. Le bouton a les dimensions de l'image et celles-ci ne peuvent pas être modifiées avec les attributs de l'élément `<input />`. Comme il s'agit avant tout d'une image, nous disposons de l'élément `alt` qui contient un texte de substitution qui s'affiche à la place de l'image si elle n'est pas trouvée dans les navigateurs uniquement textuels. Comme pour les images sensibles au clic et divisées en zones, il est possible d'utiliser une carte définissant ces zones avec des éléments ‹map› et ‹area /›. Nous devons alors référencer cette carte à l'aide de l'attribut usemap qui contient la valeur de l'attribut id de l'élément ‹map› précédée du caractère dièse (#). Les attributs id, title, accesskey et tabindex sont également utilisés de la même façon que pour un bouton de type submit. Comme il s'agit d'une image l'attribut alt est obligatoire. Pour créer un bouton à partir d'une image, nous pouvons écrire le code suivant :

```
<form>
 <fieldset>
  <input type="image" src="../images/france.gif" alt="Envoi3" name="soumission3"
➡ id="soumission3" tabindex="6" accesskey="A" title="Bouton d'envoi image"
➡ onclick="submit()"/>
 </fieldset>
</form>
```

La figure 7-1 et l'exemple 7-2 (repère ❹) montrent un exemple de ce type de bouton graphique. On pourra se reporter utilement au chapitre 10 pour, par exemple, ajouter à l'image une bordure et une ombre qui lui donneront un aspect plus réaliste.

Ce type de bouton graphique a la particularité de permettre la transmission au serveur non seulement des données saisies dans le formulaire, mais aussi des coordonnées du point sur lequel a été effectué le clic dans l'image. Ces coordonnées (exprimées en pixels) sont transmises dans les variables nom.x ou nom_x selon le serveur (pour l'abscisse) et nom.y ou nom_y (pour l'ordonnée), dans lesquelles le préfixe nom représente la valeur de l'attribut name du bouton. L'origine des coordonnées est le sommet supérieur gauche de l'image.

On associe souvent à un bouton d'envoi un bouton de réinitialisation. Il n'efface pas le contenu de toutes les zones de saisies mais remet le formulaire dans son état initial, y compris les valeurs par défaut qui ont pu y être définies. Un tel bouton est le plus souvent créé à l'aide de l'élément ‹input /› dont l'attribut type a la valeur reset. Comme les boutons d'envoi, c'est l'attribut value qui contient le texte visible sur le bouton. Les autres attributs sont identiques à ceux des boutons d'envoi. Nous pouvons créer un bouton d'envoi avec le code minimal suivant :

```
<form>
 <fieldset>
  <input type="reset" value="Effacement" name="efface"/>
 </fieldset>
</form>
```

L'utilisation de l'élément ‹button› est possible pour créer des boutons de réinitialisation en attribuant à son attribut type la valeur reset. En incluant une image, comme pour les boutons d'envoi précédents, nous pouvons aussi créer des boutons graphiques. Cependant, l'élément ‹input /› avec un attribut type ayant la valeur image ne peut pas être utilisé pour créer un bouton de réinitialisation (repères ❺, ❻ et ❼).

L'exemple 7-2 résume la création de ces différents types de boutons.

Exemple 7-2 Création de boutons d'envoi et de réinitialisation

```html
<!DOCTYPE html>
<html>
 <head>
  <meta http-equiv="Content-type" content="text/html;charset=UTF-8" />
  <title>Les boutons d'envoi</title>
  <link rel="shortcut icon" type="images/x-icon" href="../images/favicon.ico" />
 </head>
 <body>
  <form action="exemple7-4.php" method="post" name="formul1">
   <fieldset>
    <h2>Les boutons d'envoi : </h2>
    <h3>Avec input <input type="submit" value="Envoi" name="soumission"
    ➥ id="soumission" tabindex="5" accesskey="E" title="Bouton d'envoi" /> ❶ </h3>
     <!-- -->
    <h3>Avec button et du texte :
     <button type= "submit" value="Envoi2"  name="soumission2" id="soumission2"
     ➥ accesskey="B" title="Bouton d'envoi"> Envoi2</button> ❷
    </h3>
    <!-- -->
    <h3>Avec button et une image :
    <button type="submit" value="Envoi3"  name="soumission3" id="soumission3"
    ➥ accesskey="C" title="Bouton d'envoi">
     <img src= "france.gif" height="50" width="50" alt="France"/>
    </button> ❸
    </h3>
    <!-- -->
    <h3>Avec input et une image : <input type="image" src="fondbleu.gif"
    ➥ name="soumission4" id="soumission4" tabindex="6" accesskey="D" alt="Bouton
    ➥ d'envoi image" onclick="submit()"/> ❹
    </h3>
    <!-- -->
    <h2>Les boutons de réinitialisation : </h2>
    <h3>Avec input : <input type="reset" value="Effacement" name="efface"
    ➥ title="Bouton d'effacement"/></h3> ❺
    <h3>Avec button et du texte :
     <button type= "reset" value="efface2"  name="efface2" id="efface2"
     ➥ accesskey="G" title="Bouton d'effacement"> Effacement</button>
    </h3> ❻
    <!-- -->
    <h3>Avec button et une image :
    <button type= "reset" value="efface3"  name="efface3" id="efface3" accesskey="H"
    ➥ title="Bouton d'effacement">
     <img src= "france.gif " height= "50" width= "50" alt= "France"/>
    </button>❼
    </h3>
   </fieldset>
  </form>
 </body>
</html>
```

La figure 7-1 représente tous les types de boutons d'envoi, les boutons de réinitialisation ayant le même aspect.

Figure 7-1

Les boutons textuels et graphiques

Les composants de saisie d'informations

Le texte constitue le plus souvent la part la plus importante des saisies effectuées dans un formulaire. Selon les besoins, il peut s'agir d'un texte court tenant sur une ligne, mais il est également possible d'envisager la saisie de textes beaucoup plus longs.

La saisie d'une ligne de texte

Un formulaire permet le plus souvent la saisie de texte, par exemple pour indiquer son nom ou son adresse. Chacun a pu rencontrer ce type de composants, ne serait-ce que pour entrer un mot-clé dans un moteur de recherche comme Google. Comme dans l'ancestral langage Basic, dans lequel une saisie de l'utilisateur s'effectue par l'instruction input, en HTML, un grand nombre de champs de saisie sont créés avec l'élément <input />. C'est son attribut type qui détermine la catégorie de champ qui est obtenue. Pour un champ de saisie de texte ne comprenant qu'une ligne, l'attribut type prend la valeur text. Comme il est nécessaire de préciser à l'utilisateur le type d'information attendue, il faut introduire le libellé de l'information dans un élément <label>. Ce dernier peut contenir à son tour d'autres éléments qui peuvent permettre de structurer son contenu. Le tableau 7-4 présente la liste de ces éléments enfants. Il possède l'attribut for dont la valeur est l'identifiant du champ auquel il se rapporte, et l'attribut form qui fait référence à l'identifiant du formulaire auquel il appartient dans le cas où il y en a plusieurs sur la page.

Tableau 7-4. Les éléments enfants de <label>

Texte et tous les éléments de la catégorie Phrasing.

Pour avertir l'internaute qu'il doit saisir son nom, nous écrivons par exemple, selon que l'élément <input /> est inclus ou non dans l'élément <label> :

```
<form name="formul1">
 <label for="nom" form="formul1">
 Votre nom : <input type= "text" id="nom"/>
</label>
</form>
```

ou encore :

```
<form name="formul1">
 <label for="nom" form="formul1"> Votre nom : </label>
 <input type= "text" id="nom"/>
</form>
```

L'élément <input /> possède l'ensemble des attributs communs. Nous pouvons en améliorer la gestion en utilisant ses attributs particuliers.

- name="texte" : il attribue un nom à la zone de saisie, ce qui permet de récupérer dans une variable la valeur saisie sur le serveur. En utilisant PHP pour récupérer les données saisies dans le formulaire, si l'attribut name a la valeur nom, le nom indiqué par l'internaute est contenu dans la variable $_POST["nom"] si l'attribut method de l'élément <form> a la valeur post, ou dans la variable $_GET["nom"] s'il a la valeur get. En Java-Script, la valeur saisie est accessible dans la variable document.forms[1].nom.value si la page ne contient qu'un seul formulaire (remplacez forms[1] par forms[2] pour le deuxième formulaire éventuel, et ainsi de suite).

- size="N" permet de fixer la longueur visible de la zone de texte à N caractères, ce qui n'empêche pas des saisies plus longues.

- maxlength="N" permet de limiter le texte saisi à N caractères. Au-delà de ce nombre, les frappes effectuées au clavier sont inopérantes. Cet attribut peut servir à mettre en adéquation la longueur d'une donnée avec celle du champ d'une base de données dans laquelle elle doit être enregistrée.

- `value="texte"`: il définit un texte par défaut qui est affiché dans la zone de texte tant que l'utilisateur n'en a pas saisi un autre. C'est cette valeur qui est transmise au serveur si l'internaute ne modifie rien dans le champ texte. Comme dans l'exemple ci-après :

```
<input type="text" name="pays" maxlenght="25" value="France" />
```

Si rien n'est changé dans la zone, c'est la valeur `France` qui est envoyée au serveur.

Effacement de la valeur par défaut

Pour des raisons d'ergonomie, il est préférable que le texte par défaut défini à l'aide de l'attribut `value` s'efface tout seul au moment où l'utilisateur clique dessus car cela lui évite d'avoir à le faire lui-même.

Il suffit pour cela d'utiliser une instruction JavaScript très simple, pour réagir à l'événement clic :

```
<input type="text" name="prenom" value="Votre prénom" maxlength="25"
onclick="this.value=''" /> />
```

Pour que le texte s'efface dès que la zone reçoit le focus (au moyen de la touche de tabulation par exemple) :

```
<input type="text" name="adresse" value="Votre adresse" maxlength="60"
onfocus="this.value='' " />
```

- `placeholder="message"` : il joue en partie le même rôle que `value` dans la mesure où son contenu est affiché dans la zone de saisie de texte, mais il a l'avantage de s'effacer tout seul sans script si l'utilisateur clique sur la zone. De plus, en cas d'absence de saisie, son contenu n'est pas transmis au serveur ; il ne faut donc pas s'en servir comme valeur par défaut.
- `autocomplete="on | off"` : avec la valeur `on`, il permet l'autocomplétion des données si celles-ci ont déjà été fournies dans une session précédente.
- `disabled="disabled"` : cet attribut, qui prend la valeur booléenne unique `disabled`, rend la zone de saisie inactive, empêchant ainsi toute saisie.
- `readonly="readonly"` permet d'utiliser une zone de saisie pour afficher une information. Celle-ci ne peut donc pas être modifiée, mais est en lecture seule.
- `form="id_du_formulaire"` permet de lier le composant à un formulaire.
- `onchange="Script"` : ce gestionnaire d'événements permet de déclencher un script JavaScript quand la valeur par défaut contenue dans l'attribut `value` est modifiée. Le code est exécuté soit quand l'utilisateur passe à une autre zone de saisie, soit lors de l'envoi. Nous avons par exemple le code suivant :

```
<input type="text" name="pays" value="Votre pays" maxlength="20"
onchange="alert('Modification opérée')" />
```

Comme pour les boutons d'envoi, il est possible d'utiliser les attributs accesskey et tabindex pour améliorer l'accessibilité, et onfocus ou onblur pour gérer l'attribution ou la perte du focus à la zone de texte. L'exemple 7-3 crée plusieurs zones de saisie de texte (repères ❸, ❺, ❼ et ❾). Elles sont toutes précédées d'un libellé contenu dans un élément <label> (repères ❷, ❹, ❻ et ❽). Le formulaire se termine comme il se doit par un bouton d'envoi (repère ❿). Le traitement des données, réalisé en PHP, est confié dans l'attribut action au fichier externe nommé exemple 7-4.php (repère ❶) dont le code est présenté plus bas. Il permet simplement d'afficher dans une nouvelle page, l'ensemble des données saisies après l'envoi du formulaire.

Exemple 7-3 Les champs de saisie de texte

```
<!DOCTYPE html>
<html>
 <head>
  <meta http-equiv="Content-type" content="text/html;charset=UTF-8" />
 <title>Saisie de texte</title>
  <link rel="shortcut icon" type="images/x-icon" href="../images/favicon.ico" />
 </head>
 <body>
  <form method="post" action="exemple7-4.php" ❶ target="_blank" autocomplete="on">
   <fieldset>
    <legend>Vos données personnelles</legend>
    <label> ❷ Nom : </label><input type="text" name="nom"  maxlength="25"
    ➥ placeholder="Votre nom" /><br /><br /> ❸
    <label>Prénom : </label> ❹ <input type="text" name="prenom" value="Votre
    ➥ prénom" maxlength="25" onclick="this.value=''" /><br /><br /> ❺
    <label>Adresse : </label> ❻ <input type="text" name="adresse" value="Votre
    ➥ adresse" maxlength="60" onfocus="this.value=''" /><br /><br /> ❼
    <label>Pays : </label> ❽ <input type="text" name="pays" value="France"
    ➥ maxlength="20"  onchange="alert('Modification opérée')" /><br /><br /> ❾
    <input type="submit"  value="Envoyer"/> ❿
   </fieldset>
  </form>
 </body>
</html>
```

La figure 7-2 montre l'aspect visuel du formulaire obtenu. Remarquons que sa présentation n'est pas du meilleur effet, en raison des longueurs variables des contenus des éléments <label> qui entraînent le décalage horizontal des zones de texte. Mais une fois de plus, il ne s'agit que de créer une structure, et c'est bien ce qui est réalisé, et notre travail en HTML 5 est donc bien effectué. Pour améliorer cet aspect visuel, nous pourrons utiliser un tableau comme nous le verrons à la fin de ce chapitre ou encore appliquer des styles CSS aux différents éléments (voir le chapitre 13).

Figure 7-2

*Les zones de saisie
d'une ligne de texte*

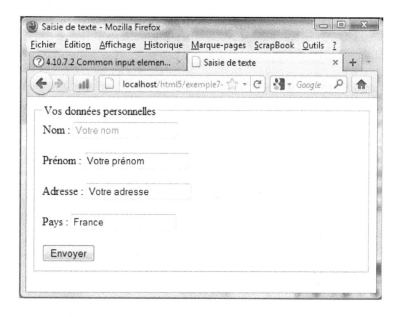

Le code de l'exemple 7-4 permet simplement l'affichage du nom de la variable correspondant à l'attribut name de chaque composant, et la valeur que lui a donnée le visiteur. Il
permet aussi de réaliser des tests si vous disposez d'un serveur PHP.

Exemple 7-4 Le code PHP de traitement des données

```php
<?php
echo "<h1>Lecture des données </h1>";
foreach($_POST as $cle=>$valeur)
{
  echo "$cle : $valeur <br />";
}
?>
```

La saisie de mot de passe

Les champs de saisie de mot de passe sont quasi identiques aux champs de saisie de texte.
Ils ne comportent qu'une seule ligne et sont créés avec le même élément <input />. La
différenciation entre ces deux champs réside dans la valeur de l'attribut type qui prend la
valeur password au lieu de text. Pour l'utilisateur le champ a le même aspect visuel, mais
quand il frappe son mot de passe, les caractères qu'il utilise ne sont pas affichés dans la
zone et sont remplacés par un astérisque (*), ce qui le protège des regards indiscrets. On
retrouve ce type de champ dans tous les sites d'accès réservé, comme les pages d'accueil
des messageries par Internet qui permettent la lecture des courriers électroniques, sans
faire appel à un logiciel comme Outlook ou Thunderbird. Les attributs sont les mêmes
que pour un champ de texte. Nous définissons de préférence les attributs size="N" pour

limiter la taille de la zone visible à N caractères et `maxlenght="N"` pour limiter le mot de passe à N caractères. Notez encore la différence entre ces deux attributs car `size` n'empêche pas la saisie d'un nombre supérieur de caractères à la taille visible du champ alors que `maxlenght` bloque la saisie à exactement N caractères, les frappes suivantes étant ignorées quelle que soit la largeur du champ. Dans les navigateurs modernes, la soumission d'un formulaire contenant au moins un champ de saisie de mot de passe entraîne l'apparition d'un message d'alerte demandant au visiteur s'il veut mémoriser son mot de passe pour ne pas avoir à le ressaisir lors d'une prochaine visite sur le même site. La figure 7-3 montre le modèle de fenêtre obtenue dans Firefox.

Figure 7-3

Enregistrement de mot de passe par le navigateur

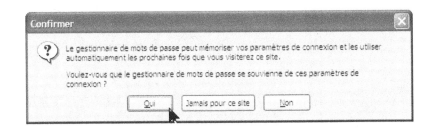

L'exemple 7-5 crée un formulaire contenant simplement un champ de texte pour saisir un login (repère ❷) et un champ (repère ❹) pour le mot de passe, chacun étant précédés d'un label explicatif (repères ❶ et ❸).

Exemple 7-5 Saisie de mot de passe

```
<!DOCTYPE html>
<html>
 <head>
  <meta http-equiv="Content-type" content="text/html;charset=UTF-8" />
  <title>Saisie de texte</title>
  <link rel="shortcut icon" type="images/x-icon" href="../images/favicon.ico" />
 </head>
<body>
 <form method="post" action="exemple7-4.php" >
  <fieldset>
   <legend>Accès réservé: donner vos login et mot de passe</legend>
   <label> Login : </label> ❶ <input type="text" name="nom"  maxlength="8"
   ➥ autocomplete="on"/> ❷
   <label> Mot de passe : </label> ❸ <input type="password" name="code"
   ➥ maxlength="8" /> ❹ <br /><br />
   <input type="submit"  value="Envoyer"/>
  </fieldset>
 </form>
 </body>
</html>
```

La figure 7-4 montre le formulaire obtenu.

Figure 7-4

Un formulaire de saisie de mot de passe

La saisie de texte long

L'élément <input /> ne permet la saisie que sur une seule ligne avec peu de visibilité pour les textes longs. Pour autoriser un visiteur à saisir des textes beaucoup plus longs, comme des commentaires élogieux sur votre site, ou d'une manière plus actuelle dans les blogs, nous disposons d'un élément spécialisé. Comme l'élément <input /> doté de l'attribut type="text", l'élément <textarea> crée un champ de saisie de texte sur plusieurs lignes. Contrairement au précédent, ce n'est pas un élément vide et son contenu n'est autre que le texte écrit par le visiteur. Il est possible de déterminer un contenu pour l'élément dans le code de la page XHTML. Ce texte sera alors visible dans la zone de saisie et permettra de donner une information à l'utilisateur.

Les dimensions de la zone de saisie doivent obligatoirement être définies. Pour cela, il faut utiliser les attributs suivants.

- cols="N" qui fixe la largeur de la zone à N caractères. Le retour à la ligne est automatique dans la zone.

- rows="N" qui fixe la hauteur à N lignes. Il faut distinguer la hauteur visible et le nombre de lignes que l'on peut saisir. En effet, le visiteur peut écrire autant de lignes qu'il le souhaite, quelle que soit la hauteur visible de la zone. Quand le texte dépasse la capacité de la zone, une barre de défilement vertical apparaît automatiquement. L'attribut name, s'il n'est pas réellement obligatoire, est fortement conseillé pour pouvoir identifier le champ côté serveur et lire son contenu dans une variable (en PHP, dans les variables $_POST["nom-du-champ"] ou $_GET["nom-du-champ"] selon la méthode d'envoi des données).

Comme pour les zones de saisie sur une seule ligne, il est recommandé d'effacer automatiquement le contenu par défaut de l'élément au moyen d'un script JavaScript en réponse à l'événement onfocus en écrivant le code suivant :

```
onfocus="this.value=''"
```

Ceci peut être remplacé par l'utilisation de l'attribut placeholder déjà cité plus haut, pour les navigateurs qui le supporte, et qui contient le même texte.

L'attribut onblur est également associé à l'élément pour gérer la perte du focus.

En plus des attributs communs, l'élément <textarea> possède les attributs gestionnaires d'événements particuliers, à savoir onselect et onchange. Le premier permet de gérer l'événement qui survient quand l'utilisateur sélectionne une partie du texte contenu dans l'élément. Le second correspond à l'événement survenant quand le texte contenu dans l'élément a été modifié. Cependant, pour gérer cet événement, il faut noter qu'il ne se produit réellement que quand la zone a perdu le focus et pas à l'instant même où son contenu est modifié. Pour rendre plus aisée l'accessibilité, nous n'oublierons pas d'utiliser systématiquement les attributs accesskey et tabindex. L'élément <textarea> possède enfin les attributs disabled et readonly dont la définition avec les valeurs respectives disabled et readonly rend le champ texte inactif et le transforme en une simple zone d'affichage d'informations. Cette faculté est souvent utilisée pour afficher les termes d'un contrat ou les conditions de vente sur un site de e-commerce.

Le code de l'exemple 7-6 crée un formulaire complet de saisie permettant à un visiteur de déposer des commentaires après s'être identifié. Le premier champ est une zone de texte d'une seule ligne dans laquelle il doit saisir son nom (repère ❶). Le deuxième est créé à l'aide de l'élément <textarea> et permet la saisie des commentaires proprement dits (repère ❹). Ses dimensions sont fixées à 70 caractères en largeur et 10 lignes en hauteur (repères ❷ et ❸). Enfin, nous retrouvons les indispensables boutons submit et reset (repères ❺ et ❻). Chaque composant est précédé d'un élément <label> de structuration de l'information au lieu d'un simple texte, qui permettra d'améliorer la présentation du formulaire à l'aide de CSS appliquées séparément aux éléments <label> d'une part et <input /> ou <textarea> d'autre part. À titre indicatif, le code de l'exemple 7-4, étudié précédemment, contient le code PHP permettant la récupération des valeurs du formulaire, et leur affichage dans une nouvelle page.

Exemple 7-6 Création de zone de saisie de texte sur plusieurs lignes

```
<!DOCTYPE html>
<html>
 <head>
  <meta http-equiv="Content-type" content="text/html;charset=UTF-8" />
  <title>Saisie de texte sur plusieurs lignes</title>

  <link rel="shortcut icon" type="images/x-icon" href="../images/favicon.ico" />
 </head>
 <body>
  <form action="exemple7-4.php" method="post">
   <fieldset>
    <legend>Donnez nous vos impressions</legend>
    <label>Votre nom </label><input type="text" name="nom" size="25"
    ➥ tabindex="1" /><br /> ❶
    <textarea name="commentaire" cols="70" ❷ rows="10" ❸ onfocus="this.value=''"
    ➥ tabindex="2" placeholder="Tapez vos commentaires ici . . . "> ❹
```

```
      Tapez vos commentaires ici . . .
    </textarea><br />
    <input type="submit" value="Envoi de vos commentaires" /> ❺
    <input type="reset" value=" Effacer tout" /><br /> ❻
  </fieldset>
</form>
</body>
</html>
```

La figure 7-5 montre le formulaire obtenu.

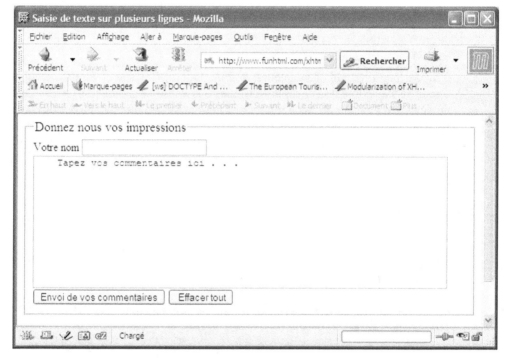

Figure 7-5

Formulaire de saisie de données textuelles

De nombreux composants ont été ajoutés en HTML 5 dans un but de spécialisation des saisies. Ils sont tous créés avec l'élément <input /> en faisant varier son attribut type. Les nouvelles valeurs de cet attribut indiquent le rôle sémantique qui leur est accordé, les rendant de plus en plus spécialisés puisque ces valeurs précisent clairement le type d'information qui doit être saisie. Plus question par exemple de saisir une adresse e-mail ou un nombre dans un composant de texte ordinaire.

La saisie d'adresse e-mail

L'élément spécifique de saisie d'adresse e-mail est `<input />` dont l'attribut type prend la valeur `email` selon la syntaxe :

```
<input type="email" name="mel" />
```

Nous pouvons lui ajouter utilement l'attribut `pattern` dont la valeur est une chaîne de caractères représentant un motif d'expression régulière. Par exemple en écrivant le motif simplifié suivant :

```
pattern="(^[a-z0-9]+)@([a-z0-9])+(\.)([a-z]{2,4})"
```

nous permettons la validation d'une adresse e-mail composée de lettres minuscules ou de chiffres suivis du caractère @, d'un nom de domaine de même forme puis d'un point et enfin d'un suffixe de deux à quatre lettres.

Cela permet à certains navigateurs, comme Opera, Chrome et Firefox, de signaler une erreur de saisie lors de l'envoi du formulaire si l'adresse indiquée n'est pas conforme au modèle défini par l'expression régulière. On se reportera utilement à des ouvrages spécialisés pour créer des expressions régulières plus complexes.

L'exemple 7-7 contient un modèle de saisie de nom (repère ❶) et d'e-mail (repère ❷) qui doit répondre au modèle vu ci-dessus (repère ❸) avec bien sûr un bouton d'envoi.

Exemple 7-7 Saisie d'adresse e-mail avec contrôle

```
<!DOCTYPE html>
<html>
 <head>
  <meta http-equiv="Content-type" content="text/html;charset=UTF-8" />
  <title>Le composant mail</title>
 </head>
 <body>
 <form method="post"  action="exemple7-4.php"  autocomplete="on"
➡ spellcheck="true">
  <p><label>Votre nom :</label> ❶ <input type="text" name="nom" ></p>
  <p><label>Votre mail:</label> ❷ <input type="email" name="mel"
➡ ❸pattern="(^[a-z0-9]+)@([a-z0-9])+(\.)([a-z]{2,4})"></p>
  <p><label>Envoyer :</label><input type="submit" name="" value="Envoi" /> </p>
 </form>
 </body>
</html>
```

La figure 7-6 montre le résultat obtenu et le message d'erreur qui empêche l'envoi si l'adresse saisie ne correspond pas au modèle.

Figure 7-6

Saisie d'adresse e-mail et vérification

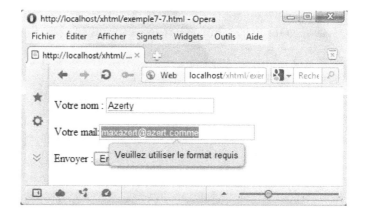

La saisie de numéro de téléphone

Un autre élément `<input />` très spécialisé permet d'effectuer la saisie de numéro de téléphone uniquement en donnant à l'attribut `type` la valeur `tel` selon la syntaxe minimale :

```
<input type ="tel" name="tel" />
```

Là aussi on peut lui ajouter l'attribut `pattern` contenant une expression régulière comme la suivante pour forcer une saisie de dix chiffres dont le premier est 0.

```
pattern="^0[0-9]{9}"
```

Le non-respect de cette obligation entraîne également un message d'erreur lors de l'envoi du formulaire.

L'exemple 7-8 contient un modèle de saisie de nom (repère ❶) et de numéro de téléphone (repère ❷) qui doit répondre au modèle exposé ci-dessus (repère ❸) doté d'un bouton d'envoi.

Exemple 7-8 Saisie de numéro de téléphone

```
<!DOCTYPE html>
<html>
 <head>
  <meta http-equiv="Content-type" content="text/html;charset=UTF-8" />
  <title>Le composant téléphone</title>
 </head>
 <body>
  <form method="post"  action="exemple7-4.php"  autocomplete="on">
   <p><label>Votre nom :</label> ❶<input type="text" name="nom" ></p>
   <p><label>Telephone: ❷<input type="tel" name="tel" maxlength="10"
   ➡ ❸ pattern="^0[0-9]{9}" /></label></p>
   <p><label>Envoyer :</label><input type="submit" name="" value="Envoi" /> </p>
  </form>
 </body>
</html>
```

La figure 7-7 montre le résultat affiché dans Opera et le message d'alerte obtenu lors de l'envoi du formulaire lorsqu'il manque un chiffre, comme dans ce cas.

Figure 7-7

Saisie de numéro de téléphone et validation

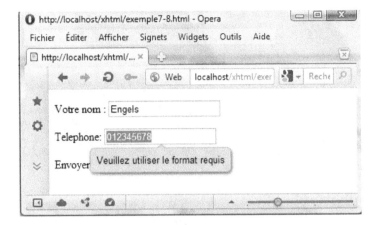

La saisie d'URL

Le composant que nous envisageons maintenant peut paraître superflu. Il permet la saisie d'une URL qui tout compte fait n'est qu'un texte. Cependant, son intérêt réside dans son nom même ; on pourrait, par exemple, attribuer un style à l'ensemble des composants de ce type uniquement en faisant référence à la valeur de l'attribut type de l'élément <input /> qui permet sa création. En effet, pour le créer, il faut donner à cet attribut la valeur url selon le modèle suivant :

```
<input type="url" name="site" />
```

Ce composant possède des attributs déjà exposés comme autocomplete, maxlength, placeholder, required et size.

Dans le code suivant, nous créons un champ de saisie d'URL (repère ❶) ayant l'attribut autocomplete et un bouton d'envoi. Le résultat graphique a tout d'une zone de texte banale mais notons cependant que des navigateurs tel Firefox ou Opera envoie une alerte si la saisie ne commence pas par http://, signifiant bien ce qui est attendu comme information, mais ils ne vérifient pas la validité du format de l'URL. Pour effectuer un contrôle rigoureux de la saisie, il faut utiliser l'attribut pattern qui contient une expression régulière définissant le format accepté pour une URL.

Exemple 7-9 Saisie d'URL

```
<!DOCTYPE html>
<html>
 <head>
  <meta http-equiv="Content-type" content="text/html;charset=UTF-8" />
  <title>Composant URL</title>
 </head>
 <body>
```

```
    <form  method="post"  action="exemple7-4.php">
     <p><label>Nom: <input type="text" name="nom" ></label></p>
     <p><label>Votre site :
        <input type=url  name="url" autocomplete="on"> ❶
        </label>
     </p>
     <p><label>Envoyer : <input type="submit" value="Envoi" /> </label></p>
    </form>
   </body>
  </html>
```

Figure 7-8

Saisie d'URL dans Opera

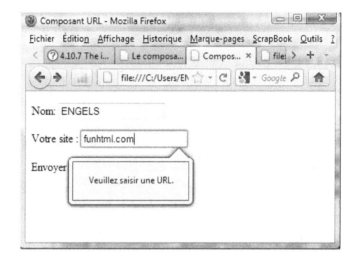

La saisie de l'heure, la date, la semaine, le mois

Le temps est un domaine de grande créativité pour les concepteurs de HTML 5 car ils ont réussi à concevoir tout ce qui facilite la saisie de tout ce qui peut exister comme données de mesure du temps (à part les siècles). Nous allons envisager successivement tous ces composants de saisie en fonction de la valeur donnée à l'attribut type de l'élément `<input />`.

Certains navigateurs comme Opera, Chrome ou Safari offrent une aide à la saisie via des listes incrémentables d'un clic. D'autres obligent pour l'instant l'utilisateur à saisir son information au clavier en respectant un format standard. Par précaution, il est donc utile d'indiquer le format attendu dans l'élément `<label>` lié à `<input />` mais aussi dans l'attribut title qui affichera le format dans une bulle d'aide.

Saisie de l'heure

Pour créer un composant de saisie de l'heure, il faut donner la valeur time à l'attribut type avec la syntaxe minimale :

```
<input type="time" name="heure" />
```

à laquelle on peut ajouter les attributs min et max qui délimitent l'intervalle de temps qui peut être saisi. Les valeurs de ces attributs doivent respecter le format maximal hh:mm:ss. dcm (donc heures, minutes, secondes, dixièmes, centièmes millièmes de seconde). De plus, l'attribut step permet de déterminer la précision possible, mais non obligatoire, sous la forme d'un nombre de secondes compris entre 0.001 et 3600 (précision au millième de seconde ou à l'heure près).

Les attributs suivants sont utilisables avec ce composant et tous ceux abordés dans cette section.

- autocomplete : il suggère de valider des saisies déjà effectuées pour éviter de recommencer.
- max : il définit une valeur maximale pour la saisie que l'utilisateur ne peut donc jamais dépasser.
- min : il définit une valeur minimale qui limite donc la saisie de l'utilisateur.
- readonly : utilisé pour afficher une date non modifiable.
- required : utilisé pour indiquer que la saisie du champ est obligatoire.
- step : il définit la précision de la saisie.

Dans l'exemple 7-10 (repère ❶) page 188, pour saisir une heure entre 9 h 00 et 18 h 00 à la seconde près, nous écrivons le code suivant :

```
<input type="time" name="heure" min="09:00" max="18:00" step="1"
➥ title="Heure  HH:MM:SS"/>
```

La figure 7-9, repère ❶, montre l'aspect obtenu.

Saisie de la date

Pour créer un composant de saisie de la date, il faut que l'attribut type ait la valeur date. Le format à respecter pour la saisie est AAAA-MM-JJ (donc année, mois et jour et tirets de séparation indispensables !). Là aussi certains navigateurs apportent une aide. La syntaxe minimale est :

```
<input type="date" name="date" />
```

Les autres attributs sont les mêmes que précédemment. Dans l'exemple 7-10 pour saisir une date comprise entre le 21 septembre 2011 et le 21 janvier 2012, nous écrivons :

```
<input type="date" name="date" min="2011-09-21" max="2012-01-21"
➥ step="7" title="Date AAAA-MM-JJ"/>
```

L'attribut step dont la valeur est 7 implique que l'on ne peut saisir qu'un seul jour par semaine, en l'occurrence un mercredi, les dates autorisées étant mises en évidence dans le calendrier affiché par Opera, les autres dates saisies entraînant un message d'erreur (dans Opera et Chrome seulement pour l'instant.) La figure 7-9 et l'exemple 7-10 (repère ❷) montrent le composant date et le calendrier affichés dans Opera (repère ❻).

Figure 7-9

*Tous les composants
de saisie du temps*

Saisie de la date et l'heure

Quand l'attribut `type` de l'élément `<input />` prend la valeur `datetime`, il impose la saisie d'une date et d'une heure dans le même champ. Pour les navigateurs qui ne fournissent pas encore d'aide à la saisie, il est bon de préciser le format obligatoire à l'utilisateur selon le modèle `AAAA-MM-JJThh:mm:ss` auquel on peut ajouter le décalage horaire éventuel sous la forme `+/- 0N:00`, le caractère `T` servant de séparateur entre la date et l'heure. La syntaxe minimale est :

```
<input type="datetime" name="dateheure" />
```

Dans l'exemple 7-10 et à la figure 7-9 (repère ❸), nous demandons une saisie comprise entre le 21 octobre 2011 à 12 h 00 heure d'été de Paris, et le 1er mars 2012 à 12 h 00 heure d'hiver de Paris (attributs `min` et `max`) avec une précision d'une heure (attribut `step`) avec le code suivant :

```
<input type="datetime" name="dateheure" min="2011-10-21T12:00:00-02:00" max=
➡ "2012-03-01T12:00:00-01:00" step="1" title="Date et Heure AAAA-MM-JJThh:mm:ss" />
```

Saisie du mois

Pour saisir un mois ou plus précisément le numéro du mois, il faut que l'attribut `type` de l'élément `<input />` ait la valeur `month` ; le format de saisie comprenant aussi l'année est de la forme `AAAA-MM`. La syntaxe minimale est donc :

```
<input type="month" name="mois" />
```

Dans l'exemple 7-10 et à la figure 7-9 (repère ❹), nous créons un composant de saisie du mois compris entre septembre 2011 et octobre 2012 avec un attribut `step` qui a la valeur `1` (qui est la valeur par défaut) ; il est possible d'indiquer n'importe quel mois de l'intervalle.

```
<input type="month" min="2011-09" max="2012-10" step="1" name="mois"
➡ title="Mois AAAA-MM" />
```

Saisie de la semaine

Le dernier composant de saisie du temps permet d'obtenir le numéro de la semaine en donnant la valeur `week` à l'attribut `type`. Le format de saisie `AAAA-WNN` est composé de l'année suivie d'un tiret, de la lettre `W` obligatoire et du numéro sur deux chiffres. La syntaxe minimale est donc :

```
<input type="week" name="semaine" />
```

Dans l'exemple 7-10 et à la figure 7-9 (repère ❺), nous demandons à l'utilisateur de saisir un numéro de semaine compris entre le 1er janvier 2011 et le 30 décembre 2012, toutes les semaines étant acceptées car l'attribut `step` vaut 1.

```
<input type="week" min="2011-W01" max="2012-W52" step="1" name="semaine"
➡ title="Semaine AAAA-WNN" />
```

Exemple 7-10 Saisie du temps

```
<!DOCTYPE html>
<html>
 <head>
  <title>Saisir le temps qui passe...</title>
 </head>
 <body>
  <form method="post"  action="exemple7-4.php"  autocomplete="on">
   <!-- Saisie de  l'heure-->
   <p><label>Heure  HH:MM:SS.mmm</label>
     <input type="time" name="heure" min="09:00" max="18:00" step="1"
     ➡ title="Heure  HH:MM:SS.mmm"/> ❶
   </p>
   <!-- Saisie de la date année mois et quantième -->
   <p><label>Date AAAA-MM-JJ</label>
     <input type="date" name="date" min="2011-09-21" max="2012-01-21" step="7"
     ➡ title="Date AAAA-MM-JJ"/> ❷
   </p>
```

```
<!-- Saisie de la date et le l'heure-->
<p><label>Date et Heure AAAA-MM-JJThh:mm:ss</label>
 <input type="datetime" name="dateheure" min="2011-10-21T12:00:00-02:00"
➡ max="2012-03-01T12:00:00-02:00" step="1" title="Date et Heure AAAA-MM-
➡ JJThh:mm:ss" /> ❸
</p>
<!-- Saisie du mois année et numéro du mois-->
<p><label>Mois AAAA-MM</label>
 <input type="month" min="2011-09" max="2012-10" step="1" name="mois"
➡ title="Mois AAAA-MM" /> ❹
</p>
<!-- Saisie de la semaine: année+W+numéro de la semaine -->
<p><label>Semaine AAAA-WNN</label>
 <input type="week" min="2011-W01" max="2012-W52" step="1" name="semaine"
➡ title="Semaine AAAA-WNN" /> ❺
</p>
<p><label>Envoyer : </label>
 <input type="submit" name="" value="Envoi" />
</p>
</form>
</body>
</html>
```

Le fichier exemple7-4.php étant la valeur donnée à l'attribut action du formulaire, les résultats produits par ce script pour les saisies présentées à la figure 7-9 sont les suivants :

```
Lecture des données
heure : 09:00:26
date : 2011-10-26
dateheure : 2012-01-21T12:00Z
mois : 2012-01
semaine : 2011-W43
```

Comme ces données sont contenues dans des variables, elles pourraient être enregistrées dans une base de données par un script PHP par exemple.

La saisie des nombres

Destinés particulièrement aux pages ayant un rapport avec la finance ou simplement les ventes en ligne, de nouveaux composants ont été introduits dans HTML 5. Il s'agit d'abord de ceux destinés à la saisie de nombres et ceux qui ont pour vocation d'afficher un résultat.

La saisie des nombres s'effectue encore avec l'élément <input />, mais en donnant la valeur number à l'attribut type. La syntaxe minimale est donc :

```
<input name="nombre" type=number />
```

Il peut être utile d'y ajouter l'attribut step pour que les saisies respectent un incrément fixé, éventuellement les attributs min et max pour fixer des limites, ainsi que required pour rendre la saisie obligatoire.

Un autre moyen de saisir un nombre est fourni par le composant qui permet de choisir une valeur dans un intervalle. Opera et Chrome par exemple le présente comme un segment gradué muni d'un curseur que l'on peut faire glisser pour choisir une valeur. C'est encore l'élément <input /> qui permet de le créer en affectant à l'attribut type la valeur range selon le modèle :

```
<input type="range" name="intervalle" min="m" max="M" step="P" />
```

dans lequel il faut bien sûr fixer un minimum et un maximum et, éventuellement, un incrément dans l'attribut step.

Pour donner une signification sémantique à l'affichage d'un résultat, HTML 5 introduit l'élément <output> qui comme son nom l'indique ne contient pas une saisie de l'utilisateur mais un résultat fourni par le navigateur ou le serveur distant. Sa syntaxe est :

```
<output name="sortie"></output>
```

C'est via l'attribut value que l'on peut agir, avec du code JavaScript par exemple, pour créer le contenu de cet élément.

Dans l'exemple 7-11, nous créons deux composants de saisie de nombres représentant des prix hors taxes, le premier avec un pas de 0.05 € et le second un pas de 3 € (repères ❸ et ❹). Leur somme est calculée à chaque modification par le code JavaScript (repère ❶) et affichée dans un élément <output> (repère ❺). Un autre code JavaScript (repère ❷) calcule le prix TTC et l'affiche dans un second élément <output> (repère ❻). Dans le même exemple, nous créons un intervalle [10,300] avec un pas de 5 unités (repère ❼) et comme la valeur saisie n'est pas visible précisément, nous l'affichons dans un élément <output> (repère ❾) à chaque modification à l'aide d'un script (repère ❽).

Exemple 7-11 Saisie des nombres

```
<!DOCTYPE html>
<html>
 <head>
  <meta http-equiv="Content-type" content="text/html;charset=UTF-8" />
  <title>Composants number et output</title>
  <style type="text/css">
   input,output,body{height:30px;  font-size:30px; font-family:arial;}
  </style>
 </head>
 <body>
 <form  oninput="somme.value = Number(op1.value) + Number(op2.value)❶ ;
➡ ttc.value=somme.value*1.196;"> ❷
     
 <input name=op1 type=number step=0.05 /> ❸ <br /> +
  <input name=op2 type=number step=3 /> ❹ <br /> =
    
 <output name="somme"></output> ❺  &euro; HT donc  :
 <output nam e="ttc"> </output> ❻  &euro; TTC   <hr />
 <label>Intervalle [10,300] :
```

```
    <input type="range" min="10" max="300" step="5" name="intervalle" ❼
    ➥ onchange="val.value = intervalle.value;❽ "/> <br /> <br />
  </label>
  <label>Vous avez choisi :    
  <output name="val"></output>❾     <br /> <br />
  </label>
  </form>
 </body>
</html>
```

La figure 7-10 donne le résultat obtenu dans Opera qui fournit des aides à la saisie pour incrémenter les valeurs. Ici, l'application est locale mais en ajoutant un bouton d'envoi, les données pourraient être transmises au serveur en ajoutant un attribut `action` au formulaire.

Figure 7-10

Nombres et intervalles

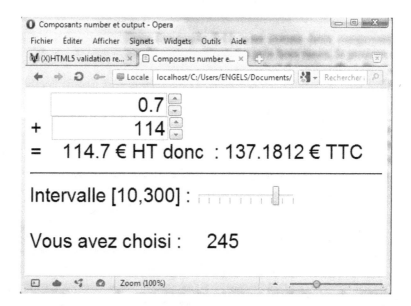

Choisir une couleur

Il s'agit d'une autre nouveauté en HTML 5 : l'élément `<input>` peut aussi servir à choisir une couleur en donnant la valeur `color` à son attribut `type`, toujours lui ! Dans l'exemple 7-12, nous demandons à l'utilisateur de choisir une couleur qui peut être donnée par un code hexadécimal ou par un mot-clé, ou encore choisie dans une palette dans Opera, qui est le seul à le proposer pour l'instant (voir la figure 7-11). Nous créons pour cela un élément `<input/>` adapté (repère ❸). La valeur choisie est ensuite réutilisée d'abord pour en afficher la valeur dans une zone de texte (repère ❹) grâce au code JavaScript (repère ❷) et aussi pour créer un style de couleur de fond pour le formulaire, là encore avec du code (repère ❶). Sur la figure 7-11, on voit la palette de couleurs proposée dans Opera, l'affichage du code de la couleur choisie et la couleur de fond modifiée par le choix opéré. Ceci peut permettre à un visiteur de personnaliser une page.

Exemple 7-12 Choisir une couleur

```
<!DOCTYPE html>
<html>
 <head>
  <meta http-equiv="Content-type" content="text/html;charset=UTF-8" />
  <title>Choisir une couleur</title>
</head>
 <body>
  <form oninput="this.style.backgroundColor=couleur.value;❶ col.value=
  ➥ couleur.value; ❷ ">
   <label>Couleur préférée :    </label>
   <input type="color" name="couleur" /> ❸
   <label>Le choix de couleur :</label>
   <input type="text" name="col" /> ❹    <br />
  </form>
 </body>
</html>
```

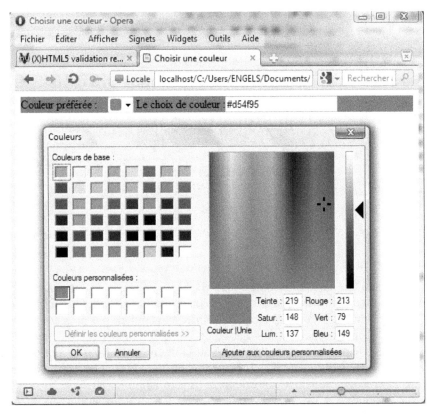

Figure 7-11

Choix d'une couleur dans Opera

Le composant de recherche

Il est courant de trouver sur un site un composant nommé Recherche. Jusqu'à présent, il ne s'agissait que d'une zone de texte. Avec HTML 5, et toujours dans le souci de spécialiser les éléments, apparaît un composant spécifique créé avec l'élément <input /> dont l'attribut type a la valeur search. Sa syntaxe minimale est :

```
<input type="search" name="motcle" />
```

Les principaux attributs utilisables sont placeholder pour afficher un message par défaut, maxlength pour limiter le nombre de caractères de la saisie, required pour imposer une saisie et size pour indiquer la largeur de la zone. On peut également récupérer le texte saisi en utilisant l'attribut value dans les gestionnaires d'événements oninput et onchange. L'exemple 7-13 crée une zone de saisie de recherche limitée à 40 caractères (repère ❷). La valeur saisie est récupérée tout d'abord par du code JavaScript et affichée dans une boîte d'alerte (repère ❸ et figure 7-12) et ensuite par le script PHP mentionné dans l'attribut action du formulaire (repère ❶) ; elle peut donc faire l'objet d'une recherche dans une base de données.

Exemple 7-13 Le composant de recherche

```
<!DOCTYPE html>
<html>
 <head>
  <meta http-equiv="Content-type" content="text/html;charset=UTF-8" />
  <title>Composant search</title>
 </head>
 <body>
  <form method="post"  action="exemple7-4.php" ❶>
   <label>Recherche : </label>
   <input type="search" name="motcle" placeholder="Votre recherche" maxlength="40"
   ➥ size="50"/> ❷
   <input type="submit" value="Chercher" onclick="alert('Vous cherchez '+
   ➥ motcle.value); submit()"/> ❸
  </form>
 </body>
</html>
```

La figure 7-12 montre l'aspect visuel obtenu dans Chrome et la boîte d'alerte qui apparaît après l'envoi du formulaire.

Figure 7-12

*Le composant de
recherche de mot-clé*

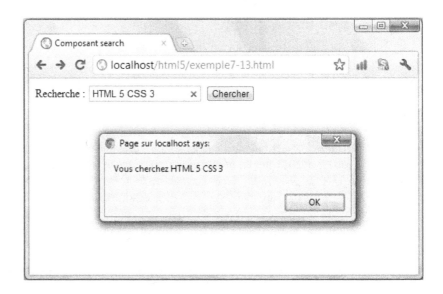

Les boutons radio et les cases à cocher

Les zones de texte permettent à l'internaute de saisir du texte, ce qui offre une infinité de réponses possibles. Cela correspond bien par exemple à la saisie du nom ou de l'adresse. Pour les données dont les réponses sont prévisibles et en nombre limité, nous pouvons inclure des éléments de formulaire spéciaux, nommés boutons radio et cases à cocher. Un bouton radio se présente sous la forme d'un cercle dans lequel apparaît un disque noir quand l'utilisateur clique dessus pour effectuer un choix. Les boutons radio sont typiquement utilisés pour présenter plusieurs choix dont la réponse est unique (par exemple, un choix entre un bouton libellé Homme et un bouton libellé Femme).

Pour créer un bouton radio, nous utilisons encore une fois l'élément `<input />` dont l'attribut `type` prend la valeur `radio`. L'ensemble des boutons radio avec lesquels on peut opérer un choix donné constitue un groupe. Il faut que tous les attributs `name` de ses éléments aient la même valeur. L'attribut `value` de chaque bouton radio contient la valeur que l'on veut associer à chacun d'eux. Seule la valeur choisie dans le même groupe est récupérée par le serveur. L'attribut `checked` qui prend la valeur booléenne unique `checked` permet de cocher par défaut un des boutons d'un groupe, par exemple, s'il est plus répandu que les autres. Rien n'empêche cependant le visiteur de modifier le bouton indiquant la valeur proposée. En revanche, l'attribut `readonly` bloque le bouton radio et impose ainsi une valeur. Son utilité peut se limiter à rappeler une valeur obligatoire.

L'attribut `disabled` dont la valeur unique est `disabled` permet de rendre un bouton radio inactif. Nous pouvons envisager de l'utiliser pour désactiver un choix réalisé antérieurement.

En tant qu'élément pouvant recevoir le focus, un bouton radio possède bien sûr les attributs gestionnaires d'événements `onfocus` (quand le bouton reçoit le focus) et `onblur` (quand il le perd). Pour améliorer l'accessibilité, nous ne négligeons pas, pour notre part, les attributs `title`, `accesskey` et `tabindex`. Le code de création d'un groupe de boutons radio est le suivant :

```
<form action="exemple7-4.php" method="post">
 <fieldset>
  <label>Monsieur</label> <input type="radio" name="sexe" value="Monsieur"
➡ checked="checked" />
  <label>Madame</label> <input type="radio" name="sexe" value="Madame" />
 </fieldset>
</form>
```

Pour les questions qui n'appellent qu'une réponse unique, comme dans l'exemple précédent sur le sexe de la personne, les boutons radio sont les composants idéaux. En revanche, si vous réalisez un questionnaire sur les goûts musicaux de vos visiteurs, rien ne les empêche d'aimer à la fois le rock, le classique et la chanson française ou d'autres encore (si, c'est possible !). Les cases à cocher représentent alors la meilleure solution.

Elles se présentent graphiquement sous la forme de petits carrés dans lesquels apparaît une coche en V si l'utilisateur du formulaire choisit la valeur associée à la case. Le fonctionnement semble identique aux boutons radio à la différence que les cases à cocher ne font pas partie d'un groupe, et qu'il est possible d'opérer plusieurs choix dans des cases différentes sans que le choix précédent se trouve décoché. Dans ce cas, il faut créer autant de cases à cocher que de choix suggérés. Une case à cocher est encore créée à l'aide de l'élément `<input />` dont l'attribut `type` prend cette fois la valeur `checkbox`. Les attributs `name` de chacune des cases se doivent alors de porter des noms différents. C'est encore l'attribut `value`, dont la définition est ici indispensable, qui contient la valeur associée à chaque case, qui sera récupérée côté serveur après l'envoi du formulaire, uniquement si la case est cochée. L'élément utilisé étant vide, il faut l'associer à un élément `<label>` pour préciser le choix demandé. Le nom de chaque élément étant différent, l'attribut `value` associé à chacun d'entre eux peut avoir une valeur de type booléen de la forme oui ou non, car seules les valeurs des cases choisies sont transmises au serveur. Les attributs `checked`, `disabled`, `title`, `accesskey` et `tabindex` qui ont le même rôle que les boutons radio peuvent être utilisés dans les mêmes conditions. Les gestionnaires d'événements `onfocus`, `onblur`, `onchange` et `onselect` sont aussi utilisables de la même façon.

Le code de création d'une case à cocher peut donc être le suivant :

```
<label>Classique : </label>
<input type="checkbox" name="classique" tabindex="1" accesskey="G" value="oui" />
```

L'exemple 7-14 met en œuvre ces composants pour obtenir des renseignements divers de la part d'un visiteur. Il contient un premier groupe de boutons radio permettant de déterminer la civilité de la personne (repères ❶, ❷ et ❸). Il est complété par une zone de saisie de texte pour le nom de la personne (repère ❹). Le second groupe illustre par une image chaque bouton radio dans un élément `<label>` (repères ❺, ❻ et ❼). Un paragraphe contient ensuite un ensemble de cinq cases à cocher pour offrir un choix de goûts musicaux (repères ❽, ❾, ❿, ⓫ et ⓬). Chaque case a un nom différent et la valeur oui qui lui est associée ne sera récupérée côté serveur que si le visiteur la coche. Le formulaire est complété par les boutons d'envoi et de réinitialisation (repères ⓭ et ⓮).

Exemple 7-14 Boutons radio et cases à cocher

```
<!DOCTYPE html>
<html>
 <head>
  <meta http-equiv="Content-type" content="text/html;charset=UTF-8" />
  <title>Saisie de texte sur plusieurs lignes</title>
  <link rel="shortcut icon" type="images/x-icon" href="../images/favicon.ico" />
 </head>
 <body>
  <form action="exemple7-4.php" method="post">
   <fieldset>
    <legend>Quelques renseignements </legend>
    <!--Civilité  -->
    <label>Mr</label> <input type="radio" name="sexe"  value="Monsieur"
    ➡ checked="checked" tabindex="1" />❶
    <label>Me</label> <input type="radio" name="sexe"  value="Madame"
    ➡ tabindex="2" />❷
    <label>Mlle</label> <input type="radio" name="sexe"  value="Mademoiselle"
    ➡ tabindex="3" />❸
    <!--Nom  -->
    <label>Nom </label><input type="text" name="nom" size="25" tabindex="4" />
    ➡ <br /><br />❹
    <!-- Pays  -->
    <label>France : <img src="drapeaufr.gif" alt="France" /></label><input
    ➡ type="radio" name="pays"  tabindex="5"  accesskey="A" />   ❺
    <label>Allemagne : <img src="drapeaud.gif" alt="Allemagne" /></label><input
    ➡ type="radio" name="pays"  tabindex="6"  accesskey="B" />   ❻
    <label>Italie : <img src="drapeauit.gif" alt="Italie" /></label><input
    ➡ type="radio" name="pays"  tabindex="7"  accesskey="C" />❼
    <!-- Goûts  -->
    <p>Vos goûts musicaux : <br />
    <label>Classique : </label><input type="checkbox" name="classique"  tabindex="8"
    ➡ accesskey="D" />❽
    <label> ..... Chanson française : </label><input type="checkbox" name="chanson"
    ➡ tabindex="9"  accesskey="E" />❾
    <label> ..... Rock : </label><input type="checkbox" name="rock"  tabindex="10"
    ➡ accesskey="G" />❿
    <label> ..... Pop : </label><input type="checkbox" name="pop"  tabindex="11"
    ➡ accesskey="H" />⓫
    <label> ..... Rap : </label><input type="checkbox" name="rap"  tabindex="12"
    ➡ accesskey="K" />⓬
    </p>
    <br /><input type="submit" value="Envoi de vos commentaires" />⓭
    <input type="reset" value=" Effacer tout" /><br />⓮
   </fieldset>
  </form>
 </body>
</html>
```

La figure 7-13 illustre le résultat obtenu pour ce formulaire.

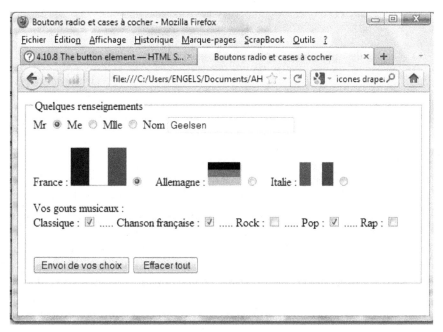

Figure 7-13

Les boutons radio et les cases à cocher

Les listes de sélection

Un autre moyen de faciliter la saisie de données sur votre site consiste à proposer au visiteur d'effectuer un ou plusieurs choix parmi une liste de sélection déroulante pouvant contenir un grand nombre d'éléments. Ces listes peuvent être utilisées quand l'éventail des réponses est prévisible, comme une liste de pays ou de types de cartes bancaires. Elles sont connues de tous car on les rencontre dans tous les logiciels bureautiques pour sélectionner l'extension sous laquelle on veut enregistrer un fichier. La valeur associée à chaque option étant contenue dans le code HTML, cette méthode a l'avantage d'empêcher les fautes d'orthographe que pourraient commettre les différents utilisateurs. Si les informations sont enregistrées dans une base de données, cela évitera de stocker des valeurs différentes alors qu'elles correspondent en réalité à la même information.

Une liste de sélection est créée avec l'élément `<select>`. En soi, cet élément n'entraîne aucun rendu visuel, il n'est que le conteneur de la liste. Il doit donc inclure ensuite autant d'éléments `<option>` qu'il y a de choix proposés au visiteur. La structure HTML d'une liste de sélection prend alors la forme suivante :

```
<select name="pays" size="1">
  <option value="France"> France</option>
```

```
    <option value="Belgique"> Belgique</option>
    <option value="Suisse"> Suisse</option>
    <option value="Canada"> Canada</option>
</select>
```

Le choix de la première option est important car il définit la valeur par défaut qui sera transmise au serveur si elle n'est pas modifiée. L'élément `<select>` possède l'ensemble des attributs communs parmi lesquels nous retiendrons principalement `id` et `class`, d'usage courant. Il possède également les attributs propres suivants.

- `name="texte"` : il permet, comme pour les autres éléments de formulaire, de récupérer la ou les données choisies par le visiteur dans une variable qui est identifiée par ce nom.

- `size="Nombre"` : il définit le nombre de lignes d'options qui sont visibles lors de l'affichage de la liste. Par défaut, seule la première option définie dans le code est visible. Les autres ne le sont que si l'utilisateur déroule la liste en cliquant dessus.

- `multiple="multiple"` : il prend la valeur booléenne unique `multiple` pour indiquer que l'utilisateur peut opérer plusieurs choix simultanément dans la liste. Pour cela, ce dernier est obligé de maintenir la touche `Ctrl` enfoncée pour que le second choix n'annule pas le premier. Cette faculté n'étant pas très connue de la majorité des internautes, je conseille de l'éviter, sans compter qu'elle correspond peu à l'idée que se font la plupart des usagers d'une liste déroulante. Si son usage s'avère utile, il faut bien signaler la procédure à suivre. Quand cet attribut est défini et que l'on utilise un serveur PHP, les valeurs choisies sont récupérées dans un tableau, et il faut pour toutes les récupérer que le nom de la liste soit suivi de crochets ouvrant et fermant (par exemple : `name="nom[]"`).

- `tabindex="Nombre"` permet d'attribuer un ordre de tabulation à la liste et de la rendre active avec la touche de tabulation.

- `disabled="disabled"` rend la liste inactive. Aucun choix n'est plus alors possible.

- `onfocus="script"` et `onblur="script"` gèrent respectivement les événements produits par l'attribution et la perte du focus à la liste.

- `onchange="script"` gère l'événement qui survient quand la valeur sélectionnée par défaut est modifiée par l'utilisateur.

Nous avons déjà signalé que le choix de la première option de la liste est important. En effet, si nous n'utilisons pas l'attribut `multiple`, elle est la seule visible tant que l'on ne déroule pas la liste, et surtout elle constitue la valeur par défaut qui est transmise au serveur si le visiteur n'effectue pas un autre choix. Pour cette raison, je conseille d'attribuer à la première option la valeur `null` et un message tel que « Effectuez un choix », pour bien signaler qu'un choix volontaire est nécessaire. La valeur `null` permet en effet une gestion simple de l'absence de réponse côté serveur. Cela est particulièrement utile si l'éventail `<select>` contient une liste de pays ou de départements dans un formulaire de saisie d'adresse. Le texte visible dans la liste de sélection est le contenu de l'élément `<option>` ou encore de l'attribut `label` mais, tous les navigateurs ne le reconnaissant pas, il est plus prudent de placer ce texte dans `<option>` ou dans les deux à la fois. Il peut être plus ou moins explicite, par exemple « Livre en français », dans le formulaire de recherche d'une librairie en ligne. En revanche, la valeur associée à l'option se doit d'être plus courte ou même codée, comme fr pour le même type de site. Cette valeur contenue dans l'attribut value est invisible pour l'utilisateur et c'est elle qui sera récupérée par le serveur.

En plus de l'ensemble des attributs communs, l'élément <option> possède l'attribut selected qui prend la valeur booléenne unique selected et avec lequel on peut définir une valeur par défaut qui peut être autre que celle de la première option de la liste. L'attribut disabled="disabled" permet, comme pour les autres éléments des formulaires, de rendre une option inactive, et donc non sélectionnable. L'utilisation de cet attribut ne présente d'intérêt que pour désactiver une option en réaction à une action du visiteur à l'aide d'un script JavaScript. On pourrait l'utiliser par exemple dans un questionnaire de jeu pour lequel l'internaute n'a droit qu'à un seul essai. S'il clique sur une option, son choix est entériné par la définition de l'attribut disabled. Nous aurions dans ce cas le code suivant :

```
onclick="this.disabled='disabled'"
```

Dans l'exemple 7-15, nous créons un formulaire contenant plusieurs listes de sélection d'options. La première liste (repère ❶) ne permet qu'un seul choix parmi quatre valeurs (repères ❸, ❹, ❺ et ❻), la première option n'étant créée qu'à titre informatif (repère ❷). La liste est affichée initialement sur une seule ligne (car l'attribut size vaut 1) (repère ❶). La seconde liste (repère ❼) permet plusieurs choix simultanés (l'attribut multiple est défini) parmi quatre options (repères ❽, ❾, ❿ et ⓫). La première option est choisie par défaut en définissant l'attribut selected (repère ❽). Le formulaire est bien sûr complété par un bouton d'envoi (repère ⓬) et un bouton de réinitialisation (repère ⓭). Le script PHP contenu dans l'exemple 7-4 permet d'afficher les choix effectués dans une nouvelle page.

Exemple 7-15 Les listes de sélection

```
<!DOCTYPE html>
<html>
 <head>
  <meta http-equiv="Content-type" content="text/html;charset=UTF-8" />
  <title>Les listes de sélection</title>
  <link rel="shortcut icon" type="images/x-icon" href="../images/favicon.ico" />
 </head>
<body>
 <form action="exemple7-4.php" method="post"
➥ enctype="application/x-www-form-urlencoded">
 <fieldset>
   <legend><b>Veuillez compléter le questionnaire</b></legend>
   <label>Nom : </label><input type="text" name="nom" size="40" maxlength="256"
➥ value="votre nom" onclick="this.value=''" tabindex="1"/><br /><br />
   <!-- Liste à choix unique -->
   <h3>Votre pays
   <select name="pays" size="1" tabindex="2"> ❶
    <option value="null" disabled="disabled" selected="selected"> Votre pays
➥ </option> ❷
    <option value="Fr" label="France" >France</option> ❸
```

```
        <option value="B" label="Belgique"> Belgique</option> ❹
        <option value="Ch" label="Suisse"> Suisse</option> ❺
        <option value="Cdn" label="Canada"> Canada</option> ❻
       </select></h3>
       <!-- Liste à choix multiples -->
       <h3>Vos connaissances informatique<small>(Pour faire plusieurs choix maintenir
    ➡ la touche CTRL enfoncée)</small></h3>
       <select name="savoir[]" size="4" multiple="multiple" tabindex="3"> ❼
        <option value="HTML 5" selected="selected"> HTML 5</option> ❽
        <option value="SQL"> SQL</option> ❾
        <option value="PHP" onclick="this.disabled='disabled'"> PHP </option> ❿
        <option value="C#" > C# </option> ⓫
       </select>
       <br /><br />
       <input type="submit" value="Envoi " tabindex="4"/> ⓬
       <input type="reset" value=" Effacer tout" tabindex="5"/><br /> ⓭
     </fieldset>
    </form>
   </body>
  </html>
```

La figure 7-14 montre le résultat obtenu.

Figure 7-14

Les listes de sélection

Plutôt que de définir les éléments ‹option› les uns à la suite des autres, ce qui donne un aspect uniforme à la liste une fois déroulée, il est possible de créer des groupes d'options et de leur attribuer un titre qui fait ressortir les groupements effectués pour structurer la liste, en particulier quand elle contient un grand nombre d'éléments. Pour réaliser ces groupes, il faut faire intervenir l'élément ‹optgroup› dans l'élément ‹select›. Les options de chaque groupe sont incluses entre les balises ‹optgroup› et ‹/optgroup›. À l'intérieur d'un élément ‹select›, on peut inclure autant de groupes que l'on veut. Le libellé de chaque groupe est donné dans l'attribut label de l'élément ‹optgroup› qui, outre les attributs communs habituels, possède également l'attribut disabled, déjà rencontré pour les autres composants et qui rend le groupe inactif. Le code de création d'un groupe a donc la structure suivante :

```
<select name="pays" size="1" tabindex="2">
<optgroup label="Europe">
  <option value="France" > France</option>
    <option value="Belgique" > Belgique</option>
  </optgroup>
</select>
```

L'exemple 7-16 permet d'illustrer la création de groupes d'options. À titre de démonstration, nous utiliserons ici le protocole mailto: pour l'envoi des données vers l'adresse e-mail indiquée dans l'attribut action (repère ❶). Un champ de texte permet la saisie du nom (repère ❷). L'élément ‹select› gère l'événement onfocus, dont le code permet de changer la couleur du texte, ainsi que onchange qui affiche un message d'alerte quand un choix a été opéré (repère ❸). Cet élément contient d'abord un élément ‹option› situé en dehors de tout groupe et dont le rôle est de constituer la valeur par défaut null qui permet de vérifier si l'utilisateur a bien effectué un choix (repère ❹). Le reste de l'élément ‹select› est constitué de trois groupes d'options (repères ❺, ❿ et ⓮) dont l'attribut label constitue le titre du groupe. Le premier groupe (repère ❺) contient quatre options correspondant à des pays d'Europe (repères ❻, ❼, ❽ et ❾). Le deuxième (repère ❿) contient la liste de trois pays d'Amérique (repères ⓫, ⓬ et ⓭). Le troisième groupe (repère ⓮) permet aux visiteurs de choisir un continent si leur pays ne figure pas dans les options précédentes. Il contient la liste des continents (repères ⓯, ⓰, ⓱ et ⓲).

Exemple 7-16 Les groupes d'options

```
<!DOCTYPE html>
<html>
 <head>
  <meta http-equiv="Content-type" content="text/html;charset=UTF-8" />
  <title>Les groupes d'options</title>
  <link rel="shortcut icon" type="images/x-icon" href="../images/favicon.ico" />
<style type="text/css" title="">
</style>
 </head>
 <body>
```

```
<form action="mailto:html@funhtml.com" method="post" >❶
 <fieldset>
  <legend><b>Veuillez compléter le questionnaire</b></legend>
  <!-- Liste à choix unique -->
  <label>Nom : </label><input type="text" name="nom" tabindex="1"
  ➥ accesskey="A"/>❷
  <h3>Indiquez quel est votre pays
  <select name="pays" size="1" tabindex="2" onfocus="this.style.color='red'"
  ➥ onchange="alert('Merci de votre choix')">❸
   <option value="null" > Votre pays</option>❹
   <optgroup label="Europe">❺
    <option value="France" > France</option>❻
    <option value="Belgique" > Belgique</option>❼
    <option value="Suisse" > Suisse</option>❽
    <option value="Allemagne" > Allemagne</option>❾
   </optgroup>
   <optgroup label="Amérique">❿
    <option value="USA" > USA </option>⓫
    <option value="Canada" > Canada</option>⓬
    <option value="Argentine" > Argentine</option>⓭
   </optgroup>
   <optgroup label="Autres">⓮
    <option value="Europe" > Europe </option>⓯
    <option value="Asie" > Asie </option>⓰
    <option value="Amériques" > Amériques </option>⓱
    <option value="Océanie" > Océanie</option>⓲
   </optgroup>
  </select></h3>
  <input type="submit" value="Envoi " tabindex="3"/>
  <input type="reset" value=" Effacer tout" tabindex="4"/><br />
 </fieldset>
 </form>
 </body>
</html>
```

La figure 7-15 présente le résultat obtenu après avoir déroulé la liste. Les différents groupes y sont bien visibles.

Figure 7-15

Les groupes d'options

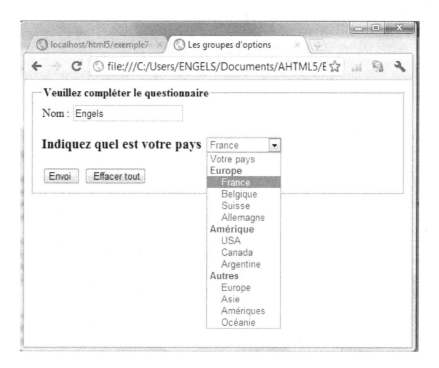

Les champs cachés

Un formulaire peut aussi contenir des champs cachés. Comme leur nom l'indique, ils ne correspondent à aucun rendu visuel et ne font donc l'objet d'aucune saisie de la part du visiteur. Ils permettent de transmettre au serveur des informations particulières et ainsi de recueillir des données sur le poste client tel que le système d'exploitation, le type de navigateur qu'il utilise et son numéro de version, ceci dans le but de réaliser des statistiques. Ces champs servent également à communiquer tout type d'informations utiles au serveur, comme la taille maximale d'un fichier téléchargeable du poste client vers le serveur. Cela évite les abus, ce que nous verrons à la section suivante.

Pour créer un champ caché, nous utilisons encore l'élément `<input />`. L'attribut `type` reçoit la valeur `hidden`, et les attributs `id` et `name` servent à identifier le champ et à recueillir l'information dans une variable. L'attribut `value` contient la valeur qui sera transmise après l'envoi du formulaire. Pour créer un champ caché, nous pouvons écrire le code suivant :

```
<input type="hidden" id="navigateur" name="navigateur" value="secret" />
```

Quand il s'agit de recueillir des informations sur le poste client, la valeur du champ caché est définie par du code JavaScript. C'est le cas dans l'exemple 7-17 qui contient, outre un champ de texte (repère ❸), puisqu'il y faut bien un élément visible, et les habituels boutons communs (repères ❻ et ❼), deux champs cachés qui vont permettre de connaître le nom du navigateur (repère ❹) et le système d'exploitation du client (repère ❺). La valeur de ces champs est déterminée par du code JavaScript, déclenché lors de l'envoi du formulaire par l'attribut onsubmit. Le premier contient le nom du navigateur (repère ❶) et le second le nom du système d'exploitation (repère ❷). Les données sont ici transmises par le protocole mailto: mais le code fonctionnerait de la même façon avec la méthode post et un attribut action différent.

Exemple 7-17 Les champs cachés

```
<!DOCTYPE html>
<html>
 <head>
  <meta http-equiv="Content-type" content="text/html;charset=UTF-8" />
  <title>Les champs cachés</title>
  <link rel="shortcut icon" type="images/x-icon" href="../images/favicon.ico" />
 </head>
 <body>
 <form action="mailto:html@funhtml.com" id="form1" method="post"
➥ onsubmit="getElementById('form1').navigateur.value=navigator.appName;❶
➥ getElementById('form1').systeme.value=navigator.platform" ❷>
  <fieldset>
   <legend><b>Veuillez compléter le questionnaire</b></legend>
   <label>Nom : </label><input type="text" name="nom" tabindex="1"
➥ accesskey="A"/>❸
   <input type="hidden" id="navigateur" name="navigateur" />❹
   <input type="hidden" id="systeme" name="systeme" />❺
   <input type="submit" value="Envoi " tabindex="2"/>❻
   <input type="reset" value=" Effacer tout" tabindex="3"/><br />❼
  </fieldset>
 </form>
 </body>
</html>
```

Après l'envoi du formulaire, le destinataire indiqué dans l'attribut action reçoit un e-mail dont le contenu a la forme suivante :

```
nom=engels&navigateur=Netscape&systeme=Win32
```

Le transfert de fichiers

Un site interactif peut permettre à ses visiteurs d'effectuer le transfert de divers fichiers du poste client vers le serveur. On trouve cette possibilité par exemple dans un site de petites annonces ou d'enchères en ligne. Le client peut ainsi transmettre la photographie de l'objet qu'il met en vente. Cette fonctionnalité est incluse dans un formulaire à l'aide de l'élément <input /> doté d'un attribut type qui prend cette fois la valeur file. Il crée dans le formulaire un champ composé d'une zone de texte pour saisir le chemin d'accès au fichier et d'un bouton de sélection de fichier dont l'intitulé fixe est Sélectionner, qui permet au visiteur de rechercher le fichier à transférer sur son ordinateur. L'aspect type du champ est présenté à la figure 7-16. Quand le visiteur a choisi son fichier, le chemin d'accès complet à ce dernier est automatiquement affiché dans la zone de texte du composant.

Pour effectuer le transfert de fichiers, l'élément `<form>` doit utiliser la méthode `post` et posséder un attribut `enctype` dont la valeur est explicitement définie de la façon suivante :

```
<form action="exemple7-4.php" method="post" enctype="multipart/form-data">
```

Ce type de composant possède l'ensemble des attributs communs. Il faut y ajouter obligatoirement l'attribut `name` permettant d'identifier la variable qui contiendra le nom du fichier côté serveur.

L'attribut `size="N"` permet de limiter la taille visible de la zone de saisie. Pour se prémunir du transfert de fichiers indésirables et assurer un certain degré de sécurité sur le serveur, nous pouvons limiter l'opération à un certain nombre de types de fichiers en définissant l'attribut `accept`. Il doit contenir la liste des types MIME des fichiers dont le transfert est permis. Pour autoriser plusieurs types, il faut séparer chacun d'entre eux par une virgule. En attribuant à cet attribut une valeur de la forme suivante :

```
<input type="file" name="fichier" accept="image/*" />
```

le serveur accepte le transfert de tous les types d'images.

Pour limiter la taille des fichiers à transférer, nous pouvons saisir celle-ci dans un champ caché dont la valeur est égale au nombre d'octets maximal admis. Le nom de ce champ défini dans son attribut `name` doit être `MAX_FILE_SIZE` si la réception des fichiers est gérée en PHP sur le serveur.

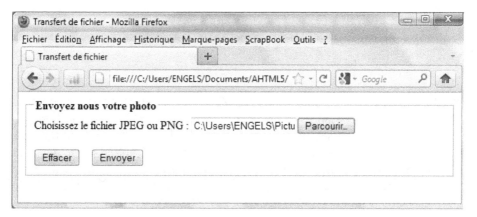

Figure 7-16

Le formulaire de transfert de fichiers

L'exemple 7-18 contient le code de création d'un formulaire destiné au transfert de fichiers images dont le format est restreint aux types JPEG ou PNG. Dans l'élément `<form>`, nous définissons les attributs `method` et `enctype` spécifiques (repère ❶). L'attribut `accept` de l'élément `<input />` permet de limiter les types des fichiers acceptés pour les images (repère ❷). Un champ caché transmet au serveur PHP la taille maximale des fichiers dans la variable nommée MAX_FILE_SIZE (repère ❸). L'étude de la gestion du transfert côté serveur n'entre pas dans le cadre de cet ouvrage et je vous invite à vous reporter à un livre spécialisé en fonction du langage installé sur votre serveur (PHP, ASP.Net ou autres) pour récupérer les fichiers transmis. À titre indicatif, en PHP, les informations concernant le fichier transféré sont contenues dans la variable de type tableau nommée $_FILES. Notons enfin que la transmission simultanée de plusieurs fichiers est parfaitement réalisable en incluant autant d'éléments <input /> munis de l'attribut type="file" qu'il y a de fichiers.

Exemple 7-18 Transfert de fichiers

```
<!DOCTYPE html>
<html>
 <head>
  <meta http-equiv="Content-type" content="text/html;charset=UTF-8" />
  <title>Transfert de fichier</title>
 </head>
 <body>
  <form action="exemple7-4.php" method="post" enctype="multipart/form-data" >❶
   <fieldset>
    <legend><b>Envoyez nous votre photo</b></legend>
    <label>Choisissez le fichier JPEG ou PNG : </label><input type="file"
➥ name="fichier" accept="image/jpeg,image/png" />❷
    <input type="hidden" name="MAX_FILE_SIZE" value="50000" />❸<br /><br />
    <input type="reset" value="Effacer" />   
    <input type="submit" value="Envoyer" />
   </fieldset>
  </form>
 </body>
</html>
```

Un formulaire complet

À titre d'illustration, l'exemple 7-19 récapitule tout ce que nous venons d'étudier. Le document inclut tous les éléments de formulaires possibles. La gestion des données est confiée à un script externe PHP dont le code très simplifié figure dans l'exemple 7-20. Le formulaire contenant un champ de transfert de fichiers, son attribut enctype prend la valeur multipart/form-data (repère ❶). Il est divisé en trois groupes délimités par des éléments <fieldset> (repères ❷, ❸ et ⑱).

Le premier groupe permet d'obtenir les coordonnées du visiteur. Il contient deux zones de texte pour la saisie du nom et du prénom (repères ❸ et ❹), une de type date pour la date de naissance (repère ❺), puis deux autres de type email et url (repères ❻ et ❼), et enfin une zone de mot de passe (repère ❽). Ces champs sont suivis d'un groupe de boutons radio pour indiquer le sexe de la personne (repères ❾ et ❿). Enfin, ce groupe se termine par une liste de sélection (repère ⑪) qui contient trois groupes d'options (repères ⑫, ⑬ et ⑭) pour le choix du pays.

Le deuxième groupe (repère ⑮) permet de saisir des informations sur les goûts du visiteur. Il comprend trois cases à cocher (repères ⑯, ⑰ et ⑱) et une zone de texte multiligne (repère ⑲) de 50 caractères de large et de 5 lignes de haut.

Le troisième groupe (repère ⑳) contient un composant d'envoi de fichiers (repère ㉑) et un champ caché indiquant la taille maximale des fichiers fixée à 10 Ko (repère ㉒). Le formulaire se termine bien évidemment par l'insertion des boutons d'envoi et de réinitialisation (repères ㉓ et ㉔).

Exemple 7-19 Un formulaire complet

```
<!DOCTYPE html>
<html>
 <head>
  <meta http-equiv="Content-type" content="text/html;charset=UTF-8" />
  <title>Formulaire traité par PHP</title>
 </head>
<body>
 <form action="exemple7-14.php" method="post" enctype="multipart/form-data"> ❶
 <!-- Premier groupe de composants-->
  <fieldset> ❷
    <legend><b>Vos coordonnées</b></legend>
    <label>Nom : </label>
    <input type="text" name="nom" size="40" maxlength="256" value="votre nom" />
    ➥ <br /> ❸
    <label>Prénom : </label>
    <input type="text" name="prenom" size="40" maxlength="256"
    ➥ value="votre prénom" /><br /> ❹
    <label>Date de naissance :</label>
    <input type="date" name="date" max="1993-01-01"/><br /> ❺
    <label>Mail : </label>
    <input type="email" name="mail" size="40" maxlength="256" value="votre mail" />
    ➥ <br /> ❻
    <label>Votre site : </label>
    <input type="url" name="site" value="http://www." /><br /> ❼
    <label>Code : </label>
    <input type="password" name="code" size="40" maxlength="6" /><br /> ❽
    <input type="radio" name="sexe" value="homme" /><label>Homme</label> <br /> ❾
    <input type="radio" name="sexe" value="femme" /><label>Femme</label> <br /> ❿
    <select name="pays" size="1" tabindex="2" onfocus="this.style.color='red'"
    ➥ onchange="alert('Merci de votre choix')" onblur="this.style.color='black'">⓫
     <option value="null" > Votre pays</option>
     <optgroup label="Europe"> ⓬
      <option value="France" > France</option>
      <option value="Belgique" > Belgique</option>
      <option value="Italie" > Italie</option>
      <option value="Allemagne" > Allemagne</option>
     </optgroup>
     <optgroup label="Amérique"> ⓭
```

```
            <option value="USA" label="fr" > USA </option>
            <option value="Canada" > Canada</option>
            <option value="Argentine" > Argentine</option>
        </optgroup>
        <optgroup label="Autres"> ⑭
         <option value="Europe"  > Europe </option>
         <option value="Asie"  > Asie </option>
         <option value="Amériques"  > Amériques </option>
        <option value="Océanie" > Océanie</option>
        </optgroup>
    </select>
    <br />
</fieldset> ⑮
<!-- Deuxième groupe de composants-->
<fieldset>
  <legend><b>Vos goûts</b></legend>
    <input type="checkbox" name="pomme" value="pomme" /> ⑯ Pommes<br />
    <input type="checkbox" name="poire" value="poire" /> ⑰ Poires<br />
    <input type="checkbox" name="scoubidou" value="scoubidou" /> ⑱ Scoubidous
    ➥ <br />
  <textarea name="gouts" cols="50" rows="5" onclick="this.value=''"> ⑲
    Décrivez vos goûts en détail
  </textarea>
  <br />
</fieldset>
<!-- Troisième groupe de composants-->
<fieldset> ⑳
  <legend><b>Envoyez nous votre photo</b></legend>
  <input type="file" name="fichier" accept="image/jpeg" /> ㉑
  <input type="hidden" name="MAX_FILE_SIZE" value="10000" /> ㉒
  <br /><br />
  <input type="reset" value="Effacer" /> ㉓
     <input type="submit" value="Envoyer" /> ㉔
  <br />
</fieldset>
</form>
</body>
</html>
```

La figure 7-17 montre l'aspect de ce formulaire.

Pour permettre aux lecteurs disposant d'un serveur local ou distant muni de PHP de tester ce formulaire, l'exemple 7-20 désigné par l'attribut action du formulaire fournit le code minimal afin de vérifier le bon envoi des données. Le serveur peut ainsi afficher dans une nouvelle page toutes les données qu'il a reçues.

Figure 7-17

Un formulaire contenant tous les composants

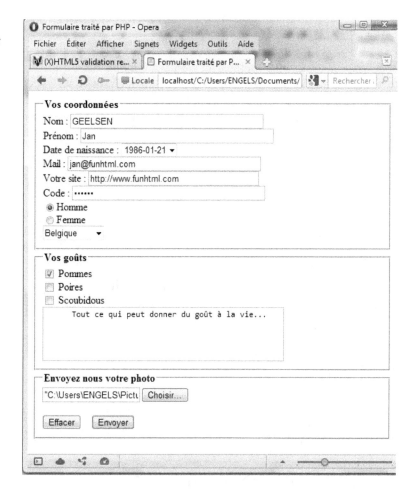

Exemple 7-20 Le code PHP de traitement des données

```php
<?php
echo "<h1>Lecture des données </h1>";
foreach($_POST as $cle=>$valeur)
{
   echo "$cle : $valeur <br />";
}
echo "<h1>Informations sur le fichier transféré</h1>";
foreach($_FILES as $tab)
{
 foreach($tab as $cle=>$valeur)
 {
    echo "$cle : $valeur <br />";
 }
}
?>
```

Organisation des formulaires à l'aide de tableaux

L'aspect même d'un formulaire tel qu'il est visible à la figure 7-18 montre des similitudes avec la structure d'un tableau. De plus, à moins d'avoir recours à des artifices comme la multiplication des caractères d'espace en écrivant l'entité , il est difficile d'obtenir un bon alignement des composants, tels que les libellés <label> et les champs de saisie de texte par exemple. Pour cette raison, l'utilisation d'un tableau se prête bien à la structuration des éléments d'un formulaire. L'exemple 7-21 en donne une illustration classique. Les composants du formulaire étant les mêmes que ceux de l'exemple 7-20, nous ne détaillerons plus leurs rôles mais noterons simplement leur organisation. Dans le cas présent, nous avons choisi de conserver les trois groupes distincts créés avec l'élément <fieldset>. Chacun d'entre eux (repères ❶, ❺ et ❾) contient donc un tableau spécifique (repères ❷, ❻ et ❿) pour lequel nous définissons deux groupes contenant chacun une colonne (repères ❸ et ❹, ❼ et ❽, ⓫ et ⓬). Chaque ligne est composée de deux cellules. La première contient le libellé créé avec <label>, inclus dans la première colonne de gauche, et le composant du formulaire dans un élément inclus dans celle de droite.

Exemple 7-21 Association d'un tableau et d'un formulaire

```
<!DOCTYPE html>
<html>
 <head>
  <meta http-equiv="Content-type" content="text/html;charset=UTF-8" />
  <title>Formulaire traité par PHP</title>
 </head>
 <body>
  <form action="exemple7-14.php" method="post" enctype="multipart/form-data">
  <!-- Premier groupe de composants-->
   <fieldset> ❶
    <legend><b>Vos coordonnées</b></legend>
    <table> ❷
     <colgroup></colgroup> ❸
     <colgroup></colgroup> ❹
     <tr>
      <td><label>Nom : </label></td>
      <td><input type="text" name="nom" size="40" maxlength="256"
      ➥ value="votre nom" /></td>
     </tr>
     <tr>
      <td><label>Prénom : </label></td>
      <td><input type="text" name="prenom" size="40" maxlength="256"
      ➥ value="votre prénom" /></td>
     </tr>
     <tr>
      <td><label>Date de naissance : </label></td>
      <td> <input type="date" name="date" max="1993-01-01"/></td>
     </tr>
     <tr>
      <td><label>Mail : </label></td>
```

```
    <td><input type="email" name="mail" size="40" maxlength="256"
    ➡ value="votre mail" /></td>
   </tr>
   <tr>
    <td><label>Votre site : </label></td>
    <td><input type="url" name="site" value="http://www." /></td>
   </tr>
   <tr>
    <td><label>Code : </label></td>
    <td> <input type="password" name="code" size="40" maxlength="6" /></td>
   </tr>
   <tr>
    <td><label>Homme : </label></td>
    <td><input type="radio" name="sexe" value="homme" /></td>
   </tr>
   <tr>
    <td>Femme : </td>
    <td><input type="radio" name="sexe" value="femme" /></td>
   </tr>
   <tr>
    <td>Votre pays : </td>
    <td>
     <select name="pays" size="1" tabindex="2" onfocus="this.style.color='red'"
     ➡ onchange="alert('Merci de votre choix')" onblur="this.style.color=
     ➡ 'black'">
     <option value="null" > Votre pays</option>
     <optgroup label="Europe">
      <option value="France" > France</option>
      <option value="Belgique" > Belgique</option>
      <option value="Italie" > Italie</option>
      <option value="Allemagne" > Allemagne</option>
     </optgroup>
     <optgroup label="Amérique">
      <option value="USA" label="fr" > USA </option>
      <option value="Canada" > Canada</option>
      <option value="Argentine" > Argentine</option>
     </optgroup>
     <optgroup label="Autres">
      <option value="Europe"  > Europe </option>
      <option value="Asie"  > Asie </option>
      <option value="Amériques"  > Amériques </option>
      <option value="Océanie" > Océanie</option>
     </optgroup>
    </select>
   </td>
  </tr>
 </table>
</fieldset>
<!-- Deuxième groupe de composants-->
<fieldset> ❺
```

```
    <legend><b>Vos goûts</b></legend>
    <table> ❻
    <colgroup class="fonce"></colgroup> ❼
    <colgroup ></colgroup> ❽
    <tr>
     <td><label>Pommes : </label> </td>
     <td><input type="checkbox" name="pomme" value="pomme" /> </td>
    </tr>
    <tr>
     <td><label>Poires : </label> </td>
     <td><input type="checkbox" name="poire" value="poire" /></td>
    </tr>
    <tr>
     <td><label>Scoubidous : </label></td>
     <td><input type="checkbox" name="scoubidou" value="scoubidou" /></td>
    </tr>
    <tr>
     <td><label>Décrivez nous vos goûts en détail : </label></td>
     <td>
      <textarea name="gouts" cols="50" rows="5" onclick="this.value=''">
     Exprimez vous ici...
      </textarea>
     </td>
    </tr>
   </table>
  </fieldset>
  <!-- Troisième groupe de composants-->
  <fieldset> ❾
    <legend><b>Envoyez nous votre photo</b></legend>
    <table> ❿
     <colgroup></colgroup> ⓫
     <colgroup></colgroup> ⓬
     <tr>
      <td><label>Choisir le fichier : </label></td>
      <td><input type="file" name="fichier" accept="image/jpeg" /> <input
      ➡ type="hidden" name="MAX_FILE_SIZE" value="10000" /></td>
     </tr>
     <tr>
      <td> <input type="submit" value=" Envoyer " /></td>
      <td><input type="reset" value="Effacer toutes les données" /></td>
     </tr>
    </table>
  </fieldset>
  </form>
 </body>
</html>
```

L'aspect obtenu, visible à la figure 7-18, est bien plus présentable que le précédent. Même si l'utilisation de tableaux n'a pour but ici que d'améliorer la présentation, elle ne constitue pas une entorse au principe de séparation du contenu et de l'aspect car le formulaire a toujours une structure logique. L'usage des tableaux n'est dans ce cas nullement abusif et ne nuit pas à la structuration de la page, bien au contraire. Il permet de faire d'une pierre deux coups. Nous verrons dans la seconde partie de cet ouvrage qu'il est possible de se passer des tableaux dans ce cas, en créant des styles pour les éléments `<label>` et les différents composants du formulaire `<input />` ou `<textarea>`, mais cela nécessitera un codage supplémentaire. Selon certains avis, la solution la plus pragmatique consiste à associer les formulaires inclus dans des tableaux avec des styles CSS. Nous reprendrons le même formulaire au chapitre 13 en lui appliquant des styles CSS pour montrer les améliorations qu'il est possible d'apporter à la présentation.

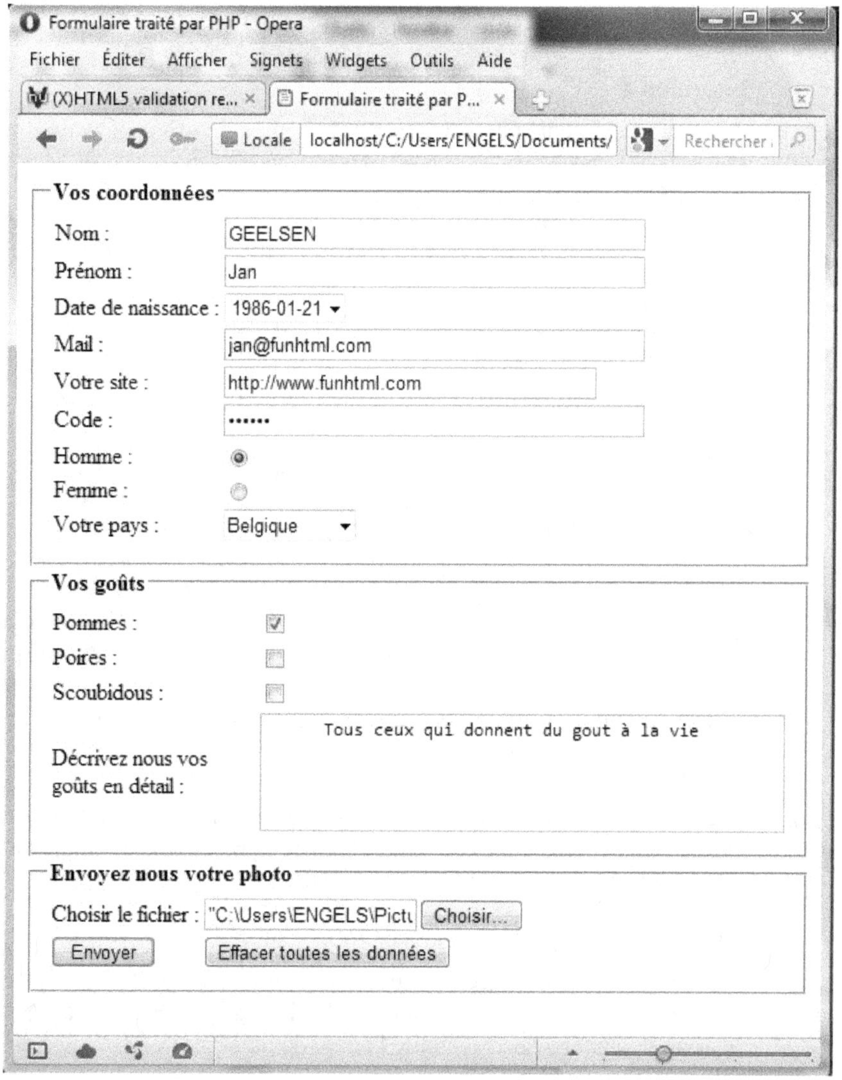

Figure 7-18

*Inclusion des
composants
de formulaire
dans un tableau*

Exercices

Exercice 1

L'attribut `action` de l'élément `<form>` est-il obligatoire ? Quel est son rôle ?

Exercice 2

Quelles sont les différentes applications qui correspondent aux valeurs de l'attribut `enctype` dans l'élément `<form>` ?

Exercice 3

Créer un bouton d'envoi avec une image.

Exercice 4

Avec quels éléments peut-on créer des champs de saisie de texte ?

Exercice 5

Quelles sont les différences entre les méthodes `post` et `get` ?

Exercice 6

Créer un formulaire permettant la saisie, dans un seul groupe, d'un nom avec un maximum de 25 caractères, d'un mot de passe de huit caractères et d'une adresse e-mail de 40 caractères. Ajouter des boutons d'envoi et de réinitialisation.

Exercice 7

Créer un formulaire de saisie de texte de 15 lignes et une largeur de 60 caractères. Ajouter des boutons d'envoi et de réinitialisation.

Exercice 8

Créer deux groupes de boutons radio. Le premier pour le choix de la nationalité avec les choix `Français`, `Communauté européenne` et `Autres`, et le second pour saisir le diplôme obtenu le plus élevé avec les choix `Licence`, `Master` et `Doctorat`. Saisir également le nom et l'adresse e-mail. Ajouter des boutons d'envoi et de réinitialisation.

Exercice 9

Créer un formulaire comprenant un seul groupe de champs ayant pour titre `Adresse client`, et qui contient cinq zones de saisie de texte dont les libellés sont `nom`, `prénom`, `adresse`, `ville` et `code postal`. Ajouter un bouton d'envoi.

Exercice 10

Créer un questionnaire de qualification pour recruter un webmestre, comprenant les cases à cocher avec les libellés suivants : HTML 5, CSS 3, PHP 5, JavaScript et MySQL. Saisir le nom, le numéro de téléphone, la date de naissance et l'adresse e-mail.

Exercice 11

Dans une optique similaire à celle de l'exercice 10, proposer les mêmes choix avec une liste de sélection à choix multiples.

Exercice 12

Créer une liste de sélection à choix unique permettant de saisir le département du domicile. Les départements sont regroupés par régions (ne créer que trois régions). Les noms des régions doivent apparaître dans la liste.

Exercice 13

Créer un formulaire de transfert de fichiers destiné à l'envoi de documents compressés aux formats ZIP ou TAR vers le serveur.

Exercice 14

Créer un formulaire complet dont le but est de permettre la saisie de tous les éléments constitutifs d'un CV pour le recrutement d'un informaticien web (nom, prénom, adresse…) en utilisant le maximum de composants de formulaire appropriés en fonction des besoins. Créer obligatoirement plusieurs groupes de composants. Utiliser l'exemple 7-4 pour vérifier la bonne réception des données par le serveur PHP.

Partie II

Les styles CSS

8

Introduction à CSS 2 et 3

La création de styles CSS (*Cascading Style Sheets* ou feuilles de style en cascade) est le complément indispensable du langage HTML 5. Ce procédé correspond parfaitement à la séparation du contenu et de la présentation sur laquelle nous avons plusieurs fois insisté en décrivant les différents éléments HTML 5. D'une part, cette séparation permet d'alléger les pages en centralisant les définitions des styles en un point unique, une seule définition pouvant s'appliquer à un grand nombre d'éléments. D'autre part, elle facilite également la maintenance et l'évolution des sites par voie de conséquence. Elle apporte aussi une plus grande rigueur dans la conception des pages et peut permettre un travail collaboratif entre plusieurs programmeurs opérant en parallèle, d'où une réduction des délais de fabrication. À l'attention de ceux pour qui ces points peuvent paraître marginaux, nous pouvons ajouter que les styles CSS apportent une bien plus grande richesse créative que ne le permettait le langage HTML 4 utilisé sans CSS. Pour égaler les possibilités graphiques de l'association HTML 5 et CSS, il aurait fallu alourdir de quantité d'éléments spécifiques le langage HTML 5, alors que la tendance actuelle est à l'opération inverse. Dans ce chapitre d'introduction aux styles CSS, nous allons donc aborder les bases indispensables à la compréhension de leur mécanisme. Après les règles générales d'écriture d'un style qui s'avèrent simples, nous envisagerons toutes les nombreuses possibilités d'écriture des sélecteurs qui permettent d'appliquer le style voulu à l'élément choisi, quel que soit son contexte. Nous terminerons cette introduction par l'étude des différentes méthodes d'insertion des styles dans une page, puis par les règles de cascade (le *Cascading* de CSS) et d'héritage, dont la connaissance permet de gérer les situations complexes d'attribution des styles à un élément.

Créer des styles

Les règles générales

Avant d'aborder les différents méandres de la création de styles, il faut assimiler quelques règles de base et en particulier la syntaxe de la déclaration d'un style (nous parlerons souvent par la suite de style au lieu de déclaration de style).

Une déclaration de style comporte plusieurs parties, selon l'ordre suivant.

- Un sélecteur qui va déterminer à quel élément et éventuellement dans quelles conditions va s'appliquer le style. Autant que les propriétés, c'est la variété des sélecteurs qui fait la richesse de CSS.

- La déclaration des propriétés que l'on veut voir appliquées à l'élément sélectionné. Elle doit être incluse entre des accolades ouvrante ({) et fermante (}).

- Dans ces accolades doivent apparaître une ou plusieurs propriétés, déterminées chacune par un mot-clé propre à CSS suivi du caractère deux-points (:), puis de la valeur attribuée à cette propriété. Si nous définissons plusieurs propriétés dans le même style, il faut séparer chaque déclaration de la précédente par le caractère point-virgule (;). Les propriétés sont en nombre limité et font l'objet d'une recommandation du W3C (voir l'annexe B). La version actuelle de CSS est la version 3, dans laquelle ont été éliminées un certain nombre de propriétés qui n'étaient mises en application par aucun navigateur, et qui comporte de nouvelles propriétés par rapport à la version CSS 2. C'est cette version que nous emploierons ici. À chaque propriété correspond un domaine de valeurs particulier constitué, par exemple, de mots-clés ou de nombres. Vous trouverez dans l'annexe B la liste des propriétés CSS 3 et l'éventail de leurs valeurs. Signalons enfin que l'utilisation d'une propriété ou d'une valeur erronée ne provoque pas d'erreur lors de l'exécution comme ce serait le cas dans un langage de programmation. Ces fausses définitions sont simplement ignorées.

La figure 8-1 résume la syntaxe d'écriture d'un style.

```
sélecteur { propriété1 : valeur1;    propriété2 : valeur2; }
```

Figure 8-1

Syntaxe d'écriture d'un style

Sur ce modèle, nous pouvons par exemple écrire le style suivant :

```
div {color : red ; background-color :yellow ;}
```

dans lequel div est le sélecteur, color la première propriété qui détermine la couleur du texte de l'élément, red la valeur attribuée à cette couleur, background-color la seconde propriété qui représente la couleur de fond et yellow sa valeur. Tous les éléments <div> de la page dans laquelle se trouve cette déclaration ont donc un contenu écrit en rouge sur fond jaune.

Validation du code CSS

Comme pour le code HTML 5, il est possible de vérifier la validité des feuilles de style CSS en se connectant sur le site http://jigsaw.w3.org/css-validator/.

Le validateur signale les erreurs et permet d'apporter les corrections nécessaires. La figure 8-2 montre la page d'accueil du site dans lequel on peut valider le code CSS inclus dans une page HTML 5 (avec l'extension .htm ou .html) ou dans un fichier externe (avec l'extension `.css`) situé sur un serveur (repère ❶), ou encore inclus dans un fichier local à condition qu'il ne contienne que du code CSS (repère ❷).

Figure 8-2

La page de validation des feuilles de style

Les sélecteurs

Une des grandes richesses de CSS est la multiplicité des possibilités de sélection des éléments auxquels on veut attribuer un style donné. Cette très grande diversité permet en effet d'appliquer un style aussi facilement à tous les éléments, en une seule ligne de code, qu'à un unique élément isolé dans la page web, sans avoir à écrire la définition locale-ment. De plus, la combinaison de plusieurs sélecteurs dans la même déclaration ouvre la voie à une quasi-infinité de solutions, propres à répondre à tous les besoins, même les plus complexes.

Sélectionner un seul élément

Il s'agit de la sélection la plus simple, puisque le sélecteur est constitué du nom de l'élé-ment sans les caractères de début < et de fin de balise />. Nous écrivons par exemple :

```
p {color : yellow ; background-color :blue;}
```

pour que le texte de tous les paragraphes figure en jaune sur fond bleu.

Nous pouvons ainsi définir un style propre à chaque élément comme il en existe un par défaut dans les navigateurs.

Sélectionner plusieurs éléments

Nous pouvons très facilement appliquer le même style à plusieurs éléments différents en les énumérant et en les séparant par une virgule dans le sélecteur. Plutôt que de multiplier les définitions :

```
h1 {color : black ; background-color : red;}
div {color : black ; background-color : red;}
p {color : black ; background-color : red;}
```

nous pouvons écrire le style suivant :

```
h1,div,p {color : black ; background-color : red;}
```

Cette possibilité de regroupement peut être utile pour définir des styles communs à un ensemble d'éléments en écrivant ce type de sélecteur pour cet ensemble, puis en ajoutant d'autres propriétés spécifiques à un des éléments de la liste. On définit ainsi une sorte de tronc commun à un groupe, puis on affine chacun de ses composants.

Si nous écrivons par exemple le code suivant :

```
h1,div,p {color : black ; background-color : red;}
div {margin : 20px;}
```

l'élément <div> va avoir à la fois un texte noir, un fond rouge et une marge de 20 pixels, car la propriété margin, définie uniquement pour l'élément <div>, s'ajoute à celles déjà définies pour le sélecteur d'éléments h1,div,p.

Le sélecteur universel

Pour appliquer un style à tous les éléments, nous utiliserons le sélecteur universel * avant la définition d'une ou plusieurs propriétés. Par exemple, pour que la couleur de fond de tous les éléments soit le jaune, nous écrirons :

```
*{background-color : yellow;}
```

Cela n'empêche pas de modifier cette couleur de fond pour un élément particulier, en la redéfinissant uniquement pour celui-ci, par exemple :

```
*{background-color : yellow;}
p{background-color : gray;}
```

Dans ce cas, tous les éléments ont un fond jaune, sauf <p> qui a un fond gris redéfini spécialement.

Les classes

Nous avons vu que tous les éléments HTML 5 possèdent l'attribut `class`. Ce dernier permet d'appliquer un style défini dans une classe à un élément dont l'attribut `class` se voit attribuer le nom de cette classe. Pour créer une classe, le sélecteur est constitué du nom choisi pour la classe précédé d'un point (.). Le nom de la classe peut être un mot quelconque, en évitant quand même les noms des propriétés CSS et des éléments HTML 5 car cela occasionnerait des confusions. Nous pouvons par exemple définir la classe nommée `evidence` en écrivant le code :

```
.evidence {color : red;}
```

À ce stade, la classe est abstraite et ne s'applique à aucun élément. Pour mettre en évidence un paragraphe précis de la page avec un texte rouge, nous devons alors écrire dans le code HTML 5 :

```
<p class="evidence">Texte contenu du paragraphe</p>
```

Le texte des autres paragraphes a toujours la couleur qui lui a été attribuée par ailleurs ou la couleur par défaut (noire).

Les classes présentent l'intérêt de pouvoir s'appliquer à n'importe quel élément, n'importe où dans le code de la page. Notre classe `evidence` peut donc s'appliquer à un titre `<h1>`, une division `<div>` ou un élément `<span>`, simplement en écrivant pour chacun d'entre eux l'attribut `class="evidence"`.

Nous pouvons également définir une classe en la déclarant applicable seulement à un élément en faisant précéder son nom de celui de l'élément. Nous pouvons écrire par exemple :

```
div.jaune {color : yellow;}
```

Dans ce cas, seules les divisions ayant un attribut `class` dont la valeur est `jaune` ont un texte jaune. Les autres éléments, et même s'ils ont le même attribut avec la même valeur, n'ont pas de style défini dans cette classe.

Le sélecteur universel * peut également être employé à la place du nom d'un élément dans la définition d'une classe. Le style s'applique alors à tous les éléments dont l'attribut `class` a pour valeur le nom de la classe. Nous écrivons alors par exemple :

```
*.jaune {color : yellow;}
```

Il est possible de définir d'abord une classe abstraite, puis de la particulariser en ajoutant une autre propriété pour un élément qui utilisera la même classe. Dans le code CSS ci-après :

```
.rouge {color : red;}
div.rouge {background-color : blue;}
```

suivi du code HTML 5 dans la page :

```
<div class="rouge">Texte contenu de la division </div>
```

implique que le texte contenu dans l'élément `<div>` est affiché en rouge sur fond bleu.

Appliquer plusieurs classes au même élément

L'avantage de définir des classes abstraites est, nous l'avons vu, qu'elles peuvent s'appliquer à n'importe quel élément. Leur puissance peut être multipliée car nous pouvons appliquer plusieurs classes indépendantes à un même élément. Celui-ci a alors la combinaison des propriétés de chacune des classes. Pour utiliser plusieurs classes dans le même élément HTML 5, il faut donner à son attribut `class` la liste des noms des classes en les séparant par un espace comme ceci :

```
<div class="classe1 classe2"> Ceci est un texte avec la classe 1 et 2 </div>
```

Les combinaisons d'emploi des classes sont alors multiples, chaque classe pouvant définir une caractéristique, et chaque élément pouvant en utiliser plusieurs au choix.

L'exemple 8-1 en donne une illustration. Nous y définissons cinq classes. La première, nommée `jaune` (repère ❶) permet de vérifier le fonctionnement du sélecteur universel dans une classe. Elle s'applique au titre `<h1>` (repère ❻) qui utilise la classe `jaune` et est affichée en vert. La deuxième, qui porte le même nom que la précédente, est affectée à l'élément `<div>` et crée un texte en jaune (repère ❷). Quand l'attribut `class` d'un élément `<div>` a pour valeur `jaune`, ce n'est pas la première classe qui est utilisée mais la deuxième. La troisième crée un texte en rouge (repère ❸), la suivante un texte en italique (repère ❹) et la dernière dessine un fond gris (repère ❺). Les différents éléments `<div>` de la page utilisent ces différentes classes. Le premier (repère ❼) emploie celle qui est nommée `classe1` et son texte est donc rouge. Le deuxième (repère ❽) utilise les deux classes nommées `classe1` et `classe2`, et il combine à la fois un texte rouge et en italique. Le troisième (repère ❾) se sert des classes nommées `classe1` et `classe3` et a donc un texte rouge sur fond gris. Enfin, le dernier (repère ❿) utilise les classes `jaune`, `classe2` et `classe3`. Il a donc les propriétés de ces trois classes, à savoir un texte jaune, en italique et un fond gris.

Exemple 8-1 Utilisation de plusieurs classes

```
<!DOCTYPE html>
<html>
 <head>
  <meta http-equiv="Content-type" content="text/html;charset=UTF-8" />
  <title> Les classes de style </title>
  <style type="text/css" title="classes">
   *.jaune{color: green;}❶
   div.jaune {color: yellow;}❷
   .classe1 {color: red;}❸
   .classe2 {font-style: italic}❹
   .classe3 {background-color: #CCC;}❺
```

```
  </style>
 </head>
 <body>
  <h1 class="jaune">HTML 5 et CSS</h1>❻
  <div class="classe1">❼
        Ceci est un texte avec la classe 1(texte rouge)<br /><br />
  </div>
  <div class="classe1 classe2">❽
        Ceci est un texte avec la classe 1 et 2 (texte rouge et en italique)<br />
        ➡ <br />
  </div>
  <div class="classe1 classe3">❾
        Ceci est un texte avec les classes 1 et 3 (texte rouge et fond gris)<br />
        ➡ <br />
  </div>
  <div class="jaune classe2 classe3">❿
        Ceci est un texte avec les classes div.jaune, 2 et 3 (texte jaune, en
        ➡ italique et fond gris)
  </div>
 </body>
</html>
```

La figure 8-3 donne un aperçu du résultat obtenu.

Figure 8-3

L'utilisation des classes multiples

Sélecteur d'identifiant id

Pratiquement, chaque élément peut avoir un attribut id qui doit être unique dans une page donnée. Nous pouvons écrire un style qui ne sera applicable qu'à l'élément dont l'attribut id a une valeur précise en donnant cette valeur au sélecteur (comme pour une classe) et en le faisant précéder du caractère dièse (#).

En écrivant le style suivant :

```
div {color: black;}
#bleu {color: white; background-color: blue;}
```

puis le code HTML 5 :

```
<div id="bleu">Texte en blanc sur bleu</div>
<div>Texte en noir </div>
```

seul l'élément <div> contenant l'attribut id="bleu" bénéficie du texte en blanc sur fond bleu, et aucun autre, car l'identifiant doit être unique dans une page, et les autres éléments <div> ont un texte noir. Ce type de définition est très ciblé car le style ne peut s'appliquer qu'à un seul élément du fait de l'unicité de l'identifiant id.

La casse des identifiants

Les valeurs de l'attribut id sont sensibles à la casse en HTML 5 ; bleu et Bleu sont donc deux identifiants différents (sauf dans Internet Explorer pour qui la casse importe peu).

Les sélecteurs d'attributs

Il est également possible d'appliquer un style à un élément déterminé dès qu'il possède un attribut donné, quelle que soit la valeur de cet attribut. Pour appliquer ce sélecteur, le nom de l'élément doit être suivi du nom de l'attribut placé entre crochets ([et]). En définissant le style suivant :

```
abbr[title] {color: red; background-color: gray;}
```

tous les éléments <abbr> qui possèdent un attribut title, quelle que soit sa valeur, ont un contenu affiché en rouge sur fond gris, ce qui permet d'attirer l'attention du visiteur afin qu'il laisse le curseur sur le contenu pour voir apparaître la bulle d'aide donnant la signification de l'acronyme (voir l'exemple 8-2, repères ❶, ⓫ et ⓬).

De même, en définissant le style pour l'élément <img /> :

```
img[ismap] {border-color: red; border-weight: 2px;}
```

toutes les images ayant un attribut ismap ont une bordure rouge de deux pixels de large (voir l'exemple 8-2, repères ❷, ⓭ et ⓮). Nous pouvons également créer un style applicable à tous les éléments qui possèdent un attribut donné en utilisant le sélecteur universel * placé devant les crochets qui contiennent le nom de l'attribut choisi. Si nous définissons le style suivant (exemple 8-2, repères ❸, ❽, ❿ et ⓯) :

```
*[title] {background-color: yellow;}
```

ce sont tous les éléments ayant l'attribut title qui sont affichés avec un fond jaune.

Comme pour les classes, il est possible de sélectionner plusieurs attributs pour un élément en faisant suivre son nom de plusieurs attributs entre crochets. Si nous écrivons le style suivant :

```
h2[title][id]{background-color: yellow;}
```

seuls les titres <h2> ayant à la fois les attributs title et id ont une couleur de fond jaune (voir l'exemple 8-2, repères ❹ et ❾).

Les sélecteurs de valeur d'attribut

Le sélecteur précédent applique un style à un élément par la seule présence d'un attribut précis. Pour affiner ce système, nous pouvons également appliquer un style à un élément à condition que tel attribut ait une valeur précise en utilisant la syntaxe suivante :

```
element [attribut="valeur"] {Définition du style;}
```

En écrivant le style suivant :

```
code[title="code JavaScript"] {color: blue;}
```

tout le contenu des éléments <code> ayant l'attribut title dont la valeur est la chaîne code JavaScript sera affiché avec une police de taille 12 pixels (voir l'exemple 8-2, repères ❺ et ⓯). La comparaison des valeurs est effectuée au caractère près ; par conséquent, un élément <code> dont l'attribut title aurait la valeur code   JavaScript, avec simplement un espace supplémentaire, ne répondrait pas à la condition posée.

Il est ici possible de particulariser davantage l'application du style en sélectionnant plusieurs attributs et leurs valeurs en utilisant la syntaxe :

```
element[attribut1="valeur1"][attribut2="valeur2"] {Définition du style;}
```

Par exemple, avec la définition suivante, appliquée à une cellule de tableau :

```
td {font-size: 12px;}
td [title="nom"] [align="center"] {font-size: 14px; color: red;}
```

seules les cellules ayant un attribut title avec la valeur nom et un attribut align ayant la valeur center sont affichées avec un texte rouge et avec une taille de fonte de 14 pixels, alors que le texte des autres cellules a une taille de 12 pixels.

Les exemples précédents impliquent que l'attribut ait exactement la valeur fixée. Il est possible d'étendre encore ce sélecteur en attribuant un style à tous les éléments, dont un attribut donné à une valeur qui ne correspond que partiellement à une chaîne donnée.

Pour se voir attribuer le style, les éléments pourront contenir autre chose en plus de la valeur fixée. Pour obtenir cette sélection, il faut utiliser la syntaxe suivante, dans laquelle le signe = est remplacé par ~= :

```
element [attribut ~="valeur"] {Définition des styles;}
```

En écrivant par exemple le style suivant :

```
td[id ~="nom"]{background-color: #222;color: white;}
```

toutes les cellules du tableau dont l'attribut id contient la valeur nom seront affichées avec un fond gris foncé et en caractères blancs (voir l'exemple 8-2, repères ❻, ❼, ⓰ et ⓱). Cette possibilité pourrait par exemple être exploitée quand un tableau est construit dynamiquement par un script, l'attribut id étant créé comme la concaténation de la chaîne nom d'un espace et d'un nombre entier (les chaînes nom1 ou prenom ne conviennent pas).

Si nous appliquons ce style au code HTML 5 suivant :

```
<tr>
 <td id = "nom 1"> Engels</td>
 <td id = "prenom"> Jean</td>
</tr>
<tr>
 <td id = "nom 2"> Geelsen</td>
 <td id = "prenom"> Jan</td>
</tr>
<tr> <td id="editeur"> Eyrolles </td> <td>Paris</td></tr>
```

seules les premières cellules des deux premières lignes du tableau ont un contenu affiché en blanc sur fond gris.

Une dernière possibilité consiste à attribuer un style à un élément dont la valeur d'un attribut donné commence par une chaîne fixée. Pour cela, le signe égal (=) doit être précédé du signe | selon la syntaxe suivante :

```
élément [attribut |="valeur"] {Définition des styles;}
```

Dans l'exemple suivant :

```
    td[id |="nom"] {font-style: italic;}
```

toutes les cellules de tableau créées par les éléments <td> dont l'attribut id commence par la chaîne nom devraient avoir un contenu affiché en italique. Je précise qu'à ce jour aucun navigateur ne gère ce sélecteur.

L'exemple 8-2 résume toutes les possibilités d'utilisation des sélecteurs de valeur d'attribut que nous venons d'aborder.

Exemple 8-2 Les sélecteurs d'attributs

```
<!DOCTYPE html>
<html>
 <head>
  <meta http-equiv="Content-type" content="text/html;charset=UTF-8" />
  <title>Les sélecteurs d'attributs</title>
  <link rel="shortcut icon" type="images/x-icon" href="../images/favicon.ico" />
  <style type="text/css">
   abbr[title] {color: red; background-color: gray;}❶
   img[ismap]{border: 2em red double}❷
   *[title]{background-color: #EEE;}❸
   h2[title][id]{background-color: gray; color: yellow;}❹
   code[title="code JavaScript"]{color: blue;}❺
   td{background-color: #AAA; color: blue;}❻
   td[id ~="nom"]{background-color: #222; color: white;}❼
  </style>
 </head>
 <body>
  ❽<h1 title="Les outils du Web" >HTML 5 et CSS</h1>
  ❾<h2 title="Les outils du Web" id="html">HTML 5 </h2>
  ❿<h2 title="Les outils du Web" >CSS 2.1</h2>
  <p>⓫<abbr title="eXtensible HyperText Markup Language">HTML 5</abbr> et
➡ ⓬<abbr>CSS 3</abbr><br /><br />
  ⓭<img src="../images/france.gif" alt="France"
➡ longdesc="funhtml.com/france.html" />
  ⓮<img src="../images/france.gif" alt="France"  />
  ⓯<code title="code JavaScript">Code JavaScript</code>
  </p>
  <table border="1">
   <tr>
    ⓰<td id = " nom 1 "> Engels </td>
    <td id = " prénom "> Jean </td>
   </tr>
   <tr>
    ⓱<td id = " nom 2 "> Geelsen </td>
    <td id = " prénom "> Jan </td>
   </tr>
   <tr>
    <td id="éditeur"> Eyrolles</td>
    <td> Paris </td>
   </tr>
  </table>
 </body>
</html>
```

La figure 8-4 montre les résultats obtenus pour ces définitions de styles.

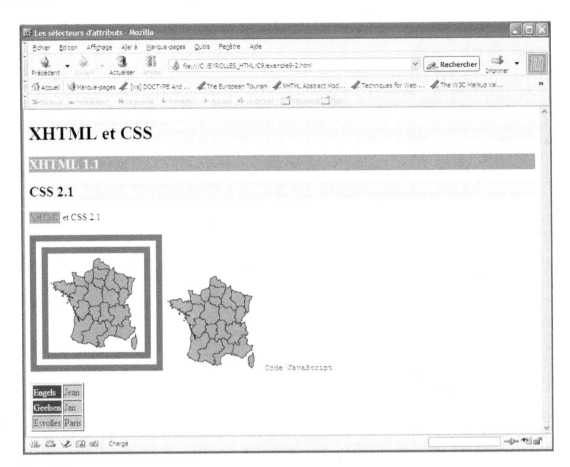

Figure 8-4
Les sélecteurs d'attributs

Les sélecteurs de valeur d'attribut CSS 3

De nouveaux sélecteurs ont été créés dans CSS 3. Ils permettent d'affecter un style à un élément de manière encore plus fine que les précédents, ou redéfinissent la sélection d'une valeur d'attribut. Les syntaxes à utiliser sont les suivantes :

```
element[attribut ^= "valeur"]{définition du style}
element[attribut $="valeur"]{définition du style}
element[attribut *="valeur"]{définition du style}
```

Dans le premier cas, le style est attribué à l'élément dont l'attribut commence par la chaîne valeur, dans le deuxième cas si l'attribut finit par cette même chaîne, et enfin dans le troisième, s'il contient simplement cette chaîne à n'importe quelle place.

En écrivant par exemple les styles suivants :

```
td[id ^= "nom"]{background-color:blue;color:white;}   ❶
td[id $= "nom"]{background-color:red;color:white;}    ❷
td[id *= "nom"]{background-color:black;color:white;}  ❸
```

puis le code HTML suivant :

```
<td id="nom de famille">Engels</td>          ❹
<td id="mon nom">Engels</td>                 ❺
<td id="c mon nom de famille">Engels</td>    ❻
```

Nous obtenons l'application des styles dans les cas suivants.

- Style ❶ pour le code ❹ (commence par le mot nom).
- Style ❷ pour le code ❺ (se termine par le mot nom).
- Style ❸ pour les codes ❹, ❺ et ❻ (contiennent tous le mot nom à n'importe quelle place).

Les sélecteurs contextuels parent-descendant

Plutôt que de définir un style pour toutes les occurrences d'un élément, nous pouvons souhaiter ne l'appliquer qu'en fonction de sa position relative par rapport à un autre dans la hiérarchie des éléments de la page. Ce type de sélecteur est dit contextuel. Nous pouvons, par exemple, définir un style général pour l'élément <p> et vouloir lui en appliquer un autre quand il se trouve inclus dans un élément <div>. Pour cela, il faut utiliser la syntaxe suivante :

```
element_parent    element_enfant {Définition des styles;}
```

En écrivant par exemple le style suivant :

```
p {color: blue;}
div p{color: red;}
```

et en l'appliquant au code HTML 5 ci-après :

```
<div>Texte de la division
<p>Texte du paragraphe inclus dans div</p></div>
<p>Texte d'un paragraphe non inclus dans div</p>
```

seuls les contenus des éléments <p> inclus dans <div> sont de couleur rouge, tous les autres étant bleus, et le texte inclus directement dans <div> a la couleur par défaut qui est le noir.

Il est aussi possible de préciser la hiérarchie en appliquant plus de deux éléments en les séparant tous par un espace.

Pour appliquer un style différent aux éléments de liste <li> inclus directement dans une liste non ordonnée <ul> ou dans une liste ordonnée <ol> elle-même incluse dans une liste non ordonnée <ul>, nous pouvons définir les sélecteurs suivants :

```
ul li {background-color: #EEE; color: black;}
ul li ol li {background-color: gray; color: white;}
```

Une fois qu'ils sont appliqués au code des listes ci-après :

```
<ul>
 <li> Item de niveau 1
  <ol>
   <li> Item de niveau 2 A </li>
   <li> Item de niveau 2 B</li>
   <li> Item de niveau 2 C</li>
  </ol>
 </li>
</ul>
```

nous obtenons pour les items de niveau 1 un texte noir sur fond gris, et pour les trois items de niveau 2, un texte blanc sur fond gris comme le montre la figure 8-5.

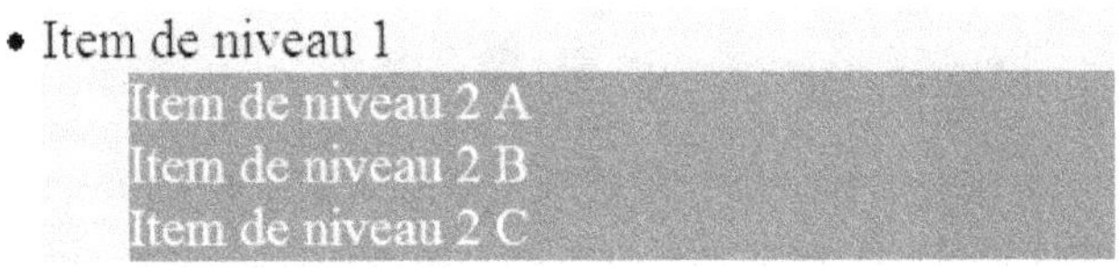

Figure 8-5

Les sélecteurs contextuels parent-descendant

- Item de niveau 1
  Item de niveau 2 A
  Item de niveau 2 B
  Item de niveau 2 C

Les sélecteurs parent-enfant directs en CSS 2

Nous pourrons préciser le sélecteur précédent en n'appliquant qu'un style à un élément à condition qu'il soit un enfant direct d'un autre élément et non plus un descendant indirect (comme dans la relation entre petit-enfant et grand-parent).

Pour opérer ce type de sélection, il faut utiliser la syntaxe :

```
element_parent > element_enfant {Définitions des styles;}
```

dans laquelle la présence d'un espace entre chaque élément et le symbole > est autorisée mais non signifiante.

En écrivant par exemple le style suivant :

```
span {color: blue;}
div > span{color: red; background-color: #EEE;}
```

et en l'appliquant au code HTML 5 suivant :

```
<div>Les standards <span>HTML 5 </span>❶ et <span>CSS 3</span>❷ s'imposent
➥ aujourd'hui
<p>Texte d'un <span>paragraphe</span>❸ inclus dans div</p>
</div>
<p>Texte d'un <span>paragraphe</span>❹ non inclus dans div</p>
```

seul le contenu des paragraphes <span> qui sont des éléments enfants directement inclus dans une division <div> (repères ❶ et ❷) est affiché en rouge sur fond gris ; les autres éléments <span> (repères ❸ et ❹) n'étant pas des enfants directs de <div> ont un texte bleu.

Les sélecteurs parent-enfant directs en CSS 3

Dans ce domaine également, CSS 3 enrichit grandement les possibilités de sélection d'un élément enfant en fonction de ses caractéristiques. Le tableau 8-1 donne la syntaxe de ces nouveaux sélecteurs et leur définition.

Tableau 8-1. Sélecteurs parent-enfant de CSS 3

syntaxe	Définition
element:nth-child(n) {style}	element est le énième enfant de son parent en commençant par le début.
element:nth-last-child(n) {style}	element est le énième enfant de son parent en commençant par la fin.
element:nth-of-type(n) {style}	element est le énième enfant du même type dans son parent en commençant par le début.
element:nth-last-of-type(n) {style}	element est le énième enfant du même type dans son parent en commençant par la fin.
element:last-child {style}	element est le dernier enfant de son parent.
element:first-of-type {style}	element est le premier enfant de ce type.
element:last-of-type {style}	element est le dernier enfant de ce type.
element:only-child {style}	element est l'unique enfant de son parent.
element :only-of-type {style}	element est le seul enfant de ce type.
element :empty {style}	element est sans aucun enfant.

L'exemple 8-3 utilise quelques-uns de ces sélecteurs pour en démontrer l'utilité.

Exemple 8-3 Sélecteurs parent-enfant CSS 3

```
<!DOCTYPE html>
<html>
 <head>
  <meta http-equiv="Content-type" content="text/html;charset=UTF-8" />
  <title>Les sélecteurs parent-enfant CSS3</title>
  <style type="text/css">
    th,td{font-size: x-large;}
    th:first-of-type{background-color: black;color: white; }❶
    th:last-of-type{background-color: white;color: black; }❷
    td:nth-child(1){background-color:#CCC;color: white;}❸
    td:last-child{font-style:italic;color:red;}❹
  </style>
 </head>
 <body>
 <table border="1">
  <tr>
```

```
      <th id = "prix ht"> PRIX H.T. </th>❺
      <th id = "prix ttc">PRIX T.T.C.  </th>❻
    </tr>
    <tr>
      <td id = "prix ht1 "> 100.00 </td>❼
      <td id = " prix ttc1 "> 118.60 </td>❽
    </tr>
    <tr>
      <td id = "prix ht1 ">50.00 </td>❾
      <td id = " prix ttc1 "> 59.30 </td>❿
    </tr>
    <tr>
      <td id = "prix ht1 "> 200.00 </td>⓫
      <td id = " prix ttc1 "> 237.20 </td>⓬
    </tr>
    <tr>
      <th id = "totalht"> PRIX H.T. </th>⓭
      <th id = "totalttc">PRIX T.T.C.  </th>⓮
    </tr>
   </table>
  </body>
 </html>
```

Nous définissons ici les styles pour les éléments <th> et <td>. Chaque élément <th> qui est premier enfant de ce type d'un élément <tr> aura des caractères blancs sur fond noir (style ❶) et sera appliqué aux lignes de code ❺ et ⓭, donc à toutes les premières colonnes du tableau de la figure 8-6. Par contre, les éléments <th> qui sont les derniers enfants du parent <tr> auront des caractères noirs sur fond blanc (style ❷ et éléments ❻ et ⓮). Pour les cellules ordinaires <td> du tableau, celles qui sont le premier enfant d'une ligne <tr> auront un texte blanc sur fond gris (style ❸ et éléments ❼, ❾ et ⓫). Les cellules <td> dernières enfants d'une ligne <tr> (donc la dernière colonne du tableau) auront un texte rouge et en italique (style ❹ et éléments ❽, ❿ et ⓬). La figure 8-6 montre le résultat obtenu dans Opera.

Figure 8-6

Sélection d'éléments enfants directs

Les sélecteurs d'éléments adjacents

Les sélecteurs précédents font appel à la notion de descendance parent-enfant. Si on considère dans le code de la page deux éléments consécutifs enfants du même parent, comme deux éléments de bloc ‹div› inclus dans ‹body› par exemple, il n'existe pas de relation de descendance entre eux mais une relation de fratrie. Pour sélectionner ce type de relation entre éléments, nous disposons du sélecteur + qu'il faut utiliser en adoptant la syntaxe suivante :

```
element1+element2 {Définitions des styles;}
```

Dans ce cas, le style s'appliquera à l'élément de type 2 uniquement s'il suit immédiatement un élément de type 1 dans le code HTML 5 sans y être inclus. Si nous définissons les styles suivants :

```
p {background-color: yellow; color: blue;}
div+p {background-color: blue; color: yellow;}
```

puis le code HTML 5 ci-après :

```
<div>Les standards HTML 5 et CSS 3 s'imposent aujourd'hui
 <p>Texte d'un paragraphe enfant de div</p>
</div>
<p>Texte d'un paragraphe frère de div</p>
<p>Texte d'un paragraphe frère de div</p>
```

seul le deuxième élément ‹p› a le style texte jaune sur fond bleu, le premier n'étant pas frère mais enfant de l'élément ‹div›. Le troisième paragraphe aura de plus le même style que le premier car il ne suit pas immédiatement l'élément ‹div›.

On note que si les deux éléments sont reliés par le sélecteur +, seul le second présente un style défini. En effet, si nous écrivons le code suivant au lieu des styles précédents :

```
p {background-color: yellow; color: blue;}
p+p {background-color: blue; color: yellow;}
```

et si nous l'appliquons au même code HTML 5 que précédemment, seul le troisième paragraphe a le style texte jaune sur fond bleu. Les premier et deuxième paragraphes bien qu'étant consécutifs n'ont pas le même parent direct. Notons encore qu'avec ce dernier style, si un élément ‹div› contenait plus de deux éléments ‹p›, le style jaune sur bleu créé avec le sélecteur p+p s'appliquerait à tous les paragraphes enfants de ‹div› sauf le premier. De même, s'il existait deux paragraphes consécutifs en dehors de l'élément ‹div›, le second bénéficierait également du même style.

Dans le même ordre d'idée, CSS 3 introduit le sélecteur tilde ~ permettant de sélectionner un élément précédé par un autre de type précis selon la syntaxe :

```
element_type1 ~ element_type2 { style ;}
```

Dans ce cas, l'élément de type 2 aura le style défini uniquement s'il est précédé d'un élément du type 1. Par exemple en déclarant le style suivant :

```
p{background-color: red; font-size: larger }❶
p ~p {background-color: yellow; } ❷
```

puis le code HTML ci-dessous :

```
<p>XHTML</p>
<p>HTML 5</p>
<p>CSS 3</p>
```

seuls les deuxième et troisième paragraphes auront la couleur de fond jaune car ils suivent tous les deux un élément <p>, le premier gardant une couleur rouge. Notez que tous les paragraphes gardent la taille de caractères définie par font-size (repère ❶) car elle n'est pas contredite dans le second style (repère ❷).

Pseudo-classes et pseudo-éléments

Les sélecteurs précédents permettent d'attribuer un style à un ou plusieurs éléments bien définis dans la hiérarchie d'un document HTML 5. Les pseudo-classes et les pseudo-éléments permettent d'attribuer un style à une partie abstraite d'un document non identifiable dans cette hiérarchie, par exemple le premier caractère ou la première ligne d'un paragraphe. D'autres pseudo-classes permettent d'attribuer un style à un document en fonction des actions prévisibles mais non déterminées de l'utilisateur final, comme le fait de placer son curseur sur un lien ou un composant de formulaire.

Les pseudo-classes applicables aux liens

Deux pseudo-classes spécifiques aux éléments possèdent un attribut href faisant référence à un document externe (lien vers une autre page) ou interne (ancre vers une partie du même document). Il s'agit des pseudo-classes suivantes :

- :link qui permet d'attribuer un style à un lien qui pointe vers un document non encore vu. C'est l'état normal de tous les liens à l'ouverture de la page ;

- :visited pour attribuer un style à un lien qui pointe vers un document déjà vu, après un retour sur la page d'origine.

Avec ces pseudo-classes, on pourra par exemple attribuer une valeur ou une taille de police spécifique au texte des liens visités ou pas. Nous les étudierons en détail au chapitre 12. Pour les employer, il faut faire précéder le nom de la pseudo-classe de celui de l'élément selon le modèle suivant concernant l'élément <a> :

```
a:link {color: blue;}
a:visited {color: red;}
```

Les pseudo-classes dynamiques

Elles permettent d'attribuer un style à un élément en fonction des actions effectuées par le visiteur. Ces pseudo-classes sont dynamiques car le style attribué disparaît avec le motif de leur création. Elles sont au nombre de quatre :

- `:focus` pour attribuer un style à l'élément qui a le focus, soit qu'il lui ait été donné par le code HTML 5 à l'aide des attributs `tabindex` ou `accesskey`, soit qu'il l'ait obtenu par un déplacement du pointeur provoqué par l'internaute. Le style disparaît quand l'élément perd le focus. Cette pseudo-classe est plus ou moins prise en compte par les navigateurs actuels. Nous pouvons définir par exemple les styles suivants pour affecter les éléments `<a>` et `<input />` quand ils reçoivent le focus :

```
a:focus{color: red;}
input:focus{background-color: blue;}
```

- `:hover` pour attribuer un style à un élément visible dont la zone est survolée par le pointeur de la souris. Quand le pointeur quitte cette zone, le style est annulé, ce qui peut produire des effets visuels intéressants. Dans le style suivant, les divisions qui sont survolées par le curseur ont un fond rouge et un texte blanc le temps du survol :

```
div:hover{background-color: red; color: white;}
```

- `:active` pour attribuer un style à un élément dit actif, c'est-à-dire quand l'utilisateur clique sur son contenu. Là aussi, l'effet est transitoire et ne dure que le temps de l'activation de l'élément :

```
a:active{background-color: red; color: yellow;}
```

- `:target` pour attribuer un style à un élément qui est la cible d'un lien et particulièrement utilisable pour une ancre dont la cible est située dans la même page dont le contenu peut être long. Dans le code suivant, seul l'élément (un paragraphe par exemple) qui est la cible d'un lien aura un texte noir sur fond jaune après un clic sur ce lien. Le style étant réversible, si on clique sur un autre lien, c'est la cible qu'il pointe qui sera mise en évidence :

```
:target { background-color: yellow; color: black;}
```

Nous utiliserons ces pseudo-classes de manière plus approfondie au chapitre 11. Les pseudo-classes dynamiques sont diversement prises en compte par les navigateurs actuels.

Pseudo-classes diverses

On peut aussi mentionner l'existence de deux autres pseudo-classes d'usage assez général.

- `:first-child` qui permet d'appliquer un style à un élément donné uniquement s'il est le premier enfant d'un autre élément. L'élément parent n'est pas nommé et peut être quelconque (à condition de respecter les règles d'inclusion parent-enfant). En écrivant par exemple le style :

```
span:first-child {background-color: red; color: white;}
```

puis le code HTML 5 ci-après :

```
<div>Les standards tels que <span>HTML 5 </span> et <span>CSS 3</span> s'imposent
➥ aujourd'hui</div>
```

seul le texte du premier élément `<span>` contenu dans `<div>` est de couleur blanche avec un fond rouge. De même, en écrivant le style suivant :

```
a:first-child {background-color: red; color: white;}
```

et en l'appliquant dans l'exemple de code HTML 5 :

```
<p> Liens utiles :
<a href= "w3.org" alt="w3c"> W3C </a>  
<a href= "php.net" alt= "PHP"> PHP</a>
</p>
```

seul le texte `W3C` sera en rouge puisque le lien est le premier enfant du paragraphe `<p>`.

• `:lang(code)` ressemble au sélecteur basé sur la valeur d'un attribut car il permet d'attribuer un style à un élément si son attribut `lang` a la valeur précisée par son code de langue. En écrivant par exemple :

```
p:lang (fr) {color: black;}
p:lang (en-us) {color: gray;}
```

les paragraphes ayant l'attribut `lang="fr"` sont affichés en caractères noirs et ceux ayant l'attribut `lang="en-us"` seront affichés en gris. Cette pseudo-classe est mal prise en compte par les navigateurs actuels.

Pseudo-classes CSS 3

De nouvelles pseudo-classes apparaissent également dans CSS 3. Leur usage peut venir compléter ou enrichir celles de CSS 2 vues précédemment. Contrairement aux sélecteurs auxquels elles ressemblent, elles attribuent un style à tout élément qui répond à la condition posée et plus à un élément de type précis.

• `:nth-child(n)` attribue un style à tout élément qui est le énième enfant de son parent. Dans l'exemple 8-4, `nth-child(1)` crée un texte blanc sur fond rouge (repère ❷) qui s'applique à l'élément `<b>` (repère ❻), premier enfant de `<body>`, à l'élément `<p>` (repère ❾), premier enfant de l'élément `<div>`, ainsi qu'aux éléments `<span>` (repères ❾, ❿ et ⓫), premier enfants de `<p>`.

• `:nth-last-child(n)` attribue un style au énième élément compté à partir de la fin.

• `:last-child` attribue un style au dernier enfant d'un élément parent. Dans l'exemple 8-4, on crée un texte noir sur fond gris pour les éléments `<span>` (repère ❹) qui sont les derniers enfants d'un paragraphe `<p>` (repères ❾, ❿ et ⓫).

- :last-of-type attribue un style au dernier élément d'un type donné contenu dans un élément parent. Dans l'exemple 8-4, le code p :last-of-type crée le style (repère ❺) qui donne un texte blanc sur fond gris pour le paragraphe qui est le dernier enfant de ce type dans son parent ⓫ (ici <div>).

- :only-child attribue un style à l'élément qui est enfant unique de son parent. Dans l'exemple 8-4, cette classe crée un texte blanc sur fond vert (repère ❸) pour les éléments qui sont seul enfant de leur parent, mais ce style, qui pourrait s'appliquer à l'élément <span> enfant unique du premier paragraphe (repère ❾), est écrasé par le style défini par :last-child puisque cet élément est aussi le dernier enfant de ce paragraphe.

- :empty attribue un style à un élément vide. Dans l'exemple 8-4, il permet de définir un style consistant en une bordure double de 10 pixels et de couleur grise (code hexadécimal #666) (repère ❶). Il va s'appliquer aux éléments vides qui sont ici <img/> (repère ❼) et <hr /> (repère ❽).

Exemple 8-4 Pseudo-classes CSS 3

```
<!DOCTYPE html>
<html>
 <head>
  <meta http-equiv="Content-type" content="text/html;charset=UTF-8" />
  <title>Pseudo classes CSS3</title>
  <style type="text/css">
   :empty{ border: 10px  double  #666  ;}  ❶
   :nth-child(1){ background-color: red;color:white;}  ❷
   :only-child { background-color: green;color:white;}  ❸
   span:last-child { background-color: green;color:red;}  ❹
   p:last-of-type{ background-color: #999;color:white;}  ❺
  </style>
 </head>
 <body>
  <b>Premier enfant de body</b>  ❻   <br />
  <img src="../../HTML5-500x334.png"  width="300px" alt="Logo HTML 5"/>  ❼
  <hr style="height: 7px" />  ❽
  <div>
   <p>Premier <span>cas</span> de figure</p>  ❾
   <p>Deuxième <span>cas</span> de <span>figure</span></p>  ❿
   <p>Dernier <span>cas</span> de <span>figure</span></p>  ⓫
  </div>
 </body>
</html>
```

La figure 8-7 montre les différents résultats obtenus dans Opera.

Figure 8-7

Utilisation de pseudo-classes CSS 3

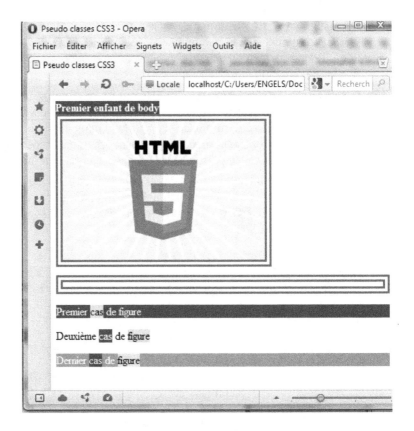

Les dernières nouveautés de CSS 3 sont les pseudo-classes utilisables essentiellement pour des éléments de formulaire, à savoir :

- :enabled qui affecte un style aux éléments <input> dont l'attribut enabled vaut enabled, donc la valeur par défaut, c'est-à-dire qui sont accessibles à l'utilisateur (cases qui peuvent être cochées par exemple) ;

- :disabled qui affecte un style aux éléments <input> dont l'attribut disabled vaut disabled, donc qui ne sont pas utilisables par l'utilisateur ;

- :checked qui affecte un style aux éléments <input> et particulièrement à ceux du type bouton radio ou case à cocher quand ils sont dans l'état coché. Notez que les styles appliqués sont dynamiques donc réversibles et disparaissent quand on décoche une case par exemple.

Le code de l'exemple 8-5 donne une manière de les utiliser et la figure 8-8 une illustration dans Opera (les autres navigateurs sont pour l'instant peu réactifs à ces pseudo-classes). Le style défini par :enabled crée une bordure médium gris foncé pour tous les éléments qui sont accessibles à l'utilisateur (repère ❶) ; il sera appliqué aux éléments <input> des repères ❺, ❻, ❼ et ❽. Quand un élément sera coché, la bordure deviendra épaisse de 5 pixels et apparaîtra en pointillés rouges (repère ❷). Les éléments inaccessibles, par exemple celui du repère ❹, auront une bordure fine de couleur rouge (repère ❸).

La page aura l'aspect exposé à la figure 8-8 dans laquelle on voit nettement tous les éléments accessibles avec leur bordure noire épaisse.

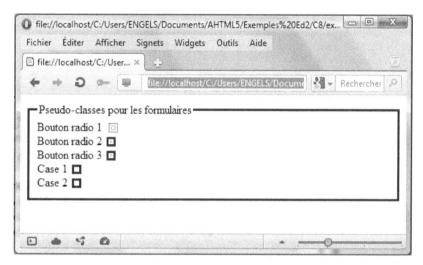

Figure 8-8

Usage de pseudo-classes CSS 3 pour un formulaire avant utilisation

Après avoir coché différentes cases et/ou boutons radio, on obtient par exemple l'aspect présenté à la figure 8-9. On y voit nettement les choix opérés, le bouton radio 2 et les cases à cocher 1 et 2.

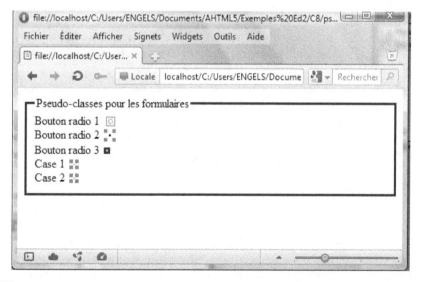

Figure 8-9

Usage de pseudo-classes CSS 3 pour un formulaire après utilisation

Exemple 8-5 Pseudo-classes CSS 3 pour les formulaires

```
<!DOCTYPE html>
<html>
 <head>
  <meta http-equiv="Content-type" content="text/html;charset=UTF-8" />
  <title>Pseudo-classes pour les formulaires</title>
  <meta charset="utf-8" />
  <style type="text/css">
        :enabled {border: medium solid  #333; margin: 2px }❶
        :checked{border:5px dotted red;}❷
        :disabled{border: thin solid #FF0000;color:red; }❸
  </style>
 </head>
 <body>
   <form name="form1" action="traitement.php" >
   <fieldset>
    <legend>Pseudo-classes pour les formulaires</legend>
      Bouton radio 1 <input type="radio" name="radio" value="Valeur"
      ➥ disabled="disabled" /> ❹<br />
      Bouton radio 2 <input type="radio" name="radio" value="Valeur"   />❺ <br />
      Bouton radio 3 <input type="radio" name="radio" value="Valeur"   />❻ <br />
      Case 1 <input type="checkbox" name="case1" value="val1" />❼ <br />
      Case 2 <input type="checkbox" name="case2" value="val2" />❽
   </fieldset>
   </form>
 </body>
</html>
```

Les pseudo-éléments

Leur nom vient de ce qu'ils permettent d'agir sur une partie du contenu d'un élément comme s'il était inclus dans un nouvel élément fictif. On dénombre les quatre pseudo-éléments suivants.

- :first-letter permet d'affecter un style à la première lettre du contenu d'un élément indiqué avant ce sélecteur. On l'utilise classiquement pour créer des effets de lettrines en définissant pour ce sélecteur une taille de caractères très supérieure à la taille de l'élément. En écrivant par exemple le style suivant :

```
p:first-letter {font-size: 300%; color: blue;}
```

la première lettre de chaque paragraphe sera trois fois plus grande que les autres et de couleur bleue. Le pseudo-élément :first-letter n'admet que les propriétés suivantes : font, font-size, font-family, font-style, font-weight, color, background, margin, padding, border, text-decoration, vertical-align, text-transform, line-height, float, letter-spacing, word-spacing, clear.

- :first-line permet d'affecter un style à la première ligne du contenu de l'élément indiqué. Cet affichage permet d'attirer l'attention sur un texte. En écrivant le style suivant :

```
div:first-line {font-size: 150%; font-weight: bold;}
```

la première ligne de chaque division sera affichée en gras et dans une taille 1,5 fois plus grande que la police en cours. Le pseudo-élément :first-line n'admet que les propriétés suivantes : font, font-size, font-family, font-style, font-weight, color, background, word-spacing, letter-spacing, text-decoration, vertical-align, text-transform, line-height.

- :before permet d'insérer un contenu doté d'un style particulier avant le contenu réel de l'élément précisé, en l'associant avec la propriété content. En écrivant le style suivant :

```
cite:before {content:"<<"; font-weight: bold;}
```

chaque contenu d'une citation <cite> sera précédé des caractères << en gras.

- :after joue un rôle similaire au précédent mais définit un contenu doté d'un style à la fin du contenu de l'élément utilisé. En écrivant :

```
cite:after {content: ">>";font-weight: bold;}
```

chaque citation contenue dans l'élément <cite> sera suivie des caractères >> en gras.

La déclaration !important

Chaque déclaration de style peut revêtir un caractère de plus grande importance par rapport à une autre déclaration concernant le même élément et la même propriété qui comporte une valeur différente. Ces deux déclarations peuvent entrer en conflit au moment de la création de la présentation par le navigateur. Pour donner cette importance à un style, il faut insérer la déclaration d'importance à l'aide du mot-clé !important en le plaçant entre la valeur attribuée à la propriété et le point-virgule qui termine la déclaration. Dans l'exemple suivant :

```
*{color: black !important; background-color: yellow;}
div{color: blue; background-color: white;}
```

les couleurs de texte et de fond des sélecteurs * et div sont en conflit, mais comme la propriété color définie dans le sélecteur universel * est marquée !important, le texte de la division figure en noir. En revanche, le fond de la division est de couleur blanche car la valeur yellow n'est pas marquée !important et que la déclaration effectuée dans div est spécifique. Nous reviendrons en détail sur les règles de priorités dans la section consacrée à la définition des effets de cascade en fin de chapitre.

Il est évidemment possible d'utiliser la déclaration !important pour plusieurs propriétés dans la même déclaration, par exemple :

```
*{color: black !important; background-color: yellow !important;}
div{color: blue; background-color: white;}
```

Dans ce cas, tous les éléments <div> ont un contenu affiché en noir sur fond jaune, et tous les styles définis en propre pour cet élément sont ignorés.

Écrire des feuilles de style

Nous allons envisager maintenant les différentes méthodes d'écriture des styles CSS et la façon dont on peut les lier à un document HTML 5.

Dans l'élément <style>

Défini dans la première partie de ce livre, l'élément `<style>` a pour vocation de renfermer les définitions des styles CSS utilisables dans la page qui le contient. Rappelons qu'il doit toujours être inclus dans l'élément `<head>` et qu'il ne peut contenir que des définitions de styles CSS et des commentaires HTML 5 délimités par `<!--` et `-->` ou des commentaires CSS délimités par `/*` et `*/`.

Dans l'éventualité où toutes les pages d'un site ont en commun un certain nombre de styles et que chaque page possède quelques styles propres, les styles communs peuvent être écrits dans un fichier externe (voir la section suivante) et inclus dans l'élément `<style>` au moyen de la directive `@import` selon la syntaxe suivante :

```
@import url(fichier.css);
```

L'URL du fichier peut être relative ou absolue et elle peut être suivie de la désignation du média auquel les styles importés doivent s'appliquer spécifiquement. La page web a alors le comportement correspondant au cas où tous les styles contenus dans le fichier fichier. css sont écrits explicitement dans l'élément `<style>`. Cette directive doit figurer avant les autres définitions de style. Un élément `<style>` peut donc avoir la structure suivante, et comporter plusieurs directives `@import` :

```
<style type= "text/css">
 @import url(commun.css)all;
 @import url(ecran.css)screen;
 @import url(imprimante.css)print;
 div,p {font-style: italic;}
 h1,h2 {color: red;}
</style>
```

Si les styles définis après la directive `@import` sont en contradiction avec ceux qui sont contenus dans le fichier importé, les conflits éventuels sont tranchés selon les règles définies dans la section concernant les effets de cascade dans ce chapitre.

Dans un fichier externe

La tendance actuelle étant à la recommandation de la séparation du contenu et de la présentation des pages web, l'écriture des styles dans les fichiers externes est fortement conseillée, même si dans nos exemples nous ne l'utiliserons que très peu par commodité de présentation. Il s'agit de fichiers écrits en texte brut réalisables avec un éditeur simple comme le Bloc-notes de Windows mais aussi avec HTMLPad ou même des éditeurs spécialisés qui fournissent une aide à la saisie. Le fichier ne devra contenir que des sélecteurs et les définitions des styles ainsi que des commentaires CSS (délimités par les caractères /* et */) mais aucune balise d'élément HTML 5. Le fichier CSS doit toujours être enregistré sous l'extension `.css` et être présent sur le serveur, tout comme les fichiers HTML 5 qui l'utilisent

L'exemple de code suivant montre un fichier CSS nommé `commun.css`.

```
/* Styles communs à toutes les pages */
/* fichier: commun.css */
body {background-color: white; color: marine;}
h1 {color: black; font-size: 20px;}
div,p {font-size: 12px;}
a:link {color: blue;}
a:hover {color: red;}
```

Un fichier externe peut inclure les styles d'un autre fichier externe en faisant appel à la directive `@import` de la même façon que nous l'avons définie plus haut pour les éléments `<style>`.

Pour affecter un fichier de styles à une page de code HTML 5, il faut utiliser l'élément `<link />` dans l'en-tête du document avec par exemple le code suivant :

```
<link rel="stylesheet" type="text/css" href="commun.css" media="screen"
➥ title="Styles de base" />
```

Cet élément a été exposé en détail au chapitre 2 mais il n'est pas inutile de rappeler que l'attribut `href` contient l'adresse relative ou absolue du fichier CSS, ce qui n'interdit pas de lier un document HTML 5 à un fichier CSS présent sur un autre serveur. On peut utiliser autant d'éléments `<link />` que souhaité, chacun étant par exemple adapté à un type de terminal particulier précisé par l'attribut `media`.

Dans l'attribut style

Nous signalons cette possibilité pour mémoire car HTML 5 autorise encore la présence de cet attribut. Cependant, il n'est pas conseillé de l'utiliser.

Il servait jusqu'à présent à créer des styles pour tout élément, en particulier pour créer des styles très ponctuels pour l'élément `<span>`.

Nous pouvons écrire par exemple :

```
<p> Le langage <span style="color: red "> XHTML </span> représente la dernière
➥ évolution du <span style="color: gray"> HTML 5</span> </p>
```

Dans ce cas, les mots XHTML et HTML 5 ont respectivement les couleurs rouge et gris.

Il va de soi que ce type de code ne correspond en rien à la philosophie de l'association HTML 5 et CSS, qui commande une séparation du contenu et de la mise en forme. De plus, toute modification de ces styles demande une exploration de tout le code HTML 5 afin de repérer tous les attributs `style`, ce qui rend la maintenance plus longue à réaliser.

Nous abandonnerons cette possibilité encore offerte, mais appelée à disparaître. De nombreux moyens existent pour s'en passer. En effet, la création des classes de styles suivantes et leur utilisation via l'attribut class permettent d'obtenir le même effet que le code précédent.

```
/*Dans l'élément style*/
.red {color: red;}
.gris {color: gray;}
< !-Dans le corps du document HTML 5-->
<p> Le langage <span class="red"> HTML 5 </span> représente la dernière évolution
➡ du <span class="gris"> HTML </span> </p>
```

La définition des styles s'y trouve centralisée dans l'élément <style> et ce n'est que leur utilisation qui est incluse dans le code HTML 5. Il est donc plus aisé de procéder à des modifications selon les besoins.

Cascade et héritage

Savoir définir des styles est une chose, être sûr du résultat final en est une autre. Même si l'on a défini des styles dans l'élément <style> ou dans un fichier externe, il faut encore tenir compte, en dehors des problèmes d'interprétation propres aux différents navigateurs, du fait que l'on n'est pas le seul à avoir créé des styles pour des sélecteurs donnés. Les styles CSS ont en effet des origines diverses. Ils peuvent provenir du concepteur (c'est-à-dire de soi-même ou « l'auteur » selon le vocable du W3C). Il peut s'agir aussi de l'utilisateur final qui a la possibilité de définir sa propre feuille de style dans son navigateur. Même si les utilisateurs se prêtent rarement à cet exercice, cela est possible, en particulier pour ceux qui ont des problèmes de vue et qui vont définir par exemple un affichage en très gros caractères, ou ceux qui ont des problèmes de vision des couleurs et qui vont donc définir des choix leur permettant d'obtenir un contraste fond/texte lisible. La dernière origine des styles est le navigateur lui-même qui possède sa propre feuille de style par défaut, dont un modèle est édicté par le W3C, et dont vous trouverez la copie dans l'annexe B.

C'est la partie logicielle CSS du navigateur qui se charge de résoudre les conflits éventuels entre les différentes déclarations de styles attachées à un élément. Les différentes opérations permettant d'attribuer finalement un style propre à un élément constituent ce que l'on nomme les règles de cascade de CSS (d'où le mot *Cascading* de CSS). Pour déterminer les priorités, les navigateurs font d'abord l'inventaire de toutes les déclarations qui s'appliquent à un élément donné, puis procèdent à la sélection en fonction de différents critères que nous allons envisager maintenant.

Sélection selon le média

Les styles pour lesquels le média spécifié ne correspond pas au moyen de visualisation sont éliminés. Le média peut avoir été indiqué dans les éléments <link> ou <style>, dans les deux cas au moyen de l'attribut media (qui peut prendre les valeurs screen, print,

projection, aural, braille, handheld, tty, tv et all, dont nous avons déjà donné la définition), ou encore à la suite de la directive @import pour ceux qui sont importés directement
dans l'élément <style>.

Sélection selon le créateur du style

Pour un média donné, des règles de priorité sont définies en fonction de l'origine des
styles et du fait qu'ils soient marqués avec la déclaration !important ou pas. Les styles
marqués !important l'emportent toujours sur ceux qui ne le sont pas. En cas d'égalité, les
priorités de CSS 3 sont les suivantes, de la plus importante à la moins importante.

- Les styles de l'utilisateur employant la déclaration !important, ce qui lui permet d'avoir
  le dernier mot. Cela semble normal, mais ce n'était pas le cas avec CSS 1.
- Les styles du concepteur (l'auteur) marqué avec la déclaration !important.
- Les styles du concepteur non déclarés !important.
- Les styles du visiteur non déclarés !important.
- Les styles par défaut du navigateur passent en dernier et ne peuvent donc s'imposer à
  personne.

Les exemples qui suivent vont illustrer ces règles.

En écrivant dans le même fichier ou dans le même élément <style>, ou encore dans des
fichiers différents, les styles suivants, nous obtenons des résultats divers selon les cas.

```
h1{color: blue !important;}
h1{color: red;}
```

L'élément <h1> a un contenu affiché en bleu car le style marqué par la déclaration !impor-
tant l'emporte sur tous ceux n'ayant pas cette déclaration.

```
/*style de l'utilisateur */
h1{color: blue;}
*style de l'auteur */
h1{color: red;}
/*style du navigateur */
h1{color: black;}
```

L'élément <h1> a un contenu affiché en rouge car les styles du concepteur, non déclarés !important, l'emportent sur ceux de l'utilisateur, également non déclarés !important, et
toujours sur ceux du navigateur.

En revanche, avec les déclarations de styles suivantes :

```
/*style de l'utilisateur
h1{color:blue !important;}
/* style du concepteur
h1{color:red !important;}
```

c'est le style de l'utilisateur qui l'emporte quand il entre en conflit avec un style de l'auteur également déclaré `!important`, et l'élément `<h1>` a donc un contenu bleu.

Sélection par spécificité

Pour les styles non encore départagés par les conditions précédentes, on définit une spécificité pour chacun d'eux, à l'aide d'un nombre N de quatre chiffres, sous la forme `abcd` ; chaque chiffre est calculé de la manière suivante.

- `a=1` si le style est défini localement dans un attribut `style` et `a=0` sinon. Le nombre de la spécificité vaut alors 1000 et les autres nombres ne sont pas calculés, le style l'emportant sur tous les autres (sauf un style utilisateur marqué `!important`). Quand `a=0`, les chiffres suivants `b`, `c`, `d` sont évalués.
- Le chiffre `b` représente le nombre de sélecteur d'attributs `id` présents dans l'ensemble du sélecteur. Pour le sélecteur `div#gras#fonce {Définition des styles}`, nous avons `b=2`.
- Le chiffre `c` représente le nombre de classes, de pseudo-classes et de sélecteurs d'attribut présents dans le sélecteur. Pour le sélecteur `div.force a:hover{}`, le chiffre `c` vaut 2 (une classe `.force` et une pseudo-classe `:hover`).
- Le chiffre `d` représente le nombre d'éléments HTML 5 utilisés dans le sélecteur. Pour le sélecteur `div p a :before{}`, le chiffre `d` vaut 3 (trois éléments : `div`, `p` et `a`).

Les exemples de calcul des spécificités suivantes permettront de se familiariser avec ces règles, un peu complexes à assimiler d'emblée.

```
<h1 style="color: red;"> Texte </h1>
```

N=1000, ce style ne peut être dominé que par un style utilisateur déclaré `!important` (y compris s'il est lui-même déclaré de cette façon).

```
div.h1#force{décl}
```

N=0102 car le sélecteur contient un identifiant (`#force`) et deux éléments HTML 5 (`div` et `h1`).

```
h1.gras a.rouge {}
```

N=0022 car le sélecteur contient deux classes (`.gras` et `.rouge`) et deux éléments HTML 5 (`h1` et `a`).

```
div#menu {background-color: #FC9;}
```

N=0101 car le sélecteur contient un sélecteur d'identifiant (`#menu`) et un élément (`div`).

Sélection selon l'ordre d'apparition

Dans le cas où, malgré tous les critères précédents, deux styles sont encore en conflit, l'ordre d'apparition les départage, le dernier apparu dans le code étant celui qui l'emporte. Ajoutons que les styles importés au moyen de l'élément `<link />` sont réputés apparaître avant ceux qui sont écrits dans l'élément `<style>`. De plus, si plusieurs fichiers de styles sont importés dans le même en-tête `<head>`, les styles du dernier importé l'emportent en cas de conflit. Par exemple, les cas suivants peuvent se produire.

- Cas 1 :

```
h1, h2 {color: yellow;}
h1 {color: navy;}
```

Dans ce cas, le titre `<h1>` a un texte de couleur `navy` car ce style apparaît en dernier et écrase le précédent.

- Cas 2 :

  Style écrit dans un fichier externe :

```
/*Style écrit dans le fichier externe « monstyle.css »
h1 {color: navy;}
```

Styles liés et style internes :

```
Dans l'en-tête <head>
<link rel="stylesheet" type="text/css" href="monstyle.css" />
<style type="text/css">
h1 {color: red;}
</style>
```

Ou encore :

```
<style type="text/css">
@import url(monstyle.css)
h1 {color: red;}
</style>
```

Le titre `<h1>` a un texte de couleur `red` car les styles liés apparaissent avant ceux qui sont écrits dans l'élément `<style>`, même si l'élément `<link />` est écrit après l'élément `<style>` dans l'en-tête.

L'héritage

L'héritage est le fait qu'un élément enfant possède les mêmes styles que l'élément qui le contient (son parent dans la hiérarchie des éléments d'une page). Nous pouvons par exemple définir les styles suivants :

```
div{color: white; background-color: blue;}
```

Si dans le code HTML 5 de la page figurent les éléments suivants :

```
<div>Texte<p>Premier paragraphe <span class="">HTML 5</span> et les styles
➡ <strong>CSS 2.1 </strong>sont indispensables </p> à tous !</div>
```

l'élément <p> est enfant de <div> et les éléments <span> et <strong> sont eux-mêmes enfants de <p>. Par héritage et bien sûr faute d'avoir définis des styles propres pour les éléments <p>, <span> et <strong>, ceux-ci ont un contenu qui possède les styles définis pour leur parent direct ou indirect <div>. Ils sont donc tous en blanc sur fond bleu. Si nous créons un style différent pour l'élément <p>, ses éléments enfants héritent alors de ces styles et non plus de ceux de l'élément <div>.

De même, si nous définissons un style pour les éléments de listes ordonnées ou non <ol> et <ul>, tous les items de la liste, quel que soit leur niveau d'imbrication, ont les mêmes caractéristiques par défaut sans qu'il faille créer un style propre pour eux.

L'héritage concerne un grand nombre de propriétés CSS que nous allons aborder dans les chapitres suivants, mais toutes les propriétés ne sont pas systématiquement héritées, par exemple les marges, les bordures, ou les dimensions et la position pour des raisons évidentes de mise en page. Depuis CSS 2, la quasi-totalité des propriétés peut prendre la valeur inherit permettant de définir explicitement l'héritage de la valeur que possède la même propriété dans l'élément parent. Toute modification opérée pour l'élément parent est donc répercutée à ses enfants. Comme trop de précision ne nuit pas, et qu'il est préférable de ne pas laisser l'initiative d'interprétation aux navigateurs, nous conseillons en cas de doute de définir clairement la propriété voulue pour un élément plutôt que de compter sur la réalisation ou non de l'héritage.

Les unités

Toutes les propriétés CSS peuvent prendre une valeur dans un domaine particulier propre à chacune d'elle. En dehors des nombreux mots-clés existants, nous allons faire ici l'inventaire des différents types de valeurs parmi les plus générales que l'on retrouve pour un grand nombre de propriétés.

Les unités de longueur

Elles s'appliquent aussi bien à la taille d'une police qu'à la largeur d'une bordure ou la hauteur d'un élément.

Elles s'expriment par un nombre entier ou décimal selon les cas, suivi d'une unité. On dénombre les unités suivantes.

- Les unités relatives :
  - em : qui se réfère à la taille de la police utilisée ou à la valeur de la propriété font-size (voir le chapitre 11).
  - ex : qui correspond à la taille de la lettre « x » minuscule dans la police utilisée.
  - px : qui correspond à la taille de 1 pixel. Contrairement à une idée répandue, la taille de 1 pixel n'est pas une taille absolue car elle dépend du média de visualisation et de la distance entre l'œil et le média.

- Les unités absolues : elles sont recommandées quand les caractéristiques physiques (mesurables) du média sont connues.
  - `in` : soit un pouce anglais (un *inch*), donc 25,4 mm.
  - `cm` : le centimètre.
  - `mm` : le millimètre.
  - `pt` : le point qui représente conventionnellement 1/72 de pouce.
  - `pc` : le pica qui représente 12 points, soit 1/6 de pouce.
- Les pourcentages qui, comme chacun le sait, ne sont pas des unités mais une convention d'écriture, le symbole `%` représentant la fraction 1/100. Leur utilisation fait toujours référence à une autre dimension, celle de l'élément parent le plus souvent, ce qui permet de calculer la dimension voulue.

Les couleurs

Une valeur de couleur s'exprime en mettant en œuvre l'une des trois manières suivantes.

- Un mot-clé parmi une liste limitative donnée à l'annexe C. Tous les mots-clés sont en anglais, par exemple `black`, `yellow` qui correspondent à des couleurs connues ; d'autres sont plus fantaisistes comme `whitesmoke`.
- Un code hexadécimal de couleur basé sur les composantes RGB d'une couleur dans le système additif. Chaque composante prend une valeur qui va de 0 à FF, et l'ensemble doit être précédé du caractère dièse (`#`), par exemple `#F4C5A8`. Il est possible de ne préciser que trois nombres hexadécimaux de 0 à F, par exemple `#FC5`, les navigateurs convertissant ces valeurs par réplications (la couleur notée `#FC5` est interprétée comme `#FFCC55`).
- À l'aide de la fonction `rgb()` qui admet trois paramètres représentant la valeur des composantes RGB d'une couleur selon la syntaxe `rgb(Red, Green, Blue)`, chaque composante est exprimée par un nombre entier variant de 0 à 255 ou par un pourcentage de 0 à 100 %. On peut définir par exemple des couleurs de la façon suivante : `rgb(45, 78, 255)` ou encore `rgb(25%, 85%, 12%)`.

Les couleurs et opacités en CSS 3

En plus des méthodes précédentes, CSS 3 introduit deux nouveautés pour définir les couleurs, tout d'abord la possibilité de choisir un facteur de transparence pour chaque couleur et une nouvelle fonction en plus de `rgb()`.

- Pour définir la transparence, la fonction `rgba()` possède en plus un quatrième paramètre selon la syntaxe suivante :

```
rgba(red,green,blue,alpha)
```

`alpha` désignant le degré de transparence variant de 0 (transparent) à 1 (opaque).

- Réelle nouveauté, la fonction `hsla()` définit une couleur de manière assez différente du classique RGB. Sa syntaxe est la suivante :

```
hsla(hue,sat,light,alpha)
```

dans laquelle :

- `hue` est la couleur définie par un nombre entier variant de 0 à 360. L'idée est celle d'un cercle de couleur, 0 étant le rouge, 120 le vert et 240 le bleu ;
- `sat` définit la saturation de 0 à 100 % ;
- `light` définit la luminosité de la couleur de 0 (noir) à 100 % (le blanc) ;
- `alpha` désigne la transparence comme dans la fonction `rgb()` de 0 à 1.

L'opacité d'un élément peut être définie en plus de sa couleur à l'aide de la propriété `opacity` dont la syntaxe est :

```
opacity N;
```

dans laquelle N est un nombre décimal compris entre 0 et 1 (donc une opacité de 0 à 100 %).

Elle peut aussi bien s'appliquer à un texte qu'à une image comme dans l'exemple 8-6 qui contient cinq images identiques (repères ❶ à ❺). Chacune d'elles est munie d'un style (repères ❻ à ❿) qui définit l'opacité de la valeur, 0.2 pour la première à la valeur 1 pour la dernière par pas de 0.2.

Exemple 8-6 Opacité d'une image

```
<!DOCTYPE html>
<html>
 <head>
  <meta http-equiv="Content-type" content="text/html;charset=UTF-8" />
  <title>Opacité d'une image'</title>
  <style type="text/css">
  #un{opacity:0.2;}     ❶
  #deux{opacity:0.4;}   ❷
  #trois{opacity:0.6;}  ❸
  #quatre{opacity:0.8;} ❹
  #cinq{opacity:1;}     ❺
  </style>
 </head>
 <body>
  <img src="france.gif" width="172" height="169" alt="france" id="un"/>     ❻
  <img src="france.gif" width="172" height="169" alt="france" id="deux"/>   ❼
  <img src="france.gif" width="172" height="169" alt="france" id="trois"/>  ❽
  <img src="france.gif" width="172" height="169" alt="france" id="quatre"/> ❾
  <img src="france.gif" width="172" height="169" alt="france" id="cinq"/>   ❿
 </body>
</html>
```

La figure 8-10 montre le résultat obtenu dans lequel on voit nettement la croissance de l'opacité des images. On peut imaginer des applications utilisant cette propriété, dans lesquelles par exemple un bouton ou un menu change d'opacité en devenant plus visible quand le curseur le survole ou en cas de clic.

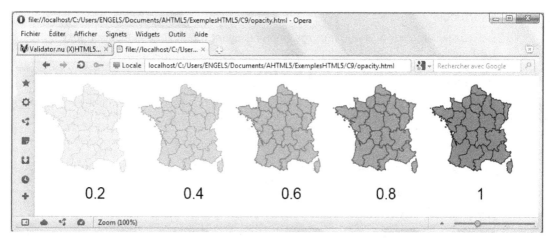

Figure 8-10

Opacités progressives d'une même image

Exercices

Exercice 1

Écrivez la syntaxe générale de la déclaration d'un style.

Exercice 2

Écrivez le sélecteur et le style donnant une couleur rouge et un fond noir aux éléments <h1> et <h3>.

Exercice 3

Écrivez le sélecteur afin que tous les éléments de la page soient écrits en vert.

Exercice 4

Écrivez une classe qui définit un fond jaune et appliquez-la aux éléments <h1> et <p>.

Exercice 5

Écrivez une classe spécifique à un élément <code> afin que son texte soit bleu.

Exercice 6

Écrivez les classes correspondant aux styles « fondgris », « textevert » et « textejaune ». Appliquez la première et la troisième à un paragraphe, puis la première et la deuxième à une division <div>.

Exercice 7

Écrivez le sélecteur afin que l'élément dont l'attribut `id` vaut « menu » ait un fond rouge.

Exercice 8

Écrivez le sélecteur afin que tous les éléments ayant un attribut `id` aient un texte noir sur fond jaune.

Exercice 8

Écrivez le sélecteur afin que les éléments `<h1>` ayant un attribut `title` aient un texte bleu, les autres ayant un texte noir.

Exercice 10

Écrivez les sélecteurs afin que les paragraphes inclus dans `<body>` aient un texte gris et que ceux inclus dans `<div>` aient un texte marron.

Exercice 11

Écrivez le sélecteur afin que seuls les éléments `<span>` enfants de `<p>` aient un texte bleu, tous les autres ayant un texte noir.

Exercice 12

Pour une liste imbriquée sur deux niveaux, écrivez le sélecteur pour que les éléments `<li>` de premier niveau inclus dans `<ol>` soient rouges, et que ceux de second niveau soient en vert.

Exercice 13

Écrivez le sélecteur pour appliquer un style différent à un élément `<li>` selon qu'il est inclus dans `<ol>` ou `<ul>`.

Exercice 14

Écrivez le sélecteur pour que le survol d'un élément `<h1>` provoque le changement de couleur du texte en rouge.

Exercice 15

Écrivez le sélecteur afin que seule la première ligne d'un paragraphe soit en rouge, le reste s'affichant en gris.

Exercice 16

Où peut-on écrire des styles CSS ?

Exercice 17

Écrivez des styles dans un fichier externe et incorporez-les dans l'élément `<style>`.

Exercice 18

Comment un utilisateur peut-il s'assurer que ses styles personnels sont bien appliqués ?

Exercice 19

En reprenant les exercices précédents, définissez les couleurs en utilisant les fonctions `rgb()` et `hsla()`.

Exercice 20

Testez les différents styles des exercices précédents dans le validateur du W3C, en les écrivant dans l'élément `<style>` ou dans un fichier externe.

Exercice 21

Insérez une image dans une page et définissez son opacité à la valeur 50 %.

9

Couleurs et images de fond

Dans les anciennes versions de HTML, les définitions des couleurs de polices faisaient appel à une multiplication d'éléments <font>, et à leur attribut color, appliqués localement. Il en était de même pour les couleurs de fond des éléments qui ne pouvaient être définis que pour un nombre restreint d'éléments. Ces éléments et attributs ont heureusement disparu des recommandations HTML 5, au profit de définitions centralisées dans une feuille de styles CSS. Chaque élément peut également se voir attribuer une couleur ou une image de fond.

Nous allons envisager ici la manière de définir la couleur d'avant-plan du contenu d'un élément, c'est-à-dire essentiellement celle du texte qui y est inclus. Nous verrons ensuite comment attribuer les couleurs et images de fond, ainsi que le positionnement de ces derniers. L'ensemble de ces définitions permet la création d'effets attractifs.

La couleur d'avant-plan

Nous ne sommes plus au temps des écrans monochromes, ni même de ceux qui affichent seize couleurs. Aujourd'hui, les téléphones portables et les tablettes ont des capacités supérieures. L'emploi de la couleur dans un site est donc aujourd'hui indispensable. Comme toute nouvelle technologie, l'apparition des écrans couleur a entraîné des abus d'usage. Selon la nature du site que vous allez construire, il faudra agir avec circonspection dans le choix et le nombre de couleurs employées. La multiplication des couleurs ne crée plus nécessairement un effet positif sur le visiteur et une certaine harmonie doit aussi être recherchée. C'est là l'affaire du designer, le créatif qui saura choisir et associer les teintes. Mais on vous demandera peut-être de remplir à la fois cette fonction en plus de celle de programmeur HTML 5. Pour vous aider dans le choix et l'association des couleurs en fonction de l'effet désiré, vous pouvez consulter les sites mentionnés dans l'annexe E. Ils vous aideront par exemple à choisir une couleur de fond selon celle du texte pour obtenir différents effets de contraste.

Comme nous l'avons indiqué, la couleur d'avant-plan est avant tout celle du texte, à laquelle on pense immédiatement quand on parle de couleur, mais quand elle est définie, elle est aussi par défaut celle des bordures de l'élément auquel elle s'applique. Il ne faudra pas oublier cet état de fait lors de la définition des bordures afin de leur affecter explicitement une autre couleur (voir la propriété `border-color`). La couleur d'avant-plan est définie par la propriété `color` selon la syntaxe suivante :

```
sélecteur {color:<couleur> | inherit}
```

Si elle n'est pas définie explicitement, sa valeur peut dépendre du navigateur utilisé, mais il s'agit généralement du noir. Nous pouvons définir explicitement une couleur en utilisant les méthodes vues au chapitre 8 à savoir un nom de couleur (par exemple `black`), une valeur hexadécimale à trois ou six positions représentant les composantes RGB de la couleur précédée du caractère # (comme `#F3C` ou `#FA3258`), et enfin à l'aide de la fonction `rgb()` qui doit avoir trois paramètres entiers variant de 0 à 255, représentant également les composantes RGB en notation décimale (par exemple `rgb(56,250,20)`).

L'exemple 9-1 permet de mettre en œuvre les couleurs d'avant-plan et la manière dont elles sont héritées. Nous y définissons la propriété `color` pour l'élément `<body>` (repère ❶), `<div>` (repère ❷), `<i>` et `<abbr>` (repère ❸), et enfin `<span>` (repère ❹). Pour l'élément `<div>`, nous définissons également une bordure pour montrer que la couleur d'avant-plan s'y applique. Nous reviendrons en détail sur la création des bordures au chapitre 10.

Dans le corps du document figure un titre `<h1>` (repère ❻) qui n'a pas de style propre. Il hérite donc de la couleur définie pour `<body>`. Vient ensuite une division `<div>` dont la couleur d'avant-plan est noire (repère ❼). Le titre `<h2>` (repère ❽) qu'elle contient figure donc également en noir, de même que le texte qui suit. L'élément `<p>` (repère ❾), sans style propre et également inclus dans `<div>`, a aussi un texte noir. En revanche, les éléments `<abbr>` (repère ❿) et `<i>` (repère ⓫), tous deux enfants de ce paragraphe, ont un style propre, et leur contenu est affiché en rouge. De même, l'élément `<span>` enfant de ce même paragraphe, mais ayant également un style propre, affiche son contenu en bleu. Il inclut à son tour deux éléments `<span>` et `<i>`. L'élément `<span>` (repère ⓭) doté d'un style qui agrandit la police (repère ❺) hérite de la couleur de `<span>` (repère ⓬) qui est son parent direct et son texte est donc en bleu. En revanche, l'élément `<i>` (repère ⓮) est aussi enfant de `<span>` mais il a un style propre (repère ❹) et son texte est donc en rouge. Le texte placé dans la fin de la division (repère ⓯) est affiché en noir en tant que contenu direct de `<div>`. Remarquons que sa bordure a la même couleur que le texte. Vient ensuite un paragraphe indépendant (repère ⓰) sans style propre qui hérite donc de la couleur d'avant-plan de son parent direct qui est `<body>`. Comme il inclut des éléments `<abbr>` et `<i>` (repères ⓱ et ⓲), pour lequel la propriété `color` a la valeur `red`, le contenu de ces derniers est affiché en rouge comme les éléments inclus dans `<div>`.

Exemple 9-1 Les couleurs d'avant-plan

```
<!DOCTYPE html>
<html>
 <head>
  <meta http-equiv="Content-type" content="text/html;charset=UTF-8" />
  <title>Couleurs d'avant plan</title>
  <link rel="shortcut icon" type="images/x-icon" href="../images/favicon.ico" />
  <style type="text/css" >
   body{color:#AA5;}  ❶
   div{color:#000;  ❷  border-width:3px;border-style:solid;}
   i,abbr{color:red;}❸
   span{color: blue;}❹
   #big{font-size:2em;}❺
  </style>
 </head>
 <body>
  <h1>In principio creavit Deus caelum et terram terra autem erat inanis</h1>  ❻
  <div>  ❼
   <h2>Ici commence un &lt;div&gt; </h2>  ❽  In principio creavit Deus caelum et
   ➡ terram terra autem erat inanis et vacua et tenebrae super faciem abyssi et
   ➡ spiritus Dei ferebatur super aquas.
   <p>  ❾  Un paragraphe dans div. Pour <abbr>HTML 5</abbr>  ❿, le respect des
   ➡ recommandations du <i>W3C </i>⓫ s'impose à tous les webmasters comme une
   ➡ nécessité...In principio creavit Deus caelum et terram. <br />
    <span>  ⓬  In principio creavit <span id="big">Deus</span>  ⓭  caelum et
    ➡ <i>terram</i>  ⓮  terra autem erat inanis </span>et vacua et tenebrae super
    ➡ faciem abyssi et spiritus Dei ferebatur super aquas
   </p>
   Texte de div : In principio creavit Deus caelum et terram terra autem erat
   ➡ inanis et vacua et tenebrae super faciem abyssi et spiritus Dei ferebatur
   ➡ super aquas dixitque  ⓯
  </div>
  <p>  ⓰  Un paragraphe indépendant. Pour <abbr>HTML 5</abbr>  ⓱, le respect des
  ➡ recommandations du <i>W3C </i>  ⓲  s'impose à tous les webmasters comme une
  ➡ nécessité... </p>
 </body>
</html>
```

La figure 9-1 montre le résultat obtenu pour les différentes couleurs d'avant-plan (ici en niveaux de gris).

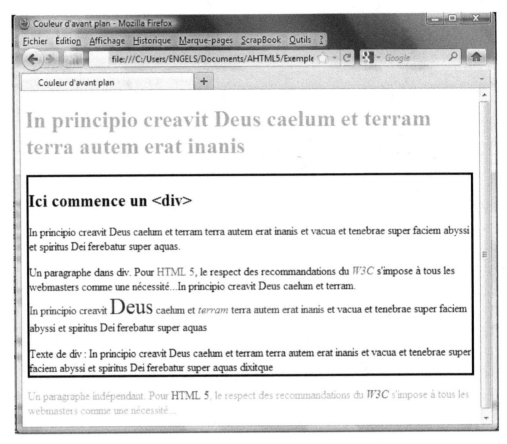

Figure 9-1

Les couleurs d'avant-plan et leur héritage

La couleur de fond

La couleur de fond d'un élément est définie par la propriété `background-color` que nous pouvons appliquer à tous les éléments HTML 5. Sa syntaxe est la suivante :

```
background-color:<couleur> | transparent | inherit
```

Par défaut, l'arrière-plan est transparent et laisse donc apparaître la couleur de fond de l'élément parent. La transparence peut aussi être définie explicitement avec la valeur `transparent`. Les valeurs du paramètre `<couleur>` sont celles qui ont été définies au chapitre précédent et pour la propriété `color` (mot-clé, code RGB ou fonction `rgb()`). La couleur de fond n'est pas héritée par défaut et il faut utiliser la valeur `inherit` pour en obtenir l'héritage. L'exemple 9-2 montre l'application de couleurs de fond à différents éléments.

La couleur yellow est appliquée au corps du document <body> (repère ❶). Nous pouvons remarquer dans la figure 9-2 que la couleur de fond de l'élément <h1> (repère ❼), n'étant pas définie explicitement, elle est celle de son élément parent <body> (repère ❶), non pas par héritage, mais parce que son fond est transparent.

Pour la même raison, la définition de la couleur de fond pour l'élément <div> (repères ❷ et ❽) s'applique à l'élément <h2>, qui y est inclus (repère ❾). En revanche, le paragraphe <p> (repère ❿) a une couleur de fond bien définie (repère ❸). Il a donc sa couleur propre et non pas celle de l'élément parent <div>.

Cette couleur est la même pour l'élément <abbr> (repère ⓫) pour la même raison que pour les éléments <h1> et <h2> à la différence près que la couleur de fond est ici définie avec la valeur transparent (repère ❺). Enfin, l'élément <i> (repère ⓬) ayant un style de fond défini avec le mot-clé orange (repère ❹), son contenu est affiché sur un fond orange. L'association des propriétés color et background-color dans la même classe (repère ❻) permet d'obtenir des effets particuliers susceptibles d'attirer l'attention sur un titre (repère ⓭).

Exemple 9-2 Application des couleurs de fond

```
<!DOCTYPE html>
<html>
 <head>
  <meta http-equiv="Content-type" content="text/html;charset=UTF-8" />
  <title> Les couleurs de fond </title>
  <style type="text/css" title="">
   body{background-color: yellow;}❶
   div{background-color:#0088FF;}❷
   p{background-color:rgb(255,0,0);}❸
   i{background-color:#FF0;}❹
   h2{background-color:transparent}❺
   .invert{color:white;background-color:#000;}❻
  </style>
 </head>
 <body>
  <h1>HTML 5 &amp; CSS 3</h1>❼
  <div>❽ <h2>HTML 5</h2>❾
   <p>❿Pour <abbr>HTML 5</abbr>⓫, le respect des recommandations du <i>W3C</i>⓬
   ➥ s'impose à tous les webmasters comme une nécessité...</p><br />
  </div><hr />
  <h2 class="invert">CSS 3 : feuilles de styles en cascade</h2>⓭
 </body>
</html>
```

La figure 9-2 présente le résultat obtenu.

Figure 9-2

*Définition des couleurs
de fond*

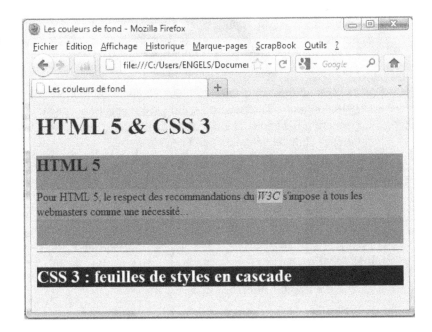

CSS 3 : couleurs de fond en dégragé

Les propriétés précédentes n'offrent que la possibilité de créer une couleur de fond unie. Avec CSS 3, les propriétés background-image ou même background seule, que nous allons utiliser, permettent de concevoir des fonds en dégradé de deux ou plusieurs couleurs. Si l'effet, très à la mode il y a une dizaine d'années, alors qu'il était réalisé à l'aide d'une image élaborée séparément, peut paraître discutable d'un point de vue esthétique, ces nouvelles propriétés, dont le résultat est construit côté client, évitent au moins de faire transiter une image par le réseau. Nous pouvons obtenir deux types de dégradés : linéaire, horizontal ou vertical, et radial, centré ou non, avec deux ou plusieurs couleurs. Nous allons envisager successivement ces différentes possibilités.

Dégradé linéaire

Pour obtenir des dégradés linéaires, la syntaxe à utiliser est la suivante :

```
background:linear-gradient(top|left,couleur1 X%,couleur2 Y%,…couleurN Z%) ;
```

Le premier paramètre indique que le dégradé est horizontal (valeur left) ou vertical (valeur top) ; la couleur donnée en premier sera placée à gauche ou en haut, selon l'orientation. Les valeurs X et Y représentent la répartition du dégradé dans le conteneur et sont facultatives.

Comme pour d'autres propriétés CSS 3, il faudra pour l'instant utiliser les préfixes adaptés selon les navigateurs (moz, o, webkit, khtml ou ms, ce dernier n'étant pas reconnu pour l'instant). Notons que nous pouvons aussi créer des dégradés en utilisant la propriété background-image comme le montre la classe verti de l'exemple 9-3 (repères ❼ à ⓬).

L'exemple 9-3 utilise ces propriétés pour la création de fonds en dégradé de couleurs horizontaux et verticaux pour deux paragraphes (repères ⓭ et ⓮). Les styles du dégradé horizontal emploient le paramètre left (repères ❶ à ❻) et celui du dégradé vertical le paramètre top (repères ❼ à ⓬). Le résultat est identique dans Firefox, Chrome 11 et Opera. On notera la syntaxe particulière destinée à Chrome 10 ou Safari 5.0, abandonnée dans les versions suivantes, Explorer 9 se montrant toujours récalcitrant à afficher quoi que ce soit ! On peut jouer sur les valeurs de X et Y en pourcentage pour modifier les zones de chaque couleur. Comme cas particulier, en écrivant par exemple des valeurs égales de X et Y, on obtient deux zones avec une séparation nette sans mélange, ce qui n'est pas un dégradé mais un fond bicolore ce qui est aussi nouveau en CSS 3. Dans ce cas, c'est la première couleur qui occupe une zone correspondant à ce pourcentage unique, la seconde occupant le reste.

Exemple 9-3 Dégradés linéaires

```
<!DOCTYPE html>
<html>
 <head>
  <meta http-equiv="Content-type" content="text/html;charset=UTF-8" />
  <title>Gradient de couleurs</title>
  <style type="text/css">
  /*Gradient horizontal*/
  p.horiz {height:200px;
  background:linear-gradient(left , red 30% ,yellow 90%);❶
  background:-moz-linear-gradient(left, red 30% ,yellow 90%);❷
  background:-o-linear-gradient(left, red 20% ,yellow 90%);❸
  background:-webkit-linear-gradient(left,red 30%,yellow 90% );❹
  background:-webkit-gradient(linear,30% 0%,90% 0%,from(red),to(yellow) );❺
  background:-ms-linear-gradient( left, red 0%, yellow 90%);❻
  font-size:  2em;
  color:rgba(5,6,7,0.8);}
  /*Gradient vertical*/
   p.verti {height:200px;
  background-image:linear-gradient(top , red 30% ,yellow 90%);❼
  background-image:-moz-linear-gradient(top, red 30% ,yellow 90%);❽
  background-image:-o-linear-gradient(top, red 30% ,yellow 90%);❾
  background-image:-webkit-linear-gradient(top,red 30%,yellow 90% ); ❿
  background-image:-webkit-gradient(linear,0% 30%,0% 90%,from(red),to(yellow) );⓫
  background-image:-ms-linear-gradient(top , red 30%, yellow 90%);
  font-size:  2em;⓬
  color:rgba(5,6,7,0.8);}
  </style>
 </head>
 <body>
   <p class="horiz">Gradient de couleurs horizontal....</p>⓭
   <p class="verti">Gradient de couleurs vertical....</p>⓮
 </body>
</html>
```

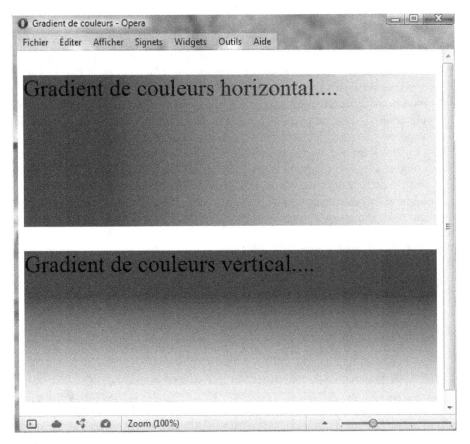

Figure 9-3

Dégradés linéaires dans Opera

On peut également créer des dégradés linéaires obliques en remplaçant le premier paramètre par une valeur en degrés par rapport à la verticale selon le modèle suivant :

```
background:-moz-linear-gradient(30deg, yellow 40%  ,black 80%);
```

Dégradé radial

Pour créer un fond en dégradé de couleurs radial, c'est-à-dire avec une couleur au centre qui évolue vers une couleur périphérique, nous disposons encore des propriétés `background` ou `background-image` mais avec des paramètres différents selon la syntaxe suivante, à laquelle on peut ajouter bien sûr les préfixes adaptés aux différents navigateurs :

```
background:radial-gradient(départ,forme,coul1 X%, coul2 Y%)
```

Le paramètre départ indique le point à partir duquel commence le dégradé ; il peut prendre une valeur donnée avec deux pourcentages des dimensions du conteneur ou avec les mots-clés suivants :

- top left, top center et top right : en haut respectivement à gauche, au centre ou à droite ;
- middle left, middle center et middle right : à mi-hauteur respectivement à gauche, au centre ou à droite ;
- bottom left, bottom center et bottom right : en bas respectivement à gauche, au centre ou à droite.

Le paramètre forme détermine la forme et la manière dont le dégradé va s'étendre dans son conteneur à partir de son point de départ ; il est composé des mots-clés circle ou ellipse pour la forme elle-même, et des mots-clés suivants pour son extension.

- cover : occupe toute la surface du conteneur.
- closest-side : associé à circle, le dégradé est circulaire et s'arrête sur le côté le plus proche de son centre. Avec ellipse, il s'étend à toute la surface.
- closest-corner : le dégradé s'étend jusqu'au coin le plus proche de son conteneur.
- farthest-side : le dégradé s'étend jusqu'au côté le plus éloigné de son conteneur.
- farthest-corner : le dégradé s'étend jusqu'au coin le plus éloigné de son conteneur.
- contain : la forme circulaire ou elliptique est entièrement contenue dans le conteneur.

On peut répéter le motif du dégradé (mais ceci n'est visible que si sa forme est petite dans le conteneur) en utilisant les paramètres suivants :

```
background:repeating-radial-gradient(départ,forme,coul1 X%, coul2 Y%)
```

Dans l'exemple 9-4, nous créons tout d'abord un dégradé circulaire centré en haut et au centre avec le paramètre cover (repères ❶, ❷, ❸, ❹ et ❺) pour le premier paragraphe (repère ❻) avec les versions adaptées aux navigateurs. Dans le paragraphe suivant, nous créons à l'aide d'un style local un dégradé ellipsoïde qui occupe toute la largeur du conteneur (repère ❼), puis dans le dernier paragraphe, un dégradé qui se répète de façon concentrique (repère ❽). La figure 9-4 montre le résultat obtenu dans Firefox, Chrome 11 ou Safari 5.1 (rien pour l'instant dans Opera ou Explorer).

Exemple 9-4 Dégradés radiaux

```
<!DOCTYPE html>
<html>
 <head>
  <meta http-equiv="Content-type" content="text/html;charset=UTF-8" />
  <title>Gradient circulaire</title>
  <style type="text/css">
   body{background-color: yellow;}
   p {height:170px;
   background:-moz-radial-gradient(center top ,  circle cover, white,#111);❶
```

```
        background:-o-radial-gradient( center top,  circle cover, white ,#333 );❷
        background:-webkit-radial-gradient(center top ,circle cover, white,#333);❸
        background:-ms-radial-gradient(center top,circle cover, white ,#333 );❹
        background:radial-gradient(center top,  circle cover, white,#333);❺
        font-size:2em;
        color:red;  }
      </style>
    </head>
    <body>
      <p><br /><br />Gradient de couleurs radial "circle"</p>❻
      <p style="background:-moz-radial-gradient(50% 70%,  ellipse contain,
      ➥ white,#333);">Gradient de couleurs radial "ellipse"</p>❼
      <p style="background:-moz-repeating-radial-gradient(60% 50% ,  circle contain,
      ➥ white,#111);">Gradient de couleurs radial "circle repeating"</p>❽
    </body>
  </html>
```

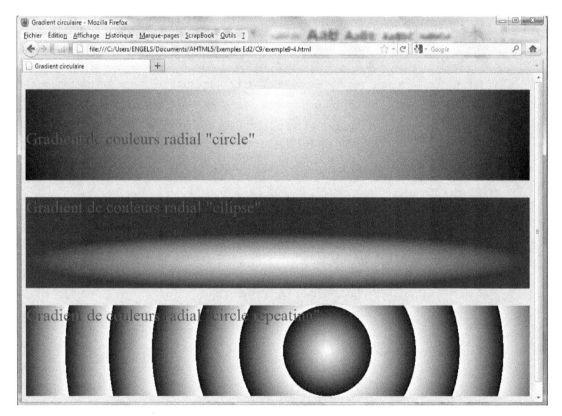

Figure 9-4

Dégradés radiaux dans Firefox

Les images de fond

Bien plus qu'une couleur de fond uniforme, la définition d'une image de fond pour la page entière, ou pour certains de ses composants seulement, est de nature à attirer l'attention du visiteur. Il est cependant conseillé, comme pour toutes les possibilités décoratives, de ne pas en abuser en multipliant différentes images de fond dans la même page. Cette restriction devra être appréciée en fonction de la nature du site et du public visé, portail d'entreprise généralement plus sobre ou site à caractère ludique plus exubérant.

Définir une image de fond

Pour définir une image de fond, nous utilisons la propriété `background-image` dont la syntaxe est la suivante :

```
background-image:url(<URL>)|none|inherit
```

La valeur `<URL>` passée à la fonction `url()` doit contenir l'adresse relative ou absolue de l'image de fond. Auparavant, l'image choisie doit éventuellement être redimensionnée à l'aide d'un logiciel graphique car il n'est pas possible d'intervenir sur les dimensions de l'image à l'aide des propriétés CSS. Dans tous les cas, l'image n'occupera que l'espace disponible de l'élément quelle que soit sa taille, sans risque de débordement. La valeur `none` définit l'absence d'image de fond et `inherit` permet de forcer l'héritage de l'image de fond de l'élément parent. En effet, les images de fond ne se transmettent pas aux éléments enfants. En pratique, on peut avoir l'impression contraire car un élément enfant, pour lequel aucune des propriétés `background-image` ou `background-color` n'est définie, possède l'image de fond de son parent, car son propre fond est alors transparent. En revanche, la définition d'une couleur de fond pour un élément l'emporte sur l'image de fond de son parent. De plus, si nous définissons ces deux propriétés pour le même élément, c'est l'image de fond qui l'emporte sur la couleur. Il est d'ailleurs prudent de définir les deux avec une couleur de fond proche de celle de l'image, car si on ne trouve pas l'image sur le serveur, c'est la couleur qui sert de fond. Enfin, signalons que, par défaut, l'image de fond est répétée horizontalement et verticalement pour occuper toute la surface de l'élément concerné.

L'exemple 9-5 illustre notre propos en définissant des images de fond pour les éléments `<body>` (repère ❶), `<h1>` (repère ❸), `<div>` (repère ❹), `<i>` (repère ❺) et une classe nommée `herit` (repère ❻) qui est appliquée au second élément `<h2>` (repère ❿). Dans le corps du document, l'image de fond de chacun de ces éléments se superpose à celle de son parent. Pour l'élément `<p>` (repères ❷ et ❽) qui n'a pas d'image de fond, la couleur de fond l'emporte également sur l'image de fond de son parent `<div>` (repère ❼). L'élément `<i>` (repère ❾), enfant du paragraphe, possède à la fois une couleur de fond et une image de fond, donc celle-ci l'emporte à la fois sur sa couleur de fond et sur la couleur de fond de son parent.

Exemple 9-5 Les images de fond

```
<!DOCTYPE html>
<html>
 <head>
  <meta http-equiv="Content-type" content="text/html;charset=UTF-8" />
  <title> Les images de fond </title>
  <style type="text/css" >
   body{background-image:url(fondbleu.gif);background-color:blue;}❶
   p{background-color:yellow;}❷
   h1{background-image:url(fond2.gif);}❸
   div{background-image:url(fond1.gif);}❹
   i{background-color:orange;background-image:url(fondjaune.gif);}❺
   .herit{color:red;background-image:inherit;}❻
  </style>
 </head>
 <body>
  <h1>HTML 5 &amp; CSS 3</h1>
  <div>❼ <h2>HTML 5 </h2>
   <p>❽Pour <abbr>HTML 5</abbr>, le respect des recommandations du <i>W3C </i>❾
   ➡ s'impose à tous les webmasters comme une nécessité...</p><br />
  </div><hr />
  <h2 class="herit">CSS 3 :<br /> feuilles de styles en cascade</h2>❿
 </body>
</html>
```

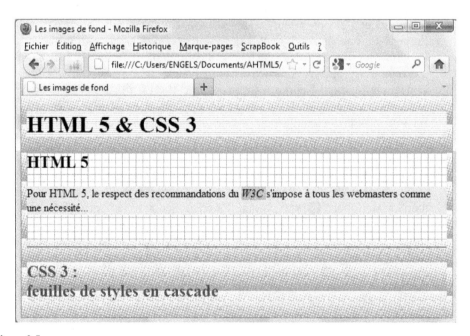

Figure 9-5

Les images de fond

Sur la figure 9-5, qui montre la visualisation du document dans Mozilla, nous pouvons constater les effets obtenus par les définitions de ces différentes images et couleurs de fond. En étant attentif, on peut remarquer que l'image de fond du second élément `<h2>` contenant le texte CSS 3, tout en étant la même que celle de la page, est décalée par rapport à celle de `<body>`. Ce phénomène ne se produit pas dans Internet Explorer qui effectue un rendu du fond hérité comme si celui-ci avait été déclaré transparent.

Positionner une image de fond

Par défaut, l'image de fond est répétée horizontalement et verticalement, et occupe tout l'espace disponible de l'élément. Pour modifier cette caractéristique, nous pouvons limiter le type de répétition à l'aide de la propriété `background-repeat` dont la syntaxe est la suivante :

```
background-repeat:repeat|repeat-x|repeat-y|no-repeat|inherit
```

Quand on lui attribue la valeur `repeat`, qui est la valeur par défaut, l'image est répétée selon les axes x et y et occupe toute la boîte de l'élément, telle qu'elle a été définie au chapitre 8. Avec la valeur `repeat-x`, l'image n'est répétée que horizontalement en haut de l'élément ; avec la valeur `repeat-y`, elle n'est répétée que verticalement sur le côté gauche de l'élément. La valeur `no-repeat` empêche quant à elle toute répétition. Dans ce cas, et si d'autres propriétés ne donnent pas de directives contraires, l'image est placée en haut et à gauche de l'espace occupé par l'élément. La valeur `inherit` permet de forcer l'application de la valeur définie pour l'élément parent car la propriété `background-repeat` n'est pas héritée par défaut.

Dans l'exemple 9-6, nous définissons une couleur, une image de fond et la répétition de l'image selon l'axe des abscisses, pour les éléments `<body>` et `<h2>` (repères ❶ et ❷). L'image de fond de `<body>` apparaît donc en haut de la page comme s'il s'agissait de celle de `<h1>` (repère ❸) qui n'en est pas muni. Les deux éléments `<h2>` (repères ❹ et ❺) présents dans la page, ayant à la fois une couleur et une image de fond avec une répétition horizontale, présentent l'image en haut du titre ; la couleur de fond occupe le reste de l'espace alloué aux titres.

Exemple 9-6 Répétition de l'image de fond

```
<!DOCTYPE html>
<html>
 <head>
  <meta http-equiv="Content-type" content="text/html;charset=UTF-8" />
  <title>Positionnement des images de fond</title>
  <link rel="shortcut icon" type="images/x-icon" href="../images/favicon.ico" />
  <style type="text/css" >
   body{color: black;background-color:#FFF;background-image:url(fondbleu2.gif);
   ➥ background-repeat:repeat-x;}❶
   h2{background-color:yellow;background-image:url(fondjaune.gif);
   ➥ background-repeat:repeat-x;}❷
  </style>
```

```
</head>
<body>
 <h1>HTML 5  et CSS 3</h1>❸
 <h2>HTML 5 <br />Le langage de création de pages Web</h2>❹
 <p> In principio creavit Deus caelum et terram terra autem erat inanis et vacua et
 ➡ tenebrae super faciem abyssi et spiritus Dei ferebatur super aquas </p>
 <h2>CSS 3<br />L'outil de création des styles</h2>❺
 <p> In principio creavit Deus caelum et terram terra autem erat inanis et vacua et
 ➡ tenebrae super faciem abyssi et spiritus Dei ferebatur super aquas </p>
 </body>
</html>
```

La figure 9-6 montre l'aspect obtenu par ces définitions.

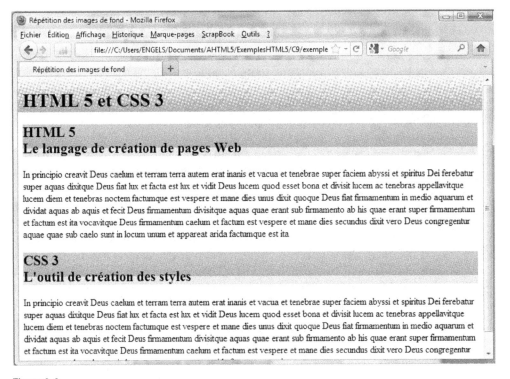

Figure 9-6

Répétition horizontale de l'image de fond

En remplaçant les styles de l'exemple 9-6 par les suivants :

```
body{color: black;background-color:#FFF;background-image:url(fondbleu2.gif);
➡ background-repeat:repeat-y;}
h2{background-color:yellow;background-image:url(fondjaune.gif);
➡ background-repeat:repeat-y;}
```

nous obtenons le résultat présenté à la figure 9-7, qui prouve une fois de plus toute la puissance de CSS car, pour obtenir ces résultats très différents l'un de l'autre, nous n'avons modifié que les deux valeurs de la propriété background-repeat (dans le cas présent, un seul caractère a changé dans chaque ligne).

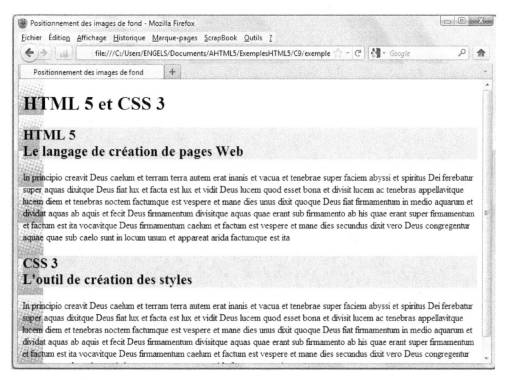

Figure 9-7

Répétition verticale des images de fond

En utilisant la valeur no-repeat, l'image de fond sera placée dans l'angle supérieur gauche de la zone de contenu de l'élément. Si cette position par défaut ne convient pas, il est possible d'en définir une autre explicitement à l'aide de la propriété background-position dont la syntaxe ci-après offre de nombreuses possibilités :

```
background-position:[[<pourcent> | <long> | left | center | right][<pourcent> |
➡ <long> | top | center | bottom]?] | [left | center | right]||[top | center |
➡ bottom]]| inherit
```

Cette syntaxe, plutôt complexe, mérite quelques explications. La première partie :

```
[<pourcent> | <long> | left | center | right]
```

signifie que la position horizontale peut être définie au minimum par un pourcentage, une unité de longueur ou un des mots-clés `left`, `center` ou `right`, dont nous allons donner la signification. La partie suivante :

```
[<pourcent> | <long> | top | center | bottom]
```

indique qu'il est possible, mais facultatif, de définir également la position verticale avec les mêmes unités et les mots-clés `top`, `center` et `bottom`. Si la position est fixée au moyen d'une unité de longueur, elle est calculée par rapport aux bords gauche et haut. Quand elle est donnée en pourcentage, celui-ci est calculé par rapport à la largeur de l'élément pour l'alignement horizontal et par rapport à sa hauteur pour l'alignement vertical.

Si la position donnée en pixels ou en pourcentage est une valeur négative, l'image de fond est coupée sur ses côtés gauche ou droit et haut ou bas selon le positionnement choisi. Elle n'apparaît donc que partiellement, ce qui peut entraîner des effets particuliers. Associée à une boucle en JavaScript, cette possibilité peut permettre de faire apparaître l'image progressivement, à partir d'un bord de l'élément auquel elle s'applique. La dernière partie de la syntaxe :

```
[left | center | right]||[top | center | bottom]
```

indique qu'il est aussi envisageable de n'utiliser que des mots-clés. Dans ce cas, nous avons le choix d'indiquer un seul mot-clé pour la position horizontale, ou deux, donnant dans l'ordre la position horizontale suivie de la position verticale. Le tableau 9-1 indique la signification des différents mots-clés.

Tableau 9-1. Les mots-clés de positionnement des images de fond

Position horizontale	
`left`	L'image est placée à gauche dans la zone de contenu de l'élément.
`center`	L'image est centrée dans la zone de contenu de l'élément.
`right`	L'image est placée à droite dans la zone de contenu de l'élément.
Position verticale	
`top`	L'image est placée en haut de la zone de contenu de l'élément.
`center`	L'image est centrée verticalement dans la zone de contenu de l'élément.
`bottom`	L'image est placée en bas de la zone de contenu de l'élément.

La propriété `background-position` n'étant pas héritée, la valeur `inherit` permet d'appliquer la même valeur que celle de l'élément parent.

Comme l'indique la syntaxe, il est possible de définir un seul alignement (horizontal ou vertical) ; dans ce cas, l'autre est défini par défaut à la valeur `center`. Il est plus clair de définir les deux à la fois, en donnant deux valeurs successives.

Le tableau 9-2 donne l'ensemble des neuf combinaisons possibles permettant d'utiliser deux mots-clés simultanément, avec les équivalences en pourcentage, et avec l'usage d'un seul mot-clé. La dernière colonne de ce tableau donne les repères des résultats obtenus pour chaque valeur, tels qu'ils sont visibles à la figure 9-6. Les valeurs `left center`, `0% 50%`, `left` et `0%` sont par exemple toutes équivalentes.

Tableau 9-2. Équivalence des mots-clés

2 mots-clés	2 pourcentages	1 seul mot-clé	1 seul pourcentage	Repères de la figure 9-6
`left top`	0 % 0 %	`non`	-	1
`center top`	50 % 0 %	`top`	-	2
`right top`	100 % 0 %	`non`	-	3
`left center`	0 % 50 %	`left`	0 %	4
`center center`	50 % 50 %	`center`	50 %	5
`right center`	100 % 50 %	`right`	100 %	6
`left bottom`	0 % 100 %	`non`	-	7
`center bottom`	50 % 100 %	`bottom`	-	8
`right bottom`	100 % 100 %	`non`	-	9

Les codes de l'exemple 9-7 indiquent les définitions de styles de toutes les possibilités représentées à la figure 9-8 en utilisant des mots-clés. Les repères ❶ à ❾ correspondent à ceux de la figure 9-8.

Exemple 9-7 Le positionnement des images de fond

```
❶ body{background-image:url(pont.png);background-repeat:no-repeat;
   ➡ background-position:left top;}
❷ body{background-image:url(pont.png);background-repeat:no-repeat;
   ➡ background-position:center top;}
❸ body{background-image:url(pont.png);background-repeat:no-repeat;
   ➡ background-position:right top;}
❹ body{background-image:url(pont.png);background-repeat:no-repeat;
   ➡ background-position:left center;}
❺ body{background-image:url(pont.png);background-repeat:no-repeat;
   ➡ background-position:center center;}
❻ body{background-image:url(pont.png);background-repeat:no-repeat;
   ➡ background-position:right center;}
❼ body{background-image:url(pont.png);background-repeat:no-repeat;
   ➡ background-position:left bottom;}
❽ body{background-image:url(pont.png);background-repeat:no-repeat;
   ➡ background-position:center bottom;}
❾ body{background-image:url(pont.png);background-repeat:no-repeat;
   ➡ background-position:right bottom;}
```

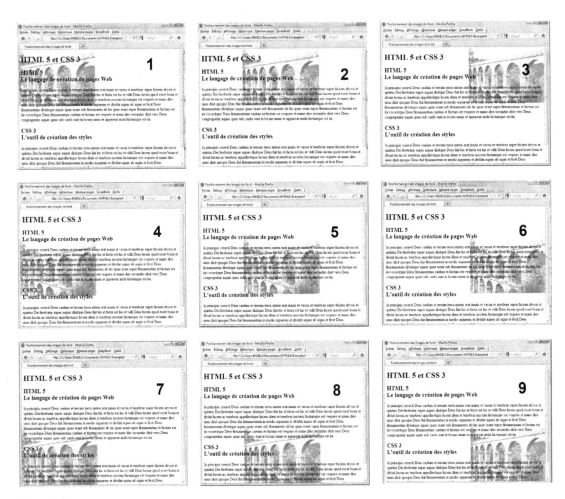

Figure 9-8

Différents positionnements de l'image de fond

Pour certains éléments, le plus évident étant `<body>`, quand le contenu est plus haut que la fenêtre, des barres de défilement apparaissent automatiquement dans le navigateur. Si l'élément possède une image de fond, celle-ci va par défaut défiler avec le reste de la page et elle peut donc disparaître, en particulier si elle est positionnée en haut ou même au centre de la page. Il est possible d'autoriser ou non ce défilement en utilisant la propriété `background-attachement` dont la syntaxe est :

```
background-attachement:scroll|fixed|inherit
```

Si la valeur `scroll` correspond au comportement par défaut qui implique le défilement de l'image avec le contenu, la valeur `fixed` permet de conserver l'image à sa position initiale, définie par `background-position`. Avec la valeur `fixed`, nous pourrons par exemple conserver une image centrée dans la fenêtre quelle que soit la hauteur du contenu d'une page. La propriété n'étant pas héritée par défaut par un élément enfant, la valeur `inherit` permet de définir cet héritage.

À titre d'exemple, en utilisant le même code HTML 5 que celui de l'exemple 9-6 pour définir le contenu d'une page, et en appliquant le style suivant à l'élément `<body>` pour fixer l'image de fond, nous obtenons le résultat présenté à la figure 9-9, après avoir fait défiler son contenu. Nous pouvons constater que l'image de fond conserve sa position initiale malgré le défilement opéré sur le texte de la page.

```
body{background-image:url(paysage.png);background-repeat:no-repeat; background-
    position:top center ; background-attachment: fixed; color:#BBB; }
```

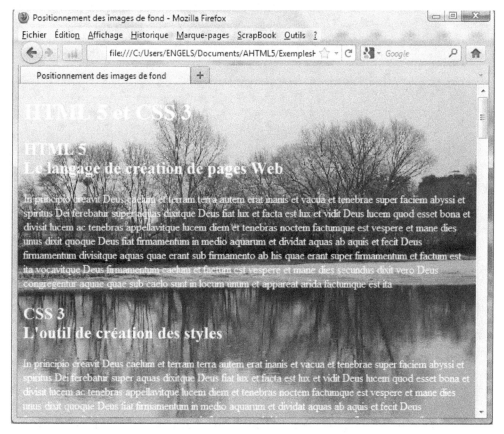

Figure 9-9

Une image de fond fixe

En revanche, en définissant les styles suivants qui autorisent le défilement de l'image, nous obtenons le résultat présenté à la figure 9-10. Nous y remarquons que le paysage de fond s'est déplacé avec le texte auquel il est lié.

```
body{background-image:url(paysage.png);background-repeat:no-repeat; background-
➡ position:top center ; background-attachment: scroll;background-color:#BBB;
➡ color:white; }
```

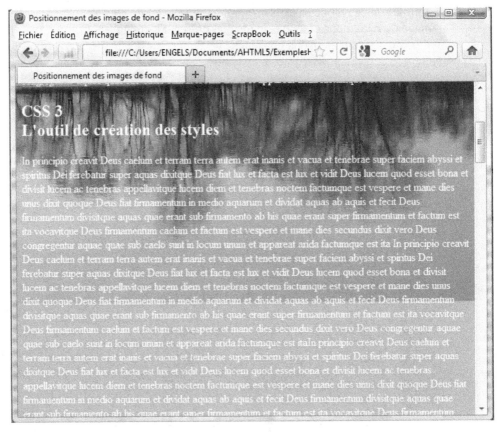

Figure 9-10

Une image de fond défilante

Un raccourci pour les fonds

Plutôt que de définir individuellement chacune des caractéristiques précédentes de couleur, d'image, de position et de défilement pour le fond d'un élément, il est possible de
réaliser ces mêmes définitions à l'aide d'une seule propriété nommée background qui va
toutes les rassembler selon la syntaxe suivante :

```
background:[<background-color>||<background-image>||<background-repeat>
➡ ||<background-attachement>||<background-position>]|inherit
```

Dans cette propriété, nous pouvons définir de une à cinq valeurs qui indiquent respectivement pour le fond, sa couleur, l'image de fond, le mode de répétition de celle-ci, son défilement et sa position. L'ordre de définition de chaque valeur n'est pas important, mais chaque indication doit respecter la syntaxe donnée pour les différentes propriétés individuelles que nous avons vues précédemment. À la place de l'ensemble de ces valeurs, il est possible d'écrire le mot-clé inherit pour que l'élément ait toutes les caractéristiques de son parent. Il est donc possible de définir par exemple le style suivant :

```
body{background:url(paysage.png) no-repeat top center scroll #BBB;}
```

en lieu et place de l'ensemble des propriétés individuelles :

```
body{background-image:url(paysage.png);background-repeat:no-repeat; background-
    position:top center ; background-attachment: scroll;background-color:#BBB;}
```

Les images de fond multiples en CSS 3

Dans les sections précédentes, il ne pouvait être question que de définir une image de fond par élément. Si on en voulait plusieurs, il fallait découper le contenu de l'élément en y incluant plusieurs autres ayant chacun son image de fond. Désormais, il est possible de définir plusieurs images de fond pour le même élément ; cela s'effectue encore avec la propriété background-image, mais selon la nouvelle syntaxe suivante :

```
background-image : url(img1),…,url(imgN);
```

En contrepartie de cette possibilité, il faut obligatoirement définir la propriété background-position pour les placer à des endroits différents pour éviter la superposition. Là aussi cette propriété présente une syntaxe étendue :

```
background-position:pos1,pos2,…,posN;
```

Pour l'utiliser avec efficacité, il est bon de définir comment la position des images de fond doit être calculée. Ceci est réalisé avec la propriété background-origin selon la syntaxe :

```
background-origin: border-box | padding-box | content-box
```

La signification des paramètres est la suivante.

- border-box : la position est calculée à partir du coin supérieur gauche d'une zone incluant le conteneur de l'élément et la zone de bordure. Dans ce cas, une image de fond positionnée près d'un bord sera partiellement cachée par la bordure si celle-ci a une couleur.
- padding-box : la position est calculée à partir du coin supérieur gauche d'une zone incluant le conteneur de l'élément et la zone d'espacement définie par la propriété padding.
- content-box : la position est calculée à partir du coin supérieur gauche mais uniquement de la zone du conteneur de l'élément sans bordure ni espacement.

Une autre possibilité intéressante ajoutée dans CSS 3 est la propriété `background-size` qui permet de dimensionner une ou plusieurs images de fond indépendamment des dimensions réelles des images. Sa syntaxe est la suivante :

```
background-size:X1 px Y1 px, …,Xn px Yn px;
```

les valeurs de X et Y désignant les dimensions horizontales et verticales désirées de chacune des images et pouvant aussi être données en pourcentage.

En donnant la valeur `cover` à la propriété `background-size` pour un élément ayant une image de fond unique, l'image de fond choisie est étendue pour occuper tout l'espace disponible dans le conteneur de l'élément.

L'exemple 9-8 utilise ces différentes propriétés ; nous créons d'abord, dans le corps du document, une division `<div>` et une image qui ne sert qu'à montrer la taille réelle d'une des images utilisée comme fond dans l'élément `<div>` par comparaison aux tailles qui lui sont attribuées dans la division. Dans celle-ci, nous créons une bordure et un espacement de 20 pixels (repères ❶ et ❷) puis trois images de fond (repère ❹) que nous positionnons avec des mots-clés ou des pourcentages (repère ❺). Le positionnement est défini par rapport à la zone d'espacement (repère ❸). Chacune de ces images est alors dimensionnée (repère ❻). Pour montrer le résultat obtenu avec la valeur `cover` donnée à la propriété `background-size`, nous définissons comme image de fond pour la page l'image `fondbleu.gif` déjà visible dans la division (repères ❼, ❽ et ❾). On s'aperçoit dans la figure 9-11 que cette image a été étirée pour occuper tout l'espace de la page.

Exemple 9-8 Images de fond multiples

```
<!DOCTYPE html>
<html>
 <head>
  <meta http-equiv="Content-type" content="text/html;charset=UTF-8" />
  <title>Images de fond multiples</title>
  <style type="text/css">
    div {
    height:200px;
    border:20px solid  red;❶
    padding:20px;❷
    background-color: #DDD;
    background-origin:padding-box;❸
    background-image: url(france.gif), url(fondbleu.gif),        url(france.gif) ;❹
    background-position: center bottom,98% 10%, left top;❺
    background-repeat: no-repeat ;
    background-size: 80px 80px, 150px 150px, 120px 120px ;❻
    }
    body{
      background-image: url(fondbleu.gif);❼
      background-origin: content-box;❽
      background-size:cover;❾
    }
  </style>
```

```
   </head>
   <body>
    <div><h1><br /><br /><br />Images de Fond</h1></div>
    <img src="france.gif" alt="France"/>
   </body>
  </html>
```

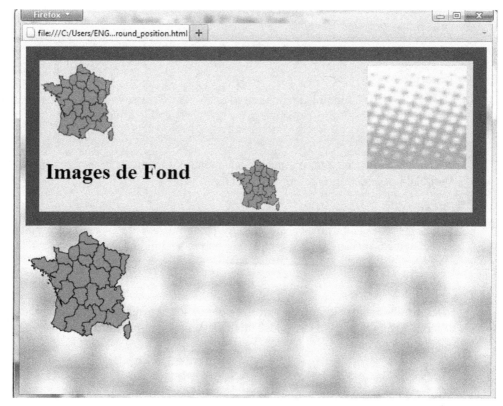

Figure 9-11

Images de fond multiples et dimensionnement

Exercices

Exercice 1

Quels sont les différents effets de la définition de la propriété `color` ?

Exercice 2

Créer les styles pour que les titres `<h1>` soient affichés en rouge sombre, les titres `<h2>` en bleu et les paragraphes en gris moyen. Pour définir les couleurs, utiliser successivement des mots-clés, des codes hexadécimaux et la fonction `rgb()`. Appliquer ces styles à un document.

Exercice 3

Créer les styles afin que le texte des paragraphes qui suivent un titre `<h1>` soit bleu et que celui des paragraphes qui suivent un titre `<h2>` soit vert. Appliquer ces styles à un document.

Exercice 4

Créer une page à fond jaune clair et dont le texte soit bleu foncé.

Exercice 5

Créer une page à fond bleu pâle dont le texte par défaut soit noir. Les titres `<h1>` doivent être écrits en rouge sur fond jaune et les titres `<h2>` en bleu foncé sur fond transparent.

Exercice 6

Créer le style permettant d'afficher le contenu des éléments `<code>` en vert vif sur fond noir, à l'image des antiques terminaux monochromes.

Exercice 7

Créer les styles de façon à ce que seuls les paragraphes ayant un attribut `id` soient affichés avec un texte gris sur fond rose pâle. Les autres paragraphes doivent être affichés en noir sur blanc.

Exercice 8

Définir une image de fond de petit format qui soit répétée horizontalement et verticalement dans toute la page. Tous les autres éléments de la page, quels qu'ils soient, doivent avoir un fond blanc.

Exercice 9

Créer une page dont l'image de fond soit non répétée et située au centre et en haut de la fenêtre.

Exercice 9

Écrire un style qui ne fait apparaître que la moitié inférieure de l'image de fond choisie. Celle-ci doit être placée en haut et au centre de la page.

Exercice 11

Créer un style pour que l'image de fond (de petite taille de préférence pour créer un motif) de tous les éléments d'une page soit centrée et répétée verticalement.

Exercice 12

Placer une image de fond dans une page à 15 % du bord gauche et à 30 % du bord supérieur.

Exercice 13

Fixer l'image de fond de l'exemple précédent pour qu'elle ne défile pas. Qu'observe-t-on quand on redimensionne la fenêtre du navigateur ?

Exercice 14

Écrire tous les styles des exercices précédents en utilisant la propriété raccourcie `background` quand cela est possible.

Exercice 15

Placer deux images de fond dans le même élément (`<div>` par exemple), la première placée en bas et à gauche et la seconde en haut et au centre.

10

Créer des bordures, des marges, des espacements et des contours

CSS définit un espace dans la page pour chaque élément de la hiérarchie du document HTML 5. C'est ce que l'on nomme communément le modèle de boîte de CSS. La boîte associée à chaque élément conditionne la surface, et éventuellement, la position qu'il a dans la page, et donc la position des boîtes des autres éléments par rapport à lui. Dans le modèle de boîte, chaque élément visuel possède un contenu direct ou indirect que nous pouvons dimensionner, mais il peut également disposer d'un espacement, d'une bordure et d'une marge par rapport aux boîtes des éléments environnants.

Le modèle CSS des boîtes

À chaque élément HTML 5 visuel correspond dans le navigateur une zone rectangulaire nommée boîte. Que l'élément soit de type bloc, comme `<div>`, `<p>` ou `<form>`, ou de type en ligne comme `<img />`, il se voit donc attribuer sa propre boîte. Il est important de savoir comment les navigateurs gèrent ces boîtes les unes par rapport aux autres et comment est déterminé leur encombrement total à l'écran. La figure 10-1 présente l'organisation du modèle de boîte de CSS 2.

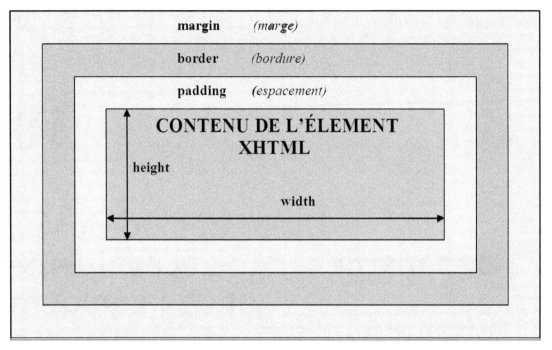

Figure 10-1

Le modèle de boîte CSS 2

En examinant cette figure, nous remarquons les points suivants.

- La boîte la plus interne est celle du contenu de l'élément. Il peut s'agir d'un texte dans un paragraphe, d'une image ou d'éléments de formulaires par exemple. Nous pouvons agir sur les dimensions du contenu à l'aide des propriétés CSS width et height. Ces propriétés s'appliquent à tous les éléments, sauf à ceux qui sont à la fois de type en ligne et non remplacés, ainsi qu'aux éléments <col /> et <colgroup>. La propriété width définit la largeur de la boîte du contenu et height sa hauteur. Ces dimensions peuvent être données à l'aide d'une unité de longueur habituelle (em, ex, px, mm, cm, in, pc, pt) ou en pourcentage. Pour la propriété width, ce pourcentage sera calculé par rapport à la largeur de l'élément parent de celui dont nous définissons la largeur. Si l'élément est un bloc directement inclus dans <body>, il s'agit de la largeur de la fenêtre du navigateur. Pour la propriété height, il y a lieu de prendre quelques précautions car les dimensions précisées ne sont pas nécessairement respectées dans le navigateur, en particulier dans les cas où le contenu est plus haut que la hauteur spécifiée. Nous reviendrons en détail sur les règles de dimensionnement des éléments et la manière dont elles sont gérées par CSS au chapitre 12.

- Autour de la boîte du contenu, un espacement (padding) peut être défini. Il permet de créer un espace vide entre le contenu et sa bordure. Si l'espacement est nul, ses limites extérieures sont confondues avec celles de la boîte de contenu. L'espacement a toujours une couleur de fond identique à celle du contenu.

- Encadrant la boîte précédente, on trouve la bordure (border) de l'élément qui crée une troisième boîte incluant les deux précédentes. Là aussi, si la bordure a une largeur nulle, les côtés de la boîte sont confondus avec ceux de l'espacement. La bordure peut être dotée d'une couleur, d'un style, et bien sûr, d'une épaisseur.

- Enfin, autour de la bordure une marge (margin) peut être définie, laquelle crée un espace vide entre la boîte précédente et les boîtes des éléments voisins dans la page, et donc dans le code HTML 5. Nous allons maintenant examiner ces différents éléments de présentation. Pour déterminer l'encombrement total d'un élément dans le navigateur, il ne faudra pas perdre de vue que les dimensions de tous ces éléments s'additionnent. Si, par exemple, nous définissons une largeur de 500 pixels pour un élément, un espacement de 20 pixels, une bordure de 5 pixels et une marge de 15 pixels, le rendu visuel de l'élément aura une largeur totale de 15 + 5 + 20 + 500 + 20 + 5 + 15 = 580 pixels. Les anciennes versions de certains navigateurs très connus prenaient comme dimension totale celle qui avait été définie avec la propriété width et réduisaient donc d'autant le contenu pour placer marge, bordure et espacement. Les navigateurs modernes réalisent bien l'addition de toutes les valeurs et il ne faut donc pas oublier d'en tenir compte pour éviter les débordements par rapport à la fenêtre du navigateur, ce qui obligerait l'utilisateur à faire défiler la page en largeur, ce qui est désagréable et fait perdre du temps.

Nouveaux modes de calcul en CSS 3

On peut désormais choisir comment sont calculées la largeur et la hauteur d'un élément dimensionné avec les propriétés width et height à l'aide de la propriété box-sizing dont la syntaxe est :

```
box-sizing: content-box | border-box;
```

Avec la valeur content-box, la dimension est affectée au contenu comme en CSS 2 ; c'est la valeur par défaut. Mais avec la valeur border-box, la dimension est affectée à la boîte du conteneur plus la bordure, donc le contenu lui-même est plus petit pour une dimension fixée.

Les bordures

La création de bordures autour d'un élément permet d'obtenir des effets visuels qui attirent l'attention dans le but, par exemple, de mettre davantage en évidence la structure de la page. En CSS, nous pouvons attribuer à une bordure des caractéristiques variées, telles qu'un style, une largeur et une couleur.

Le style de la bordure

CSS offre de nombreuses possibilités de style pour les bordures grâce à la propriété border-style. Elle peut prendre un grand nombre de valeurs auxquelles sont attachés des effets visuels divers et variés propres à satisfaire les designers de sites. Cette propriété s'applique à tous les éléments visuels et sa syntaxe est la suivante :

```
border-style : [none | hidden | <style>] {1,4} | inherit
```

La valeur none indique qu'il n'y a pas de bordure. La valeur hidden donne le même résultat pour la plupart des éléments sauf les cellules de tableaux. Avec la valeur inherit, la bordure a explicitement le même style que son élément parent. Le paramètre style peut prendre une des valeurs suivantes.

- dotted : bordure en pointillés courts (figure 10-2, repère **❶**).
- dashed : bordure en tirets longs (figure 10-2, repère **❷**).
- solid : bordure pleine continue (figure 10-2, repère **❸**).
- double : bordure constituée de deux traits parallèles continus (figure 10-2, repère **❹**). Si la largeur de bordure est insuffisante, un seul trait apparaît (pour définir la largeur, voir la propriété border-width).
- groove : bordure en creux. L'effet de creux est créé par l'emploi de couleurs différentes pour les côtés (figure 10-2, repère **❺**).
- ridge : bordure en relief. Même remarque sur la couleur des côtés (figure 10-2, repère **❻**).
- inset : bordure en creux dont chaque côté n'a qu'une seule couleur (figure 10-2, repère **❼**).
- outset : bordure en relief dont chaque côté n'a qu'une seule couleur (figure 10-2, repère **❽**).

La notation {1,4} précise qu'il est possible d'établir de 1 à 4 valeurs si l'on veut définir séparément les styles des bordures haute, droite, basse et gauche, dans cet ordre (pour mémoriser cet ordre, pensez au sens des aiguilles d'une montre en partant de midi). Cette multiplication des valeurs obéit aux règles suivantes.

- En donnant une seule valeur, elle s'applique aux quatre côtés.
- En donnant deux valeurs, la première s'applique aux côtés haut et bas, et la seconde aux côtés droit et gauche.
- En donnant trois valeurs, la première s'applique au côté haut, la suivante aux côtés droit et gauche, et la dernière au bord bas.

Si vous voulez éviter de mémoriser toutes ces règles, il vaut mieux définir soit une seule, soit quatre valeurs explicitement, le code étant alors immédiatement plus lisible.

L'exemple 10-1 contient la définition de la couleur d'avant-plan qui est aussi celle des bordures (repère **❶**). Vient ensuite la définition de huit classes (repères **❷** à **❾**) pour les éléments <h1> (repères **❿** à **⓱**) qui permet de visualiser tous les styles de bordures possibles.

Exemple 10-1 Les styles de bordures

```
<!DOCTYPE html>
<html>
 <head>
  <meta http-equiv="Content-type" content="text/html;charset=UTF-8" />
  <title>Les styles de bordures</title>
  <link rel="shortcut icon" type="images/x-icon" href="../images/favicon.ico" />
```

```
    <style type="text/css" title="bordure">
    body{color:#555;}❶
    h1.dotted{border-style: dotted;}❷
    h1.dashed{border-style: dashed;}❸
    h1.solid{border-style: solid; border-width: thick;}❹
    h1.double{border-style: double; border-width: thick;}❺
    h1.groove{border-style: groove; border-width: thick;}❻
    h1.ridge{border-style: ridge; border-width: thick;}❼
    h1.inset{border-style: inset; border-width: thick;}❽
    h1.outset{border-style: outset; border-width: thick;}❾
    </style>
  </head>
  <body>
  <h1 class="dotted">HTML 5 et CSS 3</h1>❿
  <h1 class="dashed">HTML 5 et CSS 3</h1>⓫
  <h1 class="solid">HTML 5 et CSS 3</h1>⓬
  <h1 class="double">HTML 5 et CSS 3</h1>⓭
  <h1 class="groove">HTML 5 et CSS 3</h1>⓮
  <h1 class="ridge">HTML 5 et CSS 3</h1>⓯
  <h1 class="inset">HTML 5 et CSS 3</h1>⓰
  <h1 class="outset">HTML 5 et CSS 3</h1>⓱
  </body>
</html>
```

Figure 10-2

Les différents styles de bordures

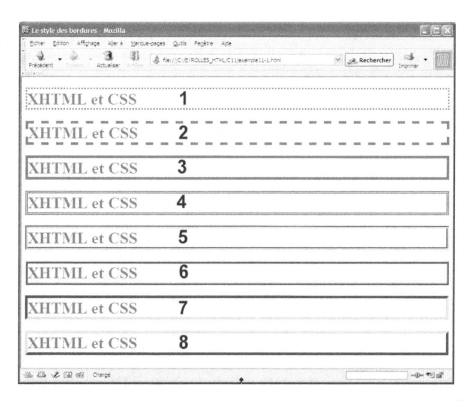

Nous pouvons définir individuellement chacune des bordures d'un élément en utilisant les propriétés suivantes :

- `border-top-style` : définit le style de la bordure haute ;
- `border-right-style` : définit le style de la bordure droite ;
- `border-bottom-style` : définit le style de la bordure basse ;
- `border-left-style` : définit le style de la bordure gauche.

Dans l'exemple 10-2, nous définissons avec les propriétés susmentionnées quatre styles différents pour les bordures des titres `<h1>` (repère **❶**). Nous procédons de même en définissant deux styles différents pour les bordures gauche et droite des paragraphes `<p>` (repère **❷**). L'utilisation de la pseudo-classe `:hover` permet de modifier individuellement chacune de ces bordures quand le curseur survole la boîte du paragraphe (repère **❸**).

Exemple 10-2 Les bordures individuelles

```
<!DOCTYPE html>
<html>
 <head>
  <meta http-equiv="Content-type" content="text/html;charset=UTF-8" />
  <title>Les bordures individuelles</title>
  <link rel="shortcut icon" type="images/x-icon" href="../images/favicon.ico" />
  <style type="text/css" title="bordures">
   h1{border-top-style: dotted; border-right-style: dashed;
➡   border-bottom-style: double; border-left-style: solid;}❶
   p{border-left-style: inset; border-right-style: dashed;}❷
   p:hover{border-top-style: dotted ; border-bottom-style: double;}❸
  </style>
 </head>
 <body>
  <h1>HTML 5 et CSS 3</h1>
  <p> In principio creavit Deus caelum et terram terra autem erat inanis
➡  et vacua . . .</p>
 </body>
</html>
```

La figure 10-3 illustre le résultat obtenu lors du survol du paragraphe.

La largeur de la bordure

En donnant un style aux bordures, elles prennent une largeur fixe comme nous l'avons constaté à la figure 10-2. Nous pouvons définir une largeur particulière aux bordures d'un élément grâce à la propriété `border-width`, dont la syntaxe est la suivante :

```
border-width: <bord>{1,4} | inherit
```

Figure 10-3

Les bordures individuelles

Le paramètre `<bord>` peut être défini de plusieurs façons.

- Par un mot-clé, parmi les suivants :
  - `thin` : pour une bordure mince. Avec cette valeur, les effets de style larges comme `double` risquent de ne pas être nettement perceptibles.
  - `medium` : pour une bordure moyenne (c'est la valeur par défaut).
  - `thick` : pour une bordure épaisse.

  Ces valeurs ne correspondent pas à une épaisseur absolue et celle-ci peut varier selon les navigateurs.

- Par une valeur explicite de longueur, définie habituellement par un nombre (positif) et une unité en px, em, ex, cm, mm, in, pc, pt.
- Par le mot-clé `inherit` si l'on veut la même valeur que celle de l'élément parent.

Si une seule valeur est donnée, elle s'applique aux quatre côtés de la bordure. La définition du paramètre peut aussi contenir de une à quatre valeurs qui peuvent s'appliquer séparément aux bordures haute, droite, basse et gauche dans cet ordre. Cette possibilité obéit aux mêmes règles d'ordre d'affectation, que nous avons indiquées pour la propriété `border-style`, quand on définit deux, trois ou quatre valeurs.

Les meilleurs effets visuels sont souvent obtenus en ne définissant une bordure que sur un ou deux côtés de la boîte de contenu. On procède à ces définitions à l'aide des propriétés suivantes :

- `border-top-width` : pour la bordure haute ;
- `border-right-width` : pour la bordure droite ;

- `border-bottom-width` : pour la bordure basse ;

- `border-left-width` : pour la bordure gauche.

Leur syntaxe est la même que celle de la propriété `border-width` mais ne doit bien sûr comporter qu'une seule valeur.

L'exemple 10-3 illustre les différentes possibilités de définition de la largeur des bordures. Le premier style définit la couleur d'avant-plan, et donc également celle des bordures (repère ❶). Pour l'élément `<div>` (repère ❻), la largeur des bordures est fixée à la valeur `double` et des largeurs différentes sont créées pour les côtés haut, bas et gauche au moyen d'unités différentes (repère ❷). Pour les paragraphes (repère ❽), la largeur est définie à l'aide du mot-clé `thick` (repère ❸) tandis que pour l'élément `<span>` (repère ❾), qui est inclus dans `<p>`, la largeur est fixée à la valeur `medium` (repère ❹). Pour cet élément, le style des bordures est modifié dynamiquement à l'aide d'un code JavaScript et passe de `inset`, quand le curseur survole le texte (repère ❿), à `outset`, quand il le quitte (repère ⓫). Pour les titres `<h1>` (repères ❼ et ⓬), la largeur est définie en unités `ex` et le style utilise la propriété `width` pour limiter la largeur de la boîte associée à l'élément à 50 % de celle de son parent `<div>` (repère ❺).

Exemple 10-3 La largeur des bordures

```
<!DOCTYPE html>
<html>
 <head>
  <meta http-equiv="Content-type" content="text/html;charset=UTF-8" />
  <title>Largeur des bordures</title>
  <link rel="shortcut icon" type="images/x-icon" href="../images/favicon.ico" />
  <style type="text/css" title="bordures">
   body{color:#444;}❶
   div{border-style: double; border-top-width: 20px ; border-bottom-width: 15px;
   ➥ border-left-width: 3em;}❷
   p{border-style: inset; border-width: thick; line-height: 1.5em;}❸
   span{border-style: outset; border-width: medium;}❹
   h1{border-style: ridge  ; border-width: 1ex; text-align: center; width:50%;}❺
  </style>
 </head>
 <body>
  ❻<div>
   ❼<h1>HTML 5</h1>
   ❽<p> In principio creavit ❾<span ❿onmouseover="this.style.
   ➥ borderStyle='inset'" ⓫onmouseout="this.style.borderStyle='outset'">Deus
   ➥ </span> caelum et terram terra autem erat inanis et vacua et tenebrae super
   ➥ faciem abyssi et spiritus Dei ferebatur super aquas
   </p>
   ⓬<h1>CSS 3</h1>
  </div>
 </body>
</html>
```

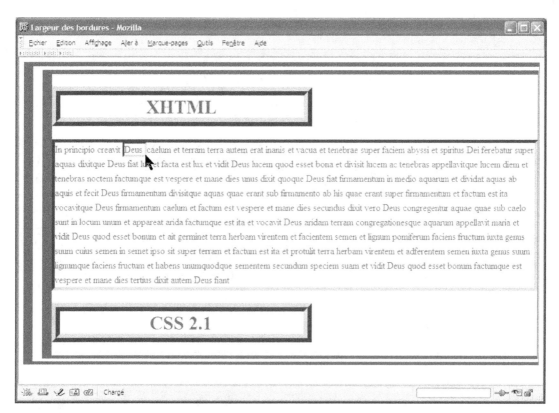

Figure 10-4

La largeur des bordures

La couleur de la bordure

Afin d'améliorer encore l'aspect des bordures, nous pouvons définir une couleur pour chaque bordure d'élément avec la propriété border-color dont la syntaxe est la suivante :

```
border-color: [<couleur> | transparent]{1,4} | inherit
```

Le paramètre <couleur> est donné par un code de couleur hexadécimal précédé du symbole dièse (#), un mot-clé (voir annexe C) ou les composantes RGB de la couleur données comme paramètres des fonctions rgb(), rgba() ou hsla(). Le mot-clé transparent indique que la bordure sera invisible et laissera voir la couleur du fond, ce qui peut constituer un effet particulier ou simplement créer une marge autour du contenu. Comme pour la propriété border-width, l'indication {1,4} précise qu'il est possible de définir individuellement la couleur des bordures des côtés haut, droit, bas et gauche avec les mêmes conditions d'attribution en tournant dans le sens des aiguilles d'une montre. Il est à noter que si nous définissons une largeur de bordure avec la propriété border-width, mais pas sa couleur, le navigateur crée une bordure dont la couleur est celle de la propriété color attribuée au texte. Mais il est encore possible de définir individuellement la couleur de chaque côté de la bordure à l'aide des propriétés suivantes :

- `border-top-color` : pour la couleur de la bordure haute ;
- `border-right-color` : pour la couleur de la bordure droite ;
- `border-bottom-color` : pour la couleur de la bordure basse ;
- `border-left-color` : pour la couleur de la bordure gauche.

En modifiant les définitions des styles de l'exemple 10-3, afin de fixer pour les bordures des couleurs personnalisées et différentes de la couleur d'avant-plan définie pour l'élément `<body>` (repère ❶), nous obtenons le code de l'exemple 10-4. Les paragraphes ont alors des bordures jaunes (repère ❷). Pour l'élément `<div>`, la propriété `border-color` est définie avec les valeurs `red`, `blue` et `yellow`, et nous créons donc une bordure haute rouge, des bordures droite et gauche bleues et une bordure basse jaune (repère ❸). L'élément `<span>` a encore une bordure `outset` dont la couleur est maintenant bleue (repère ❹). Quant aux titres `<h1>`, leur couleur de bordure est définie avec la fonction `rgb()` (`rgb(25,255,50)`) en vert (repère ❺).

Exemple 10-4 La couleur des bordures

```
<style type="text/css" title="bordures">
  body{color:#444;}❶
  p{border-style: inset; border-width: thick; line-height: 1.5em;
  ➥ border-color: yellow;}❷
  div{border-style: double; border-top-width: 20px ; border-bottom-width: 15px;
  ➥ border-left-width: 3em; border-color: red blue yellow;}❸
  span{border-style: outset; border-width: medium; border-color: #1533FF;}❹
  h1{border-style: ridge; border-width: 1ex; text-align: center; width: 50%;
  ➥ border-color: rgb(25,255,50);}❺
</style>
```

Définition globale d'une bordure

Pour définir les caractéristiques d'une bordure, plutôt que d'utiliser comme précédemment trois propriétés CSS, nous pouvons utiliser la propriété `border`, dont la syntaxe est la suivante :

```
border : [<largeur>||<style>||[<couleur>|transparent]] | inherit
```

Elle s'applique également à tous les éléments HTML 5 visuels mais elle ne permet pas de définir individuellement chaque côté de la bordure. Les définitions d'épaisseur, de style et de couleur prennent les mêmes valeurs que dans les propriétés `border-width`, `border-style` et `border-color`. L'utilisation de cette propriété raccourcie permet de gagner du temps pour les cas courants dans lesquels la bordure est uniforme sur tous ses côtés. Si nous écrivons par exemple le style suivant :

```
h1{border: 5px double blue;}
```

cela équivaut aux trois définitions suivantes :

```
h1{border-width: 5px border-style: double; border-color: blue;}
```

Il est encore possible d'affiner les définitions individuelles de chaque côté de la bordure d'un élément en utilisant les propriétés suivantes dont la syntaxe est la même que celle de la propriété `border`. Elles permettent de définir en une seule opération toutes les caractéristiques d'un côté de la bordure.

- `border-top` : définit la bordure haute.
- `border-right` : définit la bordure droite.
- `border-bottom` : définit la bordure basse.
- `border-left` : définit la bordure gauche.

Ces propriétés raccourcies sont plus simples d'utilisation que les définitions séparées des trois caractéristiques. Nous réserverons ces dernières à la création éventuelle d'effets dynamiques en réponse à une action du visiteur afin de ne modifier qu'une seule des caractéristiques d'une bordure.

L'exemple 10-5 illustre ce propos. Nous définissons tout d'abord globalement la bordure gauche des paragraphes (repères ❶ et ❽), puis les bordures haute et basse des divisions `<div>` (repères ❷ et ❻). Les éléments `<h1>` (repères ❼ et ❿) ont une bordure basse verte de 15 pixels et de style `inset` (repère ❸). La pseudo-classe `:hover` associée à cet élément permet de modifier dynamiquement le style de sa bordure (repère ❹). Tous les navigateurs comme Explorer ne gèrent pas cette pseudo-classe pour tous les éléments. Pour obtenir le même effet, il peut donc être préférable d'utiliser les attributs gestionnaires d'événements `onmouseover` et `onmouseout` qui jouent le même rôle, et ainsi effectuer le changement de style au moyen d'un code JavaScript. C'est ce qui est réalisé pour l'élément `<span>` inclus dans le paragraphe. Nous définissons à l'origine une bordure basse de 3 pixels de style `solid`. Le gestionnaire `onmouseover` permet de changer ce style en créant une bordure double quand le curseur survole son contenu, et d'annuler cet effet quand il la quitte (repère ❺ et ❾).

Exemple 10-5 Définition individuelle des bordures

```
<?xml version="1.0" encoding="iso-8859-1"?>
<!DOCTYPE html>
<html>
 <head>
  <meta http-equiv="Content-type" content="text/html;charset=UTF-8" />
  <title>Largeur des bordures</title>
  <link rel="shortcut icon" type="images/x-icon" href="../images/favicon.ico" />
  <style type="text/css" title="bordures individuelles">
   p{border-left: 2em dotted blue;}❶
   div{border-bottom: 10px double red; border-top: 10px groove red;}❷
   h1{border-bottom: 15px inset rgb(25,255,50); text-align: center;}❸
   h1:hover{border-bottom-style: double;}❹
   span{border-bottom: solid red 3px;}❺
  </style>
 </head>
```

```
<body>
 ❻<div>
  ❼<h1>HTML 5</h1>
  ❽<p> In principio creavit
  ❾<span onmouseover="this.style.borderBottomStyle='double'"
  ➥ onmouseout="this.style.borderBottomStyle='solid'">
  caelum et terram terra autem erat inanis et vacua et tenebrae super faciem
  </p>
  ❿<h1>CSS 3</h1>
 </div>
</body>
</html>
```

La figure 10-5 présente le résultat obtenu par la définition de ces bordures et la modification du style du premier titre <h1> en cas de survol.

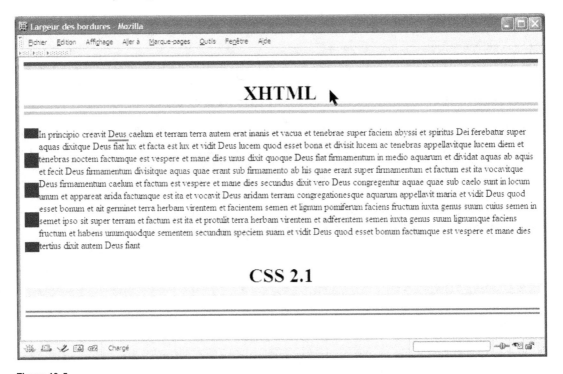

Figure 10-5
Modification dynamique de bordure

Bordures en CSS 3

CSS 3 propose plusieurs propriétés pour donner de nouveaux aspects aux bordures. Ces dernières peuvent être multicolores, aux angles arrondis ou composées d'images aux ombrages de boîtes qui, sans être des bordures, ont un aspect qui y ressemble fort.

Bordures multicolores

Les bordures abordées jusqu'à présent n'ont qu'une couleur éventuellement différente pour chaque coté. Pour diversifier encore les effets, CSS 3 permet aujourd'hui de créer individuellement des bordures multicolores, pour l'instant uniquement visibles dans Firefox, en usant du préfixe -moz, avec les propriétés suivantes :

```
border-top-colors : col1 col2….colN;
border-left-colors : col1 col2….colN;
border-bottom-colors : col1 col2….colN;
border-right-colors : col1 col2….colN;
```

qui définissent respectivement les bordures supérieure, gauche, basse et droite d'un élément, la première couleur étant à l'extérieur, et ainsi de suite.

Il faut bien sûr auparavant définir la largeur et le style de la bordure avec la propriété border. Chaque couleur occupe 1 pixel dans la bordure et, si on précise moins de couleurs que le nombre de pixels de la bordure, la dernière couleur indiquée occupe l'espace restant coté intérieur du conteneur.

Dans l'exemple 10-6, nous créons tout d'abord une bordure de 12 pixels de large (repère ❶) pour un paragraphe (repère ❻), puis nous définissons individuellement chacune des bordures. La bordure supérieure est composée de 3 pixels bleus et 3 pixels blancs ; le reste est rouge puisque nous ne donnons pas d'autre couleur (repère ❷). La bordure inférieure est l'opposée de la précédente (repère ❸). La bordure droite est composée de quatre couleurs de 3 pixels de large chacune (repère ❹) et la bordure gauche de deux couleurs, 3 pixels rouges et le reste gris (repère ❺). La figure 10-6 montre le résultat obtenu, qui est certes non esthétique mais démonstratif des possibilités offertes.

Exemple 10-6 Bordures multicolores

```
<!DOCTYPE html>
<html>
 <head>
  <meta http-equiv="Content-type" content="text/html;charset=UTF-8" />
  <title>Bordures multicolores</title>
    <style type="text/css">
    p{height:150px;font-size:3em;
    border:12px solid;❶
   -moz-border-top-colors: blue blue blue white white white red ;❷
   -moz-border-bottom-colors: red red red white white white blue ;❸
   -moz-border-right-colors: red red red grey grey grey yellow yellow yellow
   ⮕ black ;❹
   -moz-border-left-colors:    red red red  grey ;❺
    }
  </style>
 </head>
 <body>
  <p>Bordures multicolores<br /><br /></p>❻
</body>
</html>
```

Figure 10-6

Bordures multicolores

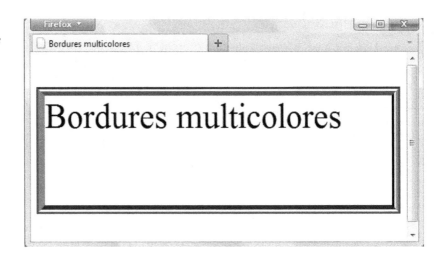

Bordures en images

La possibilité de placer des images dans les bordures d'un élément à l'aide de la propriété border-image est une autre nouveauté. Elle est pour l'instant fonctionnelle dans Chrome et Safari et partiellement dans Firefox. Sa syntaxe est :

```
border-image:url(image) H D B G round|stretch;
```

Outre l'adresse de l'image précisée avec la fonction url(), les paramètres round ou stretch déterminent si l'image est respectivement répétée ou étirée dans les bordures, sauf dans les angles où elle apparaît entière. Les paramètres H, D, B, G sont des nombres dont au moins un doit être donné, et ils ont pour l'instant un rôle peu précis mais sont censés avoir une action sur chacun des cotés de la bordure. Dans l'exemple 10-7, nous créons d'abord une bordure de 40 pixels et une couleur de fond pour les éléments <div> (repère ❶) puis trois classes qui vont s'appliquer aux différentes divisions (repères ❽, ❾ et ❿). La première utilise une image qui sera répétée sur les quatre bords (repères ❷ et ❸), la deuxième sera étirée sur les quatre bords mais pas dans les coins (repères ❹ et ❺). Enfin, la troisième crée une répétition sur les bords horizontaux et un étirement sur les bords verticaux (repères ❻ et ❼) en utilisant les deux mots-clés. L'image 10-7 donne le résultat obtenu dans Chrome ou Safari.

Exemple 10-7 Image dans les bordures

```
<!DOCTYPE html>
<html>
 <head>
  <meta http-equiv="Content-type" content="text/html;charset=UTF-8" />
  <title>Bordures en image</title>
  <style type="text/css">
   div{
```

```
      border:40px; background-color:#DDD;❶
    }
    .un{
      -webkit-border-image: url(fleche.gif) 40 40 40 40 round;❷
      -moz-border-image: url(fleche.gif) 40 40 40 40  round;❸
    }
    .deux{
      -webkit-border-image: url(fleche.gif)  50 50 50 50  stretch;❹
      -moz-border-image: url(fleche.gif)  50 50 50 50  stretch;❺
    }
    .trois{
      -webkit-border-image: url(horloge.jpg)  150 150 150 150  round stretch;❻
      -moz-border-image: url(horloge.jpg)  150 150 150 150  round stretch;❼
}
    </style>
  </head>
  <body>
   <div class="un"> <h1>Images en bordures normales round</h1><br /> </div> <br />❽
   <div class="deux"> <h1>Images en bordures étirées stretch</h1> </div>  <br />❾
   <div class="trois"> <h1>Images en bordures mixtes round stretch</h1> <br /><br />
   ➡ </div>❿
  </body>
</html>
```

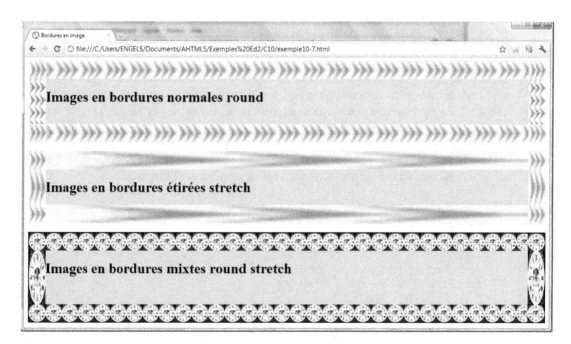

Figure 10-7

Image dans les bordures

Bordures arrondies

Les bordures à angles arrondis ont toujours intéressé les webmasters. Jusqu'à présent elles étaient réalisées avec des images ce qui demandait du travail. Les concepteurs de navigateurs l'ont bien compris car les nouvelles propriétés CSS 3, qui permettent de les mettre en œuvre facilement, s'affichent correctement dans toutes leurs versions récentes avec ou sans les préfixes spécialisés. La propriété essentielle est la suivante :

```
border-radius: xh yh zh th / xv yv zv tv;
```

dans laquelle les quatre premières valeurs sont les rayons de courbure horizontaux et les quatre suivantes les rayons verticaux. Les rayons pouvant être égaux ou différents horizontalement et verticalement, on obtient des angles arrondis avec des arcs circulaires ou elliptiques. Ces valeurs sont soit en pixels, soit en pourcentage ; dans ce dernier cas, les rayons sont calculés en pourcentage des dimensions du conteneur, donc différents pour un conteneur rectangulaire avec un pourcentage donné. Pour obtenir des rayons identiques, il suffit de donner une seule valeur de la forme :

```
border-radius: 20px;
```

Il est également possible de définir individuellement les rayons pour chacun des angles avec les propriétés suivantes :

```
border-top-left-radius: x y;
border-top-right-radius: x y;
border-bottom-right-radius: x y;
border-bottom-left-radius: x y;
```

Dans l'exemple 10-8, nous créons pour un élément <input/> de saisie de texte (repère ⓬) une bordure rouge de 6 pixels de style double (repère ❶), les rayons sont ensuite tous définis à 20 % avec une seule valeur et vont donc varier sur la longueur et la largeur de l'élément (repères ❷ à ❻ selon les navigateurs). Pour l'élément <div> de la page (repère ⓭), les rayons définis sont différents pour chaque angle afin d'apprécier la mise en œuvre de la propriété et les différents résultats obtenus (repères ❼,❽,❾,❿ et ⓫). On obtient donc des arcs de cercle ou d'ellipse, si les rayons sont inégaux.

Exemple 10-8 Les bordures arrondies

```
<!DOCTYPE html>
<html>
 <head>
  <meta http-equiv="Content-type" content="text/html;charset=UTF-8" />
  <title> Bordures arrondies </title>
  <style type="text/css">
  input {border: 6px double red;❶
   height:25px;
   -moz-border-radius: 20%;❷
```

```
        -ms-border-radius: 20%;❸
        -khtml-border-radius: 20%;❹
        -webkit-border-radius: 20%;❺
     border-radius: 20%;❻
     }

  div {border:5px solid  blue;background-color:yellow;
        -moz-border-radius: 15px 20px 40px 20px / 25px 20px 40px 50px;❼
        -ms-border-radius: 15px 20px 40px 20px / 25px 20px 40px 50px;❽
        -khtml-border-radius: 15px 20px 40px 20px / 25px 20px 40px 50px;❾
        -webkit-border-radius: 15px 20px 40px 20px / 25px 20px 40px 50px;❿
        border-radius: 15px 20px 40px 20px / 25px 20px 40px 50px;⓫
           }
  </style>
  </head>
  <body>
   Saisie : <input type="text" class="coins"/>  <br /><br />⓬
   <div><img src="france.gif" alt="france"/></div>⓭
  </body>
  </html>
```

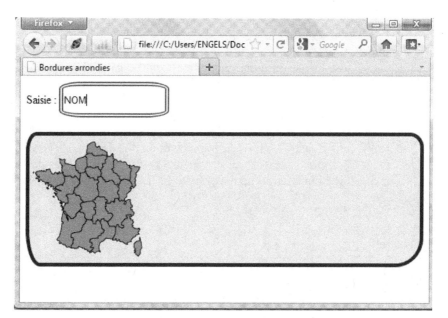

Figure 10-8

Les bordures arrondies

À l'ombre des boîtes

La création d'une ombre, effet apprécié car il donne une impression de profondeur dans une page, était elle aussi l'objet d'un travail graphique en provenant, par exemple, de l'affichage de deux éléments décalés. La propriété box-shadow permet désormais de créer facilement des ombres pour n'importe quel élément ayant un conteneur visible. Sa syntaxe est la suivante en remarquant que, pour une fois, c'est celle du W3C et qu'elle est acceptée par tous les navigateurs usuels sans préfixe.

```
box-shadow:[inset] X Y Z T couleur;
```

Les paramètres X et Y s'expriment en pixels et donnent respectivement la largeur et la hauteur de débord de l'ombre. S'ils sont positifs, l'ombre est en dessous et à droite du conteneur ; s'ils sont négatifs tous les deux, elle est placée au-dessus et à gauche. On peut évidemment utiliser des valeurs de signes différents pour varier l'effet. Le paramètre Z définit la largeur de la zone de flou en périphérie de l'ombre et peut être nul pour une ombre nette (s'il y a fort soleil !). La zone d'ombre possède a priori la même dimension que celle du conteneur, mais si on utilise le paramètre T, elle est agrandie de la valeur précisée dans les deux sens. Vient en dernier la couleur choisie pour l'ombre.

Il est possible de créer une ombre pour chacun des cotés du conteneur en répétant autant de fois les paramètres X, Y, Z et T et un code couleur en les séparant par une virgule, mais l'effet est moins intéressant.

Le paramètre inset est facultatif et implique que l'ombre est à l'intérieur de l'élément. S'il s'agit d'une image ou d'une vidéo, c'est inutile car l'ombre n'apparaît pas. Notez également que si on utilise en parallèle la propriété border-radius pour un élément, l'ombre portée a un angle également arrondi. L'exemple 10-9 montre plusieurs mises en œuvre ; tout d'abord, nous y définissons une ombre de 20 pixels et un flou de 7 pixels pour les éléments <img /> (repère ❶) qui s'appliquera à l'élément ❺. La classe .tour (repère ❷) définit quatre ombres de 10 pixels et un flou de 2 pixels pour chacun des cotés de l'image ❹. Enfin, la classe .inset (repère ❸) crée deux ombres de 10 pixels avec un flou de 5 pixels à l'intérieur d'un paragraphe ❻. La figure 10-9 donne le résultat obtenu.

Exemple 10-9 Ombre des boîtes

```
<!DOCTYPE html>
<html>
 <head>
  <meta http-equiv="Content-type" content="text/html;charset=UTF-8" />
  <title> Ombrage de boite </title>
  <style type="text/css">
    img{box-shadow:20px 20px 7px 0px #444;}❶
    .tour{box-shadow: 10px 10px 2px  #444,10px -10px 2px  #444,-10px 10px 2px
    ➥ #444,-10px -10px 2px  #444;}❷
    .inset{box-shadow:inset 10px 10px 5px #444,inset -10px -10px 5px
    ➥ #777;background-color: #DDD;}❸
  </style>
 </head>
```

```
<body>
<h1>A l'ombre des boites..</h1><br />   
  <img src="horloge.jpg" alt="Heure" class="tour"/> ❹     
  ➥   
 <img src="couvxhtml_gd.jpg" alt="HTML 5 CSS3" /><br /><br />❺
    <p class="inset">HTML 5  CSS 3 <br /><br /><br /></p>❻
</body>
</html>
```

Figure 10-9

Ombrage des boîtes

Les marges

Afin d'aérer le contenu d'une page et en particulier l'espace entre le rendu d'un élément et ses voisins dans la page, nous pouvons définir une marge autour de chaque élément. Cette dernière est située, d'après le modèle de boîtes CSS illustré à la figure 10-1, à l'extérieur de la boîte et constituée par la bordure de l'élément parent, qu'il s'agisse de <body> ou d'un autre bloc, et il n'est pas possible de la modifier directement sans recourir à quelque astuce.

Pour définir la largeur des marges d'un élément, nous disposons de la propriété margin, dont la syntaxe est la suivante :

```
margin : <large>{1,4} | inherit
```

Le paramètre large est un nombre entier suivi d'une unité (px, ex, em, %, mm, cm, in, pc, pt). Les marges peuvent être négatives, et dans ce cas, la boîte d'un élément sort de celle de son parent.

Si la largeur de la marge est donnée en pourcentage, elle est calculée par rapport à celle du bloc parent. La notation {1,4} permet encore ici de définir de une à quatre marges dans le sens des aiguilles d'une montre (haut, droit, bas, gauche), et ce, avec les mêmes conditions d'affectation si nous ne définissons qu'une, deux ou trois valeurs. La valeur inherit applique la marge de l'élément parent.

Comme avec les bordures, il est possible de définir individuellement chaque marge. Nous utiliserons les propriétés suivantes pour définir par exemple une seule marge (ce qui est aussi possible avec la propriété border en fixant les autres à 0), ou encore pour agir dynamiquement sur une seule des marges :

- margin-top : définit la marge haute ;
- margin-right : définit la marge droite ;
- margin-bottom : définit la marge basse ;
- margin-left : définit la marge gauche.

Les valeurs à donner à ces propriétés sont les mêmes que celles de border auxquelles s'ajoute la valeur auto pour laquelle seul le navigateur détermine la valeur de la marge. Nous éviterons ce type de valeur qui laisse l'initiative aux navigateurs et risque ainsi de créer des effets divergents. Il est préférable de définir explicitement une valeur pour créer un effet de présentation donné.

Dans l'exemple 10-10, nous créons des marges pour les différents éléments de la page. Les couleurs de fond qui leur sont attribuées permettent de mieux visualiser ces dernières. Les titres <h1> ont des marges haute et basse de 40 pixels, et des marges droite et gauche de 10 % de la largeur de leur élément parent (repère ❶). Pour le premier (repère ❹), inclus dans <body>, les marges droite et gauche sont donc de 10 % de la largeur de la fenêtre du navigateur. Elles vont donc évoluer si nous redimensionnons cette dernière. Pour l'élément <div> (repère ❺), seule la marge gauche est définie à 5 % de la largeur de son parent (ici, il s'agit de <body>, repère ❷). En conséquence, le deuxième et le troisième élément <h1> (repères ❻ et ❽) qui sont inclus dans <div> ont une marge gauche totale dans la page supérieure à celle du premier élément car elle représente la somme des 5 % de marge de <div> et des 10 % de marge de <h1>. La marge des paragraphes est donnée par trois valeurs (repère ❸) ; nous obtenons donc une marge supérieure de 10 pixels, des marges droite et gauche négatives de -1 em qui font déborder le contenu de l'élément <p> (repère ❼) à droite et à gauche de son parent <div>, et une marge basse de 15 pixels.

Exemple 10-10 Création des marges

```
<!DOCTYPE html>
<html>
 <head>
  <meta http-equiv="Content-type" content="text/html;charset=UTF-8" />
  <title>Largeur des bordures</title>
  <link rel="shortcut icon" type="images/x-icon" href="../images/favicon.ico" />
  <style type="text/css" title="bordures individuelles">
  h1{margin: 40px 10%; background-color: yellow;}❶
  div{margin-left: 5% ; background-color: #CCC;}❷
  p{margin: 10px -1em 15px; background-color: #EEE;}❸
  </style>
 </head>
 <body>
  ❹<h1>HTML 5</h1>
  ❺<div>
  ❻<h1>HTML 5</h1>
  ❼<p> In principio creavit Deus caelum et terram terra autem erat inanis et vacua
  ➡ et tenebrae super faciem abyssi et spiritus Dei ferebatur super aquas </p>
  ❽<h1>CSS 2.1</h1>
  </div>
 </body>
</html>
```

La figure 10-10 présente le résultat obtenu. Nous pouvons y remarquer que l'espace entre le second titre <h1> et le paragraphe n'est pas la somme des marges de chacun d'eux, comme on pouvait s'y attendre, mais qu'elle vaut 40 pixels. En effet, les marges basse de <h1> et haute de <p> ont fusionné, et ce, de la manière suivante.

- Les marges hautes et basses de boîtes générées par des éléments de type bloc fusionnent à condition d'être dans un flux normal, c'est-à-dire de ne pas utiliser de propriété de positionnement (comme float ou position que nous aborderons au chapitre 13). Dans ce cas, la marge finale a la plus grande des deux valeurs des éléments contigus. Si une des marges est négative, la marge résultante est la différence des deux marges. Si les deux marges sont négatives, celle qui a la plus grande valeur absolue l'emporte.

- Les marges entre les boîtes flottantes (voir la propriété float) ou celles qui sont positionnées absolument ou relativement (voir la propriété position au chapitre 13) ne fusionnent jamais.

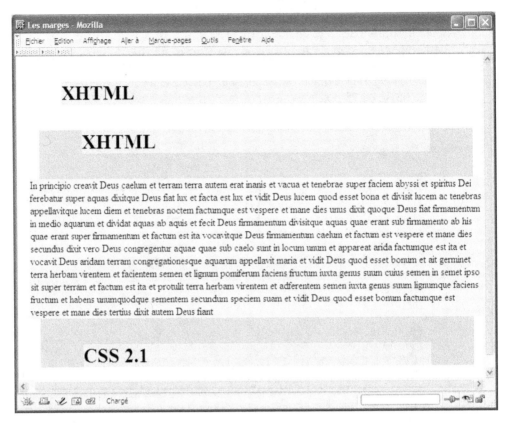

Figure 10-10

Définition des marges

Les espacements

En nous référant une fois de plus au modèle des boîtes illustré à la figure 10-1, nous pouvons constater qu'il est possible de définir une zone située entre la boîte de contenu d'un élément et sa bordure. Cette zone qui est nommée l'espacement (padding) permet, comme la propriété margin , d'aérer la présentation mais cette fois non pas entre deux éléments voisins, mais directement autour du contenu, qu'il existe une bordure définie explicitement ou non. Contrairement à la marge, l'espacement a la même couleur ou image de fond que le contenu de l'élément qu'elle entoure, telles que ces dernières sont définies par les propriétés background-color, background-image ou background. Cet espacement est créé par la propriété padding qui s'applique à tous les éléments HTML 5, excepté ceux qui sont inclus dans l'élément <table> (<tr>, <td>, <th>, <thead>, <tbody>, <tfoot>, <colgroup>, <col />). La syntaxe de la propriété padding est similaire à celle de margin :

```
padding: <large>{1,4} | inherit
```

Les valeurs du paramètre large sont données par un à quatre nombres positifs qui définissent dans l'ordre les espacements haut, droit, bas et gauche de l'élément. Si nous définissons une seule valeur, elle s'applique ici encore à toutes les marges. Si nous en définissons deux, la première s'applique aux espacements haut et bas et la seconde aux espacements droit et gauche. Si nous définissons trois valeurs, la première s'applique en haut, la deuxième à droite et à gauche, et la troisième en bas. Il est souvent plus simple de donner quatre valeurs explicites, dont certaines nulles.

Comme pour les propriétés de bordure ou de marge exposées précédemment, il est encore possible de définir individuellement chacun des espacements d'un élément au moyen des propriétés suivantes.

- padding-top : définit l'espacement haut.
- padding-right : définit l'espacement droit.
- padding-bottom : définit l'espacement bas.
- padding-left : définit l'espacement gauche.

Les valeurs possibles et les restrictions sont les mêmes que pour padding.

Dans l'exemple 10-11, nous créons des espacements différents pour quatre paragraphes et des couleurs de fond qui n'ont ici d'autre rôle que de bien matérialiser les limites de la boîte de chaque élément.

L'espacement du bloc <div> parent de tous les paragraphes est de 20 pixels sur chacun de ses côtés (repère ❶). L'espacement de chacun des trois premiers paragraphes (repères ⓫, ⓬ et ⓭) est défini dans une classe particulière, en pixels, en em et en pourcentage (repères ❷, ❸ et ❹). L'espacement du dernier paragraphe (repère ⓮) a la valeur inherit et va donc hériter de la valeur définie pour son élément parent <div> (repère ❺), ici 20 pixels (l'héritage n'est pas réalisé dans Explorer, ce qui montre une fois de plus l'intérêt de la définition explicite de la valeur souhaitée, sans compter sur l'héritage). Les éléments <h1> inclus directement dans le corps de la page (repère ❽) n'ont qu'un espacement haut de 0,5 em (repère ❻), alors que ceux qui sont inclus dans <div> (repères ❾ et ❿) ont en plus un espacement gauche de 200 pixels (repère ❼).

Exemple 10-11 L'espacement du contenu des éléments

```
<!DOCTYPE html>
<html>
 <head>
  <meta http-equiv="Content-type" content="text/html;charset=UTF-8" />
  <title>Les marges</title>
  <link rel="shortcut icon" type="images/x-icon" href="../images/favicon.ico" />
  <style type="text/css" title="bordures individuelles">
   div{padding: 20px; background-color: #CCC;}❶
   p.retrait1{padding: 20px; background-color: #EEE;}❷
   p.retrait2{padding:2em; background-color: #EEE;}❸
   p.retrait3{padding-left: 10%; background-color: #EEE;}❹
   p.herit{padding: inherit; background-color: #EEE;}❺
   h1{ padding-top: 0.5em; background-color :yellow; border-style: dotted;}❻
   div h1{ padding-left: 200px;}❼
```

```
    </style>
  </head>
  <body>
  ❽<h1>HTML 5</h1>
  ❾<div>
  ❿<h1>HTML 5</h1>
  ⓫<p class="retrait1"> In principio creavit Deus caelum et terram . . .</p>
  ⓬<p class="retrait2"> In principio creavit Deus caelum et terram . . .</p>
  ⓭<p class="retrait3"> In principio creavit Deus caelum et terram . . .</p>
  ⓮<p class="retrait herit">In principio creavit Deus caelum et terram . . .</p>
  </div>
  </body>
</html>
```

La figure 10-11 illustre le résultat obtenu pour ces différents espacements.

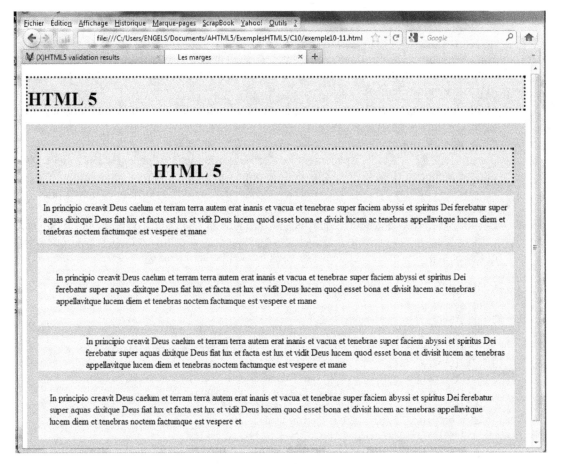

Figure 10-11

Création d'espacements autour des contenus

Les contours

Nous avons vu que les marges situées à l'extérieur des bordures sont transparentes. Dans cet espace extérieur aux bordures, il est possible de créer des contours qui ont une épaisseur, un style et une couleur. Ces contours vont présenter le même aspect qu'une bordure, mais avec deux différences de comportement.

- Les dimensions d'un contour ne sont pas prises en compte dans le modèle de boîte et ne peuvent donc pas modifier les dimensions totales de la boîte la plus externe. Les éléments contigus à la boîte générale pour un élément ne se trouvent pas décalés par l'existence d'un contour comme ils le sont par une marge. L'inconvénient de cet état de fait est qu'un contour très large peut se superposer aux éléments voisins, et en cacher une partie.

- Les contours ne forment pas une boîte rectangulaire et ils peuvent s'étendre sur deux lignes (voir la figure 10-8 pour l'élément `<span>`).

Les propriétés que nous allons utiliser pour créer des contours sont théoriquement applicables à tous les éléments HTML 5. Cependant, à ce jour, seul le navigateur Opera réalise ces contours à peu près correctement. Les autres navigateurs (Firefox, Netscape) ne les affichent que dans certaines conditions voire pas du tout (Explorer 6). En pratique, les propriétés peuvent être appliquées pour faire apparaître dynamiquement un contour autour de certains éléments, comme des images, des boutons ou des zones de saisie de formulaire, en réponse aux attributs `onfocus` ou `onmouseover`, gérés par les pseudo-classes `:focus` et `:hover`, ou des scripts JavaScript.

Le style du contour

Le style du contour est la première des propriétés à définir pour obtenir un affichage, les autres ayant des valeurs par défaut. Il est créé grâce à la propriété `outline-style`, dont la syntaxe est similaire à celle de `border-style` :

```
outline-style: none | <style> | inherit
```

La valeur `none` supprime tout contour et le paramètre `<style>` peut prendre une des valeurs suivantes :

- `dotted` : bordure en pointillés courts (figure 10-2, repère ❶) ;
- `dashed` : bordure en tirets longs (figure 10-2, repère ❷) ;
- `solid` : bordure pleine continue (figure 10-2, repère ❸ ;
- `double` : bordure constituée de deux traits parallèles continus (figure 10-2, repère ❹). Si la largeur de bordure est insuffisante, un seul trait apparaît (pour définir la largeur, voir la propriété `border-width`) ;
- `groove` : bordure en creux. Les quatre côtés sont de couleur différente ce qui permet de créer cet effet de dépression (figure 10-2, repère ❺) ;
- `ridge` : bordure en relief. Même remarque sur la couleur des côtés (figure 10-2, repère ❻) ;

- `inset` : bordure en creux dont chaque côté n'a qu'une seule couleur (figure 10-2, repère ❼) ;
- `outset` : bordure en relief dont chaque côté n'a qu'une seule couleur (figure 10-2, repère ❽).

Notons que, contrairement aux bordures, il n'est pas possible de définir une valeur de style différente pour chaque côté du contour.

La couleur du contour

La définition explicite de la couleur du contour est obtenue grâce à la propriété `outline-color`, dont la syntaxe se rapproche de celle de `border-color` :

```
outline-color: <couleur> | invert | inherit
```

Le paramètre `<couleur>` est donné par un code de couleur, un mot-clé ou la fonction `rgb()` comme habituellement. Le mot-clé `invert` permet d'obtenir un contour dont la couleur est l'inversion vidéo de la couleur du fond sur lequel il est dessiné. Nous sommes ainsi assurés d'obtenir un effet visuel qui attire l'attention. Comme pour le style, la couleur du contour s'applique à ses quatre côtés en même temps. Si nous définissons cette propriété, il faut également obligatoirement définir `outline-style`, sinon aucun contour ne s'affichera.

Pour créer un contour sur une zone de saisie quand elle reçoit le focus avec le curseur, la touche de tabulation ou un raccourci clavier, nous écrirons par exemple le code suivant :

```
input: focus{outline-style: dotted; outline-color: orange;}
```

La largeur du contour

Nous pouvons enfin définir une largeur pour le contour au moyen de la propriété `outline-width`, dont la syntaxe est la suivante :

```
outline-width: <long> | thin | medium | thick | inherit
```

Les paramètres sont les mêmes que ceux de la propriété `border-width`. Les mots-clés `thin`, `medium` et `thick` correspondent respectivement à un contour fin, moyen et épais, leur dimension réelle étant fonction du navigateur. Pour obtenir une dimension fixe, nous préférons définir une longueur fixe dans les unités habituelles (px, em, ex, mm, cm, in, pc, pt).

Comme nous l'avons déjà signalé, les dimensions du contour ne sont pas prises en compte dans le calcul de la dimension totale de la boîte générée pour un élément. Si le contour est plus large que la marge, il y a débordement sur les éléments voisins. Il faut donc veiller à ne pas définir une largeur de contour inesthétique.

L'exemple 10-12 permet de mettre en œuvre ces propriétés. Les éléments `<div>` y ont une bordure et une marge, mais également un contour bleu de 7 pixels avec le style `double` (repère ❶) ; cela s'applique au premier élément <div> (repère ❻). L'association du sélecteur d'attribut id et de la pseudo-classe :hover permet de modifier dynamiquement à la fois le contour mais aussi l'espacement et la bordure de l'élément (repère ❷) du second élément <div> (repère ❼). Le survol du bouton inclus dans le paragraphe (repère ❽) fait apparaître un contour autour de celui-ci (repères ❸ et ❿). Le contour défini dans la classe contour (repère ❹) et appliqué à un élément <span> (repère ❾) permet de constater que ce dernier peut figurer sur plusieurs lignes comme le montre la figure 10-12. Enfin, la pseudo-classe :focus associée à l'élément <input /> (repère ❺) permet d'afficher un contour sur une zone de saisie de texte (repère ⓫) quand elle reçoit le focus.

Exemple 10-12 Création de contours

```
<!DOCTYPE html>
<html>
 <head>
  <meta http-equiv="Content-type" content="text/html;charset=UTF-8" />
 <title>Les contours</title>
  <link rel="shortcut icon" type="images/x-icon" href="../images/favicon.ico" />
  <style type="text/css" title="contours">
  div {border: 5px double red; margin: 20px; outline-width: 7px;
  ➥ outline-style: double; outline-color: blue;}❶
  div#out:hover{outline: 20px groove #DDD; padding: 30px; background-color: yellow;
  ➥ border-style: dashed;}❷
  button#tour:hover{border-style: dotted; border-width: 4px; outline-style: double;
  ➥ outline-color: red; outline-width: 5px}❸
  .contour{outline: 0.2em red solid}❹
  input:focus{outline-style: dotted; outline-color: orange;}❺
  </style>
 </head>
 <body>
   ❻<div>HTML 5 </div>
   ❼<div id="out"> HTML 5 </div>
   ❽<p>HTML 5  est la solution d'avenir
    ❾<span class="contour">qui mérite <br />un investissement qui sera récompensé.
   ➥ </span><br />
    ❿<button id="tour">HTML 5 </button>
   Libellé ⓫<input type="text" name="saisie" size="20" tabindex="1" accesskey="A"/>
  </p>
 </body>
</html>
```

La figure 10-12 montre le résultat obtenu quand la zone de saisie de texte a le focus et quand la seconde division est survolée par le curseur. Nous pouvons remarquer que son contour déborde en haut et en bas sur les éléments adjacents.

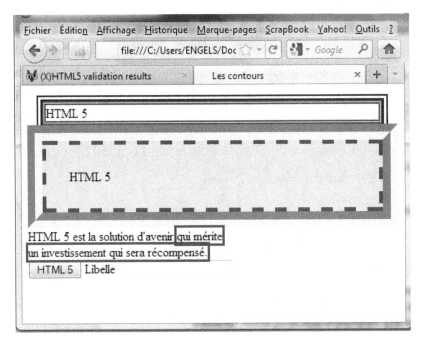

Figure 10-12

Les contours obtenus dans Opera

Exercices

Exercice 1

Reproduire le modèle de boîte de CSS (sans consulter la figure 10-1 bien sûr).

Exercice 2

Créer une bordure double bleue de 7 pixels pour les divisions, puis une bordure basse rouge de style `inset` et de 1,2 em pour les titres `<h2>` inclus dans ces éléments `<div>`.

Exercice 3

Créer des bordures jaune vif pour les éléments `<input />` de type `text` qui apparaissent uniquement quand ils reçoivent le focus.

Exercice 4

Créer une bordure inférieure double bleue pour les liens `<a>` ; modifier dynamiquement la couleur de cette bordure quand ces derniers sont survolés.

Exercice 5

Créer une bordure d'une couleur différente pour chaque côté de la boîte de l'élément `<p>`.

Exercice 6

Créer une marge gauche de 10 % pour les paragraphes. Réduire dynamiquement cette marge à 2 % quand ils sont survolés par le curseur afin de les mettre en évidence.

Exercice 7

Créer une bordure simple de 3 pixels et un espacement de 5 pixels pour les éléments `<blockquote>`. Augmentez cet espacement à 10 % et rendez la bordure double quand ces éléments sont survolés.

Exercice 8

Créer un espacement gauche progressif de 1, 2 et 3 em respectivement pour les titres `<h1>`, `<h2>` et `<h3>`.

Exercice 9

Créer un contour rouge double de 5 pixels pour les boutons d'envoi des formulaires quand ils reçoivent le focus.

11

Style du texte et des liens

Ceux qui ont connu l'élément `<font>`, qui permettait de définir la taille du texte en HTML 3.2, ne risquent pas de regretter sa disparition, tant il leur paraîtrait pauvre par rapport aux multiples possibilités de gestion des polices offertes par les propriétés CSS.

Dans une page web, le texte constitue souvent l'essentiel du contenu. Pour la définition de ses styles, nous allons suivre la même logique que celle mise en œuvre dans un traitement de texte. Nous pouvons par exemple agir sur la police de caractères et sa taille, sur le style physique de certaines parties du texte, comme le passage en gras, en italique ou le soulignement, ou bien encore par la création de lettrine.

Les anciennes définitions de styles des liens, écrites à l'aide d'attributs de l'élément `<body>`, sont aujourd'hui obsolètes. Elles sont désormais remplacées par l'utilisation de pseudo-classes spécifiques.

Les polices

La plupart des polices de caractères que nous utilisons quotidiennement, telles que Times New Roman ou Arial, sont en réalité des familles de polices car elles se déclinent en plusieurs polices réelles de types différents, par exemple une série de caractères normaux, une série en gras, une série en italique ainsi que les diverses combinaisons possibles. La propriété `font-family` permet de définir une ou plusieurs familles de polices par leur nom. Si ce nom est composé et contient des espaces, il doit être écrit entre guillemets. En supplément, CSS propose cinq familles de polices génériques, le navigateur pouvant ainsi choisir la plus proche si celle qui est déclinée explicitement n'est pas disponible sur le poste client. Ces familles génériques sont définies à l'aide des mots-clés suivants qui, pour leur part, ne doivent pas être écrits entre guillemets.

- serif : il s'agit des polices à empattements et proportionnelles, c'est-à-dire pour lesquelles tous les caractères n'ont pas la même largeur (par exemple w et i). On trouve dans cette famille les polices Times New Roman, Baskerville, Georgia et Modern.
- sans-serif : il s'agit des polices sans empattement et proportionnelles. On trouve dans cette famille les polices Arial, Abadi, Helvetica et Verdana.
- cursive : il s'agit des polices dont l'aspect ressemble à l'écriture manuscrite. Elles sont également proportionnelles. On trouve dans cette famille les polices Script et Vivaldi.
- monospace : il s'agit des polices non proportionnelles dans lesquelles chaque caractère occupe la même largeur, comme avec une machine à écrire ou un éditeur de code comme Edit Plus. On trouve dans cette famille des polices telles que Courier New.
- fantasy : on classe dans cette famille toutes les polices originales n'entrant pas dans les catégories précédentes. Le rendu final de ce type de police est assez aléatoire selon les navigateurs. On peut par exemple citer la police Comic Sans MS.

Voici la syntaxe de la propriété font-family :

```
font-family :[[<nom> |<generic>],]* | inherit
```

Nous pouvons définir plusieurs noms de familles de polices à la suite en les séparant par une virgule, puis terminer par un nom de famille générique. Dans ce cas, le navigateur tente d'utiliser la première en priorité et, si elle n'est pas disponible, il recherche la deuxième, et ainsi de suite. Si aucune police ne correspond aux noms des familles indiquées, il utilisera la police générique précisée. Il est donc conseillé de toujours indiquer une famille générique en fin de liste pour obtenir un résultat ressemblant à ce qui est attendu.

L'exemple 11-1 permet de mettre en œuvre cette propriété pour différents éléments. La police par défaut de la page est définie comme étant Times New Roman avec le sélecteur body (repère ❶). Cette police est donc applicable à tous les éléments n'ayant pas de style propre, par exemple <h1> (repère ❻) et le troisième paragraphe <p> (repère ❿). Le premier paragraphe (repère ❼) utilise une police Arial grâce à un sélecteur d'id (repère ❷). Les classes p.cursiv (repère ❸) et p.fantasy (repère ❹) permettent respectivement d'appliquer une police de type script au deuxième paragraphe (repère ❾) et la police Comic Sans MS au dernier (repère ⓫). Pour l'élément <code> (repère ❽) inclus dans le premier paragraphe, nous définissons une police à espacement fixe, Courier New (repère ❺).

Exemple 11-1 Choix de la police

```
<!DOCTYPE html>
<html>
 <head>
  <meta http-equiv="Content-type" content="text/html;charset=UTF-8" />
  <title>Les polices du texte</title>
  <link rel="shortcut icon" type="images/x-icon" href="../images/favicon.ico" />
  <style type="text/css" title="fontes">
   body{font-family:"Times New Roman",Georgia,serif}❶
   p#arial{font-family:Arial sans-serif;}❷
   p.cursiv{font-family: Vivaldi, cursive;color:white;background-color:#333;}❸
   p.fantasy{font-family: "Comic Sans MS",fantasy;color:white;
➡ background-color:#333;}❹
```

```
      code{font-family:"Courier New",monospace;}❺
    </style>
  </head>
  <body>
    <h1>Les polices</h1>❻
❼<p id="arial"> ARIAL : In principio creavit Deus caelum et terram terra autem
➥ erat inanis et vacua et tenebrae super faciem abyssi et spiritus Dei ferebatur
➥ super aquas dixitque Deus fiat lux et facta est lux et vidit <br />
❽<code>MONOSPACE:Deus fiat firmamentum in medio aquarum et dividat aquas ab aquis
➥ et fecit Deus firmamentum divisitque aquas quae erant sub firmamento ab his quae
➥ erant super firmamentum </code>
<br /> Deus duo magna luminaria luminare maius ut praeesset diei et luminare minus
➥ ut praeesset nocti et stellas et posuit  </p>
❾<p class="cursiv"> CURSIVE: In principio creavit Deus caelum et terram terra
➥ autem erat inanis et vacua et tenebrae super faciem abyssi et spiritus Dei
➥ ferebatur super aquas dixitque Deus fiat lux et facta est lux et vidit Deus
➥ lucem quod esset bona et divisit lucem ac tenebras appellavitque lucem diem et
➥ tenebras noctem factumque est vespere et mane </p>
❿<p> In principio creavit Deus caelum et terram terra autem erat inanis et vacua
➥ et tenebrae super faciem abyssi et spiritus Dei ferebatur super aquas </p>
⓫<p class="fantasy"> In principio creavit Deus caelum et terram terra autem erat
➥ inanis et vacua et tenebrae super faciem abyssi et spiritus Dei </p>
  </body>
</html>
```

La figure 11-1 présente le résultat obtenu. Nous pouvons remarquer qu'à taille égale, la police script Vivaldi est beaucoup moins lisible que les autres.

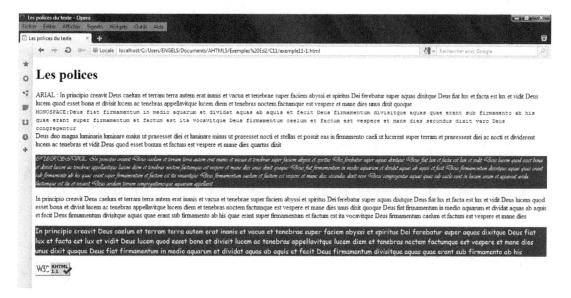

Figure 11-1

Les polices du texte

Les polices externes en CSS 3

La directive @font-face permet d'utiliser dans une page web une police qui n'est pas implantée dans le navigateur ni présente sur le poste client. Présente déjà dans CSS 2 puis retirée de CSS 2.1, elle est réintroduite dans CSS 3 et utilisable dans tous les navigateurs usuels. Une fois importée, la police peut être employée comme n'importe quelle autre pour définir des styles de texte pour un élément. Sa syntaxe est la suivante :

```
@font-face
{
font-family:"Nom";
src:url(fichier.ext1) format(type1);
src:url(fichier.ext2) format(type2);
…..
src:url(fichier.extN) format(typeN);
[font-style: style;
font-weight:graisse;
font-size:taille;
……]
}
```

dans laquelle :

- Nom désigne l'appellation que vous choisissez pour cette police telle qu'elle sera utilisée dans la définition des styles ;

- src précise l'adresse absolue ou relative du fichier de la police ;

- type précise le type de la police importée si elle est présente sous plusieurs formes sur le serveur ; ceci peut s'avérer utile pour que le résultat soit affichable sur n'importe quel navigateur, en particulier Explorer, qui n'accepte pas tous les types. Il prend les valeurs truetype (polices True Type, extension .ttf), opentype (polices Open Type, extension .ttf), embedded-opentype (polices Embedded Open Type, extension .eot), truedoc-pfr (polices True Doc Portable Font Resource, extension .pfr) ou type-1 (polices PostScript Type 1, extensions .pfa ou .pfb). Dans l'exemple 11-2, nous importons deux polices True Type externes trouvées sur des sites spécialisés. Il nous faut donc préciser deux directives @font-face ; la première pour la police Caitlin, qui garde son nom (repères ❶ et ❷), et la seconde pour la police inutilisable, pour laquelle nous définissons un nom arbitraire (repères ❸ et ❹). Ce sont ces appellations qui sont ensuite employées pour définir les styles des titres <h1> et <h2> (repères ❺ et ❻). L'utilisation de ces éléments dans le document (repères ❼ et ❽) donne l'affichage de la figure 11-2.

Exemple 11-2 La directive @font-face

```
<!DOCTYPE html>
<html>
 <head>
  <meta http-equiv="Content-type" content="text/html;charset=UTF-8" />
  <title>Police externe : @font-face</title>
```

```
<style type="text/css">
@font-face {font-family: "Caitlin"; ❶
src: url(Caitlin.ttf) format("truetype");❷
}
@font-face {font-family: "Exotik";❸
src:url(AB_Exp_by_III_wildcard_III.ttf) format("truetype")  ;❹
}
h1{font-family: "Caitlin"; font-size:60px;color:#F00;background-color:#EEE; }❺
h2{font-family: "Exotik";font-size:5em;color:#F00;background-color:#EEE; }❻
</style>
</head>
<body>
   <h1>Police Exotique Caitlin</h1>❼
   <h2>Police Exotik</h2>❽
</body>
</html>
```

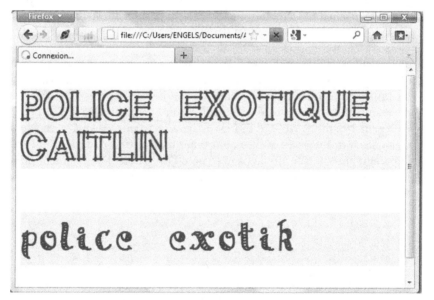

Figure 11-2

Utilisation de la directive @font-face : importation de polices rares

La taille des polices

Pour mettre en évidence les différentes parties de texte composant une page, il convient de bien déterminer la taille des polices qui y seront utilisées. Celle-ci est définie grâce à la propriété font-size, dont la syntaxe est la suivante :

```
font-size : <taille-absolue> | <taille-relative> | <long> | <pourcent> | inherit
```

Elle s'applique à tous les éléments XHTML contenant du texte. La taille peut être définie de manière absolue, relative, à l'aide d'unités de longueur ou en pourcentage. Nous allons examiner ces différentes possibilités et les illustrer en détail.

Les tailles absolues

Les valeurs de taille absolue sont définies par les mots-clés suivants, de la taille la plus petite à la plus grande :

xx-small, x-small, small, medium, large, x-large, xx-large.

Le mot-clé medium correspond à la taille normale choisie par l'utilisateur dans les préférences de son navigateur ou définie par défaut par ce dernier. Un coefficient multiplicateur de 1,2 est appliqué entre chaque taille et la suivante (il était de 1,5 en CSS 1 et il garde cette valeur dans les anciens navigateurs).

Si, par exemple, la taille correspondant au mot-clé medium est de 15 pixels, la taille calculée définie par small sera de 15 / 1,2 = 12,5 (arrondi à 12), et celle définie par large de 15 × 1,2 = 18 pixels, et ainsi de suite en montant ou en descendant dans l'ordre des mots-clés. L'exemple 11-3 permet de tester ces différentes tailles. La taille des caractères de la page est définie par défaut avec le mot-clé large pour le sélecteur body (repère ❶) ; cette valeur est donc héritée par le paragraphe <p> (repère ⓲). Nous définissons ensuite les tailles des caractères des éléments <h1> à <h6> (repères ⓫ à ⓰) avec les mots-clés de valeurs décroissantes, de xx-large à x-small (repères ❷ à ❼). La taille du contenu de l'élément <address> (repère ⓱) est fixée à la valeur xx-small (repère ❽). Le pseudo-élément :first-letter est utilisé pour créer une lettrine de taille x-large (repère ❾) pour le paragraphe situé en fin de page (repère ⓲) et doté d'une couleur de fond (repère ❿). La couleur de fond de la lettrine met en évidence son indépendance par rapport au texte du paragraphe.

Exemple 11-3 La taille des caractères

```
<!DOCTYPE html>
<html>
 <head>
  <meta http-equiv="Content-type" content="text/html;charset=UTF-8" />
  <title>Taille des polices</title>
  <link rel="shortcut icon" type="images/x-icon" href="../images/favicon.ico" />
  <style type="text/css" title="fontes">
   body{font-size: large;}❶
   h1{font-size: xx-large;}❷
   h2{font-size: x-large;}❸
   h3{font-size: large;}❹
   h4{font-size: medium;}❺
   h5{font-size: small;}❻
   h6{font-size: x-small;}❼
   address{font-size: xx-small;}❽
   p:first-letter{font-size: xx-large; color: #000; background-color: #AAA;}❾
   p{background-color: #EEE;}❿
```

```
    </style>
  </head>
  <body>
    <h1>Les tailles des caractères : xx-large</h1>⓫
    <h2>Les tailles des caractères : x-large</h2>⓬
    <h3>Les tailles des caractères : large</h3>⓭
    <h4>Les tailles des caractères : medium</h4>⓮
    <h5>Les tailles des caractères : small</h5>⓯
    <h6>Les tailles des caractères : x-small</h6>⓰
    <address>Les tailles des caractères <i>xx-small</i></address>⓱
    <p> La genèse : In principio creavit Deus caelum et terram terra autem erat inanis
    ➡ et vacua et tenebrae super faciem abyssi et spiritus Dei ferebatur super aquas
    ➡ dixitque Deus fiat lux et facta est lux et vidit . . . </p>⓲
  </body>
</html>
```

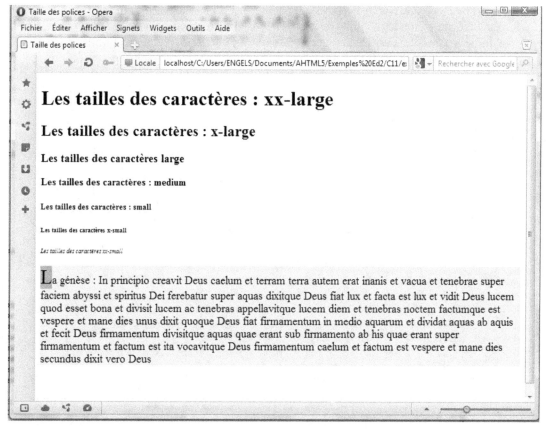

Figure 11-3

Les tailles absolues des polices

Les tailles relatives

Les tailles relatives sont définies à l'aide des mots-clés smaller (plus petit) ou larger (plus grand). Les tailles réelles obtenues sont calculées d'après la taille de la police de l'élément parent si elle a été fixée, ou par rapport à la taille par défaut utilisée par le navigateur. Le coefficient multiplicateur entre la taille normale et les tailles obtenues est aussi de 1,2 en CSS 2.

Dans l'exemple 11-4, la taille par défaut est définie pour <body> à la valeur medium (repère ❶). Le texte de l'élément <h1> (repère ❼) est plus grand car sa taille est définie grâce au mot-clé larger (repère ❷). Le texte de la première division <div> (repère ❽) hérite de la taille medium. Le texte de la seconde division <div> (repère ❾) a une taille explicite définie à la valeur x-large par la classe div.xlarge (repère ❸). Le texte de l'élément <p> (repère ❿) inclus dans cet élément <div> est plus petit que celui de son parent car sa taille est définie par la valeur smaller (repère ❹). Celui de <span> (repères ❺ et ⓫) est encore plus petit, car il est aussi défini à la valeur smaller, l'élément <code> étant enfant de l'élément <p>. L'effet de la valeur smaller est donc bien cumulatif à chaque inclusion d'élément. Le texte qui suit (repère ⓬) étant directement inclus dans la division, il a la taille x-large. Le dernier paragraphe (repère ⓭) hérite explicitement de la taille définie pour la page (repère ❻). En supposant que l'utilisateur ait classé par défaut dans son navigateur une taille standard de 16 pixels, correspondant à la valeur medium, nous obtiendrions les tailles de polices suivantes.

- Pour <h1> : 16 × 1,2 = 19,2 pixels arrondis à 19 pixels.

- Pour le premier élément <div> : 16 pixels par héritage.

- Pour le contenu direct du second élément <div> : 16 × 1,2 × 1,2 = 23 pixels.

- Pour le paragraphe <p> inclus dans <div> : 23 / 1,2 = 19 pixels.

- Pour l'élément <span> inclus dans <p> : 19 / 1,2 = 16 pixels.

Toutes ces tailles de caractères sont donc liées à la taille par défaut définie dans le navigateur.

Exemple 11.4 Les tailles relatives des polices

```
<!DOCTYPE html>
<html>
 <head>
  <meta http-equiv="Content-type" content="text/html;charset=UTF-8" />
  <title>Tailles relatives des polices </title>
  <link rel="shortcut icon" type="images/x-icon" href="../images/favicon.ico" />
  <style type="text/css" title="fontes">
   body{font-size: medium;}❶
   h1{font-size:larger;}❷
   div.xlarge{font-size:x-large; background-color: #BBB;}❸
 ➡ p.small{font-size: smaller; background-color: #CCC;}❹
   .petit{font-size: smaller; background-color: #EEE;}❺
   .herite{font-size: inherit;}❻
  </style>
```

```
</head>
<body>
❼<h1>Les tailles relatives des caractères</h1>
❽<div> MEDIUM (héritée de body) : In principio creavit Deus caelum et terram
➡ terra autem erat inanis et vacua et tenebrae super faciem abyssi et spiritus
➡ Dei . . .</div>
❾<div class="xlarge">x-large : In principio creavit Deus caelum et terram autem
➡ erat inanis et vacua et tenebrae super faciem abyssi et spiritus Dei ferebatur
➡ super aquas
  ❿<p class="small"> SMALLER : In principio creavit Deus
    ⓫<span class="petit">SMALLER : caelum et terram terra autem erat inanis
    </span> et vacua et tenebrae super faciem abyssi et spiritus Dei ferebatur super
    ➡ aquas
  </p>
  ⓬ In principio creavit Deus caelum et terram
  </div>
⓭<p class="herite"> Cette taille de la police est héritée de body</p>
</body>
</html>
```

La figure 11-4 présente le résultat obtenu pour ces définitions de tailles relatives.

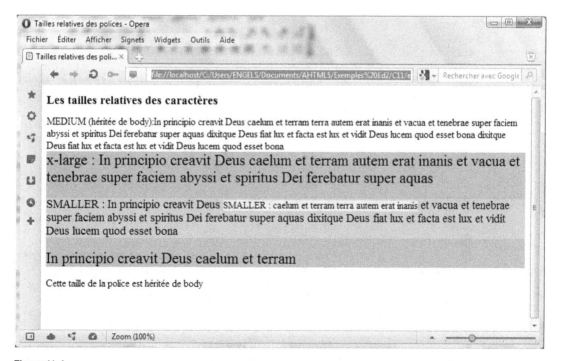

Figure 11-4

Les tailles relatives des polices

Les tailles dimensionnées

Les tailles dimensionnées sont définies à l'aide d'un nombre positif et d'une unité de longueur relative ou absolue (mm, cm, in, px, em, ex, pt, pc). Comme nous l'avons déjà indiqué, le choix des unités doit être fonction du média affichant la page. Les unités comme px, em, ex, se prêtent mieux aux écrans, et pt et pc aux médias imprimés.

L'exemple 11-5 définit des styles de polices à l'aide de tailles dimensionnées. La taille par défaut de la page est fixée à 18 pixels (repère ❶). Comme dans les exemples précédents, elle va donc s'appliquer aux éléments n'ayant pas de style propre, à l'instar de la première division (repère ❽), ou en ayant un explicitement hérité (repère ❻), comme le dernier paragraphe (repère ⓬). Les éléments <h1> (repère ❼) ont une taille de 35 pixels (repère ❷). La classe div.plusem (repère ❸) permet de définir une taille de 1,5 em, soit 50 % de plus que la hauteur de la boîte correspondant à la police de 18 pixels. Elle s'applique à la première division (repère ❾). La classe p.plusex (repère ❹) permet de définir pour le paragraphe (repère ❿) une taille égale à 150 % de celle du caractère x de la police en cours. La classe mm7 définit une hauteur explicite de 7 mm (repère ❺) qui s'applique à l'élément <span> (repère ⓫).

Exemple 11-5 Les tailles dimensionnées

```
<!DOCTYPE html>
<html>
 <head>
  <meta http-equiv="Content-type" content="text/html;charset=UTF-8" />
  <title>Dimensionnement des éléments</title>
  <link rel="shortcut icon" type="images/x-icon" href="../images/favicon.ico" />
  <style type="text/css" title="fontes">
   body{font-size: 18px;}❶
   h1{font-size:35px;}❷
   div.plusem{font-size:1.5em;background-color:#BBB;}❸
   p.plusex{font-size:1.5ex ;background-color:#CCC;}❹
   .mm7{font-size: 7mm;background-color:#EEE;}❺
   .herite{font-size: inherit;}❻
  </style>
 </head>
 <body>
  ❼<h1>Les tailles des caractères : 35 pixels</h1>
  ❽<div> 18px (héritée de body) :In principio creavit Deus caelum et terram terra
  ➥ autem erat inanis et vacua et tenebrae super faciem abyssi et spiritus
  ➥ Dei . . . </div>
  ❾<div class="plusem">1.5em : In principio creavit Deus caelum et terram autem
  ➥ erat inanis et vacua et tenebrae super faciem abyssi et spiritus Dei ferebatur
  ➥ super aquas
  ❿<p class="plusex"> 1.5ex : In principio creavit Deus
  ⓫<span class="mm7">7mm : caelum et terram terra autem erat inanis</span>
  et vacua et tenebrae super faciem abyssi et spiritus Dei ferebatur super aquas
  </p>
```

```
    In principio creavit Deus caelum et terram</div>
 ⓬<p class="herite"> Cette taille de la police est héritée de body</p>
    </body>
    </html>
```

Le résultat est présenté à la figure 11-5.

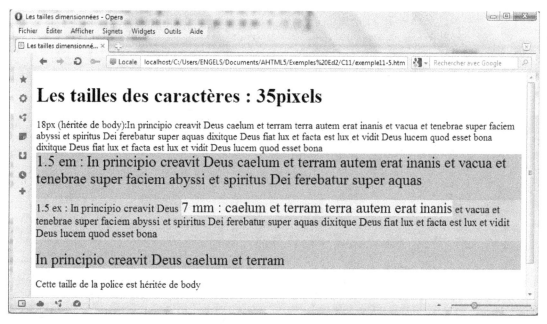

Figure 11-5

Les tailles dimensionnées des polices

Les tailles en pourcentage

Pour définir les tailles des polices dans la propriété `font-size`, on peut aussi utiliser des pourcentages sous la forme d'un entier suivi du caractère %. Les dimensions des polices sont alors calculées par rapport à celles de l'élément parent. Dans l'exemple 11-6, nous utilisons le même contenu que dans l'exemple précédent et nous définissons la taille de base pour l'élément `<body>` à 18 pixels (repère ❶). Celle des titres `<h1>` (repère ❼) est fixée à 250 %, soit 250 % de 18 = 45 pixels (repère ❷). La taille des caractères de la première division `<div>` (repère ❽) est héritée implicitement de celle de `<body>`. En revanche, dans la division suivante (repère ❾), les caractères ont une taille de 150 %, soit 24 pixels (repère ❸). Cette division contient un paragraphe avec une taille de police fixée à 70 % (repère ❹), soit 70 % de 24 pixels = 17 pixels, puisque la taille dans son parent est de 24 pixels. L'élément `<p>` (repère ❿) contient à son tour un élément `<span>` (repère ⓫) dont le contenu a une taille de 60 % de celle de son parent, soit 60 % de 17 pixels = 10 pixels (repère **5**). Enfin, le dernier paragraphe (repère **12**) hérite explicitement de la taille de son parent, soit <body> (repère **6**).

Exemple 11-6 Les tailles des polices en pourcentage

```
<!DOCTYPE html>
<html>
 <head>
  <meta http-equiv="Content-type" content="text/html;charset=UTF-8" />
  <title>Tailles des caractères en pourcentage</title>
  <link rel="shortcut icon" type="images/x-icon" href="../images/favicon.ico" />
  <style type="text/css" title="tailles">
   body{font-size: 18px;}❶
   h1{font-size:250%;}❷
   div.plus150{font-size: 150%; background-color: #BBB;}❸
   p.moins70{font-size: 70%; background-color: #CCC;}❹
   .moins60{font-size: 60%; background-color: #EEE;}❺
   .herite{font-size: inherit;}❻
  </style>
 </head>
 <body>
  ❼<h1>Les tailles des caractères : 250%</h1>
  ❽<div> 18px (héritée de body) :In principio creavit Deus caelum et terram terra
  ➡ autem erat inanis et vacua et tenebrae super faciem abyssi et spiritus Dei
  ➡ ferebatur super aquas dixitque Deus fiat lux et facta est lux et vidit Deus
  ➡ lucem quod esset bona
    dixitque Deus fiat lux et facta est lux et vidit Deus lucem quod esset bona</div>
  ❾<div class="plus150">150% : In principio creavit Deus caelum et terram autem
  ➡ erat inanis et vacua et tenebrae super faciem abyssi et spiritus . . .
  ❿<p class="moins70">70% : In principio creavit Deus
   ⓫<span class="moins60">60% : caelum et terram terra autem erat inanis</span>
  et vacua et tenebrae super faciem </p>
  In principio creavit Deus caelum et terram</div>
  ⓬<p class="herite"> Cette taille de la police est héritée de body</p>
 </body>
</html>
```

En appliquant ces styles au même code HTML, nous obtenons l'affichage présenté à la figure 11-6.

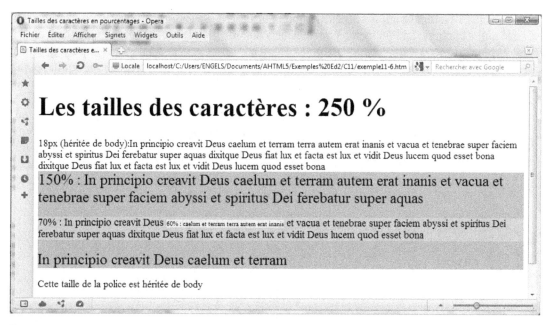

Figure 11-6

Les tailles en pourcentage

La graisse du texte

On nomme graisse d'une police de caractères le fait qu'elle soit en caractère gras ou maigre. Cette caractéristique est définie par la propriété font-weight, dont les valeurs sont des mots-clés ou des nombres. La syntaxe de la propriété font-weight est la suivante :

```
font-weight : normal | bold | bolder | lighter | 100 | 200 | 300 | 400 | 500 | 600 |
➥ 700 | 800 | 900 | inherit
```

Les valeurs relatives bolder et lighter indiquent respectivement que la police doit être plus grasse ou plus maigre que celle de l'élément parent. Notons que si la police de l'élément parent est déjà la plus grasse ou la plus maigre, l'utilisation de bolder ou lighter sera sans effet visible.

Les valeurs normal et bold définissent respectivement l'utilisation de la graisse allant de la plus mince (valeur 100) à la plus forte (valeur 900). Nous précisons bien que cela est théorique car, pour une police donnée définie avec la propriété font-family, nous ne disposons pas de neuf graduations de graisse, mais en général de trois au maximum. L'équivalent du mot-clé normal est la valeur 400 et celui du mot-clé bold est la valeur 700.

La valeur inherit permet comme d'habitude de choisir explicitement la même graisse que celle de l'élément parent.

Dans l'exemple 11-7, nous définissons la graisse de `<body>` à la valeur `normal` (repère ❶) qui s'applique aux éléments pour lesquels aucune graisse n'est définie explicitement. On pourrait donc s'attendre à ce que les éléments `<div>` (repère ❽) et `<h2>` (repère ❼) aient une graisse normale. Si c'est bien le cas pour `<div>`, il n'en est rien pour `<h2>` qui apparaît en gras, comme on peut le constater à la figure 11-7. En effet, il conserve son style par défaut qui est inclus dans le navigateur et qui figure en gras. Il faut donc se méfier de la feuille de styles par défaut et ne pas oublier ses caractéristiques. La graisse des éléments `<h1>` et `<em>` est fixée à la valeur `bolder` (repères ❷ et ❻) ; ils seront donc plus gras que leurs parents. Le sélecteur `div.gras` (repère ❸) permet d'appliquer la valeur `bold` à une division (repère ❾). Elle contient un élément `<span>` (repère ❿) pour lequel la graisse est fixée à la valeur 300 (repère ❺). Les paragraphes (repère ⓫) ont quant à eux une graisse systématiquement moins forte que leur parent (repère ❹).

Exemple 11-7 La graisse du texte

```
<!DOCTYPE html>
<html>
 <head>
  <meta http-equiv="Content-type" content="text/html;charset=UTF-8" />
  <title>Graisse du texte</title>
  <link rel="shortcut icon" type="images/x-icon" href="../images/favicon.ico" />
  <style type="text/css" title="graisse">
   body{font-weight:normal;}❶
   h1,em{font-weight: bolder; background-color: #CDD;}❷
   div.gras{font-weight:bold; background-color: #EEE;}❸
   p{font-weight: lighter;}❹
   span{font-weight: 300;background-color: #CDD;}❺
  </style>
 </head>
<body>
  <h1>Graisse du texte <span>HTML 5 et CSS 2 et 3</span></h1>❻
  <h2>HTML 5</h2>❼
  ❽<div> In principio creavit Deus <em>caelum et terram</em> terra autem erat
  ➥ inanis et vacua et tenebrae super faciem abyssi et spiritus Dei ferebatur super
  ➥ aquas . . .</div>

  ❾<div class="gras"> In principio creavit Deus
   ❿<span>caelum et terram</span> terra autem erat inanis et vacua et tenebrae
   ➥ super faciem abyssi et spiritus Dei ferebatur super aquas dixitque. . .
   ⓫<p>In principio creavit Deus caelum et terram terra autem erat inanis et vacua
   ➥ et tenebrae super faciem abyssi et spiritus Dei ferebatur super . . .</p>
   Deus fiat firmamentum in medio aquarum et dividat aquas . . .
  </div>
 </body>
</html>
```

Ces styles créent l'affichage présenté à la figure 11-7.

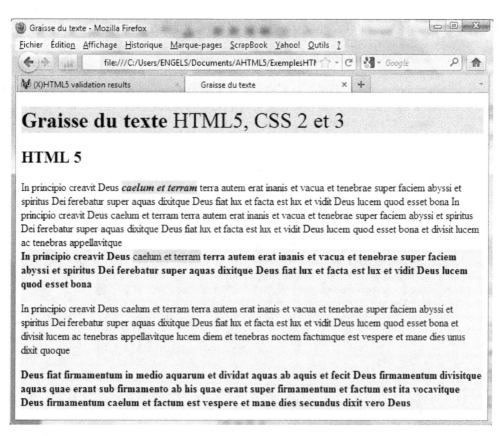

Figure 11-7

La graisse du texte

Le style des polices

Comme dans un traitement de texte, nous pouvons modifier le style des polices de caractères à l'aide de la propriété font-style, qui permet principalement de mettre un texte en italique. La syntaxe de cette propriété est la suivante :

```
font-style:normal | italic |oblique |inherit
```

Dans la pratique, les valeurs italic et oblique donnent le même résultat pour une police donnée, y compris dans les navigateurs les plus récents. À la valeur normal correspond le style de caractères droit, qui est la valeur par défaut.

Dans l'exemple 11-8, le style de la page est défini à la valeur normal (repère ❶) comme les éléments <h1>, <em> et <span>, avec en plus une couleur de fond pour les mettre en évidence (repère ❷). Le sélecteur h1 span définit le style italic pour les éléments <span> enfants de <h1> (repères ❸ et ❽). Cela s'applique à la deuxième partie du titre principal (repère ❼). Le sélecteur h1+h2 permet d'appliquer le style italic uniquement à l'élément <h2> qui suit immédiatement <h1> (repères ❹ et ❾) et non pas au second (repère ❿). Nous définissons ensuite deux classes pour l'élément <p> avec les valeurs respectives italic et oblique (repères ❺, ❻ et ⓭). Nous pouvons constater sur la figure 11-8 que leurs contenus ont la même apparence. Les éléments <em> et <span> (repères ⓫ et ⓬), inclus dans les paragraphes (repères ❿ et ⓮), ayant un style explicite (repère ❷) n'héritent pas de leur parent respectif.

Exemple 11-8 Le style des polices

```
<!DOCTYPE html>
<html>
 <head>
  <meta http-equiv="Content-type" content="text/html;charset=UTF-8" />
  <title>Style du texte</title>
  <link rel="shortcut icon" type="images/x-icon" href="../images/favicon.ico" />
  <style type="text/css" title="graisse">
   body{font-style:  normal;}❶
   h1,em,span{font-style: normal; background-color: #CCC;}❷
   h1 span {font-style: italic; background-color: #AAA;}❸
   h1 + h2 {font-style: italic; background-color: #DDD;}❹
   p.italic{font-style: italic; background-color: #EEE;}❺
   p.oblic{font-style: oblique; background-color: #EEE;}❻
  </style>
 </head>
 <body>
   ❼<h1>Style du texte ❽<span>HTML 5 et CSS 3</span></h1>
   ❾<h2>ITALIC</h2>
   ❿<p class="italic">ITALIC : In principio creavit Deus  ⓫<em>caelum et terram
➥ </em> terra autem erat inanis et vacua et tenebrae super faciem abyssi  et
➥ spiritus Dei ferebatur super aquas dixitque Deus fiat lux et facta est lux et
➥ vidit . . .</p>
   ⓬<h2>OBLIQUE</h2>
   ⓭<p class="oblic">OBLIQUE : In principio creavit Deus ⓮<span>caelum et terram
➥ </span> terra autem erat inanis et vacua et tenebrae super faciem
➥ abyssi . . .</p>
 </body>
</html>
```

Nous pouvons également enrichir la présentation du texte à l'aide de propriétés annexes. La propriété font-variant, dont la syntaxe est :

```
font-variant:small-caps|normal|inherit
```

permet de transformer toutes les minuscules d'un texte en petites majuscules quand on lui attribue la valeur small-caps, les majuscules conservant leur taille normale. La valeur normal permet de conserver pour le texte l'aspect qu'il a dans le code XHTML.

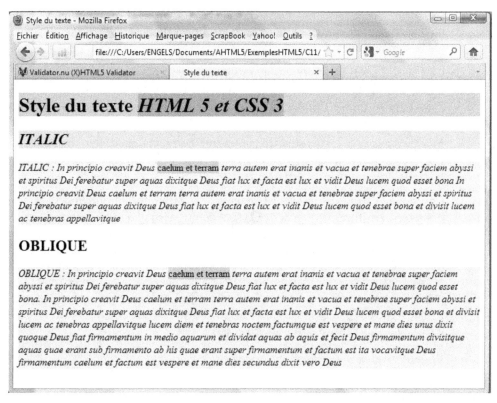

Figure 11-8

Le style du texte

Quand les données textuelles proviennent soit d'une base de données, soit des utilisateurs eux-mêmes, et qu'elles sont utilisées pour créer des pages dynamiques, il peut être utile d'uniformiser la casse du texte. Chaque utilisateur peut en effet avoir saisi son nom par exemple dans une casse différente. Grâce à la propriété `text-transform`, il est possible d'agir sur la casse du texte d'un élément. Sa syntaxe est la suivante :

```
text-transform : uppercase | lowercase | capitalize | none | inherit
```

Elle est héritée par tous les éléments enfants. La valeur `none` implique qu'il n'y a aucune modification de la casse. Les valeurs des mots-clés sont les suivantes :

- `uppercase` : le texte est mis en majuscules ;
- `lowercase` : le texte est mis en minuscules ;
- `capitalize` : seule la lettre initiale de chaque mot est mise en majuscules.

Nous pouvons enrichir la présentation du texte avec certains attributs particuliers, présents dans les traitements de texte, comme le soulignement. La propriété `text-decoration` permet de réaliser ces effets. Voici sa syntaxe :

```
text-decoration :none | [underline || overline || line-through || blink] | inherit
```

La valeur none élimine tout effet et peut permettre par exemple de supprimer le soulignement qui apparaît par défaut pour les liens. Les différents mots-clés pouvant être utilisés
ont la signification suivante :

- underline : le texte est souligné (comme pour les liens) ;
- overline : le texte est surligné (pas au sens où on l'entend actuellement en utilisant un
  surligneur, mais au sens propre, un trait horizontal apparaissant au-dessus du texte).
  Pour surligner au sens courant, il faut utiliser la propriété background-color ;
- line-through : le texte est barré par un trait horizontal placé à mi-hauteur ;
- blink : le texte clignote (il s'agit de l'équivalent de l'ancien élément <blink> qui n'était
  visible que dans Internet Explorer).

L'exemple 11-9 permet de mettre en œuvre ces différentes propriétés pour personnaliser
des textes. Les titres <h1> (repère ❽) sont définis avec une initiale en majuscule à chaque
mot et sont soulignés (repère ❶). Les titres <h2> (repère ❿) conservent leur casse et
sont surlignés (repère ❷). Les titres <h3> (repère ⓫) sont affichés en petites majuscules
(repères ❸ et ⓬). Les éléments <span> sont a priori tous en majuscules (repères ❹, ❾
et ⓰). Cependant, trois classes permettent localement de modifier cet état. La classe min
met le contenu en minuscules (repères ❺ et ⓯). La classe raye permet de rayer HTML 4 du
monde (repères ❻ et ⓫) et la classe cligno attire l'attention en faisant clignoter HTML 5 des
feux de la nouveauté (repères ❼, ⓭ et ⓮).

Exemple 11-9 Les modifications du texte

```
<!DOCTYPE html>
<html>
 <head>
  <meta http-equiv="Content-type" content="text/html;charset=UTF-8" />
  <title>Transformations et décorations du texte</title>
  <link rel="shortcut icon" type="images/x-icon" href="../images/favicon.ico" />
  <style type="text/css" title="transformations">
   h1{text-transform: capitalize   ;text-decoration: underline;
➥ background-color: #CCC; } ❶
   h2{text-transform: none;text-decoration: overline;background-color: #EFF;} ❷
   h3{font-variant:small-caps;background-color: #CCF;} ❸
   span{text-transform: uppercase ;} ❹
   .min{text-transform:lowercase; background-color:black; color:white; } ❺
   .raye{text-decoration: line-through;} ❻
   .cligno{text-decoration: blink;color: red;font-weight: bold;} ❼
  </style>
 </head>
<body>
  ❽ <h1>style du texte  ❾ <span>html et CSS 3</span></h1>
  ❿ <h2>HTML 5 : c'est l'avenir. ⓫<span class="raye">HtMl4</span> est mort</h2>
  ⓬ <h3>HTML 5 en est la dernière version parue </h3>
  ⓭ <p>Le langage ⓮ <span class="cligno">HTML 5</span> : Les éléments
  ⓯ <span class="min">HTml, HeAd et BODY</span> constituent la base de la structure
➥ d'une page ⓰ <span>html 5</span>.
  <br />In principio creavit Deus caelum et terram terra autem erat inanis et vacua
```

```
  ➡ et tenebrae super faciem abyssi et
  spiritus Dei ferebatur super aquas dixitque Deus fiat lux et facta est lux et vidit
  ➡ Deus lucem quod esset bona In principio
   creavit Deus caelum et terram terra autem erat inanis et vacua et tenebrae super
  ➡ faciem abyssi et spiritus Dei ferebatur
    super aquas dixitque Deus fiat lux et facta est lux et vidit Deus lucem quod
    ➡ esset bona et divisit lucem ac tenebras
    appellavitque</p>
</body>
</html>
```

La figure 11-9 permet de visualiser les effets obtenus.

Figure 11-9

Les styles de modification du texte

Ombrage de texte en CSS 3

Dans le domaine des effets graphiques, après l'ombrage des boîtes exposé plus haut, CSS 3 permet de créer une ombre pour un texte quelconque inclus dans un élément, grâce à la propriété text-shadow dont la syntaxe est :

```
text-shadow: X,Y,Z,couleur;
```

dans laquelle X et Y sont des nombres entiers qui désignent le décalage respectivement horizontal et vertical de l'ombre (à droite et en bas si les nombres sont positifs, l'inverse sinon) et Z le flou de l'ombre (valeur 0 pour une ombre aussi nette que le texte).

L'exemple 11-10 en donne une illustration. Le texte du titre <h1> a une ombre rouge de 4 pixels située au-dessus et à droite avec un flou de 2 pixels (repère ❶) tandis que les textes des paragraphes ont une ombre de 3 pixels en dessous et à gauche des caractères (repère ❷). Appliquées aux contenus de la page (repères ❸ et ❹), ces ombres donnent le résultat affiché dans la figure 11-10.

Exemple 11-10 Ombrage du texte

```
<!DOCTYPE html>
<html>
 <head>
  <meta http-equiv="Content-type" content="text/html;charset=UTF-8" />
  <title>Ces ombres</title>
  <style type="text/css">
  h1{font-size:4em;text-shadow:4px -4px 2px #F00;}❶
  p{font-size:3em;text-shadow:-3px 3px 1px #F00;}❷
  </style>
 </head>
<body>
 <h1>L'armée des ombres</h1>❸
  <p> Un grand film sur la résistance</p>❹
</body>
</html>
```

Figure 11-10

Ombrage du texte

Régler l'interligne

Afin d'améliorer la lisibilité du texte d'un élément, comme un paragraphe, nous pouvons aérer son contenu en modifiant l'interligne par défaut à l'aide de la propriété `line-height` dont la syntaxe est :

```
line-height:normal | <nombre> | <long> | <pourcent> | inherit
```

La valeur de cette propriété, toujours héritée par les éléments enfants, est généralement supérieure à celle de la propriété `font-size`. Dans ce cas, la différence entre ces deux valeurs est la somme des deux demi-interlignes, situés au-dessus et en dessous de la ligne. La valeur `normal` définit explicitement l'interligne par défaut correspondant à la police employée. Le paramètre `<nombre>` définit un coefficient multiplicateur qui est appliqué à la valeur de la taille de police définie par la propriété `font-size`. Les valeurs de `<nombre>` peuvent être décimales mais pas négatives. Ce coefficient est hérité par les éléments enfants. La valeur `<long>` est donnée par un nombre positif et une unité de longueur habituelle relative ou absolue (em, ex, px, mm, cm, in, pc, pt). Il est enfin possible de définir une valeur en pourcentage qui sera appliquée à la taille de la police spécifiée par la propriété `font-size`.

Dans l'exemple 11-11, nous définissons tout d'abord une taille de caractères de 20 pixels (repère ❶). L'interligne pour l'élément `<h1>` est fixé à la valeur 2 em (repère ❷) et celui de `<h2>` à 0,6 em (repère ❸). La figure 11-11 permet de constater que dans ce dernier cas les caractères montants et descendant tels que p ou f sont plus hauts que l'interligne et sortent de la boîte de contenu de l'élément matérialisée par une couleur de fond. Les classes norm (repère ❹) et serre (repère ❺) permettent de comparer des paragraphes avec l'interligne standard (repère ❽) et très resserré (repère ❾). Avec l'élément `<span>` (repère ❼), qui utilise la classe norm, on peut matérialiser au moyen de sa couleur de fond les différences d'interligne, quand il est inclus dans l'élément `<h1>` (repère ❻).

Exemple 11-11 Définition de l'interligne

```
<!DOCTYPE html>
<html>
 <head>
  <meta http-equiv="Content-type" content="text/html;charset=UTF-8" />
  <title>Réglage de l'interligne</title>
  <link rel="shortcut icon" type="images/x-icon" href="../images/favicon.ico" />
  <style type="text/css" title="interligne">
   body{font-size: 20px;}❶
   h1{line-height: 2em; background-color: #CCC;}❷
   h2{line-height: 0.6em; background-color: #AAA;}❸
   .norm{line-height: 1 em; background-color: yellow;}❹
   .serre{line-height: 0.7em; background-color: #EEE;}❺
  </style>
 </head>
```

```
<body>
  ❻<h1>Style du texte  ❼<span class="norm">HTML 5 et CSS 3</span></h1>
  <h2>HTML 5: pas de quoi s'en faire un monde</h2>
  ❽ <p class="norm">In principio creavit Deus caelum et terram terra autem erat
  ➥ inanis et vacua et tenebrae super faciem abyssi et spiritus Dei . . .</p>
  ❾<p class="serre">In principio creavit Deus caelum et terram terra autem erat
  ➥ inanis et vacua et tenebrae super faciem abyssi et spiritus. . .</p>
</body>
</html>
```

En appliquant ce code, nous obtenons le résultat présenté en figure 11-11.

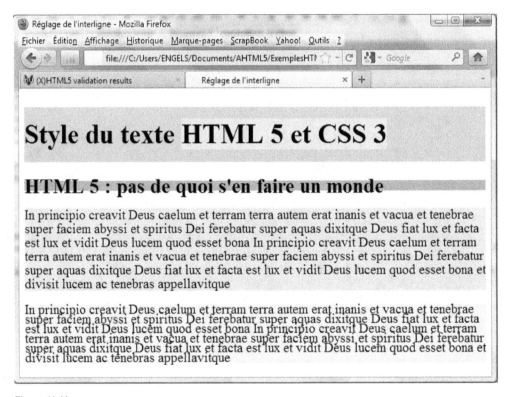

Figure 11-11

Réglages des interlignes

Définir plusieurs propriétés en une fois

Comme nous l'avons déjà expliqué avec d'autres propriétés, `border` par exemple, il est aussi possible de définir plusieurs propriétés de police à l'aide d'une seule propriété. En effet, la propriété `font` permet en une seule définition de créer des styles en définissant des valeurs pour les propriétés `font-weight`, `font-variant`, `font-style`, `font-size`, `line-height` et `font-family`. Par rapport à la propriété `font-family`, `font` offre des options supplémentaires pour le choix de la police. Nous pouvons en effet définir des styles de polices ayant les caractéristiques de celles utilisées pour le système d'exploitation lui-même. Sa syntaxe générale est la suivante :

```
font : [[<font-style> || <font-variant> || <font-weight>] ? <font-size> [/ <line-
 height>] ? <font-family> ] | caption | icon | menu | message-box | small-caption
 | status-bar | inherit
```

Chacun des paramètres de cette propriété globale peut prendre les valeurs qui correspondent aux propriétés individuelles que nous venons d'aborder dans les sections précédentes. Nous pouvons par exemple créer le style suivant :

```
p{font:italic small-caps bold 14px/18px Arial, sans-serif
```

Cette déclaration est alors équivalente à l'ensemble des déclarations suivantes :

```
p{font-style:italic; font-variant:small-caps; font-weight:bold; font-size:14px;
 line-height:18px; font-family:Arial,sans-serif;}
```

Les valeurs système sont définies de la manière suivante :

- `caption` : fait référence à la police système utilisée pour les boutons et les listes déroulantes des formulaires ;
- `icon` : police système de légendes des icônes du bureau ;
- `menu` : police des menus des applications ;
- `message-box` : police des boîtes de dialogue (boîte d'alerte par exemple) ;
- `small-caption` : police des contrôles ;
- `status-bar` : police de la barre d'état.

L'utilisation de ces valeurs dans la propriété `font` implique l'acceptation de toutes les caractéristiques de la police résultante. Pour modifier une caractéristique particulière, comme la taille, il faut ensuite redéfinir la propriété concernée. Notez que Explorer ne prend pas en compte cette redéfinition de la taille et affiche la police sans changer ses caractéristiques. Ainsi, nous pouvons écrire :

```
p{font:menu; font-size: 1em;}
```

pour obtenir la police système des menus, et redéfinir sa taille séparément dans Firefox par exemple.

L'exemple 11-12 présente ci-après une utilisation possible de la propriété `font`.

L'alignement et l'espacement du texte

Afin d'améliorer ou de rendre plus originale la présentation du texte, nous disposons de plusieurs propriétés d'alignement, d'indentation et d'espacement.

L'alignement horizontal du texte

La propriété `text-align`, dont la syntaxe est la suivante :

```
text-align: left | center | right | justify | inherit
```

n'est applicable qu'aux éléments de blocs. Selon le mot-clé choisi, le texte sera aligné respectivement à gauche, au centre, à droite, ou justifié. Le style défini étant transmis aux éléments enfants, il faut donc prendre des précautions et éventuellement définir un autre style pour ces éléments enfants.

Dans l'exemple 11-12, le contenu des éléments <h1> (repère ❺) est centré (repère ❶), et celui des éléments <h2> aligné à gauche, soit sa valeur par défaut (repère ❷). Avec la classe p.droit (repère ❸) on peut aligner le contenu du premier paragraphe (repère ❻) à droite, et avec la classe p.justifie (repère ❹) on peut justifier le texte du second (repère ❼) dans les navigateurs les plus actuels, et même dans Explorer 6.

Exemple 11-12 Les styles d'alignement du texte

```
<!DOCTYPE html>
<html>
 <head>
  <meta http-equiv="Content-type" content="text/html;charset=UTF-8" />
  <title>Les alignements</title>
  <link rel="shortcut icon" type="images/x-icon" href="../images/favicon.ico" />
  <style type="text/css" title="align">
   h1{text-align: center;background-color: #CCC; }❶
   h2{text-align: left;background-color: #AAA;}❷
   p.droit{font:menu;font-size:1.5em;text-align:right;background-color: #EEE;} ❸
   p.justifie{text-align: justify;background-color: #EEE;} ❹
td {text-align:"."}
  </style>
 </head>
 <body>
  ❺ <h1>Style du texte  <span>HTML 5 et CSS 3</span></h1>
   <h2>HTML 5 : pas de quoi s'en faire un monde</h2>
  ❻ <p class="droit">In principio creavit Deus caelum et terram terra autem erat
  ➡ inanis et vacua et tenebrae super faciem abyssi et spiritus Dei ferebatur super
  ➡ aquas dixitque Deus fiat lux et facta  </p>
  ❼ <p class="justifie">In principio creavit Deus caelum et terram terra autem erat
  ➡ inanis et vacua et tenebrae super faciem abyssi et spiritus Dei ferebatur super
  ➡ aquas dixitque Deus fiat lux et facta   </p>
   </body>
</html>
```

La figure 11-12 montre les différents types d'alignement.

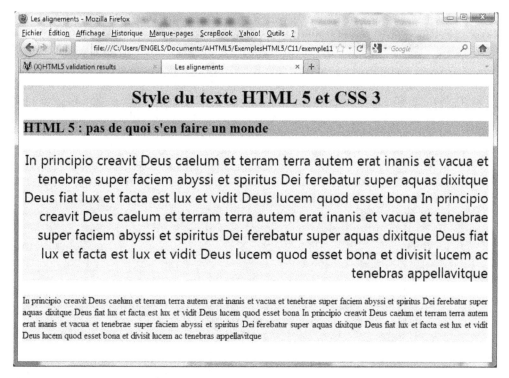

Figure 11-12

Les styles d'alignement du texte

L'indentation du texte

L'indentation du texte est fixée par défaut pour certains éléments comme `<blockquote>`, ou les éléments de liste `<ul>` et `<ol>` par exemple. Nous pouvons définir une indentation personnalisée, mais il faut noter qu'elle ne s'applique qu'à la première ligne de texte, ce qui, pour un titre, ne présente généralement pas de problème, mais ne correspond pas forcément à l'effet désiré pour un paragraphe. Pour décaler tout un paragraphe, il vaudra mieux avoir recours soit à la définition d'une marge, soit à un positionnement de l'élément (voir chapitre 12).

L'indentation du texte peut être définie à l'aide de la propriété `text-indent`, dont la syntaxe est la suivante :

```
text-indent:<long>|<pourcent>|inherit
```

Elle est applicable aux éléments de bloc, aux cellules des tableaux, et est héritée.

Les valeurs d'indentation peuvent être établies à l'aide d'un nombre et d'une unité de longueur habituelle (em, px, ex, mm, cm, in, pt, pc) ou en pourcentage. Dans ce dernier cas, l'indentation est calculée par rapport à la largeur de l'élément qui contient le texte. Les valeurs négatives sont admises pour créer une saillie à gauche (pour le sens de lecture européen avec dir = "ltr") ou le contraire, sinon par rapport à l'alignement normal.

Dans l'exemple 11-13, le titre <h1> (repère **6**) est indenté de 20 % de la largeur de l'élément, soit, faute de dimensionnement, de 20 % de la largeur de la fenêtre du navigateur (repère **1**). Le titre <h2> est indenté de 5 em (repères **2** et **7**). Quand l'indentation s'applique à des éléments imbriqués, nous pouvons obtenir des effets intéressants. L'indentation de l'élément <div> est fixée à 15 % (repères **3** et **8**), ce qui s'applique à son contenu direct (repère **9**). Pour l'élément <p> qu'elle contient, l'indentation est négative (repère **4**) et elle contraint à définir une marge gauche, sinon le texte XHTML 1.1 n'est plus visible, car il disparaît sur la gauche de la page. Les listes (repère **10**) ont une indentation par défaut mais nous pouvons la fixer à la valeur désirée pour personnaliser leur présentation (repère **5**).

Exemple 11-13 L'indentation du texte

```
<!DOCTYPE html>
<html>
 <head>
  <meta http-equiv="Content-type" content="text/html;charset=UTF-8" />
  <title>Indentation du texte</title>
  <link rel="shortcut icon" type="images/x-icon" href="../images/favicon.ico" />
  <style type="text/css" title="indentattion">
   h1{text-indent:  20%;background-color: #CCC; }          ❶
   h2{text-indent:  5em;background-color: #AAA;}           ❷
   div{text-indent: 15%;background-color: #EEE;}           ❸
   p.ret{text-indent:  -5em;margin-left: 10em;background-color: #DDD;}  ❹
   ol{text-indent: 15ex;background-color: #CCF;list-style-position:inside;}  ❺
  </style>
 </head>
 <body>
  <h1>Style du texte  <span>HTML 5 et CSS 3</span></h1>  ❻
  <h2>HTML 5 : l'avenir est là</h2>  ❼
  <div>  ❽
Le langage HTML 5 dans sa  version la plus actuelle : In principio creavit Deus
➡ HTML 5 et CSS 3 terra autem erat inanis et vacua et tenebrae super faciem abyssi
➡ et spiritus Dei ferebatur super aquas dixitque Deus fiat lux et facta est lux  ❾
  <p class="ret">HTML 5 : In principio creavit Deus caelum et terram terra autem
  ➡ erat inanis et vacua et tenebrae super faciem abyssi et spiritus Dei ferebatur
  ➡ super aquas dixitque Deus fiat lux et facta est lux et vidit Deus lucem quod
  ➡ esset bona In principio creavit Deus caelum et terram terra autem erat inanis
  ➡ et vacua et tenebrae super faciem abyssi et spiritus Dei ferebatur super aquas
  ➡ dixitque Deus fiat lux et facta est lux et vidit Deus lucem quod esset bona et
  ➡ divisit lucem ac tenebras appellavitque</p>
  <ol>  ❿
   <li>XHTML 1.0 strict</li>
   <li>XHTML 1.1</li>
```

```
    <li>HTML 5</li>
   </ol>
  </div>
 </body>
</html>
```

La figure 11-13 montre l'affichage obtenu. Les couleurs de fond permettent de situer les différentes boîtes de contenu des éléments.

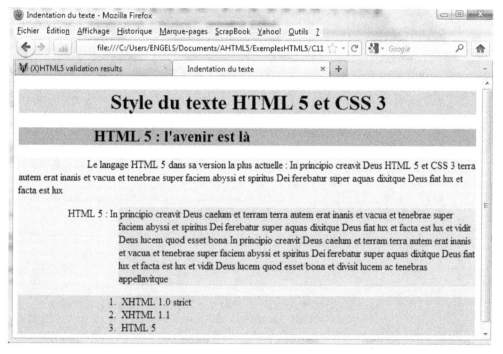

Figure 11-13

L'indentation du texte

L'espacement des mots et des caractères

Chaque police est définie avec un espacement donné entre chaque caractère et une largeur fixe qui crée l'espacement entre chaque mot. Nous pouvons intervenir sur l'espacement des caractères en le définissant au moyen de la propriété letter-spacing, dont la syntaxe est la suivante :

```
letter-spacing:normal|<long>|inherit
```

En utilisant le mot-clé normal, nous définissons explicitement un espacement égal à la valeur initiale fixée par la police. Pour créer un espacement personnalisé, il faut utiliser une valeur de longueur définie par un nombre et une unité relative ou absolue (em, px, ex, mm, cm, in, pt, pc). La valeur indiquée dans le paramètre `<long>` n'est pas celle de l'espacement lui-même mais celle qui s'ajoute ou se soustrait à la valeur normale associée à la police utilisée. Le mot-clé `normal` correspond à cette valeur, et donc à la valeur `0` de `<long>`. Les valeurs négatives sont donc utilisées pour diminuer l'espacement. Agir sur l'espacement des lettres risque de donner à la police utilisée l'aspect d'une police à espacement fixe, telle que nous pouvons le définir en donnant à la propriété `font-family` la valeur `Courier New` ou le mot-clé `monospace`.

La définition de cette propriété implique que l'espacement entre les mots d'une phrase soit aussi conditionné par la valeur choisie pour `letter-spacing`. Afin de définir indépendamment l'espacement entre les mots, il faut utiliser la propriété `word-spacing`, dont la syntaxe est la même que précédemment :

```
word-spacing : normal | <long> | inherit
```

Elle est également héritée et les valeurs négatives sont admises pour diminuer l'espacement. L'exemple 11-14 permet de mettre en œuvre ces deux propriétés et d'effectuer des comparaisons d'aspect pour différentes valeurs. Les styles appliqués à l'élément `<p>` (repère ❶) créent un texte très resserré pour le premier paragraphe (repère ❹). Les éléments `<span>` ont au contraire un style (repère ❷) qui permet d'étirer le texte de leurs contenus (repères ❺, ❻, ❽ et ❾), indépendamment du style de leur parent. La classe `space` (repère ❸) permet d'afficher le même texte avec un espacement beaucoup plus grand dans le second paragraphe (repère ❼).

Exemple 11-14 L'espacement des lettres et des mots

```
<!DOCTYPE html>
<html>
 <head>
  <meta http-equiv="Content-type" content="text/html;charset=UTF-8" />
  <title>L'espacement des lettres et des mots</title>
  <link rel="shortcut icon" type="images/x-icon" href="../images/favicon.ico" />
  <style type="text/css" title="liens">
   p{letter-spacing: -0.1em; word-spacing: 0.7em;}❶
   span{letter-spacing: 10px; background-color: #EEE;}❷
   .space{letter-spacing: 0.2em; word-spacing: 1em;}❸
  </style>
 </head>
 <body>
  ❹<p>Le langage ❺<span>HTML 5 </span>: Les éléments html, head et body
➥ constituent la base de la structure d'une page ❻<span>HTML 5</span>.In
➥ principio creavit Deus caelum et terram terra autem erat inanis et . . .</p>
  ❼<p class="space">Le langage ❽<span>HTML 5 </span>: Les éléments html, head et
➥ body constituent la base de la structure d'une page ❾<span>HTML 5</span>.In
➥ principio creavit Deus caelum et terram terra autem erat inanis et . . .</p>
 </body>
</html>
```

Là figure 11-14 montre les grandes différences de présentation obtenues avec ces styles.

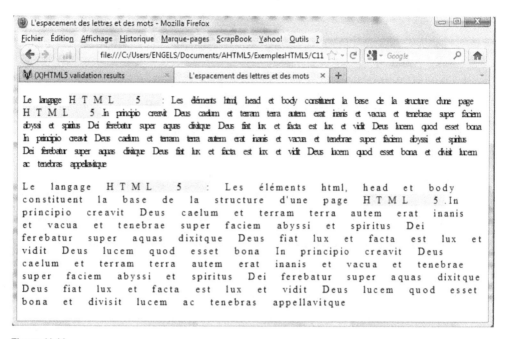

Figure 11-14

L'espacement des lettres et des mots

La dernière possibilité de gestion des espaces est offerte par la propriété white-space qui permet de choisir le mode d'affichage des différents caractères d'espacement placés dans le code HTML 5. Nous retrouvons ici l'équivalent de ce qu'il est possible d'effectuer avec l'élément <pre>. Sa syntaxe est la suivante :

```
white-space : normal | pre | nowrap | inherit
```

La valeur normal correspond à l'affichage habituel des navigateurs (un seul espace dans la page, quel qu'en soit le nombre dans le code). La valeur pre préserve tous les caractères d'espacement présents dans le code. On peut alors directement positionner les différents contenus d'un élément dans l'éditeur de code, en particulier pour afficher des listings. La valeur nowrap gère les espaces de la même façon que la valeur normal à la différence qu'elle désactive en plus les sauts de lignes. Le contenu étant affiché sur une seule ligne, le visiteur est donc contraint d'effectuer un défilement horizontal, ce qui ne facilite pas la lecture du contenu.

L'exemple 11-15 présente une illustration de cette propriété avec la valeur pre (repère ❶) pour afficher du code HTML 5 contenu dans un élément <code> (repère ❷).

Exemple 11-15 Gestion des espaces

```html
<!DOCTYPE html>
<html>
 <head>
  <meta http-equiv="Content-type" content="text/html;charset=UTF-8" />
  <title>Gérer les espaces</title>
  <link rel="shortcut icon" type="images/x-icon" href="../images/favicon.ico" />
  <style type="text/css" title="espaces">
   code{white-space: pre; background-color: #EEF;}❶
  </style>
 </head>
 <body>
  <h1>Du code HTML 5</h1>
  <p>
   <code>❷

     &lt;head&gt;

         &lt;title&gt; HTML 5   et   CSS 3   :   Cours et exercices &lt;/title&gt;
         &lt;meta name="Generator" content="EditPlus" /&gt;
         &lt;meta name="Author" content="Jean ENGELS" /&gt;
         &lt;meta http-equiv="Content-Type" content="text/html;UTF-8" /&gt;
         &lt;link rel="shortcut icon" type="images/x-icon" href="favicon.ico" /&gt;
         &lt;style type="text/css" media="all"&gt;@import "base.css";

         &lt;/style&gt;

     &lt;/head&gt;

   </code>
  </p>
 </body>
</html>
```

La figure 11-15 montre qu'avec la valeur pre tous les espaces et sauts de lignes sont bien préservés dans la page affichée.

En utilisant la valeur normal, ou encore en ne définissant pas la propriété, nous obtiendrions le résultat présenté ci-après, qui est bien peu lisible par rapport au précédent.

```
<head> <title> XHTML et CSS : Cours et exercices </title> <meta name="Generator"
content="EditPlus" /> <meta name="Author" content="Jean ENGELS" /> <meta http-
equiv="Content-Type" content="text/html; charset=iso-8859-1" /> <link rel="shortcut
icon" type="images/x-icon" href="favicon.ico" /> <style type="text/css" media="all">@
import "base.css"; </style> </head>
```

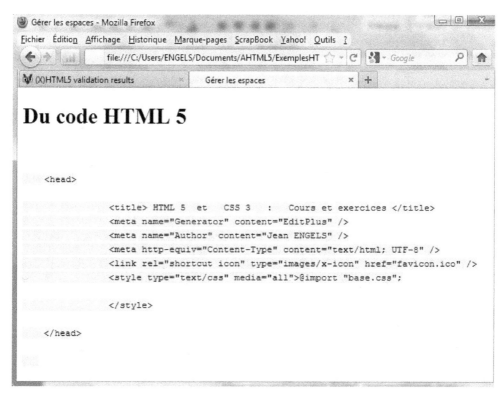

Figure 11-15

La gestion des espaces

Césure des mots en CSS 3

Certains mots sont trop longs pour être entièrement inclus dans leur conteneur et particulièrement ceux qui ont été dimensionnés avec une petite largeur, comme des éléments <aside>. Pour régler ce problème, nous pouvons utiliser la propriété word-wrap afin d'obtenir automatiquement une césure des mots longs ; sa syntaxe est la suivante :

```
word-wrap: normal | break-word;
```

Si on lui attribue la valeur break-word, les mots longs seront coupés en fin de ligne alors qu'avec la valeur normal, ils dépasseront du cadre assigné, comme le montre le premier paragraphe dans la figure 11-16. Dans l'exemple 11-16, le premier style définit la propriété avec la valeur normal qui est la valeur par défaut (repère ❶) ; le mot anticonstitutionnel-lement déborde donc du cadre dans un paragraphe ordinaire (repère ❸). Avec la valeur break-word incluse dans la classe .coupe (repère ❷), il est alors coupé en deux dans le second paragraphe (repère ❹). Ne vous attendez pas à ce que CSS effectue des césures conformément aux règles en vigueur, mais vous obtiendrez néanmoins un texte qui se limite au cadre que vous lui fixez.

Exemple 11-16 Coupure des mots

```
<!DOCTYPE html>
<html>
 <head>
  <meta http-equiv="Content-type" content="text/html;charset=UTF-8" />
  <title>Césure des mots</title>
  <style type="text/css">
    p{ width:200px; height: 170px; font-size: x-large; background-color:#EEE;
    ➥ word-wrap:normal; }❶
     .coupe{ width:200px; height: 170px; font-size: x-large; background-color:#EEE;
     ➥ word-wrap:break-word; overflow:auto;❷
     }
  </style>
 </head>
 <body>
  <p>Cette action est indispensable mais anticonstitutionnellement valable dans un
  ➥ contexte difficilement acceptable</p>❸
  <p class="coupe">Cette action est indispensable mais anticonstitutionnellement
  ➥ valable dans un contexte difficilement acceptable</p>❹
 </body>
</html>
```

Figure 11-16

*Coupure automatique
de mots longs*

Le style des liens

En faisant l'inventaire des propriétés CSS, il faut bien reconnaître qu'aucune d'entre
elles ne s'applique spécifiquement aux liens hypertextes. Cependant, il n'est sans doute
pas inutile de consacrer une section aux styles que nous pouvons appliquer aux liens

généralement créés avec un élément `<a>`. Un lien présente en effet plusieurs états différents lors de la consultation d'une page par un visiteur. Lors du premier chargement de la page, il est vierge et prêt à être activé. Au moment de cliquer sur le texte ou l'image, il est dit actif. Après ce clic, que le lien soit interne ou externe, l'origine du lien est dans l'état dit visité. À chacun de ces états correspondent des styles, et en particulier des couleurs par défaut relativement standards et définies dans la feuille de styles par défaut préconisée par le W3C. J'ai déjà indiqué qu'il fallait manier les couleurs des liens avec précaution dans la mesure où l'internaute lambda est habitué à ces styles (couleur généralement bleue et soulignement). Cependant, on peut être contraint de les modifier, par exemple pour s'adapter à une couleur de fond particulière de la page.

Pour créer des styles propres aux liens, nous utilisons les pseudo-classes qui leur sont dédiées et des propriétés déjà rencontrées par ailleurs comme la couleur du texte, celle du fond ou la définition d'une police particulière.

Les pseudo-classes `:link`, `:visited` et `:active` sont prévues à cet effet, les deux premières n'étant applicables qu'aux liens. Nous rappelons ici leurs définitions, déjà exposées au chapitre 8.

- `:link` s'applique au lien non encore visité avant toute action du visiteur. Elle permet de définir les styles du lien, généralement textuel.

- `:visited` s'applique au lien qui a déjà été visité au moins une fois. Elle permet par exemple de changer la couleur du lien.

- `:active` s'applique au lien au moment précis où l'utilisateur maintient le bouton de la souris enfoncé, quand le curseur est positionné sur le texte du lien. Cette pseudo-classe est mal prise en compte par les navigateurs et ne présente pas réellement un intérêt fondamental aujourd'hui.

Nous pouvons également ajouter les pseudo-classes `:focus` et `:hover` qui ne sont pas spécifiques aux liens mais que nous pouvons utiliser.

- `:focus` permet de modifier le style d'un lien quand il reçoit le focus à l'aide de la touche `Tab` ou d'un raccourci clavier.

- `:hover` permet de donner un style particulier quand le curseur est positionné sur le lien. L'effet réalisé, comme un changement de couleur, est réversible instantanément quand le curseur quitte la zone du lien.

L'exemple 11-17 illustre l'emploi de ces différentes pseudo-classes. La page contient une liste à puces de liens (repères ❻, ❼ et ❽). Le sélecteur `a:link` crée le style de base des liens soulignés et de couleur bleue (repère ❶). Les liens ayant le focus ont une taille de police double de la normale et une bordure double jaune (repère ❷). L'usage de la pseudo-classe `:hover` nécessite un sélecteur plus complexe `ul li a:hover`, car le sélecteur simple `a:hover` ne fonctionne pas dans la plupart des navigateurs. Il permet de gérer une taille de police de 25 pixels, une bordure, une couleur de fond et de texte modifiée (repère ❸). Les liens visités sont affichés en vert sur fond gris (repère ❹), et les liens activés en rouge sur fond noir (repère ❺).

Exemple 11-17 Les styles des liens

```
<!DOCTYPE html>
<html>
 <head>
  <meta http-equiv="Content-type" content="text/html;charset=UTF-8" />
  <title>Styles des liens</title>
  <link rel="shortcut icon" type="images/x-icon" href="../images/favicon.ico" />
  <style type="text/css" title="liens">
   a:link{text-decoration: underline;color: navy;}❶
   a:focus{font-size:200%;border: yellow 2px double;}❷
   ul li a:hover{font-size: 25px; background-color: red; color: #FFF;
   ➥ border: yellow 2px double;}❸
   li a:visited{background-color: #DDD; color: #700;}❹
   li a:active{background-color: #red; color: #567;}❺
  </style>
 </head>
 <body>
  <h1>Les liens essentiels</h1>
  <ul>
   ❻<li><a href="http://www.whatwg.org/" tabindex="1">(x)HTML 5</a></li>
   ❼<li><a href="http://www.w3.org/TR/CSS21/" >CSS 3</a></li>
   ❽<li><a href="http://www.funhtml.com/php5">PHP 5</a></li>
  </ul>
 </body>
</html>
```

La figure 11-17 présente les effets obtenus. Dans cette page, le lien (x)HTML 5 a le focus et le lien CSS 3 est survolé par le curseur, mais pas cliqué.

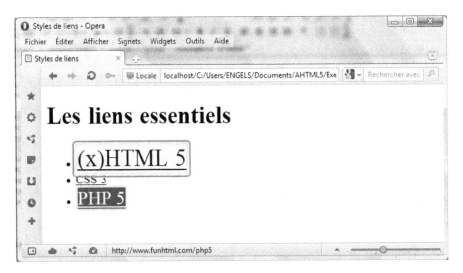

Figure 11-17

Les styles des liens

Exercices

Exercice 1

Définir la police Georgia pour un paragraphe et ajouter le nom de la police générique correspondante.

Exercice 2

Écrire le style de façon à ce que les éléments <code> et <samp> aient une police à espacement fixe.

Exercice 3

Créer les styles afin que les titres <h1> soient affichés avec une police Arial de 24 pixels et que les titres <h2> soient dans une police de la famille serif avec une taille de 1,2 em.

Exercice 4

Définir la taille des titres <h1>, <h2>, <h3> avec des pourcentages décroissants et une police de la famille sans-serif. La taille fixée pour <h1> doit être l'équivalent de la taille 2 em.

Exercice 5

Effectuer la même opération que pour l'exercice 4 en utilisant des tailles absolues, puis des tailles en pixels.

Exercice 6

Créer une classe qui permet d'obtenir un texte plus grand que celui de l'élément parent.

Exercice 7

Définir explicitement le style qui permet d'obtenir le contenu des éléments <b> en gras et plus grand que son contexte.

Exercice 8

Définir les styles afin que le contenu de l'élément <code> soit dans une police à espacement fixe, plus grande et plus grasse que celle de son parent.

Exercice 9

Définir explicitement le style de l'élément <i> en italique gras.

Exercice 10

Créer les styles de façon à ce que les titres <h3> et la première ligne des paragraphes apparaissent en petites majuscules.

Exercice 11

Définir les styles pour obtenir l'affichage du contenu des éléments <code> et <samp> en minuscules et dans une police monospace.

Exercice 12

Créer les styles de façon à ce que les éléments <h3> soient affichés avec un texte clignotant.

Exercice 13

Régler l'interligne des éléments <div> à 1,2 fois la valeur normale et celui des paragraphes à 80 % (il y a deux possibilités).

Exercice 14

Définir le style du texte de l'élément <blockquote> avec la police système message-box.

Exercice 15

Définir l'alignement des éléments <code> à gauche avec un espacement de 0,2 em et ceux des éléments <h2> au centre.

Exercice 16

Créer le style permettant la préservation des espaces dans l'élément <blockquote>.

Exercice 17

Créer les styles pour que les liens vierges soient rouges et en gras, que les liens visités soient marrons sur fond gris clair et en graisse normale. Les liens survolés doivent apparaître entourés d'une bordure bleu vif.

12

Dimensionnement, positionnement et transformation des éléments

Les méthodes de mise en page au moyen de cadres ou à l'aide de tableaux (chapitre 6), outre qu'elles sont aujourd'hui considérées comme obsolètes, ne manquent pas de présenter des inconvénients importants. Si les cadres gênaient considérablement l'indexation correcte des pages web, les mises en page à base de tableaux, pour pratiques qu'elles aient l'air à première vue, impliquent des structures trop complexes qui nuisent à la lisibilité de l'organisation et à la maintenance des sites. Nous allons voir dans ce chapitre que tous ces problèmes peuvent être contournés en utilisant conjointement le dimensionnement et le positionnement des éléments qui contiennent les différentes zones d'une page. Ces méthodes apportent enfin des réponses simples pour créer les mises en page les plus diverses, et qui plus est en respectant le principe, fondamental en HTML 5, de séparation du contenu et de la présentation. Nous pouvons par exemple obtenir des présentations différentes à partir du même code HTML 5 en modifiant simplement les styles CSS attachés à ces différents composants.

Le dimensionnement des éléments

Au chapitre 10, dans la définition du modèle de boîtes de CSS, nous avons vu que les propriétés `width` et `height` permettent de déterminer respectivement la largeur et la hauteur d'un élément. Elles s'appliquent à tous les éléments sauf les éléments en ligne non remplacés et les lignes et groupes de lignes des tableaux. Nous rappelons leurs syntaxes :

```
width: <longueur> | NN% | auto | inherit
height: <longueur> | NN% | auto | inherit
```

Si la définition de la largeur ne pose généralement pas de problème, celle de la hauteur peut engendrer des effets particuliers, voire conflictuels entre les boîtes créées pour les éléments successifs et leurs contenus. L'exemple 12-1 en est une illustration concrète. Le corps du document contient une division `<div>` (repère ❹) qui inclut successivement un titre `<h1>` (repère ❺) et deux paragraphes `<p>` (repères ❻ et ❼). Les paragraphes contiennent pour leur part du texte ordinaire. L'élément `<div>` est suivi d'un second paragraphe ne comprenant que du texte (repère ❽).

Les définitions de styles fixent les dimensions de l'élément `<div>`, qui a une largeur de 80 % et une hauteur de 500 pixels (repère ❶). Les éléments `<p>` ont une largeur de 75 % de celle de leur conteneur (repère ❷), soit 75 % de 80 % (donc 60 % de la largeur de la page) pour le premier, et 75 % de la page pour le second. Ces largeurs sont effectivement respectées par tous les navigateurs (voir la figure 12-1). De même, l'élément `<h1>` (repère ❸) a une largeur réelle de 80 % de celle de son parent `<div>`, donc 80 % de 80 %, soit 64 % de celle de la page.

Mais c'est au niveau de la définition des hauteurs que se posent les problèmes. Nous pouvons remarquer d'emblée que la hauteur de l'élément `<div>` est supérieure à la somme des hauteurs de ses éléments enfants `<p>` (200 pixels chacun) et `<h1>` (50 pixels). Le résultat obtenu visible à la figure 12-1 montre tout d'abord que la hauteur définie pour `<div>` est bien respectée. Celles des deux paragraphes sont bien de 200 pixels, la couleur de fond qui leur est attribuée nous permettant de le vérifier. Il en est de même pour la hauteur de l'élément `<h1>`. En revanche, si le texte du premier paragraphe s'affiche bien dans la boîte assignée à l'élément `<p>`, celui du deuxième déborde, et pire encore il se superpose au contenu du troisième. Le résultat obtenu est évidemment catastrophique au niveau de la présentation.

Exemple 12-1 Les problèmes de dimensionnement en hauteur

```
<!DOCTYPE html>
<html>
 <head>
  <meta http-equiv="Content-type" content="text/html;charset=UTF-8" />
  ➡ <title>Dimensionnement des éléments</title>
  <link rel="shortcut icon" type="images/x-icon" href="../images/favicon.ico" />
  <style type="text/css" >
   body {font-family: Arial sans-serif;font-size: 16px;}
   div{width:80%;height:500px;background-color:#EEE;}❶
   p{width:75%;height:200px;background-color:#BBB;}❷
   h1{width:80%;height:50px;background-color:#888;color:white;}❸
  </style>
 </head>
 <body>
```

```
❹<div>
  ❺<h1>Dimensionnement des éléments</h1>
  ❻<p> In principio creavit Deus caelum et terram terra autem erat inanis et vacua
  ➡ et tenebrae super faciem abyssi et spiritus Dei ferebatur super aquas
  </p>
  ❼<p>Deus duo magna luminaria luminare maius ut praeesset diei et luminare minus
  ➡ ut praeesset nocti et stellas et posuit eas in firmamento caeli . . .</p>
  </div>
❽<p> In principio creavit Deus caelum et terram terra autem erat inanis et vacua
➡ et tenebrae super faciem abyssi et spiritus Dei ferebatur super aquas . . .
</p>
</body>
</html>
```

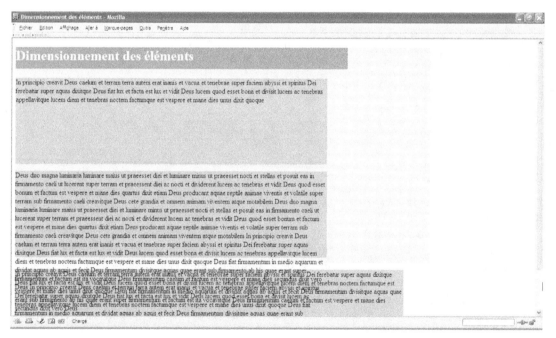

Figure 12-1

Les problèmes dus au dimensionnement

Nous pouvons corriger facilement ce résultat en donnant la valeur auto à la propriété height des éléments <div> et <p> (repères ❶ et ❷). L'élément <style> devient donc :

```
<style type="text/css" >
body {font-family: Arial sans-serif;font-size: 16px;}
div{width:80%;height:auto ❶;background-color:#EEE;}
p{width:75%;height:auto ❷;background-color:#BBB;}
h1{width: 80%; height: 50px;background-color:#888;color:white;}
</style>
```

Nous obtenons alors le dimensionnement présenté à la figure 12-2, dans lequel chaque paragraphe occupe la place qui lui est nécessaire pour afficher son contenu.

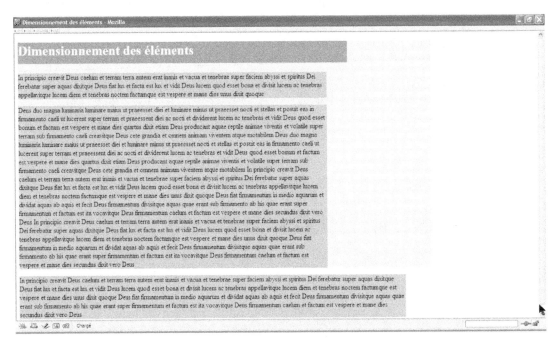

Figure 12-2

Le dimensionnement avec la valeur auto

L'utilisation de la valeur auto ne permet pas une mise en page précise des différents éléments dans le document, en particulier si leur contenu est créé dynamiquement, en provenance d'une base de données, suite à une recherche déclenchée par le visiteur par exemple. S'il semble nécessaire au programmeur de définir impérativement une hauteur à chaque élément, il est possible de conserver cette présentation en appliquant la propriété overflow pour gérer les éventuels débordements des contenus. Sa syntaxe est la suivante :

```
overflow : visible | hidden | scroll | auto | inherit
```

Voici le rôle imparti à chacune de ses valeurs :

- visible : le contenu débordant est affiché ;
- hidden : le contenu débordant est caché et donc illisible ;
- scroll : des barres de défilement horizontale et verticale apparaissent sur les côtés droit et bas de la boîte de l'élément, ce qui permet d'accéder au contenu débordant. Cette valeur a l'inconvénient de laisser apparaître ces barres même si le contenu ne déborde pas ;
- auto : le navigateur fait apparaître les barres de défilement en cas de débordement uniquement.

En modifiant les styles de l'exemple 12-1 de la manière suivante :

```
<style type="text/css" >
 body {font-family: Arial sans-serif;font-size: 16px;}
 div{width:80%;height:500px;background-color:#EEE;}
 p{width:75%;height: 200px;background-color:#BBB;overflow: auto;❶}
 h1{width: 80%; height: 50px;background-color:#888;color:white;}
</style>
```

où nous définissons la propriété overflow pour les paragraphes avec la valeur auto (repère ❶), nous obtenons le résultat présenté à la figure 12-3 qui montre que la hauteur définie pour les éléments <p> est conservée à 200 pixels, mais que le contenu du deuxième paragraphe est lisible en utilisant les barres de défilement. Les intentions de mise en page sont donc préservées et le contenu est entièrement accessible.

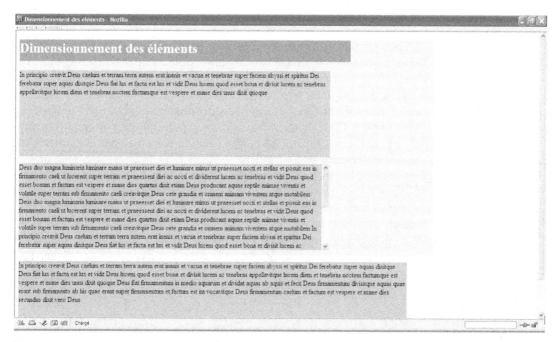

Figure 12-3

Gestion des débordements

Dans les cas précédents, et en gérant les débordements avec la propriété overflow, tous les paragraphes ont les mêmes dimensions quels que soient leurs contenus. Dans notre dernier exemple, le premier et le second ont une hauteur de 200 pixels alors que le premier ne contient que quelques lignes. Pour pouvoir intervenir sur les hauteurs des éléments sans pour autant les fixer de manière absolue, nous pouvons définir une hauteur minimale et une hauteur maximale pour tous les éléments, à l'exception des éléments en ligne non remplacés et des éléments de tableau.

Nous disposons pour cela des propriétés `min-height` et `max-height` dont la syntaxe est la suivante :

```
min-height: <longueur> | NN% | inherit
max-height: <longueur> | NN% | none |inherit
```

Le paramètre `<longueur>` est donné comme d'habitude par un nombre et une unité, et les pourcentages sont précisés en référence à la hauteur du bloc conteneur. La valeur `none` (qui est la valeur par défaut pour la hauteur maximale) indique que la valeur limite est celle du bloc conteneur.

De même, une largeur minimale et une largeur maximale peuvent être indiquées pour les mêmes éléments à l'aide des propriétés `min-width` et `max-width` dont les syntaxes sont similaires aux précédentes :

```
min-width: <longueur> | NN% | inherit
max-width: <longueur> | NN% | none |inherit
```

L'exemple 12-2 nous permet d'affiner les mises en page obtenues dans les exemples précédents. L'élément `<div>` se voit affecté une largeur maximale de 900 pixels et une hauteur maximale de 800 pixels (repère ❶). Les paragraphes ont une hauteur minimale de 80 pixels et maximale de 250 pixels (repères ❷ et ❸), ainsi qu'une largeur comprise entre 500 et 600 pixels (repères ❹ et ❺). Les éventuels débordements sont gérés en utilisant la propriété `overflow` (repère ❻). L'élément `<h1>` a pour sa part une largeur comprise entre 400 et 500 pixels au maximum (repères ❼ et ❽). Comme nous pouvons le constater sur la figure 12-4, le contenu du titre `<h1>` est affiché sur deux lignes car sa largeur est limitée à 400 pixels. Le premier élément `<p>` (repère ❾) occupe juste la hauteur nécessaire à son contenu limité à quatre lignes. En revanche, le deuxième (repère ❿) a un contenu beaucoup plus long et il apparaît avec une hauteur de 250 pixels, ce qui est sa limite supérieure ; comme son contenu déborde, des barres de défilement apparaissent automatiquement. Quant au troisième paragraphe (repère ⓫), il a le même comportement que le premier et sa hauteur est exactement adaptée à son contenu en respectant les contraintes de hauteur.

Exemple 12-2 Largeurs et hauteurs minimales et maximales

```
<!DOCTYPE html>
<html>
 <head>
  <meta http-equiv="Content-type" content="text/html;charset=UTF-8" />
  <title>Dimensions minimales et maximales des éléments</title>
  <link rel="shortcut icon" type="images/x-icon" href="../images/favicon.ico" />
  <style type="text/css" >
   body {font-family: Arial sans-serif;font-size: 16px;}
   div{max-width:900px;max-height:800px;background-color:#EEE;} ❶
   p{min-height:80px ❷ ;max-height: 250px ❸ ;min-width:500px ❹;
   ➥ max-width:600px ❺; background-color:#BBB;overflow: auto ❻;}
   h1{min-width: 400px ❼; max-width: 500px ❽;background-color:#888;color:white;}
  </style>
 </head>
 <body>
```

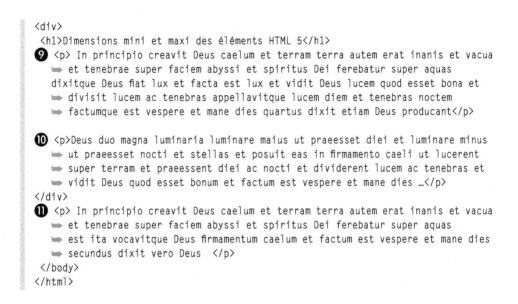

```
<div>
 <h1>Dimensions mini et maxi des éléments HTML 5</h1>
❾ <p> In principio creavit Deus caelum et terram terra autem erat inanis et vacua
➡ et tenebrae super faciem abyssi et spiritus Dei ferebatur super aquas
   dixitque Deus fiat lux et facta est lux et vidit Deus lucem quod esset bona et
➡ divisit lucem ac tenebras appellavitque lucem diem et tenebras noctem
➡ factumque est vespere et mane dies quartus dixit etiam Deus producant</p>

❿ <p>Deus duo magna luminaria luminare maius ut praeesset diei et luminare minus
➡ ut praeesset nocti et stellas et posuit eas in firmamento caeli ut lucerent
➡ super terram et praeessent diei ac nocti et dividerent lucem ac tenebras et
➡ vidit Deus quod esset bonum et factum est vespere et mane dies …</p>
</div>
⓫ <p> In principio creavit Deus caelum et terram terra autem erat inanis et vacua
➡ et tenebrae super faciem abyssi et spiritus Dei ferebatur super aquas
➡ est ita vocavitque Deus firmamentum caelum et factum est vespere et mane dies
➡ secundus dixit vero Deus   </p>
 </body>
</html>
```

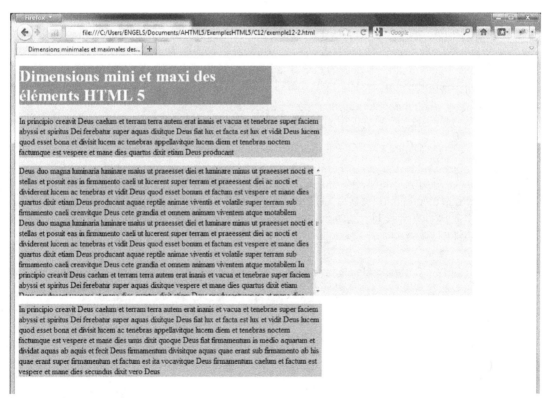

Figure 12-4

Les dimensions minimales et maximales

Le rendu des éléments

Dans la première partie de cet ouvrage, nous avons passé en revue l'ensemble des éléments HTML 5 et nous avons vu que chacun d'eux est associé par défaut à une présentation spécifique (à l'aide d'une feuille de styles par défaut incluse dans les navigateurs : voir l'annexe B). Tous les éléments peuvent donc être classés en grands groupes de mise en page comme les blocs, les éléments en ligne, les listes ou les tableaux avec les caractéristiques qui s'y rattachent. Nous pouvons intervenir sur l'appartenance de chaque élément à un de ces groupes et modifier le rendu d'un élément en fonction des besoins. Un élément `<h1>` peut, par exemple, être transformé en élément en ligne ou en élément de liste alors qu'il est par défaut de niveau bloc.

Ces modifications sont opérées au moyen de la propriété `display` dont la syntaxe est la suivante :

```
display : none |inline | block | list-item |table | inline-table | table-row-group |
➡ table-header-group | table-footer-group | table-row | table-column-group | table-
➡ column | table-cell | table-caption | inherit
```

Sa valeur par défaut est `inline` mais la feuille de styles par défaut la modifie et donne à chaque élément le style que nous lui connaissons. Ce sont ces valeurs par défaut sur lesquelles nous intervenons. Les principales valeurs qu'elle peut prendre ont la signification suivante :

- `none` : l'élément n'est pas affiché et la boîte qui lui est associée n'est pas créée. Tout se passe comme s'il n'existait pas dans le code HTML 5 ;
- `inline` : l'élément devient du type en ligne (comme `<span>`) ;
- `block` : l'élément devient du type bloc (comme `<h1>`, `<p>`, `<div>`…) ;
- `list-item` : l'élément devient du type liste (équivalent de `<li>`).

Les autres valeurs sont rarement utilisées en HTML 5, mais plutôt réservées à la création de styles destinés à des documents XML pour induire des comportements identiques à ceux des éléments de tableau HTML 5. Le tableau suivant donne les correspondances entre les valeurs de la propriété `display` et l'élément HTML 5 dont le comportement est induit par celles-ci.

Tableau 12-1. Correspondances entre les valeurs de la propriété display et les éléments HTML 5

Valeur	Élément	Valeur	Élément
`table`	`<table>`	`table-row-group`	`<tbody>`
`table-header-group`	`<thead>`	`table-footer-group`	`<tfoot>`
`table-row`	`<tr>`	`table-column-group`	`<colgroup>`
`table-column`	`<col />`	`table-cell`	`<td>` ou `<th>`
`table-caption`	`<caption>`	`inline-table`	`<table>` dont la propriété `display` vaut `inline`

L'exemple 12-3 offre une illustration de la propriété display. La page comprend un paragraphe <p> qui inclut quatre éléments <span> (repère ❹). Ces éléments, qui sont normalement de type en ligne, sont affichés sous forme de liste en donnant la valeur list-item à la propriété display (repère ❶). La page contient également une liste non ordonnée (repère ❺). En donnant la valeur inline à display pour les éléments <li> (repère ❷), ils constituent un menu sur une seule ligne. La page contient enfin une division (repère ❻) incluant une image (repère ❾), deux titres <h1> (repères ❿ et ⓫) et un paragraphe (repère ⓬). Pour ces derniers, la propriété display prend la valeur inline (repère ❸). Le contenu des titres est donc affiché comme du texte en ligne dans le paragraphe. Quant à l'image incluse dans <div>, le gestionnaire d'événements onclick permet de la faire disparaître quand le visiteur clique sur la division en donnant, à l'aide de code JavaScript, la valeur none à la propriété display (repère ❼) ; en gérant l'événement ondblclick, un double-clic la fait réapparaître en lui octroyant la valeur inline (repère ❽).

Exemple 12-3 Modification du rendu des éléments

```
<!DOCTYPE html>
<html>
 <head>
  <meta http-equiv="Content-type" content="text/html;charset=UTF-8" />
  <title>Rendu des éléments</title>
  <link rel="shortcut icon" type="images/x-icon" href="../images/favicon.ico" />
  <style type="text/css" >
   body,h1,p{font-size: 24px;}
   span{display: list-item; }  ❶
   li{display: inline;border: solid 1px black;}  ❷
      h1,p{display: inline;}  ❸
  </style>
 </head>
 <body>
  ❹ <p><span> HTML 5 </span> <span> CSS 3 </span> <span> JavaScript </span> <span>
       ➥ PHP 5 </span>  </p>
  ❺ <ul>
     <li><a  href="lien1.html" ></a>..HTML 5 .. </li>
     <li><a  href="lien2.html" ></a>..CSS 3.. </li>
     <li><a  href="lien3.html" ></a>..JavaScript.. </li>
     <li><a  href="lien4.html" ></a>..PHP 5.. </li>
  </ul>
  ❻ <div id="division" ❼ onclick="document.getElementById('couv').style.
  ➥ display='none'"
  ❽ ondblclick="document.getElementById('couv').style.display='inline'" >
    ❾ <img id="couv"  src="couvhtml5_gd.jpg" alt="HTML 5 et  CSS 3" height="130"
    ➥ width="107" /> Les langages du Web :
    ❿ <h1> HTML 5    </h1>
    ⓫ <h1> CSS 3 : </h1>
    ⓬ <p> In principio creavit Deus caelum et terram terra autem erat inanis et vacua
    ➥ et tenebrae super faciem abyssi et spiritus Dei ferebatur super aquas dixitque
    ➥ Deus fiat lux et facta est lux et vidit Deus lucem quod esset bona et divisit
```

```
        ➥ lucem ac tenebras appellavitque lucem diem et tenebras noctem factumque est
        ➥ vespere et mane dies unus dixit quoque Deus fiat firmamentum in medio aquarum et
        ➥ dividat aquas ab aquis et fecit </p>
    </div>
 </body>
</html>
```

La figure 12-5 montre le résultat obtenu avant la disparition de l'image.

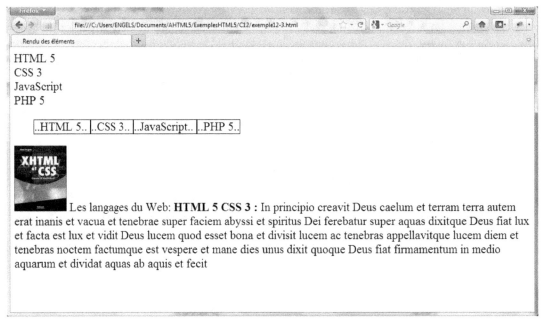

Figure 12-5
Les modifications du rendu normal des éléments

Le positionnement des éléments

Le principe du positionnement permet de définir l'emplacement des boîtes générées pour chaque élément HTML 5 présent dans le code de la page. Il existe plusieurs schémas de positionnement en CSS 2.1.

• Le positionnement selon le flux normal inclut le positionnement par défaut opéré par les navigateurs sans définition de styles particuliers. Avec ce positionnement, les éléments <p>, <div> ou <h1>, par exemple, sont associés à une boîte de bloc, et les éléments <img /> ou <span> à une boîte en ligne. Il inclut également le positionnement relatif des éléments de type bloc ou en ligne.

• Le positionnement flottant : dans ce cas, la boîte de l'élément est générée comme dans le flux normal. Elle conserve pour exemple les dimensions qui lui ont été attribuées, soit par ses attributs, soit par les propriétés `width` et `height`. En revanche, cette boîte est déplacée afin d'être positionnée le plus haut et le plus à gauche possible dans le contenu.

- Le positionnement absolu : avec ce type de positionnement, le bloc généré par l'élément devient complètement indépendant du flux normal. Sa position est en particulier sans aucun rapport avec son ordre d'apparition dans le code HTML 5. Des propriétés particulières doivent être définies pour placer la boîte de l'élément par rapport à son contenu, qu'il s'agisse de `<body>` ou d'un autre élément.

- Le positionnement fixe : dans ce cas, un élément occupe une position fixe dans la fenêtre du navigateur et ne défile pas avec le reste de la page.

Le flottement

Le concept du modèle de boîtes vu au chapitre 11 suppose que les blocs apparaissent dans la page les uns à la suite des autres, de haut en bas, selon leur ordre d'écriture dans le code HTML 5. De même, un élément remplacé, comme une image incluse dans un paragraphe au milieu d'un texte, est affiché comme un sous-bloc en provoquant un retour à la ligne avant et après l'image. Si sa largeur est inférieure à celle du paragraphe, cela entraîne l'apparition d'une zone blanche à sa droite, car elle est alignée à gauche par défaut. Cela crée un effet évidemment disgracieux dans la page. Il en est de même pour un élément de bloc, par exemple un tableau dont la largeur est faible par rapport à celle de son conteneur.

Pour améliorer cet état de fait, nous pouvons rendre n'importe quel élément flottant. Quand un élément est déclaré flottant, le contenu des autres éléments voisins se dispose autour de lui comme l'eau s'écoule autour d'un rocher placé au milieu d'une rivière. L'espace laissé libre autour de cet élément est comblé, créant ainsi une meilleure occupation de la surface de la page.

Quand un élément est déclaré flottant, la boîte qui lui correspond est déplacée vers la gauche ou la droite de son conteneur, selon la valeur choisie pour le flottement. L'alignement vertical est tel que la boîte est déplacée sur le haut de la ligne qui contient l'élément, ou sur le bas du bloc qui le précède. On procède à la définition du flottement d'un élément au moyen de la propriété `float` qui peut s'appliquer à tous les éléments HTML 5 et dont la syntaxe est la suivante :

```
float:left|right|none|inherit
```

Les valeurs qu'elle peut prendre ont la signification suivante :

- `left` : la boîte de l'élément est déplacée en haut et à gauche de son conteneur ;
- `right` : la boîte de l'élément est déplacée en haut et à droite ;
- `none` : la boîte ne flotte pas (c'est la valeur par défaut) ;
- `inherit` : la boîte hérite du comportement de son élément parent (ce qui n'est pas le cas par défaut).

Pour qu'un élément soit flottant, il est nécessaire qu'il soit dimensionné explicitement avec la propriété width, ou implicitement par ses dimensions intrinsèques (celles d'une image par exemple), ou par ses attributs width et height dans le cas d'un élément <img /> ou <object>. Dans le cas contraire, le navigateur risque de l'afficher avec une largeur minimale, si ce n'est nulle.

Si un élément flottant possède des marges, ces dernières ne fusionnent pas avec celles des éléments voisins, mais elles s'ajoutent à celles-ci. Quand plusieurs éléments sont flottants du même côté, celui qui apparaît en seconde position dans le code peut être amené à buter sur le bord droit ou gauche du premier selon que la propriété float a respectivement la valeur left ou right.

Dans l'exemple 12-4, la page contient un élément <div> (repère ❹) qui inclut du texte brut, une image (repères ❷ et ❺), à nouveau du texte puis un paragraphe (repères ❸ et ❻). La division a une couleur de fond, des marges de 15 pixels et un alignement justifié (repère ❶). L'image est positionnée flottante à gauche et a des marges de 20 pixels. Le paragraphe est flottant à droite, dimensionné avec une largeur de 200 pixels, et est muni d'une bordure qui permet de bien le distinguer du reste du texte. La figure 12-6 montre le résultat obtenu. Nous y constatons que les éléments flottants n'apparaissent que relativement à l'ordre dans lequel ils figurent dans le code HTML 5. Par exemple, l'image n'apparaît qu'une fois que la ligne dans laquelle l'élément <img /> est situé a été complétée par du texte qui se situe après cet élément.

Exemple 12-4 Les éléments flottants

```
<!DOCTYPE html>
<html>
 <head>
  <meta http-equiv="Content-type" content="text/html;charset=UTF-8" />
  <title>Les éléments flottants</title>
  <link rel="shortcut icon" type="images/x-icon" href="../images/favicon.ico" />
  <style type="text/css" >
   div{background-color: #EEE;margin: 15px;text-align: justify;} ❶
   img{float:left;margin:20px;} ❷
   p.droit{float: right;border:2px solid red;width: 200px;margin:10px;
   ➡ padding: 10px;} ❸
  </style>
 </head>
 <body>
  ❹ <div>HTML 5 ET CSS : In principio creavit Deus caelum et terram terra autem erat
  ➡ inanis et vacua et tenebrae super
  faciem abyssi et spiritus Dei ferebatur super aquas dixitque Deus fiat lux et facta
  ➡ est lux et vidit Deus
  ❺ <img src="couvhtml5_gd.jpg" alt="HTML 5 et CSS 3" />
  lucem quod esset bona et divisit lucem ac tenebras appellavitque lucem
  diem et tenebras noctem factumque est vespere et mane dies unus dixit quoque Deus
  ➡ fiat firmamentum in medio aquarum et……
```

```
❻ <p class="droit">Le W3C <br />aquas quae erant sub firmamento ab his quae erant
➡ super firmamentum et factum est ita vocavitque Deus firmamentum caelum et factum
➡ est vespere et mane dies secundus dixit vero Deus congregentur aquae quae sub
➡ caelo sunt in locum unum et appareat  </p>
in firmamento caeli et inluminent terram et factum est ita fecitque Deus duo magna
➡ luminaria luminare maius ut praeesset diei et luminare minus ut praeesset nocti
➡ et stellas et posuit eas in firmamento caeli ut lucerent super terram et
➡ praeessent diei ac nocti et dividerent lucem ac tenebras et  </div>
</body>
</html>
```

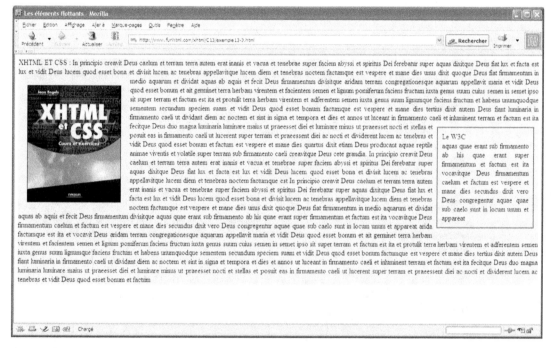

Figure 12-6

Le flottement des éléments

L'exemple suivant permet d'appréhender les subtilités du positionnement flottant dans des cas particuliers. L'élément <div> (repère ❸) inclus dans la page contient maintenant trois images incorporées au milieu d'un texte (repères ❹, ❺ et ❻). Vient ensuite un paragraphe ne contenant que du texte (repère ❼). Les deux premières images sont flottantes à gauche (repère ❶), et la troisième à droite en utilisant la classe img.droit (repère ❷). Seule la deuxième image est dimensionnée explicitement avec ses attributs height et width, les autres ayant les dimensions originales de l'image.

Exemple 12-5 Cas particuliers de flottement

```
<!DOCTYPE html>
<html>
 <head>
  <meta http-equiv="Content-type" content="text/html;charset=UTF-8" />
  ➥ <title>Les éléments flottants</title>
  <link rel="shortcut icon" type="images/x-icon" href="../images/favicon.ico" />
  <style type="text/css" >
   div{background-color: #EEE;}
   img{float:left;margin:20px;}❶
   img.droit{float: right;}❷
   p{background-color: #DD2;}
  </style>
 </head>
 <body>
   ❸<div>HTML 5 ET CSS : In principio creavit Deus caelum et terram terra autem
   ➥ erat inanis et vacua et tenebrae super faciem abyssi et spiritus Dei ferebatur
   ➥ super aquas dixitque Deus fiat lux et facta est lux et vidit Deus
   ❹<img src="couvhtml5_gd.jpg" alt="HTML 5 et CSS 3" />
   lucem quod esset bona et divisit lucem ac tenebras appellavitque lucem diem et
   ➥ tenebras noctem factumque est vespere et mane dies unus dixit quoque Deus
   ➥ fiat . . .
   ❺<img src="couvhtml5_gd.jpg" alt="HTML 5 et CSS 3" height="130" width="107" />
   herbam virentem et adferentem semen iuxta genus suum lignumque faciens fructum et
   ➥ habens unumquodque sementem secundum speciem suam et vidit Deus . . .
   ❻<img class="droit" src="couvhtml5_gd.jpg" alt="HTML 5 et CSS 3" />ut praeesset
   ➥ nocti et stellas et posuit eas in firmamento caeli ut lucerent super terram et
   ➥ praeessent diei ac nocti et dividerent lucem ac tenebras et vidit Deus . . .
  </div>
   ❼<p>In principio creavit Deus caelum et terram terra autem erat inanis et vacua
   ➥ et tenebrae super faciem abyssi et spiritus Dei ferebatur super aquas dixitque
   ➥ Deus fiat lux et facta est lux et vidit Deus . . . </p>
 </body>
</html>
```

On peut le vérifier à la figure 12-7 ; la première image est positionnée comme dans l'exemple précédent, et la deuxième flottante à gauche vient se ranger le plus à gauche possible, selon les principes énoncés plus haut. Mais comme l'espace est occupé par la première, elle vient se placer contre le bord droit de cette dernière, et non plus sur le bord gauche de son conteneur. Nous pouvons remarquer à cette occasion que les marges de chacune des images sont conservées et ne fusionnent pas. Le cas de la troisième image flottante à droite est le plus particulier. En effet, l'élément <div> ne pouvant la contenir en entier, elle déborde et empiète sur le paragraphe qui suit et se comporte comme si elle était flottante dans ce paragraphe, le texte de ce dernier l'entourant.

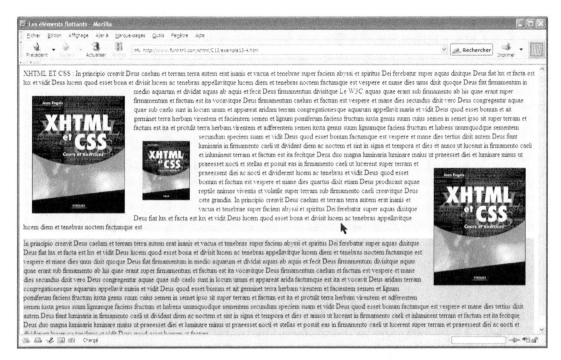

Figure 12-7

Cas particuliers de flottement

Empêcher le flottement

Nous pouvons empêcher le type de comportement de la troisième image qui flotte sur le paragraphe `<p>` en appliquant pour ce dernier la propriété `clear`. Ce procédé n'est possible que pour les éléments de bloc, mais il permet d'éviter le flottement d'un élément sur la gauche ou la droite de celui pour lequel la propriété est définie. Ainsi, l'image a la place nécessaire à son affichage et le texte du paragraphe est repoussé vers le bas, laissant apparaître un espace vide. Cela peut constituer un choix de présentation dans certains cas, mais la solution précédente est en l'occurrence plus compacte. Voici la syntaxe de la propriété `clear` :

```
clear: none | left | right | both | inherit
```

Les valeurs qu'elle peut prendre ont pour signification :

- `none` : le flottement est autorisé ;
- `left` : le flottement d'un élément sur la gauche est interdit ;
- `right` : le flottement d'un élément sur la droite est interdit ;
- `both` : le flottement d'un élément est interdit à gauche et à droite.

En conservant le code HTML 5 de l'exemple 12-5 et en modifiant seulement les styles de la manière suivante (repère ❶) :

```
<style type="text/css" >
 div{background-color: #EEE;}
 img{float:left;margin:20px;}
 img.droit{float: right;}
 p{background-color: #DD2;clear:right;}❶
</style>
```

où la propriété `clear` est définie avec la valeur `right` pour l'élément `<p>`, nous obtenons le résultat présenté à la figure 12-8 qui montre que la troisième image ne flotte plus sur le paragraphe.

Figure 12-8

Suppression du flottement sur le côté d'un élément

Positionnement relatif

Dans le positionnement relatif, les navigateurs analysent un document et déterminent un emplacement pour chacun des éléments comme dans le flux normal, puis déplacent ceux qui ont un positionnement relatif par rapport à la position qu'ils auraient dû occuper, mais en ne déplaçant pas les autres éléments. En conséquence, l'emplacement initial reste vide et il en résulte des chevauchements.

En positionnement relatif, l'ordre d'écriture des éléments est important car il conditionne l'emplacement de chaque élément (avant le déplacement relatif) et l'ordre de superposition en cas de chevauchement des boîtes ; la dernière écrite dans le code se superpose à celle de l'élément placé avant.

Le positionnement relatif est spécifié au moyen de la propriété `position`, munie de la valeur `relative`. Prise isolément, cette propriété n'a aucun effet. Il faut ensuite préciser le décalage voulu au moyen des propriétés `left`, `top`, `right` et `bottom`, dont les significations sont les suivantes :

- `left` : décale l'élément vers la droite (si sa valeur est positive) ou vers la gauche (si sa valeur est négative) ;
- `top` : décale l'élément vers le bas (si sa valeur est positive) ou vers le haut (si sa valeur est négative) ;
- `right` : décale l'élément vers la gauche (si sa valeur est positive) ou vers la droite (si sa valeur est négative) ;
- `bottom` : décale l'élément vers le haut (si sa valeur est positive) ou vers le bas (si sa valeur est négative).

Les quatre propriétés `left`, `top`, `right` et `bottom` ont la même syntaxe. Par exemple :

```
left: <longueur> | NN% | auto | inherit
```

Le paramètre `<longueur>` est donné comme à l'habitude par un nombre et une unité ; les pourcentages se réfèrent aux dimensions du bloc conteneur. Avec le mot-clé `auto`, la valeur de la propriété est calculée en fonction de la valeur de celle qui lui est complémentaire (les couples `left`/`right` et `top`/`bottom` sont complémentaires) de la manière suivante :

- si les deux propriétés complémentaires ont la valeur `auto`, leur valeur calculée est 0 ;
- si l'une vaut `auto` et que l'autre a une valeur numérique explicite, la première prend la valeur opposée à celle de la seconde ;
- si les deux propriétés complémentaires sont définies avec des valeurs numériques (donc différentes de `auto`) et que ces deux valeurs ne sont pas opposées, la valeur qui l'emporte dépend du sens de lecture du texte définie par l'attribut `dir`. S'il vaut `ltr`, c'est la propriété `left` qui l'emporte, et `right` prend la valeur opposée ; sinon, quand il vaut `rtl`, c'est `right` qui l'emporte.

L'exemple 12-6 illustre le positionnement relatif. L'élément `<div>` (repère ❺) inclut un paragraphe qui contient du texte brut, puis trois images (repères ❼, ❽ et ❾) dans un ordre donné. Si aucun de ces éléments n'est positionné, nous obtenons le résultat habituel présenté à la figure 12-9. Si nous plaçons chacune de ces images en leur appliquant respectivement les classes `img.un`, `img.deux` et `img.trois`, nous obtenons les déplacements relatifs suivants :

- image 1 : déplacement de 30 pixels vers le bas (`top` vaut 30 px) et de 40 pixels vers la droite (`left` vaut 40 px) (repère ❶) ;
- image 2 : déplacement de 50 pixels vers le haut (`top` a une valeur négative de - 50 px) et de 40 pixels vers la gauche (`left` a une valeur négative de - 40 px) (repère ❷) ;

- image 3 : déplacement de 80 pixels vers le haut (top a une valeur négative de - 80 px) et de 40 pixels vers la droite (left vaut 40 px) (repère ❸).

Le paragraphe est quant à lui déplacé de 20 pixels vers le bas (bottom a une valeur négative de - 20 px équivalente au style top:20 px) et de 6 % de la largeur de son conteneur (l'élément <div>) vers la droite (repères ❹ et ❻). Notons ici que les valeurs négatives de pourcentage ne fonctionnent pas.

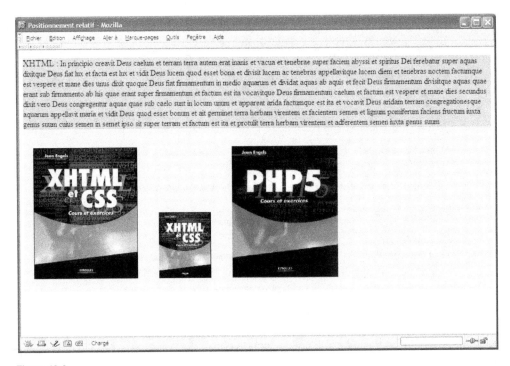

Figure 12-9

La page sans positionnement

Exemple 12-6 Le positionnement relatif

```
<!DOCTYPE html>
<html>
 <head>
  <meta http-equiv="Content-type" content="text/html;charset=UTF-8" />
  <title>Positionnement relatif</title>
  <link rel="shortcut icon" type="images/x-icon" href="../images/favicon.ico" />
  <style type="text/css" >
   div{background-color: #EEE;}
   img{margin:20px;}
   img.un{position:relative;top:30px;left:40px;}❶
   img.deux{position:relative; top:-50px; left:-40px;}❷
   img.trois{position:relative; top:-80px; left:40px;}❸
```

```
    p{background-color: #DD2;position:relative; bottom:-20px; left: 6% ;} ❹
  </style>
 </head>
 <body>
 ❺<div>
  ❻<p><big>HTML 5 </big>: In principio creavit Deus caelum et terram terra autem
 ➡ erat inanis et vacua et tenebrae super faciem abyssi et spiritus Dei
 ➡ ferebatur super aquas dixitque Deus fiat lux et facta est lux et . . . </p>
 ❼<img src="couvhtml5_gd.jpg" alt="HTML 5 et CSS 3" class="un"/>
 ❽<img src="couvhtml5_gd.jpg" alt="HTML 5 et CSS 3" height="130" width="107"
 ➡ class="deux"/>
 ❾<img class="trois" src="couvhtml5_gd.jpg" alt="HTML 5 et CSS 3" />
 </div>
 </body>
</html>
```

La figure 12-10 donne le résultat obtenu après le positionnement relatif. Nous constatons que les éléments déplacés relativement à leur position dans le flux normal peuvent se superposer aux autres éléments voisins, la deuxième image étant placée au-dessus de la première, et la troisième se superposant au texte du paragraphe.

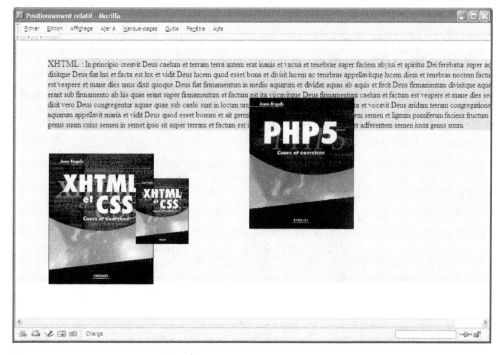

Figure 12-10

La page avec positionnement

Positionnement absolu

Dans le positionnement absolu, qui peut s'appliquer à tous les éléments, la boîte créée pour l'élément concerné n'apparaît plus dans le flux normal du document. Autrement dit, si un bloc ‹div› est positionné de manière absolue, il peut être écrit n'importe où dans le document HTML 5 sans que cela ne modifie la position qui va lui être assignée avec un style CSS. Le positionnement d'un élément est effectué par rapport au bloc de son conteneur (il s'agit souvent de l'élément ‹body›, mais pas nécessairement). Chaque bloc d'un élément positionné de manière absolue devient à son tour le conteneur de ses éléments enfants. Si ces éléments sont eux-mêmes en position absolue, ils le sont par rapport à leur bloc parent direct et non par rapport au bloc qui contient leur parent. Nous pouvons donc créer des blocs ‹div› et les positionner, puis écrire normalement leur contenu.

L'indépendance de la position par rapport au flux normal fait que deux éléments en position absolue peuvent occuper la même zone dans leur bloc parent commun. Dans ce cas, aucun d'eux ne repousse l'autre comme il en va pour les éléments flottants. Le bloc d'un élément peut alors recouvrir l'autre en fonction de leur ordre d'empilement défini par la propriété z-index. Cette propriété peut alors être utilisée pour créer des effets dynamiques d'apparition et de disparition gérés par des scripts JavaScript.

Comme le positionnement relatif, le positionnement absolu est défini en utilisant encore la propriété position, mais en lui donnant cette fois la valeur absolute (ou fixed sur laquelle nous reviendrons par la suite). Il faut ensuite définir la position de l'élément par rapport à son conteneur à l'aide des propriétés left, top, right et bottom, qui définissent la position des bords de l'élément respectivement par rapport aux bords gauche, haut, droit et bas du conteneur. Nous ne définissons généralement que deux de ces propriétés, le plus souvent left et top (les propriétés symétriques right et bottom prenant une valeur opposée), et la boîte de l'élément doit être dimensionnée avec les propriétés width et height. L'utilisation conjointe des propriétés position et float est impossible, et si c'est le cas la propriété float prend automatiquement la valeur none.

Dans les exemples suivants, nous allons étudier divers cas de mise en page correspondant à des types de présentation couramment rencontrés sur le Web.

Le premier cas présenté dans l'exemple 12-7 consiste à diviser la page en deux zones horizontales. La zone supérieure est un bandeau contenant le titre du site et un menu composé de liens vers les différentes pages. Pour permettre une navigation aisée, toutes les pages contiennent ce même bandeau dont il suffit de copier le code et les styles qui lui sont associés dans chacune des pages. Il est contenu dans un élément ‹div› muni d'un attribut id (repère ❺) ; il inclut également un titre ‹h1› (repère ❻) et le menu créé par une liste non ordonnée ‹ul› (repère ❼) dont chaque item contient un lien vers les différentes pages.

Ce premier élément ‹div› est positionné de manière absolue en haut et à gauche de la page en définissant les propriétés top et left avec la valeur 0. Il est dimensionné à 100 % en largeur et à 110 pixels en hauteur (repère ❶). La propriété display appliquée à l'élément ‹li› permet d'obtenir le menu des liens en ligne sous forme horizontale (repère ❸). Les items sont, de plus, munis de bordures pour en améliorer l'aspect.

La zone de contenu est également incluse dans un second élément `<div>` qui contient un titre `<h1>`, un paragraphe `<p>` et une image (repères ❹ et ❽), ces éléments n'étant pas positionnés. Comme la première, cette zone est dimensionnée à 100 % de la largeur de la page et positionnée de manière absolue, en étant placée à 110 pixels du bord supérieur de la page (correspondant à la hauteur du bandeau) et collée à son bord gauche en mettant la propriété `left` à la valeur 0 (repère ❷).

Exemple 12-7 Positionnement en deux blocs horizontaux

```
<!DOCTYPE html>
<html>
 <head>
  <meta http-equiv="Content-type" content="text/html;charset=UTF-8" />
  <title> La référence des éléments  HTML 5 </title>
  <style type="text/css">
   body{font-size: 18px;}
   h1{font-size: 2em;margin-top: 5px;}
   div#menu {position: absolute ; width:100%; height: 110px; left:0px; top:0;
➥ background-color:rgb(255,102,5);color:white; }❶
   div#corps { position: absolute ;width:100%; left:0; top:110px;
➥ background-color: #EEE;color:black;}❷
   li {display:inline;  border: solid 1px white;padding: 0 10px 0 10px;}❸
   img {float:right;}❹
   a{text-decoration: none;color: white;}
  </style>
 </head>
 <body>
  <div id="menu">❺
   <h1>   Référence HTML 5</h1>❻
   <ul>❼
    <li> <a  href="page1.html" tabindex="1" accesskey="A" title="Structure">
➥ Structure</a> </li>
    <li> <a  href="page2.html" tabindex="2" accesskey="B" title="Texte">Texte</a>
➥ </li>
    <!-- Suite de la liste -->
   </ul>
  </div>
  <div id="corps">❽
   <h1>La déclaration &lt;!DOCTYPE&gt;</h1>
   <img src="couvhtml5_gd.jpg" alt="HTML 5 et CSS 3" />
   <p>In principio creavit Deus caelum et terram terra autem erat inanis et vacua
➥ et tenebrae super faciem abyssi et spiritus Dei ferebatur super aquas dixitque
➥ Deus fiat lux et facta est lux et vidit Deus lucem quod esset bona et divis
➥ . . . </p>
  </div>
 </body>
</html>
```

La figure 12-11 montre le résultat obtenu.

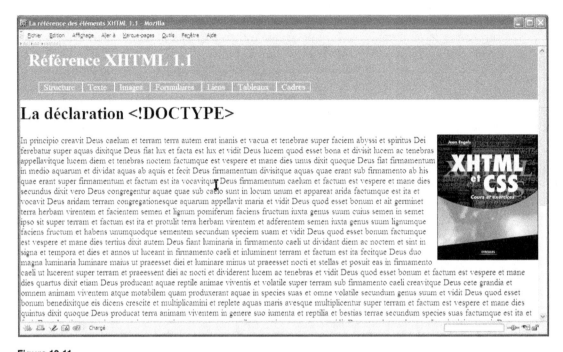

Figure 12-11

Le positionnement en deux blocs horizontaux

Nous pouvons également envisager une variante de ce premier cas pour montrer que nous pouvons positionner des éléments de manière absolue à l'intérieur d'un élément lui-même positionné de cette façon. Nous réalisons cette opération à l'intérieur du second élément ‹div› de l'exemple 12-7 en conservant intégralement son code HTML 5.

Pour positionner les éléments enfants du second élément ‹div›, nous pouvons par exemple modifier simplement les styles CSS de la manière suivante :

```
<style type="text/css">
    body{font-size: 18px;}
    h1{font-size: 2em; margin-top: 5px;}
    div#menu {position: absolute; width:100%; height: 110px; left:0px; top:0;
    ➥ background-color:rgb(255,102,5);color:white; }
    div#corps { position: absolute; width:100%; left:0; top:110px; color:black;}❶
    li {display:inline; border: solid 1px white;padding: 0 10px 0 10px;}
    div#corps h1{position: absolute; width:600px; height:40px;top: 20px;left: 300px;
    ➥ background-color: #AAA;margin: 0;}❷
    img {position: absolute; top: 70px;right:20px;}❸
    p {position: absolute; width: auto; top: 70px; right:260px; left:30px; margin: 0;
    ➥ text-align: justify;background-color: #BBB;}❹
    a{text-decoration: none;color: white;}
</style>
```

Le second élément <div> garde son positionnement par rapport à la page (repère ❶), mais les éléments qu'il contient sont à leur tour positionnés. Ses éléments enfants <h1>, <img /> et <p> étant eux-mêmes positionnés de manière absolue, ils ne le sont pas par rapport à la page mais par rapport à leur parent. L'élément <h1> a une largeur de 600 pixels et une hauteur de 40 pixels ; il est placé à 300 pixels du bord gauche de son parent et à 20 pixels de son bord supérieur (soit 110 + 20 = 130 pixels du bord supérieur de la page, repère ❷).

L'image est placée à 70 pixels du bord haut de son conteneur et à 20 pixels de son bord droit (repères ❷ et ❸). Elle n'est pas dimensionnée explicitement et conserve ses dimensions intrinsèques qui sont celles du fichier image. Le paragraphe <p> (repère ❹) n'est pas non plus dimensionné explicitement et sa largeur est fixée avec la valeur auto. Il sera ainsi redimensionné automatiquement sans empiéter sur l'image si la fenêtre est elle-même redimensionnée. En pratique, c'est son positionnement à 260 pixels du bord droit et à 30 pixels du bord gauche qui conditionne sa largeur.

Notons que si nous déplacions le conteneur de tous ces éléments en modifiant les propriétés left et top du second élément <div>, la position de ces trois éléments à l'intérieur de leur conteneur resterait inchangée. La figure 12-12 montre le résultat obtenu avec ces positionnements.

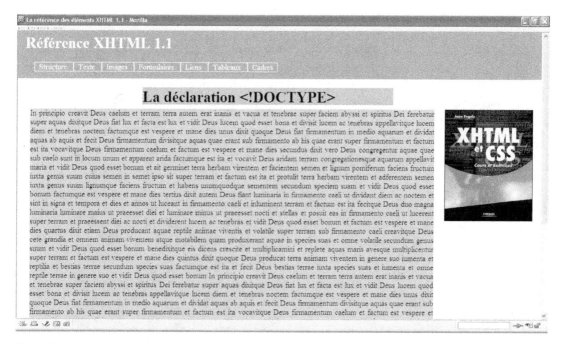

Figure 12-12

Positionnement dans un élément lui-même positionné

L'exemple suivant permet de créer un autre type de présentation très classique qui consiste à diviser la page en trois zones. La première est un bandeau qui peut contenir le titre du site ou une publicité, l'espace restant étant séparé en deux colonnes de la même façon que nous l'avons réalisé avec des cadres au chapitre 8. Le contenu est identique à celui des exemples précédents mais il est structuré différemment. À chaque zone correspond un élément <div> qui va être positionné de manière absolue dans la page. Nous n'avons pas défini ici d'attributs id pour chacun d'eux, mais nous appliquons des classes différentes à chaque division.

Le premier élément <div> (repère ❹) qui contient un titre <h1> (repère ❺) est positionné comme précédemment en haut de la page après avoir été dimensionné à 100 % en largeur et 100 pixels en hauteur. On évite ici de définir une hauteur en pourcentage pour qu'elle ne dépende pas du contenu de la page. Ces styles sont définis dans la classe div.tete (repère ❶).

Le reste de la page est partagé en deux colonnes. La colonne de gauche (repère ❻) contient le même menu (repère ❼) que dans l'exemple 12-7, mais dans un affichage vertical, soit son style par défaut. Cet élément <div> est d'abord dimensionné avec une largeur de 20 % de celle de la page et une hauteur de 100 %. Il est positionné de manière absolue au moyen de la classe div.menu à 100 pixels du bord haut de la page et à 0 pixel de son bord gauche (repère ❷).

Le contenu éditorial de la page constitue la colonne de droite créée avec le troisième élément <div> (repère ❽). Il contient un titre (repère ❾) et un paragraphe (repère ❿) comme dans les exemples précédents. Son traitement est assuré par la classe div.contenu dans laquelle il est dimensionné en largeur à 78 % et avec la valeur auto en hauteur. Son positionnement est absolu et il est placé à 20 % de la largeur de la page du bord gauche et à 100 pixels du bord supérieur (repère ❸). Avec leurs dimensions et positionnement respectifs, les trois zones sont bien collées les unes aux autres.

Exemple 12-8 Division de la page en trois zones

```
<!DOCTYPE html>
<html>
 <head>
  <meta http-equiv="Content-type" content="text/html;charset=UTF-8" />
  <title> La référence des éléments  HTML 5 </title>
  <style type="text/css">
  body{font-size: 18px;}
  div.tete {position: absolute ; left:0px;top:0px; width:100%; height:100px;
➥ background-color:rgb(0,0,153);margin:0; } ❶
  div.menu {position: absolute ; width:20%; height: 100%; left:0px; top:100px;
➥ background-color:rgb(255,102,51);color:white; } ❷
  div.contenu {margin: 1% ; position: absolute ;width:78%; left:20%;
➥ top:100px;background-color:white;color:black;} ❸
  div h1 {font-size:50px;font-style:italic;color:rgb(255,102,51);
➥ margin-top:0px;margin-left:200px;}
```

```
    li {padding: 15px;}
    p{text-align: justify;}
    img{float: left;margin: 0 10px 0 0;}
   </style>
 </head>
 <body>
  <div class="tete"> ❹
  <h1>   Référence HTML 5</h1> ❺
  </div>
  <div class="menu"> ❻
   <ul> ❼
    <li> <a  href="page1.html" tabindex="1" accesskey="A" title="Structure">
    ➡ Structure</a> </li>
    <li> <a  href="page2.html" tabindex="2" accesskey="B" title="Texte">Texte</a>
    ➡ </li>
    <li> <a  href="page3.html" tabindex="3" accesskey="C" title="Images">Images</a>
    ➡ </li>
    <li> <a  href="page4.html" tabindex="4" accesskey="D" title="Formulaires">
    ➡ Formulaires</a> </li>
    <li> <a  href="page5.html" tabindex="5" accesskey="E" title="Liens">Liens</a>
    ➡ </li>
    <li> <a  href="page6.html" tabindex="6" accesskey="G" title="Tableaux">
    ➡ Tableaux</a> </li>
    <li> <a  href="page7.html" tabindex="7" accesskey="H" title="Cadres">
    ➡ Cadres</a> </li>
   </ul>
  </div>
  <div class="contenu"> ❽
  <h1>La déclaration &lt;!DOCTYPE&gt;</h1> ❾
  <p>In principio creavit Deus caelum et terram terra autem erat inanis et vacua
  ➡ et tenebrae super faciem abyssi et spiritus Dei ferebatur super aquas dixitque
  ➡ Deus fiat lux et facta est lux et vidit Deus lucem quod esset bona et divisit
  ➡ lucem . . .</p> ❿
  </div>
  </body>
 </html>
```

La figure 12-13 montre le résultat obtenu avec ces définitions de styles. Nous pouvons remarquer une fois de plus l'intérêt des styles CSS car la présentation n'est pas la même que celle de la figure 12-12 alors que le contenu est le même.

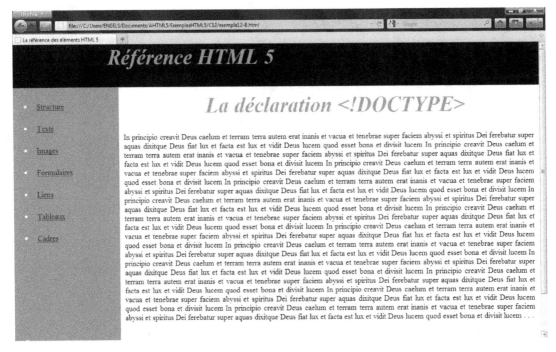

Figure 12-13

Positionnement en trois zones

Notre dernier exemple constitue une structure de page complexe comportant un bandeau, trois colonnes et un pied de page qui inclut l'adresse de contact. La première contient le menu, la deuxième un contenu textuel, et la troisième une liste de liens utiles. La figure 12-14 montre la présentation de la page que nous allons obtenir.

Chacune de ces zones est créée par un élément `<div>` dimensionné puis positionné de manière absolue en lui appliquant les classes `div.haut`, `div.gauche`, `div.droit`, `div.contenu` et `div.bas`. La seule division qui représente un élément nouveau par rapport aux cas antérieurs est celle qui permet de placer la division d'adresse en bas de la zone centrale de contenu. Cette division est incluse dans la division précédente et non plus directement dans `<body>`.

Dans le code de l'exemple 12-9, les éléments `<div>` sont volontairement placés dans le désordre afin de démontrer que leur position dans le code HTML 5 n'a aucune importance. Les définitions et les rôles des classes sont les suivants :

- `div.haut` (repères ❶ et ⓬) : largeur 100 %, hauteur 70 pixels, positionnée en haut et à gauche (`top:0` et `left:0`) ;

- `div.gauche` (repères ❷ et ⓫) : largeur 15 %, hauteur 100 % (ou `auto`), positionnée à 70 pixels du haut et à 0 du bord gauche ;

- `div.droit` (repères ❸ et ❼) : largeur 15 %, hauteur 100 % (ou `auto`), positionnée à 70 pixels du haut et à 0 du bord droit ;

- `div.contenu` (repères ❹ et ❽) : largeur 70 %, hauteur `auto` car la hauteur du paragraphe peut varier si on réduit la fenêtre du navigateur ;
- `div.bas` (repères ❺ et ❿) : elle s'applique à la division incluse dans le contenu. Sa largeur est de 100 % de celle de son parent (soit 70 % de celle de la page) et sa hauteur de 60 pixels. Elle est positionnée à gauche et en bas de son parent.

Afin que son contenu ne cache pas la fin du texte, on notera qu'il faut que le paragraphe (repère ❾) ait une marge basse d'au moins 60 pixels (repère ❻).

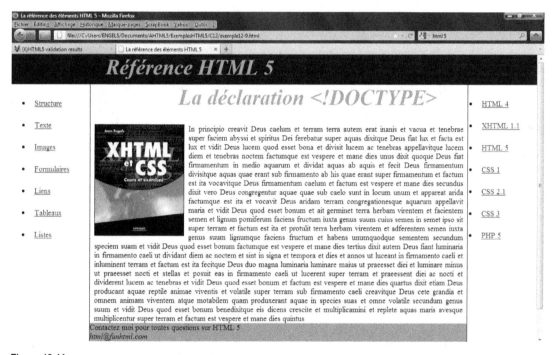

Figure 12-14

Organisation d'une page complexe en cinq zones

Exemple 12-9 Création d'une structure complexe en positionnement absolu

```
<!DOCTYPE html>
<html>
 <head>
  <meta http-equiv="Content-type" content="text/html;charset=UTF-8" />
  <title> La référence des éléments  HTML 5 </title>
  <style type="text/css">
   body{font-size: 18px;background-color:white;color:black;}
   div.haut {position: absolute ; left:0px;top:0px; width:100%; height:70px;
   ➥ background-color:rgb(0,0,153);margin:0; }❶
   div.gauche {position: absolute ; width:15%; height: auto; left:0px; top:70px;}❷
```

```
div.droit{position: absolute ; width:15%; height: 100%; right:0; top:70px; }❸
div.contenu {position: absolute ;width:70%; height:auto;left:15%; top:70px;
➡ padding: 0 10px 0 10px;border-left: 1px solid black; border-right: 1px solid
➡ black; }❹
div.bas{position: absolute ; left:0px; bottom:0px; width:100%; height:60px;
➡ background-color:rgb(0,220,153);}❺
div h1 {font-size:50px;font-style:italic;color:rgb(255,102,151);margin-top:0px;
➡ margin-left:200px;}
li {padding: 15px;}
p{text-align: justify;margin-bottom:60px;}❻
img{float: left;margin: 0 10px 0 0;}
</style>
</head>
<body>
❼<div class="droit">
  <ul>
    <li> <a  href="html10.html" tabindex="1" accesskey="A" title="Structure">
    ➡ XHTML 1.0</a> </li>
    <li> <a  href="page2.html" tabindex="2" accesskey="B" title="Texte">
    ➡ XHTML 1.1</a> </li>
    <li> <a  href="page3.html" tabindex="3" accesskey="C" title="Images">
    ➡ XHTML frameset</a> </li>
    <li> <a  href="page4.html" tabindex="4" accesskey="D" title="Formulaires">
    ➡ CSS 1</a> </li>
    <!--Suite de la liste -->
  </ul>
</div>
❽<div class="contenu">
<h1>La déclaration &lt;!DOCTYPE&gt;</h1>
<img src="couvhtml5_gd.jpg" alt="HTML 5 et CSS 5" />
❾<p>In principio creavit Deus caelum et terram terra autem erat inanis et vacua
➡ et tenebrae super faciem abyssi et spiritus Dei ferebatur super aquas dixitque
➡ Deus fiat lux et facta est lux et vidit Deus lucem quod esset . . .</p>
❿<div class="bas">
Contactez moi pour toutes questions sur HTML 5    <address>html@funhtml.com
➡ </address>
</div>
</div>
⓫<div class="gauche">
 <ul>
  <li> <a  href="page1.html" tabindex="1" accesskey="A" title="Structure">
  ➡ Structure</a> </li>
  <li> <a  href="page2.html" tabindex="2" accesskey="B" title="Texte">Texte</a>
  ➡ </li>
  <li> <a  href="page3.html" tabindex="3" accesskey="C" title="Images">Images</a>
  ➡ </li>
  <!--Suite de la liste -->
 </ul>
</div>
```

```
⓬<div class="haut">
  <h1>   Référence HTML 5 </h1>
 </div>
</body>
</html>
```

Positionnement fixe

Le positionnement fixe n'est qu'un cas particulier du positionnement absolu. La détermination des dimensions et de la position d'un élément se réalisent de la même façon à l'aide des propriétés width et height pour les dimensions, et top, left, right et bottom pour la position. La seule différence réside dans le fait que le bloc conteneur utilisé n'est plus forcément l'élément parent mais la fenêtre du navigateur. De cette façon, un élément positionné de manière fixe reste à sa place, même en cas de défilement de la page quand la hauteur de celle-ci dépasse celle de la fenêtre du navigateur. En d'autres termes, les propriétés de positionnement sont appliquées non plus par rapport au conteneur mais par rapport aux bords de la fenêtre.

Ce type de positionnement peut être réalisé en utilisant encore la propriété position en lui donnant la valeur fixed. Elle est bien gérée par les navigateurs actuels comme Firefox.

Si nous reprenons exactement le même code HTML 5 que celui de l'exemple 12-9, nous pouvons réaliser un positionnement fixe des zones haute, gauche, droite et basse qui sont des parties de navigation qu'il peut être utile de voir en permanence (repères ❶, ❷, ❸ et ❺). Le contenu reste en positionnement absolu (repère ❹). Pour cela, nous écrivons les styles suivants.

Exemple 12-10 Le positionnement fixe

```
<style type="text/css">
    body{font-size: 18px;background-color:white;color:black;}
    div.haut {position: fixed ❶; left:0px;top:0px; width:100%; height:10%;
    ➥ background-color:rgb(0,0,153);margin:0; }
    div.gauche {position: fixed ❷; width:15%; height: auto; left:0px; top:10%;}
    div.droit{position: fixed ❸; width:15%; height: 100%; right:0; top:10%; }
    div.contenu {position: absolute ❹;width:70%; height:auto;left:15%;
    ➥ top:10%;padding: 0 10px 0 10px;border-left: 1px solid black;
    ➥ border-right: 1px solid black; }
    div.bas{position: fixed ❺; left:0px; bottom:0px; width:100%; height:60px;
    ➥ background-color:rgb(0,220,153);}
    div h1 {font-size:50px;font-style:italic;color:rgb(255,102,151);margin-top:0px;
    ➥ margin-left:200px;}
    li {padding: 15px;}
    p{text-align: justify;margin-bottom:60px;}
    img{float: left;margin: 0 10px 0 0;}
</style>
```

Les seules modifications effectuées consistent à remplacer le mot-clé `absolute` par `fixed` dans toutes les classes sauf celle du contenu qui doit pouvoir défiler pour être lisible. La figure 12-15 montre le résultat obtenu dans une fenêtre redimensionnée et après avoir effectué un défilement vertical. Nous y constatons que seule la zone centrale a défilé alors que les autres n'ont pas bougé et restent entièrement visibles. Nous pouvons également remarquer que la zone basse est maintenant bien positionnée par rapport à la fenêtre car elle occupe toute la largeur de l'écran, contrairement au cas précédent de positionnement absolu.

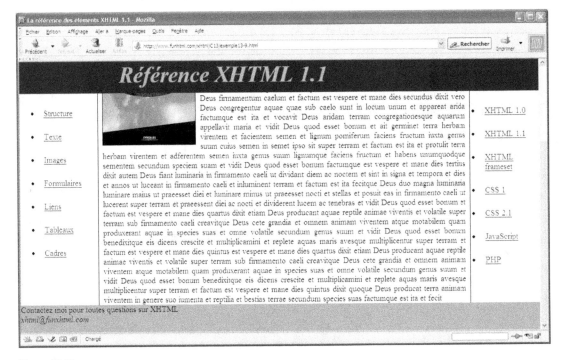

Figure 12-15

Le positionnement fixe

Le positionnement fixe représente donc une alternative crédible à la création de cadres. Nous parlerons plutôt de similicadres qui donnent l'illusion d'une page avec cadres et en présente les avantages visuels, mais sans interactivité entre les différentes zones comme c'est le cas des cadres. La procédure à suivre, relativement simple, est la suivante :

- créer autant d'éléments `<div>` que l'on désire obtenir de zones différentes dans la page. Chaque zone est l'équivalent des éléments `<frame />` utilisés dans la méthode avec cadres. Pour chacune de ces zones, définir la propriété `position` avec la valeur `fixed` ;

- dimensionner chacune de ces divisions en utilisant les propriétés `width` (largeur) et `heigth` (hauteur) ;

- positionner les éléments `<div>` en définissant les propriétés `left`, `top`, `right` et `bottom` qui nous permettent de placer les éléments `<div>` par rapport aux bords de la fenêtre ;
- définir éventuellement les propriétés de couleur de fond, de bordure, de marge et d'espacement pour améliorer la présentation du contenu de chaque élément `<div>`.

Pour retrouver une interactivité entre les similicadres, par exemple afin que le clic sur un lien du menu affiche un contenu adapté dans la zone centrale, nous pouvons créer plusieurs pages qui ont toutes en commun les divisions positionnées de manière fixe et dont le contenu de la zone centrale est variable. L'illusion d'un site avec cadres est alors complète.

Visibilité et ordre d'empilement

Nous avons pu constater qu'en positionnant des éléments de manière relative, absolue ou fixe, il était possible que plusieurs éléments occupent partiellement ou totalement le même espace dans la fenêtre du navigateur. Dans ce cas, le dernier apparu dans l'ordre du code HTML 5 se superpose au précédent. Pour pouvoir intervenir sur cet état de fait et gérer volontairement ces superpositions, CSS définit un placement des éléments selon trois dimensions, les deux premières dans le plan de l'écran, sur lesquelles nous pouvons intervenir avec les propriétés `left`, `top`, `right` et `bottom` comme nous l'avons déjà vu, et la troisième selon un « axe des z » perpendiculaire à l'écran et dirigé vers le spectateur. Nous pouvons gérer cet ordre d'empilement au moyen de la propriété `z-index` dont la syntaxe est la suivante :

```
z-index : auto | <Nombre> | inherit
```

Elle ne s'applique qu'aux éléments positionnés, et les valeurs qu'elle peut prendre sont les suivantes.

- `auto` : l'élément a la même valeur que celle de son parent direct, qu'il soit défini explicitement par un nombre ou implicitement par son ordre d'apparition dans le code HTML 5 (le dernier ayant la priorité).
- `<Nombre>` : un nombre entier positif ou négatif, sachant que plus le nombre est grand, plus l'élément est placé en avant, et se superpose à ceux dont la valeur est inférieure.

Nous pouvons intervenir dynamiquement sur l'ordre d'empilement au moyen de code JavaScript en modifiant la valeur de la propriété CSS `z-index` (qui en JavaScript porte le nom de `zIndex`) en réponse à une action du visiteur (survol de l'élément par la souris, clic...). Cette modification est gérée par les attributs gestionnaires d'événements correspondants (`onmouseover`, `onclick`...) ou par la pseudo-classe `:hover` par exemple.

Dans le même ordre d'idées, nous pouvons appliquer à tous les éléments la propriété `visibility` qui permet de les cacher ou de les rendre visibles. Sa syntaxe est la suivante :

```
visibility : visible | hidden | collapse | inherit
```

- `visible` : l'élément est visible normalement et c'est la valeur par défaut.

- hidden : l'élément est caché mais la différence de comportement avec la propriété dis-play, quand elle prend la valeur none, est que la boîte de l'élément est ici maintenue dans la page mais qu'elle est simplement vide et non retirée de la page comme avec display.

- collapse : son comportement est identique à la valeur hidden mais elle s'applique particulièrement aux cellules des tableaux.

Cette propriété est héritée par défaut et elle s'applique donc aux éléments enfants.

L'exemple 12-11 donne une illustration de la gestion de l'ordre d'empilement et de la visibilité de plusieurs éléments. La page comporte une division (repère ❻) qui contient un paragraphe <p> positionné (repères ❺ et ❼), lui-même incluant du texte et une image flottante (repères ❽ et ❸). La division comprend également deux images (repères ❾ et ❿) qui y sont positionnées de manière absolue (repères ❶ et ❷). La figure 12-16 montre le résultat obtenu initialement lors de l'affichage de la page.

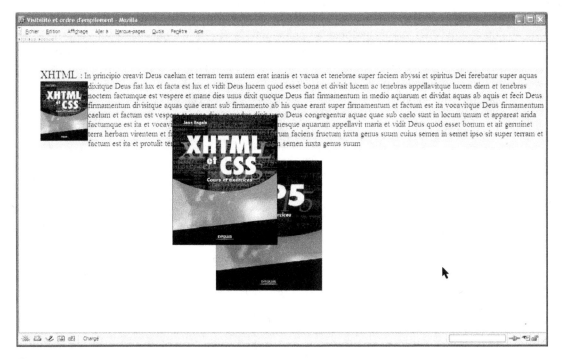

Figure 12-16

L'état initial de la page avec des éléments empilés

Compte tenu de l'ordre d'apparition des éléments enfants de la division <div>, l'ordre d'empilement sans utilisation de la propriété z-index devrait être de l'arrière vers l'avant, soit le paragraphe, la première image puis la seconde au premier plan. Cependant, comme nous attribuons à la propriété z-index de la première image la valeur 2 et à la suivante la valeur 1, cet ordre est inversé.

Si la propriété z-index ne servait qu'à définir un ordre d'empilement fixe, elle n'aurait qu'un intérêt limité car il suffirait de placer en dernier dans le code HTML 5 l'élément que l'on veut voir se positionner au premier plan. En gérant l'événement onclick, par exemple pour le paragraphe ou chacune des images avec le code JavaScript suivant :

```
onclick="this.style.zIndex++"
```

nous permettons au visiteur de placer au premier plan l'élément qu'il désire et éventuellement d'inverser cet ordre à chaque nouveau clic. Notons de nouveau qu'en JavaScript le nom de la propriété devient zIndex et que l'opérateur ++ signifie simplement qu'il faut augmenter la valeur de la propriété de 1 unité. De même, le texte du paragraphe, recouvert partiellement par la première image, peut être mis au premier plan pour être entièrement lisible.

La visibilité de l'image incluse dans le paragraphe (repère ❽) est contrôlée par la pseudo-classe :hover (repère ❹). Si le visiteur positionne le curseur sur cette image (en le laissant immobile, sinon on obtient un effet de clignotement), elle devient invisible en laissant l'espace qu'elle occupait vide dans le paragraphe. Cet effet est obtenu en donnant à la propriété visibility la valeur hidden en cas de survol (il est annulé automatiquement quand le curseur quitte la zone de l'image).

Exemple 12-11 Visibilité et empilement

```
<!DOCTYPE html>
<html>
 <head>
  <meta http-equiv="Content-type" content="text/html;charset=UTF-8" />
➡ <title>Visibilité et ordre d'empilement</title>
  <link rel="shortcut icon" type="images/x-icon" href="../images/favicon.ico" />
  <style type="text/css" >
   body{font-size:18px;}
   img.un{position:absolute;top:160px;left:350px;}❶
   img.deux{position:absolute;top:260px;left:450px;}❷
   img#couv{float: left;}❸
   img#couv:hover{visibility:hidden;}❹
   p{background-color: #EEE; position:absolute; top:40px;  left:50px;}❺
  </style>
 </head>
 <body>
  ❻<div>
   ❼<p onclick="this.style.zIndex++"><b>HTML 5 </b>:
   ❽<img id="couv" src="couvhtml5_gd.jpg" alt="HTML 5 et CSS 3" height="130"
➡ width="107" />
    In principio creavit Deus caelum et terram terra autem erat inanis et vacua
➡ et tenebrae super faciem abyssi et spiritus Dei ferebatur super aquas
➡ dixitque Deus fiat lux et facta est lux et vidit Deus lucem quod esset bona
➡ et divisit lucem ac tenebras appellavitque lucem diem et tenebras noctem
➡ factumque est vespere et mane dies unus dixit </p>
   ❾<img src="couvhtml5_gd.jpg" alt="HTML 5 et CSS 3" height="285" width="240"
➡ class="un" onclick="this.style.zIndex++" />
```

```
  ❿<img src="couvphp5gd.png" alt="PHP 5" height="285" width="240" class="deux"
  ➡ onclick="this.style.zIndex++" />
 </div>
</body>
</html>
```

La figure 12-17 donne le résultat obtenu après avoir successivement placé le paragraphe devant la première image (en cliquant sur le paragraphe), la seconde image devant la première (en cliquant sur la seconde), puis en plaçant le curseur sur l'image incluse dans le paragraphe. Par une série de nouveaux clics, il est possible de retrouver l'état initial.

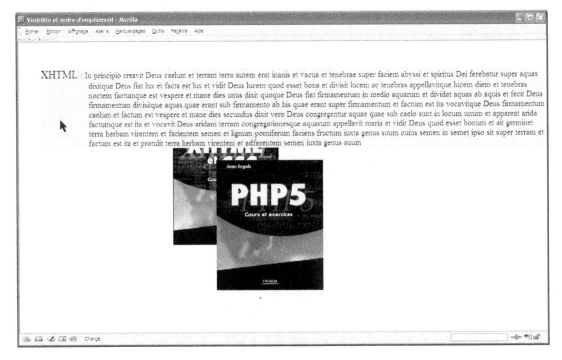

Figure 12-17

L'état de la page après la modification de l'empilement et de la visibilité de certains éléments

Affichage multicolonne en CSS 3

Afficher un texte ou d'autres contenus sur plusieurs colonnes était possible en multipliant les éléments <div> et en les positionnant comme nous l'avons exposé plus haut. Désormais, avec CSS 3, il est très facile d'afficher ces contenus sur plusieurs colonnes grâce à plusieurs propriétés dont les principales sont column-count et column-width dont les syntaxes sont :

```
column-count: N | auto;
column-width: Largeur | auto;
```

Dans la première, le paramètre N désigne le nombre de colonnes ; dans la seconde, il faut indiquer la largeur de chaque colonne en pixels ou en nombre de caractères. Dans ce cas, le nombre de colonnes n'est pas fixe et dépend de la taille de la fenêtre du navigateur. On peut utiliser ces deux propriétés indépendamment ou ensemble ; dans ce dernier cas, le paramètre auto est appliqué quand une seule des deux propriétés a une valeur précisée. Il existe aussi un raccourci pour définir ces deux propriétés à la fois, la propriété :

```
columns: <largeur|auto> || <N | auto>
```

dont les valeurs sont une définition de largeur et un nombre de colonnes. Notons qu'il est possible de définir des colonnes pour un élément qui est inclus dans un autre élément lui-même divisé en plusieurs colonnes (voir l'exemple 12-12).

La présentation peut ensuite être améliorée avec d'autres propriétés. Pour régler l'espace entre les colonnes, on peut utiliser la propriété :

```
column-gap : N | normal;
```

dans laquelle N est un nombre exprimé en pixels ou en em par exemple.

Pour créer une ligne de séparation visuelle verticale entre les colonnes nous disposons des propriétés suivantes :

```
column-rule-width: N;
column-rule-style: <style border>;
column-rule-color: couleur;
```

qui définissent respectivement la largeur de la séparation, son style avec les mêmes valeurs possibles que pour une bordure et enfin la couleur désirée. Ces trois propriétés peuvent être définies en une seule fois avec le raccourci suivant :

```
column-rule: N <style border> couleur;
```

L'exemple 12-12 illustre ce que l'affichage multicolonne permet de réaliser. Tout d'abord, nous y définissons, pour les éléments <div> et <p>, le nombre de colonnes pour différents navigateurs (repère ❶), l'espace entre les colonnes (repère ❷), la largeur, le style puis la couleur de la ligne de séparation (repère ❹). Le code du repère ❸ illustre comment on peut définir chacun des éléments individuellement, cette définition spécifique pouvant être utilisée pour modifier dynamiquement une seule des caractéristiques. Le texte est ensuite justifié et se voit affecté une couleur de fond pour mieux visualiser le résultat obtenu dans la page (repère ❺). L'élément parent de tout le contenu est <div> (repère ❼) et il contient aussi bien un titre <h1> (repère ❽), des images (repères ❾ et ⓫) et un paragraphe (repère ❿), qui sera aussi divisé en trois colonnes. La seconde image (repère ⓫) utilise la classe .flotte (repère ❻) qui permet d'apprécier ce qu'il est possible d'afficher même à l'intérieur d'une colonne.

La figure 12-18 montre le résultat obtenu. On y remarque que si le contenu de la division est affiché sur trois colonnes, le paragraphe situé dans la première colonne est aussi divisé en trois. Ceci ouvre la porte à des mises en page très variées.

Exemple 12-12 Affichage multicolonne

```html
<!DOCTYPE html>
<html>
 <head>
  <title>Multicolonne CSS 3</title>
  <meta charset="UTF-8" />
   <style type="text/css">
   p,div {
    /* ❶  */
   -moz-column-count: 3;
   -webkit-column-count: 3;
   column-count: 3;
    /* ❷  */
   -moz-column-gap:40px;
   -webkit-column-gap:40px;
    column-gap:40px;
    /* ❸ */
    column-rule-color: #3366FF;
    column-rule-style: double;
    column-rule-width: 10px;
     /* ❹  */
    -moz-column-rule: 10px double #3366FF;
    -webkit-column-rule: 10px double #3366FF;
    column-rule: 10px double #3366FF;
    /* ❺  */
    text-align:justify;
    background-color: #EEE;
    }
    .flotte{display:block;float:right;padding:1em; width:158px;height:157px;} ❻
   </style>
 </head>
 <body>
  <div>❼
   <h1>In principio creavit Deus caelum et terram </h1>❽
   <img src="horloge.jpg" alt="heure"/>❾
   In principio creavit Deus caelum et terram terra autem erat inanis et  vacua et
   ➡ tenebrae super faciem abyssi et spiritus Dei ferebatur super aquas dixitque
   ➡ Deus fiat lux et facta est lux et vidit Deus lucem quod …

   <p>Deus aridam terram congregationesque aquarum appellavit maria et vidit Deus
   ➡ quod esset bonum et ait germinet terra herbam virentem et facientem semen et
   ➡ lignum pomiferum faciens fructum iuxta genus suum cuius…
   </p>❿
   Deus aridam terram congregationesque aquarum appellavit maria et vidit Deus quod
   ➡ esset bonum et ait germinet terra herbam virentem

   <img src="horloge.jpg" alt="heure" class="flotte" /> ⓫
```

```
    et volatile super terram sub firmamento caeli creavitque Deus cete grandia et omnem
➡ animam viventem atque motabilem quam produxerant aquae in species suas et omne
➡ volatile secundum genus suum et vidit Deus quod esset …
  </div>
 </body>
</html>
```

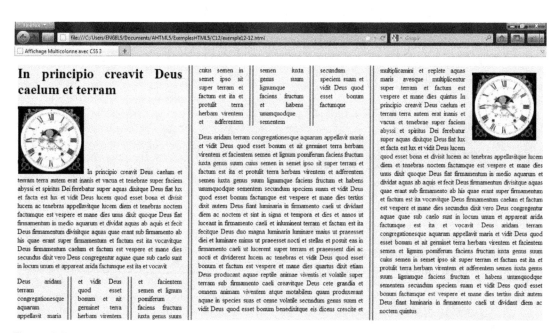

Figure 12-18

Affichage multicolonne de texte

Redimensionnement par l'utilisateur en CSS 3

Les propriétés que nous avons exposées dans ce chapitre permettent au webmaster de dimensionner des éléments, mais le visiteur du site ne pouvait pas jusqu'à présent agir sur la dimension de ceux-ci, si ce n'était en réduisant ou augmentant la taille de son navigateur. Ceci est corrigé avec l'apparition dans CSS 3 de la propriété resize qui permet au client de redimensionner à son goût et sans condition un ou plusieurs éléments présents dans une page. Je pense que cette propriété intéressante ne manquera pas d'être très utilisée, surtout quand elle sera fonctionnelle dans tous les navigateurs ; pour l'instant, c'est le cas avec Firefox, Chrome et Safari. Sa syntaxe est la suivante :

```
resize: horizontal | vertical | both;
```

Le redimensionnement est donc autorisé dans le sens horizontal, vertical ou les deux à la fois. Dans l'exemple 12-13 qui utilise cette propriété, nous créons trois paragraphes qui contiennent un texte et une image chacun (repères ❸, ❹ et ❺). Les styles définis pour ces paragraphes leur donnent des dimensions, hauteur et largeur (repère ❶), qui permettent de les voir tous sur une même ligne à l'ouverture de la page (voir la figure 12-19). Les paragraphes sont ensuite déclarés comme redimensionnables dans les deux sens (repère ❷). Cette propriété est donc très simple d'emploi. Sur la figure 12-20, on constate le résultat obtenu après redimensionnement des premier et troisième éléments, le premier étant agrandi pour pouvoir lire le texte en entier et le troisième réduit au maximum. L'utilisateur peut ensuite retrouver l'état initial soit en modifiant la taille des éléments, soit en rechargeant la page avec la touche F5 par exemple.

Exemple 12-13 Redimensionnement par l'utilisateur

```
<!DOCTYPE html>
<html>
 <head>
  <meta http-equiv="Content-type" content="text/html;charset=UTF-8" />
  <title>Redimensionnement par l'utilisateur'</title>
  <style type="text/css">
   p{
    height:190px;width:400px;❶
    resize:both;❷
    background-color:#DDD;overflow:hidden;
    display:inline-block;
    }
   img{
    float:right;padding:1em;
    }
   span{
    font-size: larger;background-color:#000;color:white;;
    }
  </style>
 </head>
 <body>
  <p>❸
  <span>Article Un</span> <br />
  <img src="horloge.jpg" alt="heure" />
  In principio creavit Deus caelum et terram terra autem erat inanis et vacua et
  ➡ tenebrae super faciem abyssi et spiritus Dei ferebatur super...
  </p>
  <p>❹
  <span>Article Deux</span> <br />
  <img src="horloge.jpg" alt="heure" />In principio creavit Deus caelum et terram
  ➡ terra autem erat inanis et vacua et tenebrae super faciem abyssi et spiritus
  ➡ Dei ferebatur super...
  </p>
  <p>❺
  <span>Article Trois</span> <br />
```

```
          <img src="horloge.jpg" alt="heure"/>In principio creavit Deus caelum et terram
       ➡ terra autem erat inanis et vacua et tenebrae super faciem abyssi et spiritus
       ➡ Dei ferebatur super...
       </p>
     </body>
   </html>
```

Figure 12-19

Trois éléments redimensionnables

Figure 12-20

Les mêmes éléments redimensionnés par le visiteur

Transformations des éléments en CSS 3

Toutes les propriétés que nous allons étudier ici, apparues dans CSS 3, peuvent être considérées d'un nouveau type. Elles permettent d'effectuer des transformations géométriques sur des éléments, ou plus précisément sur leur conteneur, leur contenu ne faisant que suivre. Elles relèvent bien de transformations géométriques au sens mathématique du terme car il s'agit de translation, de rotation d'agrandissement ou de réduction (donc d'homothétie) et enfin de déformation. La propriété fondamentale de ces opérations est transform, qui est utilisée dans tous les cas ; ce sont les valeurs qu'on lui donne qui déterminent le choix de la transformation.

Les translations en CSS 3

Une translation consiste à déplacer un objet en conservant sa forme et ses dimensions. La syntaxe à utiliser est :

```
transform:translate(X, Y);
```

dans laquelle X et Y sont les valeurs des déplacements horizontal et vertical en pixels, vers la droite et le bas si elles sont positives et l'inverse sinon. Ceci est réalisable dans tous les navigateurs avec les préfixes correspondants (-moz-, -o-, -webkit- et -ms-).

Dans l'exemple 12-14 nous plaçons deux images dans une page (repères ❻ et ❼) dont l'une a un identifiant qui nous permet de lui attribuer un style particulier. Ce dernier consiste en un déplacement de 550 pixels vers la droite et de 330 pixels vers le bas (repères ❶ à ❺), quand le curseur survole l'image, ceci à l'aide de la pseudo-classe :hover.

Exemple 12-14 Translation d'une image

```
<!DOCTYPE html>
<html>
 <head>
  <meta http-equiv="Content-type" content="text/html;charset=UTF-8" />
  <title>Translation d'une image'</title>
  <style type="text/css">
   #france:hover{
     -moz-transform: translate(550px,330px);❶
      -o-transform:translate(550px,330px);❷
     -webkit-transform:translate(550px,330px);❸
      -ms-transform:translate(550px,330px);❹
      transform:translate(550px,330px);❺
   }
  </style>
 </head>
<body>
   <img src="france.gif" id="france" alt="france"/> ❻
   <img src="france.gif" alt="france"/> ❼
</body>
</html>
```

La figure 12-21 montre que la première image a été déplacée alors que la seconde est restée à sa place initiale.

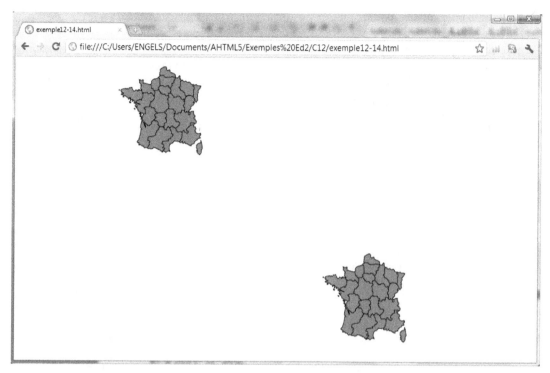

Figure 12-21

Translation d'une image

Les rotations en CSS 3

Pour définir une rotation, il faut préciser son angle et son centre. La définition de l'angle s'effectue avec la propriété transform et la fonction rotate() dont le paramètre est l'angle en degrés selon la syntaxe suivante :

```
transform:rotate(X deg);
```

Si X est positif la rotation est effectuée dans le sens horaire, sinon dans le sens trigonométrique. Par défaut, le centre de rotation est le centre de symétrie du conteneur de l'élément. Pour définir explicitement un centre de rotation différent, il faut utiliser la propriété transform-origin dont la syntaxe est :

```
transform-origin: X px Y px;
```

Le couple X, Y représentent les coordonnées du centre de rotation ; elles peuvent aussi être formulées à l'aide d'une combinaison des mots-clés left, center ou right pour X et top, center ou bottom pour Y. On obtient donc ainsi neuf possibilités élémentaires. Pour une définition plus précise, on peut définir X et Y en pourcentage des dimensions du conteneur, sachant que l'origine des mesures est son coin supérieur gauche. Dans l'exemple 12-15, la page contient une division et un paragraphe de mêmes contenus (repères ⑪ et ⑫), pour mieux visualiser le résultat obtenu. En utilisant la pseudo-classe :hover, nous présentons un cas de rotation de 90 degrés dans le sens trigonométrique pour l'élément <p> (repères ❶ à ❺) quand il est survolé par le curseur. Le centre de rotation est défini comme étant le coin en bas et à droite du rectangle conteneur du paragraphe (repères ❻ à ❿). La figure 12-22 montre le résultat obtenu.

Exemple 12-15 Rotation d'un élément

```
<!DOCTYPE html>
<html>
 <head>
  <meta http-equiv="Content-type" content="text/html;charset=UTF-8" />
  ➥ <title>Rotation d'un élément</title>
  <style type="text/css">
   p,div{
    height:auto;width:300px;
    background-color:#EEE;
    margin:20px;
    display:inline-block;
    }
   p:hover{
    -moz-transform:rotate(-90deg);❶-moz-transform-origin: right bottom;❻
    -o-transform:rotate(-90deg);❷-o-transform-origin: right bottom;❼
    -webkit-transform:rotate(-90deg);❸-webkit-transform-origin: right bottom;❽
    -ms-transform:rotate(-90deg);❹-ms-transform-origin: right bottom;❾
    transform:rotate(-90deg);❺transform-origin: right bottom;❿
    }
  </style>
 </head>
<body>
  ⑪<div>In principio creavit Deus caelum et terram terra autem erat inanis et
  ➥ vacua et tenebrae super faciem abyssi et spiritus Dei ferebatur super aquas
  ➥ dixitque Deus fiat lux et facta est lux et vidit Deus lucem quod esset bona
  ➥ et divisit lucem ac tenebras appellavitque lucem diem et tenebras noctem
  ➥ factumque est vespere et mane dies unus dixit..<br /><img src="horloge.jpg" />
  ➥ </div>
  ⑫<p>In principio creavit Deus caelum et terram terra autem erat inanis et
  ➥ vacua et tenebrae super faciem abyssi et spiritus Dei ferebatur super aquas
  ➥ dixitque Deus fiat lux et facta est lux et vidit Deus lucem quod esset bona
  ➥ et divisit lucem ac tenebras appellavitque lucem diem et tenebras noctem
  ➥ factumque est vespere et mane dies unus dixit..<br /><img src="horloge.jpg" />
  ➥ </p>
</body>
</html>
```

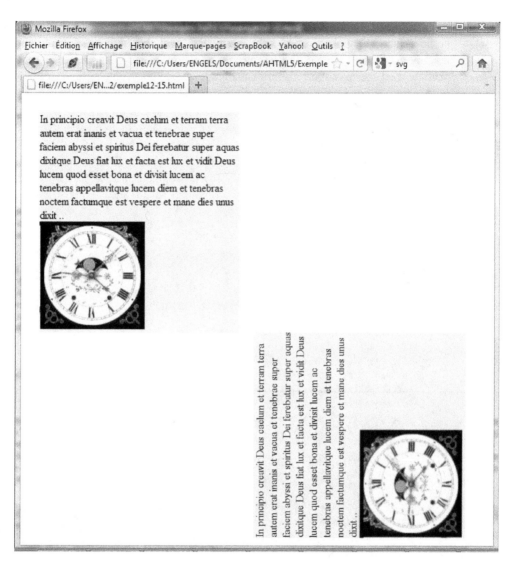

Figure 12-22

Rotation d'une image

Agrandissement et réduction en CSS 3

Nous avons déjà présenté la propriété resize qui permet à l'utilisateur de redimensionner un élément lui-même. Ici il s'agit plutôt d'effectuer le changement de dimensions à partir du code, par exemple en réponse à une action du visiteur, et éventuellement par du code JavaScript. Là encore nous utilisons la propriété transform avec la syntaxe :

```
transform:scale(X,Y);
```

dans laquelle X et Y sont les facteurs d'agrandissement (pour les valeurs supérieures à 1) ou de réduction (pour les valeurs inférieures à 1) respectivement horizontalement et verticalement. Dans le cas d'une image, celle-ci est déformée si X est différent de Y. Le passage d'un seul paramètre implique l'égalité des deux.

Dans l'exemple 12-16, nous plaçons deux images (repères ❿ et ⓫) dont la première est de taille réduite, par l'affectation de valeurs aux propriétés width et height (repère ❶). Lors du passage du curseur sur celle-ci, elle sera agrandie d'un facteur 10 grâce à la définition du style scale(10) (repères ❷ à ❺) ; la seconde sera réduite de 50 % horizontalement seulement avec scale(0.5,1) (repères ❻ à ❾). Les figures 12-23 et 12-24 montrent respectivement l'état initial et l'état final lors du passage du curseur sur la première image. Les applications éventuelles sont faciles à imaginer sur un site.

Exemple 12-16 Agrandissement et réduction d'éléments

```
<!DOCTYPE html>
<html>
 <head>
  <meta http-equiv="Content-type" content="text/html;charset=UTF-8" />
  <title>Agrandissement Réduction</title>
  <style type="text/css">
    #reduite{ width:60px;height:40px;}❶
    img:hover{
    -moz-transform:scale(10);❷
    -o-transform:scale(10);❸
    -webkit-transform:scale(10);❹
    -ms-transform:scale(10);❺
    margin-left:300px;   margin-top:150px;
    }
    #modif:hover{
    -moz-transform:scale(.5,1);❻
    -o-transform:scale(.5,1);❼
    -webkit-transform:scale(.5,1);❽
    -ms-transform:scale(.5,1);❾
    margin-left:120px;
    }
  </style>
 </head>
<body>
 <img src="romy2011.jpg" id="reduite" alt="Romy"/>❿    <br />
 <img src="horloge.jpg" id="modif" alt="heure"/>⓫
</body>
</html>
```

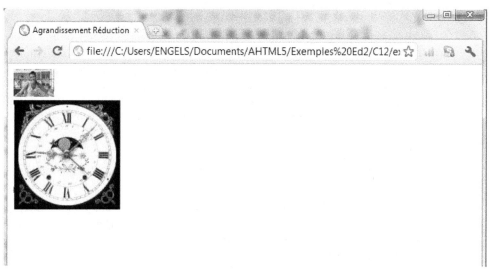

Figure 12-23

Agrandissement d'une image : état initial

Figure 12-24

Agrandissement d'une image : état final

Déformation de la boîte du conteneur

Les diverses transformations étudiées jusqu'à présent préservent sinon la taille du moins la forme de la boîte rectangulaire de l'élément. La fonction skew(), que l'on peut affecter à la propriété transform, permet d'effectuer une déformation de celle-ci par la combinaison de deux rotations appliquées cette fois, non plus à la boîte entière, mais à ses côtés horizontaux et verticaux formant ainsi un parallélogramme, et déformant son contenu. Sa syntaxe, qui doit être augmentée des préfixes habituels, est :

```
transform:skew(Xdeg, Ydeg);
```

où X est l'angle de rotation des côtés verticaux et Y celui des côtés horizontaux exprimés en degrés, les valeurs pouvant être négatives.

Dans l'exemple 12-17, nous incluons une image (repère ❻) qui va subir une déformation par rotation des côtés verticaux de 30 degrés et des côtés horizontaux de 15 degrés, grâce à l'application du style (repères ❶ à ❺) quand le curseur la survole. La figure 12-25 montre le résultat obtenu.

Exemple 12-17 Déformation d'une image

```
<!DOCTYPE html>
<html>
 <head>
  <meta http-equiv="Content-type" content="text/html;charset=UTF-8" />
  <title>Déformation d'un élément</title>
  <style type="text/css">
   #img1:hover{
    -moz-transform:skew(30deg,15deg);❶
    -o-transform:skew(30deg,15deg);❷
    -webkit-transform:skew(30deg,15deg);❸
    -ms-transform:skew(30deg,15deg);❹
    transform:skew(30deg,15deg);❺
    margin:40px;
   }
  </style>
 </head>
 <body>
  <img id="img1" src="horloge.jpg" alt="heure"/>❻
 </body>
</html>
```

Figure 12-25

Déformation d'une image

Les transitions des transformations en CSS 3

Les transformations que nous venons de réaliser sont opérées de manière immédiate dans les navigateurs. Dans le domaine des effets graphiques, les nouveautés CSS 3 permettent d'effectuer une transition dans les transformations, ce qui donne un effet visuel plus agréable. Nous avons à notre disposition quatre nouvelles propriétés qu'il faut encore faire précéder des préfixes, sachant que pour l'instant seuls Firefox, Chrome, Safari et Opera les gèrent. Elles vont nous servir à définir les différents paramètres de la transition. La première propriété :

```
transition-property:prop1, prop2,…,propN | all;
```

établit la liste des propriétés CSS pour lesquelles on veut opérer une transition. La valeur all signifie que l'on peut utiliser toutes les propriétés susceptibles d'être l'objet d'une transition. Le tableau 12-2 en donne la liste.

La propriété suivante définit la durée de la transition en secondes :

```
transition-duration: Ns
```

La troisième propriété définit la vitesse de la transition :

```
transition-timing-function:linear | ease | ease-in | ease-out |ease-in-out;
```

Ses valeurs ont le rôle suivant :

- linear : la vitesse de la transition est constante du début à la fin ;
- ease-in : la vitesse de la transition augmente ;
- ease-out : la vitesse de la transition diminue ;
- ease-in-out : la vitesse de la transition est lente au début et à la fin.

Pour être franc, les tests effectués ne me permettent pas d'apprécier les différences entre les trois dernières valeurs et la valeur `linear` que nous utiliserons ici. Enfin, une dernière propriété :

```
transition-delay: Ns;
```

définit le temps en secondes avant que la transition commence. C'est aussi le temps qu'elle met pour disparaître si elle est réversible (déclenchée avec `:hover` par exemple). S'il nous fallait écrire ces propriétés avec les préfixes pour cinq navigateurs, cela nous ferait vingt lignes de code. Pour faciliter le codage, il existe, comme nous l'avons déjà vu par ailleurs, un raccourci qui les définit toutes en une ligne ; c'est la propriété `transition` dont la syntaxe est :

```
transition: prop || durée || fonction || délai ;
```

qui définit dans l'ordre `transition-property`, `transition-duration`, `transition-timing-function` et `transition-delay`, ce qui condense le code nécessaire.

Tableau 12-2. Propriétés susceptibles de faire l'objet d'une transition

```
background-color, background-image, background-position, border-bottom-color,
border-bottom-width, border-color, border-left-color, border-left-width, border-right-color,
border-right-width, border-spacing, border-top-color, border-top-width, border-width, bottom,
color, font-size, font-weight, height, left, letter-spacing, line-height, margin-bottom,
margin-left, margin-right, margin-top, max-height, max-width, min-height, min-width, opacity,
outline-color, outline-offset, outline-width, padding-bottom, padding-left, padding-right,
padding-top, right, text-indent, text-shadow, top, vertical-align, visibility, width, word-spacing,
z-index.
```

Dans l'exemple 12-18, nous procédons en deux temps pour créer la transition pour une image (repère ❽). Tout d'abord nous définissons les caractéristiques de la transition, à l'aide des propriétés individuelles pour Firefox (repère ❶) et des raccourcis pour Opera, Chrome et Safari, Explorer et la version standard (repères ❷ à ❺). Ensuite nous définissons ce que doit être la transformation pour l'image quand elle sera survolée par le curseur, à savoir un changement de dimensions (repère ❻) et une rotation de 360 degrés (repère ❼). Le résultat sera visible sur le site du livre.

Exemple 12-18 Transition pour un agrandissement

```
<!DOCTYPE html>
<html>
 <head>
  <meta http-equiv="Content-type" content="text/html;charset=UTF-8" />
  <title>Effets de transition</title>
  <style type="text/css">
   img{
        width:60px; height:40px;
```

```
        /* Propriétés individuelles */❶
        -moz-transition-property: all;
        -moz-transition-duration: 3s;
        -moz-transition-timing-function:linear;
        -moz-transition-delay:1s;
        /* Propriétés raccourcies */
        -o-transition: all 3s linear 1s;❷
        -webkit-transition: all 3s linear 1s;❸
        -ms-transition: all 3s linear 1s;❹
        transition: all 3s linear 1s;❺
        }
    img:hover {
        /* Agrandissement */
        width: 800px;height:500px;❻
        /* Rotaion de 360 degrés */❼
        -moz-transform:rotate(360deg);
        -o-transform:rotate(360deg);
        -webkit-transform:rotate(360deg);
        -ms-transform:rotate(360deg);
        transform:rotate(360deg);
                    }
  </style>
  </head>
  <body>
   <img  src="Romy2011.jpg" alt="Romy"/>❽
  </body>
</html>
```

Exercices

Exercice 1

Incorporer trois images dans une page en définissant pour l'élément `<img />` les propriétés CSS `width` et/ou `height` (sans utiliser les attributs de même nom). Que se passe-t-il si les dimensions intrinsèques des images dépassent ces valeurs ?

Exercice 2

Dans l'exercice précédent, comment procéder au dimensionnement CSS de façon que chaque image occupe la place qui lui est nécessaire d'après les dimensions du fichier image ?

Exercice 3

Si les dimensions d'une image sont définies en pourcentage de celles de son conteneur, et que ses proportions largeur/hauteur sont inconnues, comment procéder pour qu'elle ne soit pas déformée ?

Exercice 4

Inclure trois éléments <div> contenant du texte, l'un dans l'autre, et définir la largeur à 70 % du précédent pour chacun d'eux. Le premier doit avoir 800 pixels de haut et les suivants doivent correspondre à 80 % de la hauteur du précédent.

Exercice 5

Créer deux paragraphes d'une hauteur de 300 pixels et d'une largeur de 700 pixels. Y inclure un texte très long et gérer son débordement afin qu'il soit entièrement lisible.

Exercice 6

Créer cinq titres de niveau 2 et les afficher sous forme de liste (voir la propriété display).

Exercice 7

Dans un élément <div>, inclure un élément <span> contenant du texte et lui donner le style bloc.

Exercice 8

Créer un menu vertical dont les éléments sont des liens <a>.

Exercice 9

Créer une page contenant un paragraphe incluant du texte et deux éléments <img /> qui se suivent. Faire flotter les images, la première à gauche et la seconde à droite.

Exercice 10

Reprendre l'exercice précédent et empêcher le flottement de la deuxième image.

Exercice 11

Placer trois images de tailles initiales différentes dans une page. Écrire les styles pour qu'elles s'affichent avec la même taille. Ensuite, les positionner afin d'obtenir un effet de cascade avec un décalage horizontal et vertical constant pour chaque image par rapport à la précédente. L'utilisateur doit pouvoir mettre chacune d'elles au premier plan en cliquant dessus (voir la propriété z-index).

Exercice 12

Créer une mise en page à trois colonnes de largeurs respectives 20 %, 65 % et 15 %. La première et la troisième doivent contenir respectivement un menu et une liste de liens créés à partir d'images. La colonne centrale doit posséder un contenu éditorial.

Exercice 13

Créer une mise en page selon le modèle de la figure ci-dessous :

La colonne de gauche (repère ❶) a une largeur de 200 pixels et le bandeau (repère ❷) une hauteur de 150 pixels. Le bandeau contient le titre du site, la colonne de gauche un menu et la zone principale (repère ❸) du texte et des images au choix. Le premier lien du menu doit afficher une page ayant la même structure et le même contenu dans les zones ❶ et ❷, mais un contenu éditorial différent dans la zone ❸.

Exercice 14

Reprendre l'exemple précédent de façon que les zones ❶ et ❷ soient fixes dans la fenêtre du navigateur.

Exercice 15

Insérer un texte long dans une page et réaliser un affichage sur quatre colonnes.

Exercice 16

Insérer trois images en réglant leur taille à une valeur beaucoup plus petite que leur taille normale, et permettre leur redimensionnement par le visiteur.

Exercice 17

Effectuer la rotation d'un texte de 90 degrés.

Exercice 18

Effectuer la rotation de 90 degrés d'une image avec une transition de 4 secondes.

13

Style des tableaux

Nous avons constaté dans les chapitres précédents que les tableaux peuvent avoir des applications très variées, qu'il s'agisse d'organiser des données de manière structurée, de présenter un formulaire ou encore, malgré les réserves indiquées, d'ordonner toute une page. Cela dit, les styles par défaut appliqués aux tableaux et à leur contenu dans les éléments `<td>` ou `<th>` ont un rendu particulièrement pauvre et austère du point de vue esthétique. Nous allons voir maintenant qu'un certain nombre de propriétés, déjà étudiées par ailleurs, peuvent s'appliquer aux tableaux et à leurs composants, comme les bordures, les couleurs et les images de fond. De plus, le modèle CSS de gestion des tableaux possède des caractéristiques spécifiques qui permettent de gérer les dimensions des cellules, des largeurs de tableaux entiers ou de ses colonnes. De nouvelles propriétés fournissent également des outils pour traiter les tableaux et les cellules vides des tableaux symétriques ou irréguliers.

Le modèle de gestion des tableaux

Les tableaux permettent principalement de créer un modèle de gestion des données. En structurant un tableau, on peut organiser ces informations en lignes et en colonnes, de façon qu'elles entretiennent des relations entre elles. C'est ce type de relations que nous avons créées dans les tableaux statistiques du chapitre 6. Les différents éléments abordés sont utiles pour structurer un tableau en groupes de lignes ou de colonnes. Avec certains attributs des éléments HTML 5 de création des tableaux, il est aussi possible de mettre en exergue la structure définie par le concepteur. Cependant, leurs effets sont relativement limités, et l'application de styles CSS à ces éléments donne les moyens de diversifier considérablement le rendu final des tableaux.

Le modèle CSS de gestion des tableaux se conforme à celui défini dans HTML 5, ce qui établit une cohérence entre ces deux systèmes complémentaires. Mis à part le titre du tableau créé avec l'élément <caption>, et situé en dehors du quadrillage visible ou non du tableau, tout le contenu est inclus prioritairement dans des lignes. Dans le modèle HTML 5 et CSS, nous ne pouvons pas créer de colonnes indépendamment des lignes ; autrement dit, le modèle donne la priorité aux lignes sur les colonnes. Une colonne n'a d'existence que parce qu'elle contient des cellules qui appartiennent à une suite de lignes créées antérieurement. Une des premières conséquences de cet état de fait est que si nous définissons un style pour un élément <tr> particulier, en écrivant une classe ou un sélecteur d'attribut, id par exemple, ce style va s'appliquer à toutes les cellules de la ligne en question et pas aux cellules de la ligne suivante.

Les couleurs des cellules

Les différents éléments HTML 5 propres aux tableaux s'inscrivent dans une hiérarchie bien précise, l'élément parent de tous les autres étant <table> et ceux de plus bas niveau <td> et <th>. Quand nous voulons appliquer une couleur de fond à un élément de tableau (tableau dans son intégralité, groupe de lignes ou de colonnes, ligne, colonne ou cellule), il peut survenir des conflits dans la définition de ces propriétés. Pour régler ces conflits, le modèle CSS de gestion des tableaux définit un ordre de priorité pour chacun de ces éléments. Dans ce modèle, un tableau est considéré comme un empilement de couches, de façon similaire à ce que l'on trouve dans les logiciels de création d'images comme Photoshop, la couleur de la couche supérieure masquant celle de la couche inférieure, sauf dans les zones transparentes. Ce principe est également identique à celui que nous avons utilisé avec la propriété z-index, mais nous ne pouvons pas ici modifier cet ordre prédéterminé.

La liste suivante présente cet ordre de priorité, de la couche la plus haute à la plus basse. Pour bien gérer les couleurs de fond de ces éléments, il faut bien noter que, pour chacun d'entre eux, si aucune valeur n'est attribuée à la propriété background-color, cette dernière a la valeur transparent, ce qui implique que l'élément concerné laisse voir la couleur définie pour son parent situé à la couche inférieure. De plus, l'ordre de priorité l'emporte toujours sur celui de la définition des styles.

1. Les cellules créées avec les éléments <td> et <th> ont la plus haute priorité. La couleur de chaque cellule peut donc être définie individuellement en utilisant un sélecteur d'attribut id ou une classe. Les cellules vides déclarées, cachées avec la propriété empty-cells (voir plus loin), sont toujours transparentes.

2. Les lignes créées avec <tr> viennent ensuite.

3. Les groupes de lignes créés avec <tbody>, <thead> et <tfoot> constituent la troisième couche.

4. Les définitions de colonnes appliquées dans l'élément <col /> figurent dans la couche suivante.

5. Les groupes de colonnes créés dans l'élément `<colgroup>` sont dans la cinquième couche.

6. La couleur de fond définie pour l'élément `<table>`, parent de tous les précédents, a la plus basse des priorités.

La figure 13-1 résume cet ordre de priorité des couches des éléments de tableau.

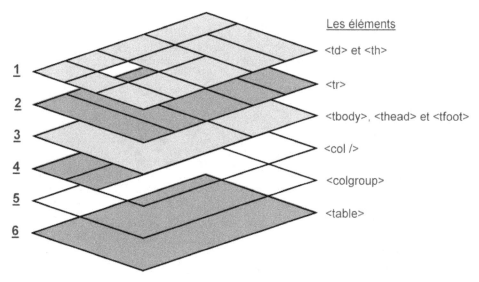

Figure 13-1

L'empilement des couches pour les éléments de tableau

Dans l'exemple de la figure 13-1, la couleur de fond pour l'élément `<table>` est gris clair (`#EEE`, repère ❶). L'en-tête `<thead>` (repère ❼) et le pied de tableau `<tfoot>` (repère ❽), dont les couleurs de fond sont un gris plus foncé (`#DDD` repère ❷), vont l'emporter sur la couleur de l'élément `<table>` car ils sont sur une couche supérieure. En revanche, les lignes de données contenues dans l'élément `<tbody>` (repère ❾), pour lequel aucune couleur n'est définie explicitement, ont la couleur de fond de l'élément `<table>`. La couleur de fond de l'élément `<col />` identifié par `id="col12"` (repères ❹ et ❻), qui s'applique aux deux premières colonnes, s'impose également à celle de `<table>` pour la même raison et aussi parce qu'aucune couleur n'est définie pour `<tbody>`. Cependant, comme la couleur de fond définie dans la classe `.fonce` (repère ❸) est appliquée au troisième élément `<tr>` (repère ⓫), celle-ci s'impose au-dessus de celle des éléments `<table>` et `<col />` dont les ordres de priorité sont inférieurs.

Pour personnaliser et mettre en évidence la cellule particulière qui contient la variation maximale, nous créons un style avec un sélecteur d'`id` (repère ❺) qui sera appliqué au seul élément `<td>` dont l'attribut `id` vaut `maxi` (repère ❿).

Exemple 13-1 L'empilement des couleurs de fond des tableaux

```
<!DOCTYPE html>
<html>
 <head>
  <meta http-equiv="Content-type" content="text/html; charset=UTF-8" />
  <title>Couleur de fond des tableaux</title>
  <link rel="shortcut icon" type="images/x-icon" href="../images/favicon.ico" />
  <style type="text/css">
   table{background-color: #EEE;}              ❶
   thead, tfoot{background-color:#DDD;color: blue;}   ❷
   tr.fonce {background-color: #333;color: white;}    ❸
   #col12{background-color: orange;}           ❹
   #maxi{background-color: red;color: yellow; }   ❺
  </style>
 </head>
 <body>
  <table border="1">
  <caption>Indice du coût de la construction</caption>
  <colgroup >
  <col id="col12" span="2"/>   ❻
  <col span="3" />
  </colgroup>

  <thead>   ❼
   <tr>
    <th>Trimestre</th>
    <th>Indice </th>
    <th>Moyenne </th>
    <th>Variation annuelle en % </th>
    <th>Date de parution</th>
   </tr>
  </thead>
  <tfoot>   ❽
   <tr>
    <th>Trimestre</th>
    <th>Indice </th>
    <th>Moyenne </th>
    <th>Variation annuelle en % </th>
    <th>Date de parution</th>
   </tr>
  </tfoot>
  <tbody>   ❾
   <tr>
    <td>1er trimestre 2012</td>
    <td>1270</td>
    <td>1269,50</td>
    <td id="maxi">+4,83</td>   ❿
    <td>08/07/2012</td>
   </tr>
```

```
      <tr>
       <td>4ème trimestre 2011</td>
       <td>1269</td>
       <td>1258,25</td>
       <td>+4,81</td>
       <td>08/04/2012</td>
      </tr>
      <tr class="fonce"> ⓫
       <td>3ème trimestre 2011</td>
       <td>1272</td>
       <td>1244,50</td>
       <td >+4,58</td>
       <td>12/01/2012</td>
      </tr>
      <tr>
       <td>2ème trimestre 2011</td>
       <td>1267</td>
       <td>1227,25</td>
       <td>+3,85</td>
       <td>15/10/2011</td>
      </tr>
      <tr>
       <td>1er trimestre 2011</td>
       <td>1225</td>
       <td>1211,00</td>
       <td>+3,33</td>
       <td>09/07/2011</td>
      </tr>
      <tr>
       <td>4ème trimestre 2010</td>
       <td>1214</td>
       <td>1200,5</td>
       <td>+2,96</td>
       <td>09/04/2011</td>
      </tr>
     </tbody>
    </table>
   </body>
  </html>
```

La figure 13-2 montre le résultat obtenu. On remarque bien l'empilement des couleurs de fond des différents éléments.

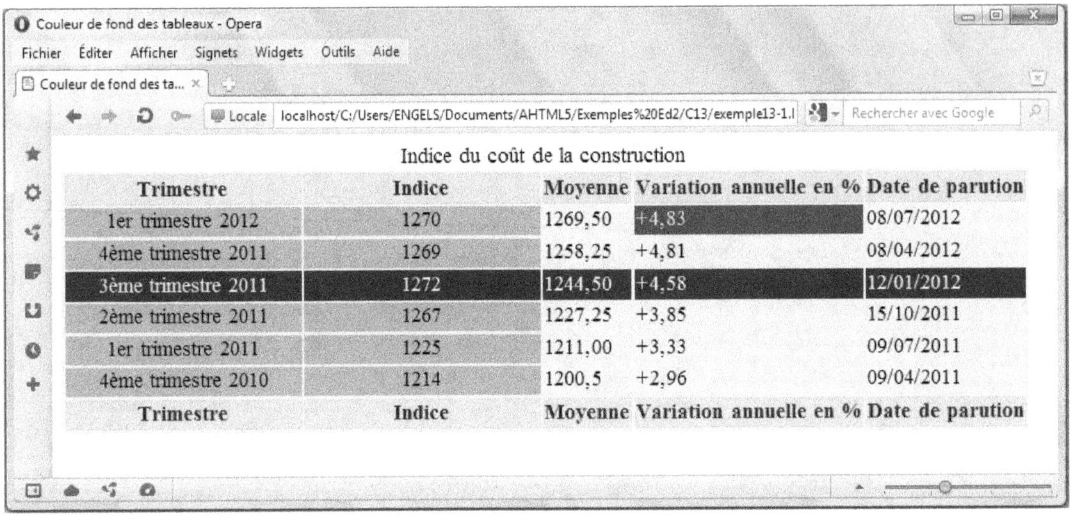

Figure 13-2

L'empilement des couleurs de fond

Dans l'exemple 13-2, nous verrons qu'il est possible de créer des styles spécifiques pour mettre en évidence des colonnes ou des groupes de colonnes.

Les titres des tableaux

L'élément `<caption>`, étudié au chapitre 6, contient le titre du tableau. Par défaut, en HTML 5 pur, il est placé au-dessus du tableau. Nous pouvons déterminer explicitement sa position à l'aide de la propriété `caption-side` dont la syntaxe est la suivante :

```
caption-side: top | bottom | inherit
```

Elle n'est applicable qu'à l'élément `<caption>` ou à ceux dont la propriété `display` a la valeur `table-caption` et elle est héritée pour les tableaux inclus l'un dans l'autre. Avec la valeur `top`, le titre est placé au-dessus du tableau, et en dessous avec la valeur `bottom`. Les valeurs qui permettaient de placer le titre à gauche ou à droite ayant été supprimées de la version CSS 2.1 par manque d'implémentation, nous pouvons créer ces positions en ajoutant une colonne à gauche ou à droite du tableau, en fusionnant toutes ces cellules et en y écrivant le titre sans utiliser l'élément `<caption>`. On procède dans ce cas à l'application de styles particuliers en utilisant un sélecteur d'`id` ou une classe pour cette cellule de titre.

Que le titre soit situé au-dessus ou en dessous du tableau, les marges haute et basse définies pour les éléments `<caption>` et `<table>` fusionnent au profit de la plus grande, sauf dans Internet Explorer qui place systématiquement ces marges au-dessus du tableau et non pas entre le titre et le tableau.

L'exemple 13-2 présente une facture incluse dans un tableau. Nous y définissons des styles pour l'élément <caption> (repère ❼) afin d'améliorer sa présentation. Il s'agit ici de la création d'une bordure, d'une marge basse et du choix de la police et de la taille des caractères (repère ❷), mais nous pourrions également lui ajouter une couleur de fond et d'avant-plan par exemple. La marge basse du titre qui est de 20 pixels fusionne avec la marge haute du tableau (repère ❶) qui est de 40 pixels, pour obtenir une marge unique de 40 pixels. Notons également que la largeur de bordure définie pour le tableau dans l'attribut border, qui a la valeur 15 (repère ❻), n'est pas prise en compte, mais écrasée par celle qui est définie à 8 pixels dans le style CSS par la propriété border (repère ❶). Cela démontre une fois encore que les styles CSS l'emportent toujours sur les définitions du code HTML 5.

Nous illustrons par la même occasion l'affectation de couleurs de fond différentes à des groupes de colonnes. Les données sont réparties en trois groupes, créés dans trois éléments <colgroup> (repères ❽, ❾ et ❿), chacun utilisant une des classes de couleur .gras, .prix et .date (repères ❸, ❹ et ❺), ce qui permet d'attribuer une couleur différente à chaque groupe.

Exemple 13-2 Création du titre d'un tableau

```
<!DOCTYPE html>
<html>
 <head>
  <meta http-equiv="Content-type" content="text/html;charset=UTF-8" />
  <title>Titre et groupement de colonnes</title>
  <link rel="shortcut icon" type="images/x-icon" href="../images/favicon.ico" />
<style type="text/css" title="tableau">
 table{margin-top: 40px;border: blue double 7px;font-size: 18px; } ❶
 caption{border: blue double 3px;margin-bottom:20px;padding: 10px;
➡ font-family: Arial,sans-serif;font-size: 1.5em;} ❷
 .gras{font-weight:bold; background-color: #CCC;} ❸
 .prix{background-color: yellow;} ❹
 .date{background-color:#AAA;color:blue;width="10%"} ❺
 col {text-align: center;}
</style>
 </head>
 <body>
  <table border="15"> ❻
   <caption>Facture de votre commande de livres</caption> ❼
   <!-- Groupe 1 : Dates -->
   <colgroup id="date"  span="1"  class="date">❽
   </colgroup>
   <!-- Groupe 2 : Titre et Auteur -->
   <colgroup id="titre" span="2"   class="gras"> ❾
   </colgroup>
   <!-- Groupe 3: Quantité, Prix unitaire, Prix total -->
   <colgroup id="prix" span="3"   class="prix"> ❿
   </colgroup>
```

```
<thead><tr><th>Date </th><th>Titre </th><th>Auteur</th><th>Quantité </th>
➡ <th>Prix Unitaire </th><th>Prix Total </th></tr></thead>
<tfoot><tr><th>Date </th><th>Désignation </th><th>Auteur</th><th>Quantité </th>
➡ <th>Prix Unitaire </th><th>Prix Total </th></tr></tfoot>

<!-- Données du tableau -->
<tbody>
 <tr>
  <td>29/05/2009</td><td>XHTML Design</td><td>Jeffrey Zeldman</td><td>3</td>
  ➡ <td>32.00 &euro;</td><td>96.00 &euro;</td>
 </tr>
 <tr>
  <td>15/03/2011</td><td>CSS 3 </td><td>Raphael Goetter</td><td>2</td>
  ➡ <td>38.00 &euro;</td><td>76.00 &euro;</td>
 </tr>
 <tr>
  <td>01/12/2012</td><td>(x)HTML 5 et CSS 3</td><td>Jean Engels</td>
  ➡ <td>3</td><td>29.90 &euro;</td><td>89.70 &euro;</td>
 </tr>
</tbody>
 </table>
 </body>
</html>
```

La figure 13-3 montre le résultat obtenu pour le titre et les couleurs des colonnes.

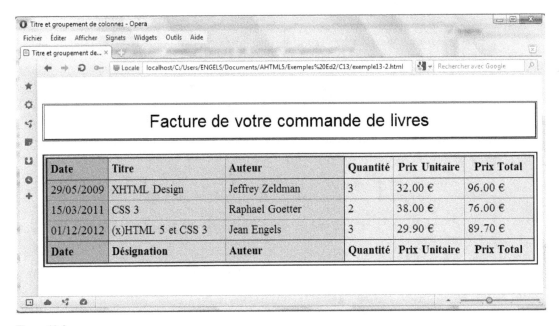

Figure 13-3

Titre de tableau et groupes de colonnes

La gestion des bordures des cellules

Les différentes propriétés de création des bordures exposées au chapitre 10 sont applicables aux cellules des tableaux. Pour améliorer la gestion des bordures et en particulier celle des cellules contiguës, CSS fournit la propriété `border-collapse` qui permet de fusionner ou de séparer ces bordures voisines. Sa syntaxe est la suivante :

```
border-collapse : collapse | separate | inherit
```

Elle s'applique à tous les éléments de tableau et elle est héritée par tous les éléments enfants de celui auquel on l'applique.

À la valeur `collapse` correspond la fusion des bordures, et à la valeur `separate` leur séparation.

Les bordures séparées

Avec la valeur `separate`, chaque cellule peut avoir une bordure particulière, indépendante de celle de ses voisines directes. En particulier, une bordure ne va pas empiéter sur sa voisine même si son épaisseur est importante. En complément, la propriété `border-spacing` permet de définir un espacement entre bordures voisines. Elle n'est utilisable que si les bordures sont déclarées séparées avec `border-collapse`. Sa syntaxe est la suivante :

```
border-spacing : <longueur> <longueur> ? | inherit
```

Elle s'applique également à tous les éléments de tableau inclus dans `<table>` et elle est héritée par défaut. Les deux paramètres `<longueur>` définissent respectivement les espacements horizontaux et verticaux entre les cellules. La seconde valeur est facultative, et dans ce cas l'unique valeur indiquée s'applique aux deux espacements. Ces valeurs sont données par un nombre positif et une unité de longueur. Dans l'espacement créé entre les bordures apparaît la couleur de fond définie pour l'élément `<table>` ou un de ses enfants situés plus haut dans l'ordre de priorité défini précédemment.

Une cellule est matérialisée par les bordures entourant son contenu et par sa couleur de fond. Quand elle est vide, on peut soit la matérialiser quand même en affichant ses caractéristiques, soit l'effacer en empêchant l'apparition des bordures et du fond. Une cellule est considérée non vide si elle contient ne serait-ce qu'un seul caractère (mais pas un espace) ou même l'entité ` `. En revanche, si elle contient les codes ASCII hexadécimaux du retour chariot (`\0D`), de nouvelle ligne (`\0A`), de tabulation (`\09`) ou d'espace (`\20`), qui peuvent être générés avec la propriété `content` par exemple, elle est quand même considérée comme vide. De plus, une cellule pour laquelle la propriété `visibility` est définie avec la valeur `hide` est aussi considérée comme vide.

Pour déterminer le comportement des cellules vides, nous utilisons la propriété `empty-cells` dont voici la syntaxe :

```
empty-cells : show | hide | inherit
```

Elle ne s'applique qu'aux éléments <td> et <th>. La valeur show permet l'affichage du fond et des bordures, et hide cache l'ensemble de la cellule et laisse donc apparaître la couleur de fond définie pour son premier élément parent (<tr>, <tbody>, <tfoot>, <thead>, <col />, <colgroup> ou <table>).

> **Comportement de Internet Explorer**
>
> Même avec la valeur hide, Internet Explorer laisse apparaître la couleur de fond de la cellule si elle a été définie explicitement.

L'exemple 13-3 permet de vérifier le modèle des bordures séparées. Pour l'élément <table>, la propriété border-collapse est définie avec la valeur separate (repère ❶), l'espacement horizontal entre les bordures a une valeur de 10 pixels et l'espacement vertical est de 5 pixels (repère ❷). Les cellules vides (telle celle du repère ❼) sont définies comme cachées en donnant la valeur hide à la propriété empty-cells (repère ❸). Les bordures des cellules ont le style double et une largeur de 5 pixels (repère ❹). De plus, une bordure particulière, nettement plus large, est créée pour la cellule qui contient la valeur maximale de la colonne Variations (repères ❺ et ❻).

Exemple 13-3 Les bordures séparées

```
<!DOCTYPE html>
<html>
 <head>
  <meta http-equiv="Content-type" content="text/html;charset=UTF-8" />
  <title>Bordures séparées des tableaux</title>
  <link rel="shortcut icon" type="images/x-icon" href="../images/favicon.ico" />
  <style type="text/css">
   table{background-color: #EEE;border-collapse: separate ❶ ;
   ➥ border-spacing: 20px 5px ❷;border: outset 8px red; empty-cells: hide;❸}
   caption{font-size: 1.2em;border-bottom: red double 3px;margin-bottom: 20px;}
   td,th{ border: double 5px red;background-color: #CCC}❹
   .maxi{border: double black 10px;} ❺
  </style>
 </head>
 <body>
  <table >
  <caption>Indice du coût de la construction</caption>
  <thead>
   <tr>
    <th>Trimestre</th>
    <th>Indice </th>
    <th>Moyenne </th>
    <th>Variation annuelle en % </th>
    <th>Date</th>
   </tr>
  </thead>
```

```
      <tfoot>
       <tr>
        <th>Trimestre</th>
        <th>Indice </th>
        <th>Moyenne </th>
        <th>Variation annuelle en % </th>
        <th>Date de parution</th>
       </tr>
      </tfoot>
      <tbody>
       <tr>
        <td>1er trimestre 2012</td>
        <td>1270</td>
        <td>1269,50</td>
        <td class="maxi">+4,83</td>  ❻
        <td>08/07/2012</td>
       </tr>
       <tr>
        <td>4ème trimestre 2011</td>
        <td>1269</td>
        <td>1258,25</td>
        <td>+4,81</td>
        <td>08/04/2012</td>
       </tr>
       <tr>
        <td>3ème trimestre 2011</td>
        <td>1272</td>
        <td>1244,50</td>
        <td >+4,58</td>
        <td> </td>  ❼
       </tr>
       <tr>
        <td>2ème trimestre 2011</td>
        <td>1267</td>
        <td>1227,25</td>
        <td>+3,85</td>
        <td>15/10/2011</td>
       </tr>
      </tbody>
     </table>
    </body>
   </html>
```

La figure 13-4 montre le résultat obtenu dans Opera. Nous constatons que les bordures des cellules sont bien séparées, qu'à la deuxième ligne la définition d'une seule bordure plus large a entraîné l'augmentation de la hauteur de toute la ligne et que la cellule vide de la dernière colonne est entièrement cachée.

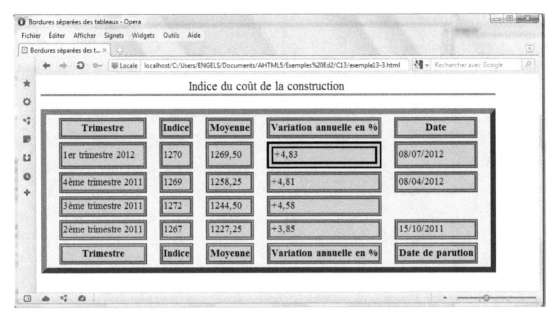

Figure 13-4

Les bordures séparées

Les bordures fusionnées

Quand la propriété `border-collapse` prend la valeur `collapse`, les bordures des cellules mitoyennes ne sont plus indépendantes mais elles fusionnent pour n'en faire plus qu'une. En utilisant le même code HTML 5 que celui de l'exemple 13-3 et en lui appliquant les styles suivants :

```
<style type="text/css">
  table{background-color: #EEE; border-collapse: collapse;❶ border: outset 8px red;
  ➥ empty-cells: hide;}
  caption{font-size: 1.2em;border-bottom: red double 3px;margin-bottom: 20px;}
  td,th{ border: double 5px red; background-color: #CCC}
  .maxi{border: double black 20px;}
</style>
```

dans lesquels la valeur de la propriété `border-collapse` a été modifiée en `collapse` (repère ❶) et la propriété `border-spacing` a été supprimée, car elle n'a aucun effet quand les bordures sont fusionnées, nous obtenons le résultat présenté à la figure 13-5, où nous pouvons remarquer que l'aspect du tableau est très différent de celui de la figure 13-4. Notons également que la bordure appliquée à la cellule contenant la plus grande variation déborde sur l'emplacement des cellules voisines. Dans la pratique, il faudrait diminuer nettement sa largeur pour éviter cet effet disgracieux.

Figure 13-5

Tableau avec des bordures fusionnées

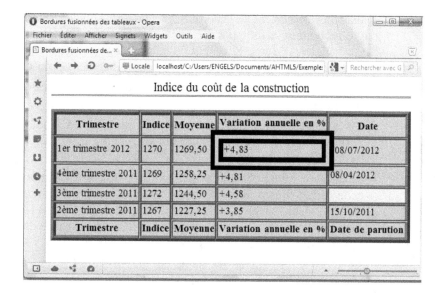

Dans cet exemple, toutes les bordures des cellules ont le même style, et l'affichage obtenu est uniforme. Dans les cas où nous définissons des bordures différentes pour des groupes de lignes, de colonnes ou des cellules particulières, des conflits surviennent puisqu'une seule bordure sépare désormais ces éléments. Ces cas de conflits sont résolus de la manière suivante :

- si la propriété border-style d'un élément a la valeur hidden, la bordure de cet élément est toujours cachée, quelle que soit la définition donnée pour l'élément voisin ;

- si la propriété border-style a la valeur none, il faut que toutes les autres définitions concernant la même bordure aient aussi cette valeur none afin que la bordure soit cachée, sinon elle reste visible. Si un seul élément a une valeur différente de none, alors la bordure la plus large est affichée. En cas d'égalité de largeur et quand la propriété border-style a une valeur différente pour les deux cellules voisines, les styles sont retenus dans l'ordre de préséance suivant : double, solid, dashed, dotted, ridge, outset, groove et inset ;

- si les bordures des différents éléments ont toutes en commun la même largeur et le même style, mais simplement une couleur différente, la couleur qui l'emporte est celle de l'élément situé le plus haut dans l'ordre de priorité défini pour les couleurs de fond, que nous avons indiqué dans une section précédente et dont le schéma est représenté à la figure 13-1.

L'exemple 13-4 permet de vérifier la manière dont CSS règle les nombreux conflits existant dans cette page entre les différents styles de bordures affectés aux cellules d'un tableau quand elles sont fusionnées, donc quand la propriété border-collapse prend la valeur collapse (repère ❶). La bordure extérieure de l'ensemble du tableau a une largeur de 15 pixels (repère ❷) et elle va donc l'emporter sur celles des cellules qui ont toutes des largeurs inférieures. En revanche, cette bordure disparaît autour de la cellule L1C1 dont la propriété border est définie avec la valeur hidden (repère ❸). Cette valeur cause également l'effacement de la bordure gauche de la cellule L1C2 et de la bordure haute de L2C1. La bordure définie pour le sélecteur td (repère ❹) devrait s'appliquer à toutes les autres cellules. Il n'en est rien et elle ne s'applique, et encore que partiellement, qu'aux cellules L2C1, L2C2, L3C1 et à la quatrième ligne pour les raisons suivantes :

- L1C2 a une bordure dont le style double (repère ❺) l'emporte sur le style solid à épaisseur égale ;

- L1C3 a une bordure gauche écrasée par celle de L1C2 pour la même raison et une bordure basse écrasée par celle qui est définie pour L2C3 dans la classe .dashed (repère ❻), car son épaisseur est de 12 pixels ;

- L2C2 a une bordure haute écrasée par celle de L1C2, une bordure droite dominée par celle de L2C3 pour la même raison que L1C3 et une bordure basse écrasée par celle de L3C2 définie dans la classe .double appliquée à L3C2 et L3C3, et qui l'emporte en fonction de son épaisseur de 10 pixels (repère ❼). Il en est de même pour les cellules L4C2 et L4C3 ;

- Le style défini pour la deuxième colonne (repère ❽) ne s'applique en définitive à aucune cellule car il est dominé par tous les autres, soit par l'épaisseur supérieure, soit par le style solid qui l'emporte sur le style dotted.

La figure 13-6 montre le résultat obtenu, lequel permet de constater l'application des règles de priorité exposées ci-dessus.

Exemple 13-4 Les conflits entre les bordures voisines

```
<!DOCTYPE html>
<html>
 <head>
  <meta http-equiv="Content-type" content="text/html;charset=UTF-8" />
  <title>Les conflits de bordures</title>
  <link rel="shortcut icon" type="images/x-icon" href="../images/favicon.ico" />
  <style type="text/css" >
   table { border-collapse: collapse ❶; border: 15px inset yellow  ❷;font-size:
   ➥ 1.5em; }
   #l1c1{ border: hidden; } ❸
   td{ border: 6px solid red; padding: 1em; } ❹
   #l1c2{ border: 6px double black; } ❺
   td.dashed{ border: 12px dashed gray; } ❻
   td.double{ border: 10px double  blue; } ❼
   #col1{ width: 20% }
   #col2{ border: 6px dotted black;width:30% } ❽
   #col3{  width:40%  }

  </style>
 </head>
 <body>
  <table>
   <col id="col1"/>
   <col id="col2"/>
   <col id="col3"/>
```

```
    <tr>
     <td id="l1c1"> L1:C1 </td>
     <td id="l1c2"> L1:C2 </td>
     <td> L1:C3 </td>
    </tr>
    <tr>
     <td> L2:C1 </td>
     <td> L2:C2 </td>
     <td class="dashed"> L2:C3 </td>
    </tr>
    <tr>
     <td> L3:C1 </td>
     <td class="double"> L3:C2 </td>
     <td class="double"> L3:C3 </td>
    </tr>
    <tr>
     <td> L4:C1 </td>
     <td> L4:C2 </td>
     <td> L4:C3 </td>
    </tr>
   </table>
  </body>
 </html>
```

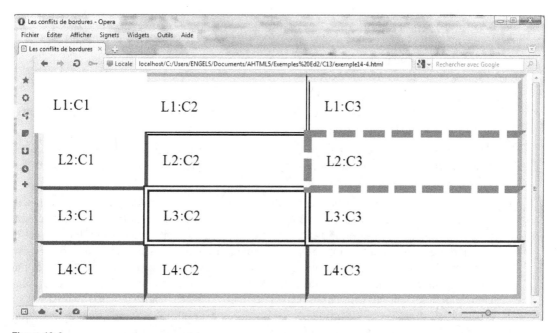

Figure 13-6

Résolution des conflits entre les bordures

Déterminer la largeur d'un tableau

La largeur d'un tableau peut être déterminée de plusieurs manières. Celles-ci diffèrent en fonction du contenu de ses cellules ou des dimensions données explicitement à ces dernières. Pour déterminer cette largeur, les navigateurs utilisent différents algorithmes selon la valeur prise par la propriété `table-layout` dont la syntaxe est la suivante :

```
table-layout : auto | fixed | inherit
```

Elle s'applique à l'élément `<table>` et à ceux dont la propriété `display` a les valeurs `table` ou `inline-table`.

En utilisant la valeur `fixed`, la largeur du tableau ne tient pas directement compte du contenu de chacune des cellules, mais seulement de la largeur explicite, différente de `auto`, de l'élément `<table>`, de celles des colonnes `<col />` et des cellules `<td>` ou `<th>`. Cette largeur est calculée de la manière suivante.

- La largeur de l'élément `<table>` peut être définie explicitement, soit dans son attribut `width`, soit dans sa propriété `width`. Toutefois, la définition de cette propriété avec la valeur `auto` ne met pas en œuvre l'algorithme `fixed`.

- Si une colonne de tableau a une largeur explicite définie par sa propriété `width` (autre que `auto`), cette largeur est utilisée dans l'affichage du tableau.

- Quand une cellule de la première ligne a une largeur explicite autre que `auto`, cette valeur est utilisée pour toute la colonne à laquelle elle appartient. Dans le cas où cette cellule est la fusion de plusieurs cellules virtuelles (voir le chapitre 6) réalisée en définissant son attribut `colspan`, et que la ligne suivante contient réellement plusieurs cellules, la largeur de la cellule fusionnée est partagée entre chacune des cellules de la ligne suivante, de manière égale.

- Pour les autres colonnes du tableau qui n'ont pas une largeur définie explicitement par une valeur numérique ou si elles ont la largeur `auto`, l'espace restant est partagé équitablement entre elles (voir l'exemple 13-5).

Cet algorithme présente l'avantage d'être plus rapide car seules les largeurs des colonnes et des cellules de la première ligne sont prises en compte, et le navigateur n'examine pas toutes les suivantes pour déterminer l'affichage.

L'exemple 13-5 donne une première illustration de ce mécanisme quand la propriété `table-layout` a la valeur `fixed` (repère ❶). Dans ce tableau, la largeur affectée à l'élément `<table>` est de 100 % (repère ❸). La seule cellule qui se voit affectée une largeur est la première de la deuxième colonne par l'intermédiaire de la classe `.larg` qui la détermine à 150 pixels (repère ❷). En conséquence, les colonnes 1, 3 et 4 (repères ❹, ❻ et ❼) ont pour largeur commune un tiers de celle de l'écran, diminuée des 150 pixels de la deuxième colonne, soit pour un écran de 1 024 pixels : (1024 − 150) / 3 = 291 pixels, valeur arrondie au pixel près et diminuée des bordures éventuelles. Remarquons que la dernière colonne, bien qu'ayant un contenu très petit, a la même largeur que les colonnes 1 et 3. Pour un écran plus petit, seule la deuxième colonne garderait une largeur fixe de 150 pixels, les trois autres se partageant l'espace restant.

Dans la mesure où la deuxième cellule de la première ligne est la fusion de deux colonnes (repère ❺), les cellules 2 et 3 (repères ❽ et ❾) de la seconde ligne se partagent sa largeur et font donc 75 pixels chacune. L'inconvénient de ce partage automatique est qu'il ne tient pas compte du contenu des cellules. Dans notre exemple, la deuxième cellule de la deuxième ligne voit son contenu coupé ou déborder (dans Opera, Chrome et Firefox) sur la cellule suivante selon les navigateurs, car aucune césure des mots n'est effectuée. Ce problème se règle théoriquement à l'aide de la propriété overflow qui permet de cacher ou de montrer le débordement (voir le chapitre 12), mais les navigateurs gèrent très mal ou de façon discordante cette propriété pour les cellules.

Exemple 13-5 Dimensionnement des colonnes dans l'algorithme fixed

```
<!DOCTYPE html>
<html>
 <head>
  <meta http-equiv="Content-type" content="text/html;charset=UTF-8" />
  <title>La largeur des tableaux</title>
  <link rel="shortcut icon" type="images/x-icon" href="../images/favicon.ico" />
  <style type="text/css" >
   table{table-layout: fixed;width:100%;}     ❶
   td.larg{width: 150px;}     ❷
  </style>
 </head>
<body>
 <table  border="1" >     ❸
  <tr>
❹   <td>  In principio creavit Deus caelum et terram terra autem erat inanis et
➥ vacua et tenebrae super faciem abyssi et spiritus Dei ferebatur super aquas
➥ dixitque Deus fiat lux et facta est lux et vidit Deus lucem quod esset bona
➥ et divisit lucem ac tenebras appellavitque lucem diem et tenebras noctem
➥ factumque est vespere et   </td>
❺   <td class="larg" colspan="2">  XHTML  </td>
❻   <td>  In principio creavit Deus caelum et terram terra autem erat inanis et
➥ vacua et tenebrae super faciem abyssi et spiritus Dei ferebatur super aquas
dixitque Deus fiat lux et facta est lux et vidit Deus lucem quod esset bona et
➥ divisit lucem ac tenebras appellavitque lucem diem et tenebras noctem
➥ factumque est vespere et </td>
❼   <td>  CSS 2 </td>
  </tr>
  <tr>
   <td>  In principio creavit Deus caelum et terram terra autem erat inanis et
➥ vacua et tenebrae super faciem abyssi et spiritus Dei ferebatur super aquas
➥ dixitque Deus fiat lux et facta est lux et vidit Deus lucem quod esset bona
➥ et divisit lucem ac tenebras appellavitque lucem diem et tenebras noctem
➥ factumque est vespere et   </td>
❽   <td>  XHTML 1.0abcdefghijk</td>
❾   <td>  XHTML 1.1</td>
   <td>  In principio creavit Deus caelum et terram terra autem erat inanis et
➥ vacua et tenebrae super faciem abyssi et spiritus Dei ferebatur super aquas
➥ dixitque Deus fiat lux et facta est lux et vidit Deus lucem quod esset bona
```

```
    ➥ et divisit lucem ac tenebras appellavitque lucem diem et tenebras noctem
    ➥ factumque est vespere et </td>
   <td> CSS 2 </td>
  </tr>
 </table>
</body>
</html>
```

La figure 13-7 montre le résultat obtenu dans Opera, navigateur dans lequel le contenu débordant est coupé.

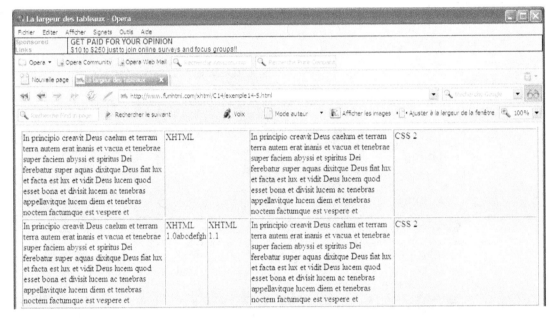

Figure 13-7

Largeur de cellules dans l'algorithme fixed

Quand la propriété table-layout prend la valeur auto, l'algorithme utilisé par le navigateur procède de la manière suivante.

- Il calcule pour toutes les cellules la largeur minimale nécessaire pour afficher leur contenu. Cette largeur minimale peut par exemple correspondre à celle qu'il faut pour afficher en entier le mot le plus long d'un texte. Si la propriété width est définie pour une cellule et qu'elle est supérieure à la largeur calculée précédemment, c'est elle qui devient la largeur minimale.

- Il détermine la largeur minimale de chaque colonne en fonction de celles des cellules qu'elle contient, la plus grande devenant celle de la colonne. Si une propriété width est définie pour un élément <col /> et qu'elle est supérieure à cette valeur minimale, c'est elle qui devient la largeur minimale. Il suffit donc qu'une cellule contienne un objet très large (une image par exemple) pour que la colonne entière ait cette largeur minimale. Dans ce cas, il est préférable de fusionner des cellules pour en créer une seule qui aura ce contenu sans obliger toutes celles de la même colonne à avoir la même largeur.

En reprenant exactement le code de l'exemple 13-5 contenu dans l'élément `<body>` et en modifiant les styles de la manière suivante :

```
<style type="text/css">
table {table-layout: auto;}❶
td.larg {width: 150px;}
  </style>
```

dans lesquels la propriété `table-layout` a maintenant la valeur `auto` (repère ❶), le navigateur détermine la largeur des colonnes de la façon suivante :

- la largeur de la deuxième colonne est déterminée en fonction du contenu des cellules 3 et 4 de la seconde ligne. La somme de ces largeurs donne celle de la cellule fusionnée située au-dessus des cellules 3 et 4. Cette somme est supérieure à la largeur de 150 pixels définie explicitement pour la cellule fusionnée (repères ❷ et ❺ de l'exemple 13-5) ;

- la largeur de la dernière colonne est la largeur minimale pour contenir le texte CSS 2.1 ;

- le reste de la largeur disponible dans le tableau est ensuite partagé en deux parties égales pour contenir les textes des cellules des colonnes 1 et 3.

La figure 13-8 montre le résultat obtenu, lequel est très différent de celui de la figure 13-7 illustrant l'algorithme `fixed`.

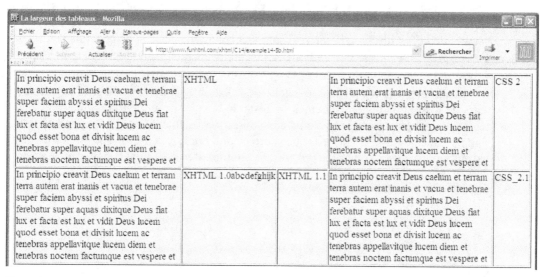

Figure 13-8

Largeur de cellules dans l'algorithme auto

Présentation d'un formulaire

Les tableaux constituent un bon modèle de conteneur pour les éléments d'un formulaire. En effet, un formulaire présente souvent un aspect général assez similaire, reposant de façon classique sur une structure à deux colonnes, la première contenant les libellés des champs et expliquant la saisie attendue, et la seconde contenant les composants eux-mêmes.

L'exemple 13-6 présente une illustration de la création de styles visant à rendre plus attractif un formulaire au niveau de sa présentation.

Au niveau de la structure HTML 5, l'élément `<form>` contient un tableau (repère ❿) qui inclut lui-même un titre dans l'élément `<caption>` (repère ⓫), puis la définition des deux colonnes et en particulier de leurs largeurs respectives (repères ⓬ et ⓭), données ici en pourcentage. Chaque ligne du tableau contient un libellé dans l'élément `<label>` et un composant `<input>` ou `<select>` (il pourrait également s'agir de `<textarea>`). Les styles choisis ici sont arbitraires et chacun peut y apporter sa touche personnelle.

Dans la partie qui définit les styles, le tableau est dimensionné à 800 pixels de large, centré dans la page, en fixant ses marges gauche et droite avec la valeur `auto`, et ses bordures extérieures sont supprimées (repère ❶). Le titre du tableau est affiché dans une taille supérieure à celle définie pour le tableau et il est muni de bordures haute et basse (repère ❷). On définit les marges gauche et droite pour le titre à l'attention des navigateurs qui traitent le titre séparément du tableau.

Toutes les cellules présentent uniquement une bordure basse (repère ❸). Les colonnes des libellés et des composants sont mises en évidence par une couleur de fond différente (repères ❹ et ❺) et les éléments `<label>` de la première colonne se distinguent par les styles de police italique et gras (repère ❻). L'alignement à droite des libellés dans la première colonne est réalisé par l'attribut `align` de l'élément `<col />` (repère ⓬). Les navigateurs de la famille Mozilla ne réalisant pas cet alignement, nous pouvons définir une classe `.droit` (repère ❼) et l'appliquer à chaque élément `<td>` de la première colonne ou définir pour chacun d'eux l'attribut `align` avec la valeur `right`.

Les libellés des champs dans lesquels la saisie est obligatoire sont signalés par des couleurs de fond et de texte différentes du reste de la colonne, en leur appliquant la classe `.oblig` (repère ❽). Enfin, le bouton d'envoi (créé par l'élément `<input>` de type `submit`) est signalé par une taille de police supérieure et une bordure, en utilisant un sélecteur de valeur d'attribut (repère ❾). Ce type de sélecteur n'est pas reconnu par Internet Explorer.

Exemple 13-6 Présentation d'un formulaire

```
<!DOCTYPE html>
<html>
 <head>
  <meta http-equiv="Content-type" content="text/html;charset=UTF-8" />
  <title>Formulaire </title>
<style type="text/css" >
table{margin-left:auto;margin-right: auto;width: 800px;border: none;
➥ table-layout: fixed;font-size: 16px;} ❶
```

```
caption{font-size: 1.4em;border-top: 3px blue double;border-bottom: 3px blue
➥ double; margin-bottom: 20px;margin-left:auto;margin-right: auto;} ❷
td{border-bottom: 2px solid red;} ❸
#libelle{background-color: #EEE;} ❹
#composants{background-color: #DDD;} ❺
label{font-style:italic;font-weight:bold;} ❻
.droit{text-align: right;}/*Pour Mozilla seul*/ ❼
 input,select {margin-left: 30px;}
.oblige{background-color:gray;color:white;} ❽
input[type="submit"] {font-size: 1.5em; color:red; border: 2px solid blue;} ❾
</style>
</head>
<body>
 <form action="exemple7-14.php" method="post" enctype="multipart/form-data">
   <table> ❿
    <caption>Vos coordonnées </caption> ⓫
    <col id="libelle" /> ⓬
    <col id="composants" /> ⓭
    <tr>
     <td class="oblige" ><label>Nom : </label></td>
     <td><input type="text" name="nom" size="40" maxlength="256" value="votre nom"
     ➥ tabindex="1"/></td>
    </tr>
    <tr>
     <td><label>Prénom : </label></td>
     <td><input type="text" name="prenom" size="40" maxlength="256"
     ➥ value="votre prénom" tabindex="2"/></td>
    </tr>
    <tr>
     <td class="oblige"><label>Mail : </label></td>
     <td><input type="text" name="mail" size="40" maxlength="256"
     ➥ value="votre mail" tabindex="3"/></td>
    </tr>

    <tr>
     <td><label>Sexe : </label></td>
     <td><input type="radio" name="sexe" value="homme" tabindex="4"/>Homme
     ➥ <input type="radio" name="sexe" value="femme" tabindex="5"/>Femme</td>
    </tr>

    <tr>
     <td><label>Votre pays : </label>  </td>
     <td>
      <select name="pays" size="1" tabindex="6">
       <option value="null" > Votre pays</option>
       <optgroup label="Europe">
       <option value="France" > France</option>
       <option value="Belgique" > Belgique</option>
       <option value="Italie" > Italie</option>
       <option value="Allemagne" > Allemagne</option>
```

```
        </optgroup>
        <optgroup label="Amérique">
         <option value="USA" > USA </option>
         <option value="Canada" > Canada</option>
         <option value="Argentine" > Argentine</option>
        </optgroup>

       </select>
      </td>
     </tr>
     <tr>
      <td class="oblige"><label>Code : </label></td>
      <td> <input type="password" name="code" size="40" maxlength="6"
      ➡ tabindex="7"/></td>
     </tr>
     <tr>
      <td> <label>Cliquez pour envoyer : </label></td>
      <td> <input type="submit" id="envoi" value="Envoyer" tabindex="8"/></td>
     </tr>
    </table>
   </form>
  </body>
 </html>
```

La figure 13-9 montre le résultat obtenu dans Opera.

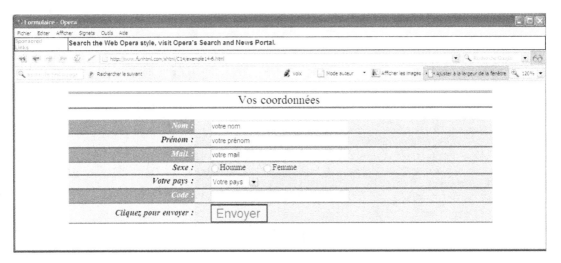

Figure 13-9

Présentation d'un formulaire

Exercices

Exercice 1

Si on définit une couleur de fond rouge pour l'élément `<table>` et bleue pour l'élément `<tr>`, quelle est la couleur réellement obtenue ?

Exercice 2

Créer les styles pour que les couleurs de chaque ligne d'un même tableau soient différentes.

Exercice 3

Créer les styles pour que les lignes paires d'un tableau aient un fond gris clair et un texte noir, et que les lignes impaires aient un fond gris foncé et un texte jaune.

Exercice 4

Créer un tableau à sept colonnes réparties en trois groupes contenant respectivement 2, 3 et 2 colonnes. Appliquer des styles de couleur de fond et de texte différents pour chaque groupe.

Exercice 5

Mettre en évidence trois cellules d'un tableau dont la couleur de fond est verte en définissant des styles propres pour ces cellules au moyen d'une classe, puis de sélecteurs d'attribut `id`.

Exercice 6

Placer le titre d'un tableau en dessous de celui-ci en l'entourant d'une bordure double bleue de 3 pixels. Le texte doit être écrit dans une police Arial de 20 pixels.

Exercice 7

Créer un tableau dont les bordures des cellules sont de type `solid` de 2 pixels de large et sont séparées les unes des autres. Cacher les cellules vides.

Exercice 8

Créer un tableau pour lequel une ligne sur deux est munie de bordures, en utilisant le modèle des bordures fusionnées.

Exercice 9

Inclure les éléments d'un formulaire dans un tableau à deux colonnes et écrire les styles pour que chaque ligne ait une couleur différente selon qu'elle est paire ou impaire.

Style des listes

De prime abord, les listes semblent être des éléments mineurs dans la structuration du contenu d'une page. Cependant, leur utilisation ne se limite pas au simple affichage d'un sommaire. Au niveau de la présentation, qu'elle soit ordonnée ou non, une liste a un aspect pauvre, et nous pouvons nous en satisfaire dans la mesure où son rôle est avant tout d'ordre sémantique, comme nous l'avons vu au chapitre 3. L'aspect esthétique d'une liste doit donc être élaboré à l'aide de styles CSS. Nous allons voir dans ce chapitre que les différents rendus visuels d'une liste peuvent être très variés tant au niveau des différentes possibilités de numérotation que s'agissant du choix des puces dans les listes non ordonnées. Les listes sont également très en vogue pour la création des menus d'un site, et c'est sur ce point que nous terminerons notre étude.

La numérotation des listes

Par défaut, la numérotation des items `<li>` inclus dans un élément `<ol>` s'effectue en chiffres arabes. Nous pouvons faire varier cette numérotation en attribuant un style à l'élément `<ol>` à l'aide de la propriété `list-style-type` dont la syntaxe est :

```
list-style-type :<type>|none|inherit
```

Plus généralement, cette propriété ne s'applique qu'aux éléments de listes (`<ol>`, `<ul>` ou `<li>`) ou à ceux pour lesquels on a défini la propriété `display` avec la valeur `list-item`.

Pour les listes ordonnées, le paramètre `<type>` peut prendre une des valeurs suivantes.

- `decimal` : numérotation en chiffres arabes : 1, 2, 3… C'est la valeur par défaut.
- `decimal-leading-zero` : idem, mais les nombres inférieurs à 10 sont précédés d'un zéro : 01, 02, 03… Cette valeur n'est pas prise en compte par Internet Explorer.

- `upper-latin` ou `upper-alpha` : numérotation alphabétique en majuscules : A, B, C…
- `lower-latin` ou `lower-alpha` : numérotation alphabétique en minuscules : a, b, c…
- `upper-roman` : numérotation en chiffres romains majuscules : I, II, III, IV…
- `lower-roman` : numérotation en chiffres romains minuscules : i, ii, iii, iv…
- `lower-greek` : numérotation en caractères grecs minuscules : α, β, γ… Cette valeur n'est pas prise en compte par Internet Explorer.
- `georgian` : numérotation en caractères géorgiens. Cette valeur n'est pas prise en compte par Internet Explorer.
- `armenian` : numérotation en caractères arméniens. Cette valeur n'est pas prise en compte par Internet Explorer.

La valeur `none` permet de supprimer toute numérotation. On peut l'utiliser pour conserver la sémantique des listes sans aucune numérotation. La valeur `inherit` permet d'obtenir explicitement la même numérotation que celle de l'élément parent, ce qui est appliqué par défaut car la propriété est héritée. L'exemple 14-1 nous permet de mettre en œuvre toutes les différentes possibilités de numérotation pour des listes ordonnées imbriquées sur deux niveaux, en appliquant des numérotations différentes pour chacun d'eux. Il contient quatre fois le même code HTML de création des mêmes listes imbriquées (repères ❿, ⓫, ⓬ et ⓭), chacune d'elles ayant un premier élément `<ol>` muni d'un identifiant `id` spécifique afin de lui appliquer un style propre, indépendamment des autres listes. Dans la définition des styles, le premier sélecteur (par exemple `#dec1`) permet de créer le style des items de premier niveau, et le second (par exemple `#dec1 li ol`) celui des items imbriqués. La première liste est numérotée avec les styles `decimal` et `decimal-leading-zero` (repères ❷ et ❸), et la deuxième avec les styles `upper-roman` et `lower-roman` (repères ❹ et ❺). La troisième utilise les styles `upper-latin` et `lower-greek` (repères ❻ et ❼) et la dernière les styles exotiques `armenian` et `georgian` (repères ❽ et ❾). Le contenu des éléments de premier niveau est également mis en évidence en utilisant la propriété `font-weight` pour les afficher en gras. Notez que l'utilisation des attributs `id` ne serait pas nécessaire s'il n'y avait qu'une liste dans la page ou si nous voulions les numéroter toutes de la même façon. Nous pourrions en effet écrire simplement la définition des styles suivante (repère ❶) :

```
ol {list-style-type:decimal; font-weight:bold; }
ol li ol{list-style-type:decimal-leading-zero; font-weight:lighter;}
```

Exemple 14-1 La numérotation des listes ordonnées

```
<!DOCTYPE html>
<html>
 <head>
  <meta http-equiv="Content-type" content="text/html; charset=UTF-8" />
  <title>Les styles des listes ordonnées</title>
    <link rel="shortcut icon" type="images/x-icon" href="../images/favicon.ico" />
  <style type="text/css" title="Listes">
   /*Si la liste est unique dans la page, on peut écrire:
   ol {list-style-type:decimal; font-weight:bold; }
   ol li ol{list-style-type:decimal-leading-zero; font-weight:lighter;}*/❶
```

```
        #deci{list-style-type:decimal;font-weight:bold; }❷
        #deci li ol{list-style-type:decimal-leading-zero;font-weight:lighter; }❸
        #roman{list-style-type:upper-roman;font-weight:bold; }❹
        #roman li ol {list-style-type:lower-roman;font-weight:lighter; }❺
        #grec{list-style-type:upper-latin;font-weight:bold; }❻
        #grec li ol{list-style-type:lower-greek;font-weight:lighter; }❼
        #armenie {list-style-type:armenian;font-weight:bold; }❽
        #armenie li ol {list-style-type:georgian;font-weight:lighter; }❾
    </style>
  </head>
  <body>
    <h1>Liste ordonnée decimal puis decimal-leading-zero</h1>
    <ol id="deci">❿
     <li> XHTML 1.0
      <ol>
       <li> DTD transitional </li>
       <li> DTD strict </li>
       <li> DTD frameset </li>
      </ol>
     </li>
     <li> HTML 5
      <ol>
       <li>DTD unique </li>
      </ol>
     </li>
     <li> CSS
      <ol>
       <li> CSS 1 </li>
       <li> CSS 2 </li>
       <li> CSS 3 </li>
      </ol>
     </li>
    </ol>
    <h1>Liste ordonnée upper-roman puis lower-roman</h1>
    <ol id="roman">⓫
     <!—MEMES ELEMENTS DE LISTES -->
    </ol>
    <h1>Liste ordonnée upper-latin puis lower-greek</h1>
    <ol id="grec">⓬
     <!—MEMES ELEMENTS DE LISTES -->
    </ol>
    <h1>Liste ordonnée armenian puis georgian</h1>
    <ol id="armenie">⓭
     <!—MEMES ELEMENTS DE LISTES -->
    </ol>
  </body>
</html>
```

Les figures 14-1 et 14-2 illustrent les résultats obtenus pour ces différents styles de numérotation.

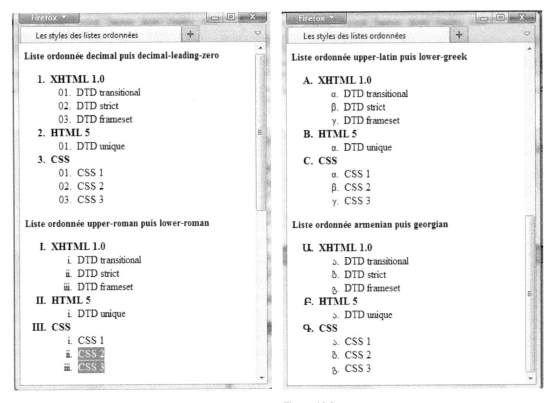

Figure 14-1

*Les listes numérotées (en décimales
et en chiffres romains)*

Figure 14-2

*Les listes numérotées (en latin-grec
et en arménien-géorgien)*

Les items d'une liste sont affichés par défaut en retrait par rapport au bord gauche de leur conteneur, laissant apparaître une marge gauche. Les caractères utilisés pour les numéroter font normalement partie intégrante du texte des items comme s'ils étaient écrits en tant que contenu des éléments <li>. Il est possible d'intervenir sur la position horizontale de ces caractères (chiffres ou lettres) en définissant la propriété list-style-position dont la syntaxe est la suivante :

```
list-style-position :inside|outside|inherit
```

- avec la valeur inside, les caractères de la numérotation sont placés dans la marge de retrait du texte de l'item ;

- avec la valeur outside, qui est la valeur par défaut, ces caractères sont intégrés au texte de l'item ;

- la valeur inherit permet de définir explicitement le style de l'élément parent mais la propriété est de toute façon héritée par défaut.

Dans l'exemple 14-2, le code des listes imbriquées est semblable à celui de l'exemple 14-1 (repères ❺ et ❻). Le style du premier niveau de liste est upper-roman et celui du second est lower-latin (repères ❶ et ❷, puis ❸ et ❹). Nous définissons successivement la position inside pour la première liste (repère ❶) et outside pour la seconde (repère ❸). Les définitions d'alignement des éléments de liste de second niveau sont ici explicites bien que la propriété list-style-position soit héritée, car certains navigateurs gèrent mal cet héritage.

Exemple 14-2 Le positionnement des numérotations

```
<!DOCTYPE html>
<html>
 <head>
  <meta http-equiv="Content-type" content="text/html; charset=UTF-8" />
  <title>Les styles des listes ordonnées</title>
  <link rel="shortcut icon" type="images/x-icon" href="../images/favicon.ico" />
  <style type="text/css" title="Listes">
   ol {list-style-type:upper-roman;border:solid red 2px;font-weight:bold;
   ➡ list-style-position:inside;background-color:#EEE;}❶
   ol li ol{list-style-type:lower-latin;font-weight:lighter;
   ➡ list-style-position:inside }❷
   #out{list-style-type:upper-roman;border:solid red 2px;font-weight:bold;
   ➡ list-style-position:outside;background-color:#EEE;}❸
   #out li ol {list-style-type:lower-latin;border:solid red 2px;font-weight:lighter;
   ➡ list-style-position:outside;}❹
  </style>
 </head>
<body>
 <h1>Numérotation inside</h1>
 <ol>❺
  <li> XHTML 1.0
   <ol>
    <li> DTD transitional </li>
    <li> DTD strict </li>
    <li> DTD frameset </li>
   </ol>
  </li>
  <li> HTML 5
   <ol>
    <li> DTD unique </li>
   </ol>
  </li>
  <li> CSS
   <ol>
    <li> CSS 1 </li>
    <li> CSS 2 </li>
    <li> CSS 3 </li>
   </ol>
  </li>
 </ol>
```

```
<h1>Numérotation outside</h1>
<ol id="out">❻
 <!--Les mêmes éléments de liste que ci-dessus-->
</ol>
</body>
</html>
```

Sur la figure 14-3, nous pouvons constater les différences d'alignement des symboles de numérotation dues à l'utilisation des valeurs inside et outside.

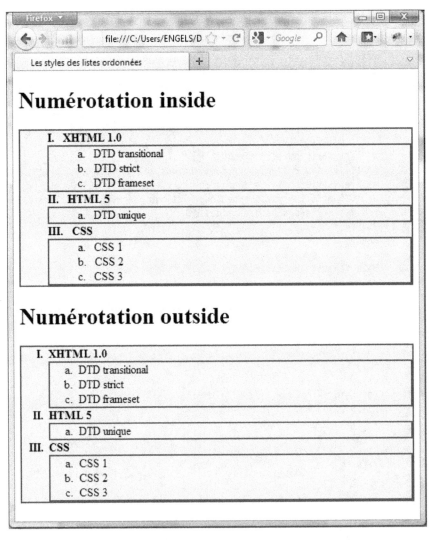

Figure 14-3

Positionnement de la numérotation des listes

La création de compteurs

Les propriétés que nous venons d'étudier permettent de faire varier le type de numérotation des listes. Elles ne sont cependant pas adaptées, pour les listes imbriquées, à la réalisation de numérotations complexes tenant compte du symbole du niveau précédent. En particulier, elles ne permettent pas de créer des numérotations du type I.A, I.B, I.C ou même d'insérer un mot avant la numérotation pour obtenir automatiquement des listes identifiées par des en-têtes du type Chapitre 1, Chapitre 2... Ce type de numérotation est adapté à la création de pages dynamiques dont le contenu répond à une demande du visiteur, et dont le nombre d'items ne peut être connu à l'avance.

Pour parvenir à ce type de résultats et à d'autres variantes, CSS offre plusieurs propriétés qui doivent être utilisées de concert.

La procédure à suivre comporte plusieurs étapes. Il faut tout d'abord déclarer et initialiser un compteur. L'étape suivante consiste à définir la manière dont le compteur va être incrémenté. La phase finale permet d'afficher le contenu généré dans les listes.

On effectue la déclaration et l'initialisation du compteur à l'aide de la propriété counter-reset dont la syntaxe est la suivante :

```
counter-reset :[<identifiant> N ?]+ | none | inherit
```

L'identifiant du compteur est un nom arbitraire choisi par le programmeur comme c'est le cas pour l'attribut id. Si l'identifiant est le seul paramètre défini, le compteur est initialisé à 0 et le premier item de la liste est numéroté avec la valeur 1 (ou le caractère correspondant au style alphabétique choisi). S'il est suivi d'un entier N, la numérotation commence avec la valeur N + 1 (ou la N + 1ème lettre). Les valeurs négatives de N sont admises à partir de - 32 768. On évitera ces valeurs négatives pour les numérotations alphabétiques ou romaines qui risquent de donner des résultats incohérents. En écrivant, par exemple, les styles suivants :

```
ol{counter-reset :partie ;}
```

les items de la liste sont numérotés 1, 2, 3... ou A, B, C...

Comme l'indique le symbole + de la syntaxe, il est possible de déclarer plusieurs compteurs dans la même propriété. En écrivant la déclaration suivante :

```
ol{counter-reset :partie 2 chapitre -1 paragraphe 7 ;}
```

le compteur nommé partie commence au numéro 3, le compteur nommé chapitre à 0, et celui nommé paragraphe à la valeur 8.

La deuxième étape définit l'incrémentation du compteur. C'est la propriété counter-increment qui permet cette opération. Sa syntaxe est la suivante :

```
counter-increment:[<identifiant> <N>]+ | none | inherit
```

L'identifiant est celui d'un des compteurs déclarés et l'entier facultatif qui le suit indique le pas de l'incrémentation (la valeur ajoutée à chaque étape et qui vaut 1 par défaut). Il est possible mais rare de définir plusieurs identifiants dans la même propriété. Le sélecteur utilisé dans la déclaration du style va préciser à quels éléments s'applique le compteur. Il faut en règle générale utiliser un sélecteur par niveau de numérotation, et donc aussi par compteur.

En écrivant les styles suivants :

```
ol{counter-reset : partie ;}
ol li{counter-increment :partie 2 ;}
```

le compteur est remis à 0 pour chaque nouvel élément `<ol>` et les items `<li>` sont numérotés de 2 en 2 à partir de 2.

À ce stade, rien ne s'affiche devant chaque item si ce n'est la numérotation habituelle. Pour créer une numérotation particulière, il est souvent préférable de supprimer la numérotation habituelle en donnant à la propriété `list-style-type` qu'on utilise la valeur `none`.

Pour afficher le compteur, nous devons associer aux deux propriétés précédentes la propriété `content` que nous avons déjà rencontrée et qui va générer le contenu du compteur en étant associée aux pseudo-éléments `:before` ou `:after`.

Pour son utilisation avec des compteurs, sa syntaxe se réduit à la forme suivante :

```
content :[<chaine> | counter() ]+ | inherit
```

La chaîne insérée peut être un texte quelconque entre guillemets doubles, comme nous l'avons déjà vu par ailleurs. C'est la fonction `counter()`, qui reçoit comme premier paramètre l'identifiant du compteur, qui permet l'affichage des numérotations ; elle peut recevoir un second paramètre facultatif pour désigner le style de la numérotation voulue, avec les mêmes mots-clés que ceux de la propriété `list-style-type`. Dans la même propriété `content`, nous pouvons utiliser plusieurs chaînes et plusieurs fonctions `counter()`.

L'exemple 14-3 constitue notre première illustration des compteurs. Il contient une liste des noms des villes olympiques entre 1992 et 2016 (repère ❻). Notre objectif est d'afficher chaque item précédé du mot `Olympiade`, puis de l'année des jeux, générée automatiquement et du caractère deux-points (:). Pour y parvenir, nous créons tout d'abord un compteur nommé `jeux` et initialisé à la valeur 1988 (repère ❷). On définit une taille de caractères pour les items de la liste (repère ❶) et on attribue à la propriété `list-style-type` la valeur `none` pour supprimer la numérotation habituelle non désirée en tête des items (repère ❸). La liste n'ayant qu'un niveau, le sélecteur utilisé est `ol li:before`. Le compteur est incrémenté de 4 unités pour chaque item à l'aide de la propriété `counter-increment` (repère ❹) et la propriété `content` permet de générer le contenu qui va figurer devant chaque item à l'aide de la fonction `counter()` (repère ❺).

Exemple 14-3 Numérotation automatique

```
<!DOCTYPE html>
<html>
 <head>
  <meta http-equiv="Content-type" content="text/html; charset=UTF-8" />
  <title>Numérotation</title>
```

```
<meta http-equiv="Content-type" content="text/html; charset=iso-8859-1" />
<link rel="shortcut icon" type="images/x-icon" href="../images/favicon.ico" />
<style type="text/css" title="Listes">
 li {font-size: 1.5em;}❶
 ol{counter-reset: jeux 1988 ❷;list-style-type: none;❸}
 ol li:before{counter-increment: jeux 4 ❹;content:"Olympiade "
➥ counter(jeux) " : ";❺}
</style>
</head>
<body>
 <h1>Jeux Olympiques</h1>
 <ol>❻
 <li> Barcelone </li>
 <li> Atlanta</li>
 <li> Sydney</li>
 <li> Athènes</li>
 <li> Pékin</li>
 <li> Londres</li>
 <li> Rio de Janeiro</li>
 </ol>
</body>
</html>
```

La figure 14-4 montre le résultat obtenu dans Opera ou Firefox, qui correspond bien à notre attente. D'autres navigateurs se contentent d'afficher une numérotation de 1 à 6, mais ils ne manqueront pas de se mettre à la page un jour !

Figure 14-4

Une numérotation simple sur un niveau

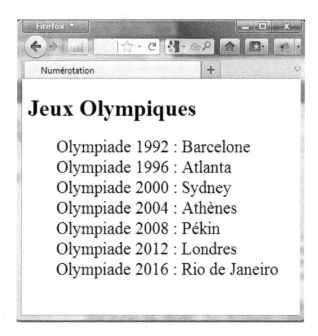

Notre second exemple (exemple 14-4) permet de générer une numérotation personnalisée plus complexe car elle s'applique à une liste imbriquée sur deux niveaux (repère ❿). Nous voulons faire apparaître le mot Partie suivi d'une numérotation en chiffres romains majuscules devant les items du premier niveau, puis le mot Chapitre suivi du chiffre précédent et d'une numérotation décimale des items de second niveau (du type I.1, I.2, etc.).

Après la définition d'une taille de police différente pour mettre en évidence les items de chaque niveau (repères ❶ et ❷), nous créons les compteurs nommés titre1 (repère ❸) et titre2 (repère ❹), puis nous supprimons la numérotation classique (repère ❺). Pour le premier niveau, le sélecteur utilisé est ol li:before, pour lequel nous définissons l'incrémentation du premier compteur (repère ❻) et le contenu généré par la propriété content dans laquelle nous précisons le style de numérotation souhaité comme second paramètre de la fonction counter() (repère ❼). Pour les items de second niveau, le sélecteur est ol li ol li:before pour lequel nous incrémentons le second compteur (repère ❽), puis nous créons le contenu généré qui utilise ici deux fois la fonction counter() avec deux paramètres, ainsi que deux chaînes de caractères (repère ❾).

Exemple 14-4 Les compteurs sur plusieurs niveaux

```
<!DOCTYPE html>
<html>
 <head>
  <meta http-equiv="Content-type" content="text/html; charset=UTF-8" />
  <title>Les compteurs automatiques</title>
  <style type="text/css" title="Listes">
  <!-- Fontes -->
  ol li{font-size:1.5em;}❶
  ol li ol {font-size:0.6em;}❷
  <!-- Compteurs -->
  ol{counter-reset: titre1 ❸;counter-reset:titre2 ❹;list-style-type: none;}❺
  ol li:before{counter-increment: titre1 ❻;content: "Partie "
  ➥ counter(titre1,upper-roman) " : ";❼}
  ol li ol li:before{counter-increment: titre2 ❽;content: "Chapitre "
  ➥ counter(titre1,upper-roman) "." counter(titre2,decimal) " : ";❾}
  </style>
 </head>
 <body>
  <h1>Numérotation automatique</h1>
  <ol>❿
   <li> XHTML 1.0
    <ol>
     <li> DTD transitional </li>
     <li> DTD strict </li>
     <li> DTD frameset </li>
    </ol>
   </li>
   <li> HTML 5
    <ol>
     <li> DTD unique </li>
    </ol>
```

```
   </li>
   <li> CSS
    <ol>
     <li> CSS 1 </li>
     <li> CSS 2 </li>
     <li> CSS 3 </li>
    </ol>
   </li>
  </ol>
 </body>
</html>
```

Là encore, le résultat présenté à la figure 14-5 ne peut être obtenu pour l'instant que dans le navigateur Opera.

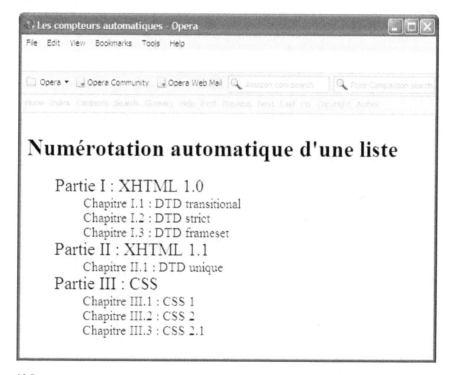

Figure 14-5

Numérotation automatique de parties et de chapitres

La méthode précédente nécessite d'écrire un nouveau sélecteur pour chaque niveau de la liste imbriquée, ce qui implique des sélecteurs complexes si on augmente le nombre de niveaux. Si on peut se contenter du même style pour tous les niveaux d'items, il est possible de simplifier la procédure précédente en n'utilisant qu'un seul sélecteur et un seul compteur. Celui-ci est réinitialisé indépendamment à chaque niveau de la liste qui peut alors en contenir autant que souhaité. Pour créer cette fonctionnalité, il faut encore utiliser les mêmes propriétés `counter-reset` et `counter-increment`, et simplement remplacer la fonction `counter()` par `counters()` qui peut prendre de un à trois paramètres. Le premier paramètre est à nouveau le nom du compteur, le deuxième est la chaîne qui va séparer chaque numérotation de niveau et le troisième, le style de la liste, qui est donc unique pour tous les niveaux.

Nous mettons en œuvre cette méthode dans l'exemple 14-5 dont le code HTML est composé d'une liste numérotée à trois niveaux d'imbrication (les repères ❹, ❺ et ❻ identifient chacun des niveaux). La déclaration des styles est très simple car elle ne contient que deux éléments. Le premier initialise le compteur nommé `titres` implicitement à 0 avec la propriété `counter-reset` et supprime la numérotation par défaut en donnant la valeur `none` à la propriété `list-style-type` (repère ❶). Le second définit le contenu du compteur avec la chaîne `Niveau` suivie de la numérotation créée par la fonction `counters()` utilisée avec trois paramètres, qui sont respectivement le nom du compteur unique, la chaîne de séparation et le style de la numérotation décimale (repère ❷). Le compteur est ici explicitement incrémenté d'une unité à chaque étape (repère ❸).

Exemple 14-5 Numérotation automatique des listes pour un nombre quelconque de niveaux

```
<!DOCTYPE html>
<html>
 <head>
  <meta http-equiv="Content-type" content="text/html; charset=UTF-8" />
  <title>Les compteurs automatiques</title>
  <link rel="shortcut icon" type="images/x-icon" href="../images/favicon.ico" />
  <style type="text/css" title="Listes">
   <!-- Compteurs -->
   ol {counter-reset: titres;list-style-type: none;}❶
   li:before{content: "Niveau " counters(titres,".",decimal) " : " ❷;
   ➡ counter-increment: titres 1;❸}
  </style>
 </head>
<body>
  <ol>❹
   <li> XHTML 1.0
    <ol>❺
     <li> DTD transitional
      <ol>❻
       <li>Introduction</li>
       <li>Éléments</li>
       <li>Attributs</li>
      </ol>
     </li>
     <li> DTD strict
      <ol>❻
       <li>Introduction</li>
       <li>Éléments</li>
       <li>Attributs</li>
```

```
          </ol>
        </li>
        <li> DTD frameset
        <ol>❻
         <li>Introduction</li>
         <li>Éléments</li>
         <li>Attributs</li>
        </ol>
        </li>
      </ol>
    </li>
    <li> HTML 5
    <ol>❺
     <li> DTD unique
      <ol>❻
       <li>Introduction</li>
       <li>Éléments</li>
       <li>Attributs</li>
      </ol>
     </li>
    </ol>
    </li>
    <li> CSS
    <ol>❺
     <li> CSS 1
      <ol>❻
       <li>Introduction</li>
       <li>Propriétés</li>
       <li>Valeurs</li>
      </ol>
     </li>
     <li> CSS 2
      <ol>❻
       <li>Introduction</li>
       <li>Éléments</li>
       <li>Attributs</li>
      </ol>
     </li>
     <li> CSS 3
      <ol>❻
       <li>Introduction</li>
       <li>Éléments</li>
       <li>Attributs</li>
      </ol>
     </li>
    </ol>
    </li>
   </ol>
</body>
</html>
```

La figure 14-6 présente le résultat obtenu dans Opera pour notre liste à trois niveaux d'imbrication.

Figure 14-6

*Numérotation automatique
sur trois niveaux ayant
un style unique, avec
la fonction counters()*

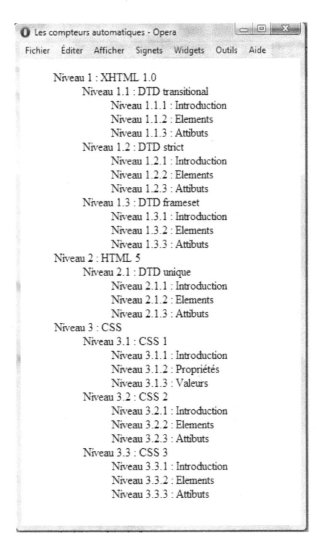

Les listes à puces

En HTML 5, la disparition des attributs de présentation des listes à puces oblige, et c'est une bonne chose, à utiliser des propriétés CSS pour diversifier les puces affichées dans les listes créées avec l'élément `<ul>`. L'unique puce disponible par défaut est un disque noir mais il est possible de personnaliser les puces grâce à la propriété `list-style-type` déjà utilisée pour les listes numérotées. Les puces prennent toujours la couleur du texte qui les suit, tel que cela est défini par la propriété `color`.

Les puces prédéfinies

Pour les listes à puces, la syntaxe de la propriété list-style-type est simplifiée et se résume à ceci :

```
list-style-type:disc | circle | square | none | inherit
```

- disc : la puce est un disque plein (c'est la valeur par défaut) ;
- circle : la puce est un cercle ;
- square : la puce est un carré plein ;
- none : pas de puce.

L'exemple 14-6 montre la création de divers styles pour les différents niveaux de listes à puces imbriquées sur deux niveaux. Tous les items de premier niveau disposent d'une puce carrée définie par la valeur square de la propriété list-style-type pour les éléments <ul> (repère ❶). S'agissant de définir une puce circulaire pour les items de second niveau, il faut utiliser le sélecteur ul ul et la valeur circle pour la même propriété (repère ❷). Des couleurs de fond et des tailles de polices différentes sont également définies pour chacun des sélecteurs afin de mettre en évidence les imbrications.

Exemple 14-6 Listes à puces classiques

```
<!DOCTYPE html>
<html>
 <head>
  <meta http-equiv="Content-type" content="text/html; charset=UTF-8" />
  <title>Styles des listes à puces </title>
  <style type="text/css" title="Les listes">
  ul{font-size:1.5em;background-color:#CCC;list-style-type:square;}❶
  ul ul{font-size:0.8em;background-color:#EEE;list-style-type:circle;}❷
  </style>
 </head>
<body>
 <h1>Listes à puces classiques</h1>
 <ul>
  <li> XHTML 1.0
   <ul>
    <li> DTD transitional </li>
    <li> DTD strict </li>
    <li> DTD frameset </li>
   </ul>
  </li>
  <li> HTML 5
   <ul>
    <li> DTD unique</li>
   </ul>
  </li>
  <li> CSS
   <ul>
    <li> CSS 1 </li>
```

```
        <li> CSS 2 </li>
        <li> CSS 3 </li>
      </ul>
    </li>
  </ul>
 </body>
</html>
```

La figure 14-7 présente le résultat obtenu.

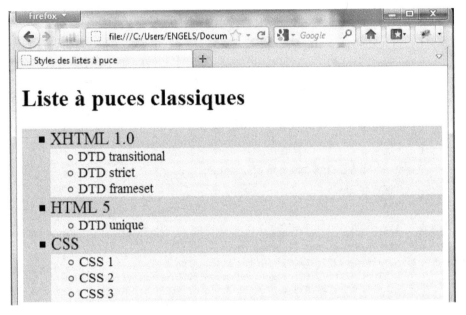

Figure 14-7

Une liste imbriquée à puces classiques

La propriété list-style-position peut également être mise à profit pour les listes à puces. On peut ainsi déterminer si l'alignement des puces des items figurera en retrait (avec la valeur outside) ou non (avec la valeur inside).

Les puces graphiques

La pauvreté de l'éventail des puces disponibles est telle que la mise en œuvre de puces graphiques personnalisées s'impose vite. Ce ne sont rien d'autres que des images de petite taille (souvent des icônes de type GIF) nous permettant d'utiliser des motifs et des couleurs plus variés. Cette création de style s'effectue avec la propriété list-style-image, dont la syntaxe est :

```
list-style-image :<uri>|none|inherit
```

Elle peut être appliquée aux éléments ‹ul› et ‹ol› et à tous ceux dont la propriété display a la valeur list-item (nous y reviendrons plus en détail dans ce chapitre).

Le paramètre ‹uri› donne l'adresse relative ou absolue de l'image qui va servir de puce. Il est recommandé de toujours faire suivre la propriété list-style-image de la propriété list-style-type, ce qui peut paraître a priori inutile, alors que cela fournit une solution de remplacement si l'image est introuvable ou corrompue. Dans tous les cas, si l'image est accessible, la seconde définition est ignorée.

Dans l'exemple 14-7, nous créons une liste à puces à deux niveaux (premier niveau, repère ❼, et second niveau, repère ❽). Le sélecteur du premier niveau est ul, et il est mis en évidence par une taille de caractères de 1,5 cm (repère ❶) puis par une puce constituée par l'image d'un drapeau (repère ❷), et enfin par une définition de style de puce ronde en remplacement éventuel de l'image (repère ❸). Le sélecteur du second niveau est ul ul pour lequel la taille de la police est plus petite (repère ❹). L'image de la puce est différente de celle du niveau supérieur (repère ❺) et le style de remplacement est une puce classique carrée (repère ❻).

Exemple 14-7 Les listes à puces graphiques

```
<!DOCTYPE html>
<html>
 <head>
  <meta http-equiv="Content-type" content="text/html; charset=UTF-8" />
➡ <title>Styles des listes à puces </title>
  <style type="text/css" title="Les listes">
ul{font-size:1.5em ❶;list-style-image:url(../images/drapeaufr.gif)❷;
➡ list-style-type:disc;❸}
ul ul{font-size:0.8em❹;list-style-image:url(../images/fleche.gif)❺;
➡ list-style-type:square;❻}
  </style>
 </head>
<body>
 <h1>Listes à puces classiques</h1>
 <ul>❼
  <li>  XHTML 1.0
   <ul>❽
    <li> DTD transitional </li>
    <li> DTD strict </li>
    <li> DTD frameset </li>
   </ul>
  </li>
  <li>  HTML 5
   <ul>❽
    <li> DTD unique</li>
   </ul>
  </li>
  <li>  CSS
   <ul>❽
    <li> CSS 1 </li>
```

```
      <li> CSS 2 </li>
      <li> CSS 3</li>
    </ul>
  </li>
 </ul>
</body>
</html>
```

La figure 14-8 montre le résultat obtenu. On notera encore que la taille des images utilisées doit être préalablement adaptée au contexte, car il n'est pas possible d'intervenir sur ses dimensions avec une propriété CSS.

Figure 14-8

Listes imbriquées
avec puces graphiques

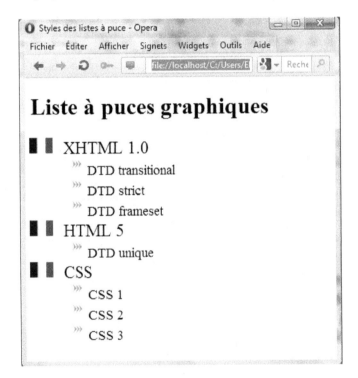

Les listes mixtes

Une liste mixte est une liste à plusieurs niveaux dans laquelle on définit par exemple des puces graphiques pour le premier niveau et des puces classiques pour le second. En reprenant le code HTML de l'exemple 14-7 en vue de créer ce genre de liste, nous pourrions définir les styles suivants :

```
<style type="text/css" title="Les listes">
  ul{font-size:1.5em;list-style-image:url(../images/drapeaufr.gif)❶;
  ➥ list-style-type:disc;}
```

```
   ul ul{font-size:0.8em;list-style-type:square;❷}
</style>
```

Nous pourrions donc nous attendre à ce que les items de premier niveau soient précédés d'une image GIF (repère ❶) et ceux de second niveau d'une puce ordinaire carrée (repère ❷). Or, il n'en est rien, et les deux niveaux sont affichés avec la puce graphique de l'image drapeaufr.gif. Cela provient de ce que la propriété list-style-image est héritée par les éléments enfants, même après la définition d'un style différent par la propriété list-style-type dans le sélecteur ul ul (repère ❷).

Pour pallier cet inconvénient, il faut définir explicitement l'absence d'image pour le second niveau en écrivant les styles suivants dans lesquels la propriété list-style-image a la valeur none (repère ❶), le reste étant inchangé :

```
<style type="text/css" title="Les listes">
   ul{font-size:1.5em;list-style-image:url(../images/drapeaufr.gif);
   ➡ list-style-type:disc;}
   ul ul{font-size:0.8em;list-style-image:none❶; list-style-type:square;}
</style>
```

Dans ce cas seulement, nous obtenons le résultat présenté à la figure 14-9.

Figure 14-9

Les listes mixtes

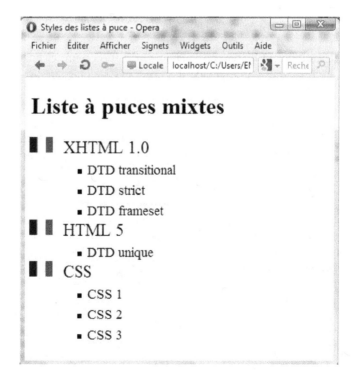

Affichage des listes en ligne

Les éléments HTML de liste `<ol>` et `<ul>` employés précédemment sont tous affichés sous forme d'un item par ligne avec un comportement identique aux éléments de type bloc. Il est possible de modifier ce comportement en utilisant la propriété `display` et en lui attribuant la valeur `inline`. Dans ce cas, les items d'une liste s'affichent sur la même ligne les uns derrière les autres comme les mots d'un texte. Nous allons utiliser cette technique pour créer un menu horizontal tel que celui présenté à la figure 14-10.

Figure 14-10

Création d'un menu horizontal

L'exemple 14-8 contient le code de création d'un tel menu. La structure est constituée à partir d'une liste ordonnée `<ol>` (repère ⑭) contenant cinq items `<li>` (repères ⑮, ⑯, ⑰, ⑱ et ⑲) renfermant chacun un lien, comme il se doit dans un menu. Pour le sélecteur `ol` nous définissons la propriété `text-align` qui permet le centrage du contenu de la liste dans la page, quelle que soit la largeur de la fenêtre (repère ❶). Pour créer un cadre général aux items, nous définissons également une bordure basse (repère ❷), une couleur de fond pour `ol` (repère ❸) et nous annulons la marge gauche inhérente aux listes (repère ❹). C'est pour le sélecteur `li` que nous pouvons créer tous les styles avec lesquels nous obtenons le menu horizontal. La propriété `display` qui prend la valeur `inline` permet d'obtenir l'affichage des items sur une seule ligne (repère ❺) et l'attribution de la valeur `none` à la propriété `list-style-type` supprime toute numérotation (repère ❻). Les propriétés `font-size` (repère ❼), `background-color` (repère ❽) et `padding` (repère ❾) concourent à améliorer la présentation du menu mais ne sont pas nécessaires. Il en va de même de la définition des bordures droites (repère ❿) et basses (repère ⓫) pour chaque élément du menu, qui permettent de donner un aspect de relief à chaque occurrence. La feuille de styles se termine par les définitions facultatives de la couleur des liens `<a>` (repère ⓬) et de la présentation du titre principal `<h1>` qui joue le rôle de bandeau en haut de la page (repère ⓭).

Exemple 14-8 Création d'un menu horizontal à partir d'une liste

```
<!DOCTYPE html>
<html>
  <head>
```

```
    <meta http-equiv="Content-type" content="text/html; charset=UTF-8" />
    <title>Construction d'un menu horizontal</title>
    <style type="text/css" title="Menu">
    ol{text-align: center❶; background-color:#FC0❷;
    ➥ border-bottom: 2px solid #000❸;margin-left: 0;❹}
    li{display:inline❺;list-style-type: none❻; font-size:18px❼;
    ➥ background-color:#EEE❽; padding:5px 20px 5px 20px❾;
    ➥ border-right:2px solid  #AAA❿;border-bottom:2px solid  #AAA;⓫}
    li a{color:navy; ⓬}
    h1{text-align:center; border-top:2px solid  #AAA; border-bottom: 2px solid  #AAA;
    ➥ font-size:44px; font-style:oblique;} ⓭
    </style>
</head>
<body>
 <h1>Les technologies du Web</h1>
 <ol>⓮
 <li><a  href="http://www.w3.org" tabindex="1" accesskey="A"
 ➥ title="Spécifications XHTML " >XHTML </a></li>⓯
 <li><a  href="http://www.funhtml.com" tabindex="2" accesskey="B"
 ➥ title="Spécifications HTML 5">HTML 5</a></li>⓰
 <li><a  href="http://www.w3.org/TR" tabindex="3" accesskey="D"
 ➥ title="Spécifications CSS 3">CSS 3</a></li>⓱
 <li><a  href="http://www.php.net" tabindex="4" accesskey="G" title="PHP">PHP 5
 ➥ </a></li>⓲
 <li><a  href="http://www.mysql.org" tabindex="5" accesskey="H"
 ➥ title="MySQL 5">MySQL 5</a></li> ⓳
 </ol>
 </body>
</html>
```

L'aspect obtenu présenté à la figure 14-10 est similaire dans presque tous les navigateurs.
Le code de l'exemple 14-8 peut facilement être réutilisé. En effet, il suffit d'ajouter des
éléments <li> pour l'enrichir et obtenir par exemple le résultat présenté à la figure 14-11
sans effectuer aucune modification dans les définitions de styles.

Figure 14-11

Adaptation du menu horizontal

Du point de vue structurel, il serait parfaitement possible de remplacer l'élément <ol> par <ul>, la liste n'ayant aucun caractère de numérotation.

Affichage d'éléments divers sous forme de liste

Tout comme la propriété display permet d'afficher des éléments <ol> ou <ul> comme des éléments de type en ligne, il est possible de l'utiliser pour afficher sous forme de liste des éléments qui ne le sont pas habituellement. Pour réaliser ce type d'affichage, il faut définir pour l'élément choisi la propriété display avec la valeur list-item. Nous pouvons ensuite définir des styles spécifiques aux listes pour ces éléments. Cette méthode s'applique bien sûr davantage à des éléments XML dont le rôle est purement sémantique qu'à des éléments HTML 5 qui ont déjà une signification prédéfinie. L'exemple 14-9 en est une première illustration, qui permet l'affichage de cinq éléments <h2> (repères ⓫, ⓬, ⓭, ⓮ et ⓯) sous forme d'une liste dont l'aspect est celui d'un menu vertical. Pour parvenir à ce résultat, nous définissons pour le sélecteur h2 la propriété display avec la valeur list-item (repère ❶). Tous les contenus des éléments <h2> s'affichant dès lors sous forme de liste, nous pouvons ensuite leur appliquer les propriétés spécifiques list-style-image (repère ❷), list-style-type (repère ❸) et list-style-position (repère ❹). Les définitions de styles suivantes (repères ❺, ❻, ❼ et ❽) créent une présentation proche de celle obtenue dans le menu horizontal de l'exemple 14-8. L'inclusion de tous les éléments <h2> (repères ⓫, ⓬, ⓭, ⓮ et ⓯) dans une division <div> (repère ❿) permet de positionner l'ensemble sur la partie gauche de la page à l'aide des propriétés position et width (repère ❾).

Exemple 14-9 Affichage d'éléments divers sous forme de liste

```
<!DOCTYPE html>
<html>
 <head>
  <meta http-equiv="Content-type" content="text/html; charset=UTF-8" />
  <title>Construction d'un menu vertical</title>
  <style type="text/css" title="Menu">
   h2{display:list-item❶;list-style-image:url(fleche.gif)❷;
➡  list-style-type:disc❸;list-style-position:inside❹;font-size:18px; ❺
➡  background-color:#EEE❻;padding:5px 20px 5px 20px; ❼
➡  border-bottom:2px solid  #AAA;} ❽
   h1{text-align:center;border-top:2px solid  #AAA;border-bottom: 2px solid  #AAA;
➡  font-size:44px;font-style:oblique; } ❾
   a{color:navy;}
   div{position:absolute;width:15%;}
  </style>
 </head>
<body>
 <h1>Les technologies du Web</h1>
 <div> ❿
```

```
   <h2><a  href="http://www.w3.org" tabindex="1" accesskey="A"
➡ title="Spécifications XHTML " >XHTML</a></h2> ⓫
   <h2><a  href="http://www.funhtml.com" tabindex="2" accesskey="B"
➡ title="Spécifications HTML 5">HTML 5</a></h2> ⓬
   <h2><a  href="http://www.w3.org/TR//" tabindex="3" accesskey="D"
➡ title="Spécifications CSS 3">CSS 3</a></h2> ⓭
   <h2><a  href="http://www.php.net" tabindex="4" accesskey="G"
➡ title="Spécifications PHP">PHP 5</a></h2> ⓮
   <h2><a  href="http://www.mysql.org" tabindex="5" accesskey="H"
➡ title="Spécifications MySQL">MySQL 5</a></h2> ⓯
  </div>
 </body>
</html>
```

La figure 14-12 montre le résultat obtenu.

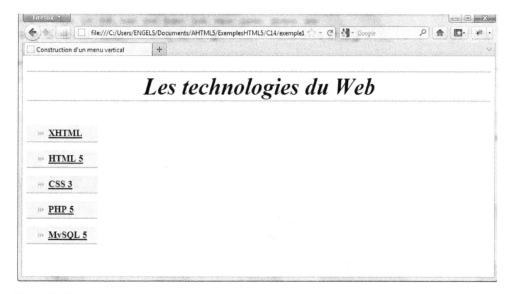

Figure 14-12

Création d'une liste à partir d'éléments <h2>

Dans la même optique, il est possible de réaliser une liste imbriquée sur plusieurs niveaux à partir des éléments <h1>, <h2> et <h3> en définissant pour chacun d'eux (repères ❶, ❹ et ❽), dans l'exemple 14-10, la propriété display avec la valeur list-item comme précédemment. Nous définissons ensuite les propriétés list-style-image, list-style-type et list-style-position (repères ❷, ❸, ❺, ❻, ❾ et ❿) pour créer et positionner des puces différentes pour chaque niveau. En créant des marges gauches (repères ❼ et ⓫), on peut afficher chaque niveau en retrait du niveau précédent.

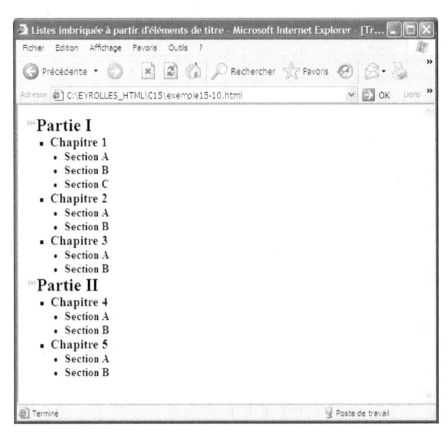

Figure 14-13

Création d'une liste imbriquée à partir de différents niveaux de titre

Exemple 14-10 Création d'une liste imbriquée à partir d'éléments de titre

```
<!DOCTYPE html>
<html>
 <head>
  <meta http-equiv="Content-type" content="text/html;charset=UTF-8" />
  <title>Listes imbriquées à partir d'éléments de titre</title>
 <link rel="shortcut icon" type="images/x-icon" href="../images/favicon.ico" />
  <style type="text/css" >
  h1{display:list-item ❶;list-style-image:url(../images/fleche.gif) ❷;
  ➡ list-style-position: inside ❸; font-size :24px;}
   h2{ display:list-item ❹;list-style-type:square ❺;
   ➡ list-style-position: inside ❻;margin-left: 20px ❼; font-size:18px;}
   h3{ display:list-item ❽;list-style-type:disc ❾;
   ➡ list-style-position: inside ❿;margin-left: 40px ⓫; font-size:16px;}
  </style>
 </head>
```

```
<body>
 <h1> Partie I </h1>
  <h2> Chapitre 1 </h2>
   <h3>Section A</h3>
   <h3>Section B</h3>
   <h3>Section C</h3>
  <h2> Chapitre 2 </h2>
   <h3>Section A</h3>
   <h3>Section B</h3>
  <h2> Chapitre 3 </h2>
   <h3>Section A</h3>
   <h3>Section B</h3>
 <h1> Partie II </h1>
  <h2> Chapitre 4</h2>
   <h3>Section A</h3>
   <h3>Section B</h3>
  <h2> Chapitre 5 </h2>
   <h3>Section A</h3>
   <h3>Section B</h3>
 </body>
</html>
```

Notons pour finir que l'utilisation d'autres éléments HTML aurait le même effet à condition de leur attribuer la propriété `display` avec la valeur `list-item`.

Exercices

Exercice 1

Créer deux listes et définir explicitement les styles par défaut des éléments `<ol>` et `<ul>`.

Exercice 2

Créer une liste numérotée en caractères latins majuscules.

Exercice 3

Créer une liste sur deux niveaux, numérotée en caractères latins pour le premier et en alphabet grec pour le second. Attribuer une fonte et une taille différentes à chaque niveau.

Exercice 4

Créer une liste non ordonnée dotée de puces carrées.

Exercice 5

Créer une liste numérotée en chiffres romains pour le premier niveau et à puces graphiques pour le second.

Exercice 6

Créer une liste de définition de termes et lui appliquer les propriétés de numérotation des éléments <ol>.

Exercice 7

Pour cet exercice, télécharger et installer tout d'abord le navigateur Opera. Utiliser ensuite des compteurs pour numéroter une liste de format papier, leurs dimensions allant de A0 à A5 (pour mémoire le format A4 correspond à 297 × 210 mm).

Exercice 8

Transformer le menu horizontal de l'exemple 14-8 en menu vertical en conservant les éléments <ol>.

Compléments

Les navigateurs sont les moyens les plus courants pour visualiser des pages web, mais s'ils représentent l'immense majorité, ce ne sont pas les seuls. Il est en effet possible d'afficher une page sur des médias très divers, qu'il s'agisse de terminaux portables ayant des écrans de petite taille ou de médias dits paginés. Un navigateur est en effet un média continu, car la page est unique et sa hauteur peut être très grande (en réalité, cette dernière n'a pas de limite), et parce qu'il suffit à l'utilisateur de la faire défiler, d'où l'introduction systématique des roulettes sur les souris ces dernières années. Dans les médias paginés, le contenu de la page n'est plus visualisé de façon continue mais sous forme de feuilles qui se succèdent. Il s'agit par exemple des imprimantes ou des rétroprojecteurs qui présentent un site sous forme de diapositives, comme le fait PowerPoint.

Nous nous intéressons particulièrement ici à la manière de créer des styles en vue d'imprimer le contenu d'un site. Compte tenu du peu de prise en charge par les différents navigateurs de certaines possibilités que nous allons aborder, il conviendra de se montrer circonspect dans leur utilisation. Le projet de recommandation CSS 3 devrait cependant reprendre et étendre les possibilités d'impression et il nous semble utile de s'y préparer.

Les Media Queries CSS 3

Cibler un média précis et adapter les styles

Depuis la dernière décennie, les médias capables de visualiser une page web se sont multipliés. Ils n'ont pas tous les mêmes capacités en termes d'affichage, bien que la différence de résolution entre un ordinateur et un téléphone, par exemple, s'amenuise de plus en plus, sans parler des tablettes tactiles. Il peut donc être nécessaire d'adapter la présentation d'une page pour tenir compte des capacités de ces différents terminaux.

C'est l'objet des Media Queries (ou requêtes selon les médias) qui permettent de cibler ces terminaux et de créer des styles spécifiques adaptés à chaque catégorie.

Les Media Queries sont des expressions booléennes, donc qui prennent une valeur `true` ou `false` et qui sont associées à des ensembles de styles spécifiques. Si la condition est réalisée, donc si l'expression a la valeur `true`, les styles qui suivent sont appliqués. Ces conditions peuvent être écrites dans un élément `<link/>` qui contient l'adresse du fichier `.css` à utiliser, ou encore directement dans un élément `<style>`.

Avec l'élément `<link/>`, la condition est écrite dans l'attribut `media` sous la forme :

```
<link rel="stylesheet" type="text/css" media="terminal and(expression)
➥ href="monstyle.css" />
```

Le nom du terminal doit être donné par un des mots-clés du tableau 15-1. Il peut être pré-cédé de l'opérateur `only` (seulement celui-là) ou `not` (tout mais pas celui-là, comme pour les élections !).

Tableau 15-1. Liste des noms des terminaux

Mot-clé	Description
aural	Navigateur oral (qui transcrit le texte en parole)
braille	Terminal qui transcrit en braille
handheld	Téléphone (mais pas forcément reconnu par les téléphones ; choisir screen par précaution)
print	Imprimante
projection	Rétroprojecteur
screen	Écran ordinateur, tablette, téléphone
tty	Télétype
tv	Télévision
all	Tous les médias confondus

La définition des styles dans l'élément `<style>` utilise la directive `@media` pour contenir l'expression booléenne ; elle est suivie des styles choisis sous la forme :

```
@media terminal and (expression) {
        element1{ style1:valeur ;}
        element2{ style2:valeur ;}
    }
```

Dans les expressions on peut tester différents paramètres du terminal. La liste de ces propriétés figure dans le tableau 15-2.

Tableau 15-2. Propriétés utilisées dans les expressions booléennes

Propriété/Syntaxe	Définition
min-width: N px	Largeur du navigateur > N pixels
max-width: N px	Largeur du navigateur < N pixels
min-height: N px	Hauteur du navigateur > N pixels
max-height: N px	Hauteur du navigateur < N pixels
min-device-width: N px	Largeur de l'écran > N pixels
max-device-width: N px	Largeur de l'écran < N pixels
min-device-height: N px	Hauteur de l'écran > N pixels
max-device-height	Hauteur de l'écran > N pixels
min-aspect-ratio	Ratio width/height du navigateur > N pixels (ex : 16/9)
max-aspect-ratio	Ratio width/height du navigateur < N pixels
min-device-aspect-ratio	Ratio width/height de l'écran > N pixels
max-device-aspect-ratio	Ratio width/height de l'écran < N pixels
min-color: N	Nombre de bits par couleur > N ; N=0 pour monochrome
max-color: N	Nombre de bits par couleur < N
min-color-index: N	Nombre de couleurs de l'écran > N
max-color-index: N	Nombre de couleurs de l'écran < N
min-resolution: N dpi|dpcm	Finesse d'affichage de l'écran > N (en dpi = *dot per inch* ou dpcm = dot par cm)
max-resolution: N dpi|dpcm	Finesse d'affichage de l'écran < N
orientation: portrait|landscape	Écran en mode portrait ou paysage

Mise en pratique

Pour mieux comprendre la mise en pratique des Media Queries, nous allons envisager différents exemples de code pour obtenir un affichage donné, tout d'abord sur les terminaux à écran, en fonction des différents critères que nous venons d'énumérer.

La taille de l'écran

Pour cibler les écrans dont le navigateur a une largeur supérieure à 400 pixels et fixer la couleur du texte en rouge, nous écrivons le code suivant :

```
@media screen and (min-width: 400px) {
body{color:red;}
}
```

Pour retenir les écrans dont le navigateur a une largeur inférieure à 800 pixels et fixer la couleur du texte en noir nous écrivons le code suivant :

```
@media screen and (max-width:800 px) {
body{color:#000;}
}
```

Pour les écrans dont le navigateur a une largeur comprise entre 400 et 800 pixels et régler la couleur du texte en noir nous écrivons le code suivant :

```
@media screen and (min-width: 400px) and (max-width: 800px) {
body{color:#000;}
 }
```

Le nombre de couleurs

Pour cibler les appareils dont l'écran a un affichage de 1 bit par couleur et fixer la couleur du texte en blanc sur fond noir nous écrivons le code suivant :

```
@media screen    and (min-color:1) {
body{background-color:black;color:white;}
 }
```

Pour s'adapter aux appareils dont l'écran utilise une table des couleurs comportant un nombre inférieur ou égal à 256 couleurs et choisir pour couleur de texte du blanc sur fond noir nous écrivons le code suivant :

```
@media screen  and (max-color-index:256) {
body{background-color:black;color:white;}
 }
```

L'orientation et les proportions de l'écran

Les terminaux portables peuvent fonctionner en mode portrait ou paysage. Pour cibler les appareils dont l'écran est en mode paysage et afficher le texte d'un paragraphe sur deux colonnes nous avons le code suivant :

```
@media screen and (orientation:landscape)   {
p{-moz-column-count:2;-webkit-column-count:2;-ms-column-count:2;-o-column-count:2;
➥ column-count:2;}
 }
```

Pour un appareil dont l'écran a des dimensions dans une proportion supérieure à 4/3, par exemple plus large que 800 × 600, et afficher le texte d'un paragraphe sur deux colonnes, nous écrivons le code suivant :

```
@media screen  and (min-aspect-ratio:4/3) {
p{-moz-column-count:2;-webkit-column-count:2;-ms-column-count:2;-o-column-count:2;
➥ column-count:2;}
 }
```

Dans l'exemple 15-1, nous créons une page qui a deux présentations ; sur un écran large elle prend la forme exposée à la figure 15-1, et pour un petit écran de largeur inférieure ou égale à 400 pixels, celle de la figure 15-2. Dans cette dernière on perçoit bien l'importance des différences et le fait qu'elle soit beaucoup plus pratique à lire ainsi ; le lien est également plus accessible aux doigts sur les écrans tactiles. Nous utilisons pour cela deux directives @media (repères ❶ et ❺). Les grandes divisions de la page initiale sont réalisées avec un élément <header> ⓮ et un <div> ⓯ qui contient un titre <h2> ⓰, deux liens ⓱ et ⓲, et un paragraphe qui inclut une image ⓳.

Figure 15-1

La page en grand écran

Exemple 15-1 Utilisation des Media Queries (voir tableau page 457)

```
<!DOCTYPE html>
<html>
 <head>
  <meta http-equiv="Content-type" content="text/html;charset=UTF-8" />
  <title>Media Queries</title>
  <style type="text/css">
  /*Styles pour grand écran*/
  @media screen ❶{
   header {height:15%;background-color:#EEE; } ❷
   div{background-color: #FFA;color:black; font-size: 14px;}❸
   p{-moz-column-count:2;-webkit-column-count:2;-ms-column-count:2;
   ➥ -o-column-count:2;column-count:2;} ❹
   header h1{font-size:50px; font-style:italic; color:rgb(255,102,51);
   ➥ text-align:center;}
   img{float:left; margin:5px;}
   a{border:solid grey 2px; background-color:#DDD; border-radius:5px;}
  }
```

```
      /*Styles pour petit écran*/
      @media screen and (max-width: 400px) ❺   {
      header   {display: none;} ❻
      h1 {display: none;} ❼
      div {background-color:white;color:black; font-family: Arial;} ❽
      p { font-size: 16px;}❾
      h2{text-align:center; background-color:#EEE;} ❿
      p{-webkit-column-count:1; -moz-column-count:1; -ms-column-count:1;
      ➡ -o-column-count:1; column-count:1; } ⓫
      a{font-size:2em;} ⓬
      img{width:50px; height: 50px;} ⓭
    </style>
  </head>
  <body>
   <header> ⓮
    <h1> funhtml.com </h1>
   </header>
   <div> ⓯
    <h2>HTML 5 et CSS 3</h2> ⓰
    <a   href="http://www.funhtml.com" > HTML5 </a>    ⓱
    <a   href="http://www.funhtml.com"> CSS 3 </a> ⓲
    <p><img src="xjr1300.jpg" alt="Moto Fun"/> In principio creavit Deus caelum et
    ➡ terram terra autem erat inanis et vacua et tenebrae super faciem abyssi et
    ➡ spiritus Dei ferebatur super aquas dixitque</p> ⓳
   </div>
  </body>
</html>
```

Figure 15-2

*La page adaptée
à un petit écran*

Le tableau ci-dessous résume les différents styles adoptés selon la taille de l'écran. L'idée générale est de faire disparaître l'en-tête, d'afficher le texte sur une seule colonne au lieu de deux, de le rendre plus lisible sur fond blanc, de diminuer la taille de l'image et enfin d'agrandir les liens pour les téléphones ou les tablettes tactiles.

Élément	Grand écran	Écran < 400 pixels
`<header>`	Hauteur 15 %, fond gris ❷	Invisible ❻
`<h1>`	Style hérité de `<header>`	Invisible ❼
`<div>`	Fond jaune texte noir, police d'origine Times ❸	Fond blanc et texte noir, police Arial ❽
`<h2>`	Styles hérités de `<div>`	Fond gris, centrage du texte, police Arial héritée de `<div>` ❿
`<a>`	Bordures arrondies, fond gris	Idem avec texte doublé en taille ⓬
`<p>`	Affichage sur deux colonnes ❹	Affichage sur une colonne et police plus grande ❾ et ⓫
`<img/>`	Taille d'origine	Taille réduite à 50 x 50 pixels ⓭

L'impression du contenu

Adaptation des styles

Il ne s'agit pas ici d'envisager la simple impression d'une page web en tant que copie d'écran, ce que chaque visiteur peut effectuer à partir de son navigateur, mais bien plutôt de définir les styles qui permettent une impression correcte des pages ayant un contenu textuel important, et de limiter l'impression à ce contenu réellement informatif, en omettant volontairement les parties non signifiantes comme les menus et les bandeaux graphiques ou publicitaires présents en haut des pages. Le but est donc de permettre aux visiteurs de récupérer la trace écrite d'un contenu.

La plupart des propriétés que nous avons étudiées sont applicables à l'impression d'un document. Il est préférable de créer des styles appropriés à une sortie sur une imprimante noir et blanc, et par exemple de définir des nuances avec des niveaux de gris plutôt qu'avec des couleurs comme pour une sortie sur écran. De même, les polices de la famille sans-serif comme Arial, définies avec la propriété font-family, sont réputées être plus lisibles sur un écran que les polices de type serif comme Times, qui sont plus lisibles sur un support papier. Nous pourrons donc définir différemment la propriété font-family selon qu'elle s'applique à l'écran ou à l'impression.

L'exemple 15-2 donne une illustration de ces adaptations en ne redéfinissant des styles qu'en fonction du média cible et en ne permettant de réaliser que l'impression du contenu, en éliminant donc les éléments d'organisation de la page telle qu'elle est vue habituellement.

La page web concernée, représentée à la figure 15-3, comporte trois zones créées par les éléments `<header>`, `<menu>` et `<div>` (repères ❽, ❾ et ❿) quand elle est affichée à l'écran.

Chacune de ces zones est positionnée à l'aide des styles que nous avons étudiés au chapitre 12 et qui sont définis dans le bloc @media screen (repère ❶). En revanche, l'utilisateur qui veut imprimer le contenu du site n'a pas besoin de retrouver sur chaque page le bandeau situé en haut de l'écran, ni le menu situé sur la gauche ; ce qui est utile est le contenu de l'élément <div>. Nous devons donc les éliminer dans le bloc @media print (repère ❷) dédié aux styles d'impression. Pour cela, nous utilisons la propriété display en lui affectant la valeur none (repères ❸ et ❹) pour les éléments <header> et <menu> (repères ❽ et ❾). Nous adaptons également la police de caractères en définissant la propriété font-family avec la valeur Times serif (repère ❺) et la propriété font-size en utilisant l'unité pt adaptée aux imprimantes pour les éléments <p> et <h2> (repères ❻ et ❼). De plus, l'impression en noir sur fond blanc est définie explicitement par les valeurs des propriétés color et background-color (repères ❺ et ❼).

Exemple 15-2 Adaptation des styles à l'impression

```
<!DOCTYPE html>
<html>
 <head>
  <meta http-equiv="Content-type" content="text/html;charset=UTF-8" />
  <title> La référence des éléments  HTML 5 </title>
  <style type="text/css" >
   @media screen{ ❶
    body{background-color: #FFA;font-family: Arial;}
    header {position:fixed ; left:0px;top:0px; width:100%;height:15%;
    ➡ background-color:rgb(0,0,153);margin:0; }
    menu {position:fixed ;width:15%; left:0px; top:13%;
    ➡ background-color:rgb(255,102,51);color:white; }
    div {position:absolute ;width:80%; left:20%; top:17%;
    ➡ background-color: #FFA;color:black;}
    p {margin-left: 20px;}
    h1 {font-size:50px;font-style:italic;color:rgb(255,102,51);
    ➡ margin-top:0px;margin-left:200px;}
   }
   @media print{ ❷
    header {display: none;} ❸
    menu {display: none;} ❹
    div {background-color:white; color:black; margin-left: 20mm;
    ➡ text-align: justify;font-family: Times serif;} ❺
    p {margin-left: 15mm; font-size: 14pt;} ❻
    h2{font-size:30pt; text-align:center; margin-bottom: 30mm;
    ➡ background-color: #DDD;} ❼
   }
  </style>
 </head>
<body>
 <header> ❽
  <h1> funhtml.com  Référence HTML 5 </h1>
 </header>
 <menu> ❾
```

```
      <ul>
        <li>DOCTYPE</li>
        <li>&lt;html&gt;</li>
        <li>&lt;head&gt;</li>
        <li>&lt;body&gt;</li>
        <li>&lt;a&gt;</li>
        <li>&lt;abbr&gt;</li>
        <li>&lt;aside&gt;</li>
        <li>&lt;address&gt;</li>
        <!--Suite des éléments HTML 5 -->
      </ul>
    </menu>
    <div> ❿
      <h2>Le langage HTML 5</h2>
      <p>In principio creavit Deus caelum et terram terra autem erat inanis et vacua
➥ et tenebrae super faciem abyssi et spiritus Dei ferebatur super aquas dixitque
➥ Deus fiat lux et facta est lux et . . .</p>
    </div>
  </body>
</html>
```

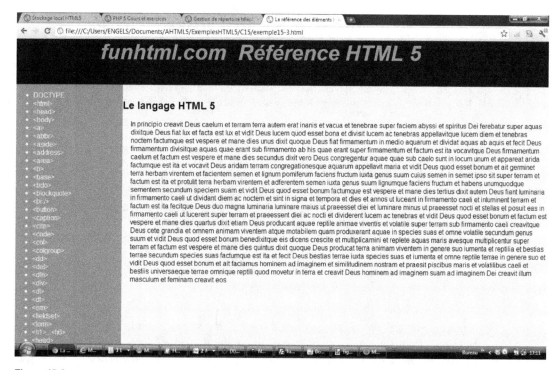

Figure 15-3

La page d'origine dans un navigateur

La figure 15-4 montre l'aperçu avant impression issu de Firefox. Les résultats obtenus dans les navigateurs Opera ou Internet Explorer sont équivalents, mais chaque navigateur crée des marges différentes dans les paramètres d'impression, et nous ne pouvons pas intervenir sur ces valeurs. Un texte donné n'occupe donc pas le même espace suivant le navigateur à partir duquel il est imprimé, à moins d'inviter le visiteur à fixer manuellement toutes les marges à la valeur 0.

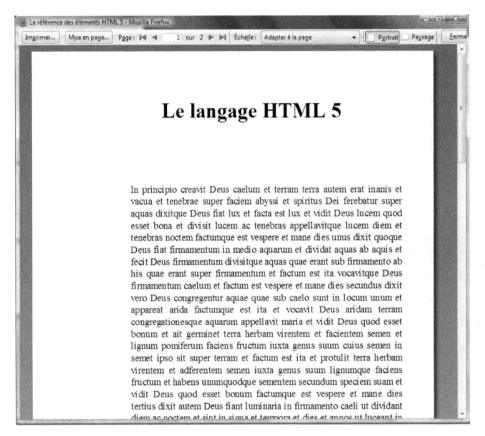

Figure 15-4

Adaptation des styles à l'impression du contenu

Gestion des sauts de pages

Nous pouvons améliorer la présentation d'un contenu imprimé en insérant, comme dans un traitement de texte, des sauts de pages uniquement avant et après un élément de bloc, en définissant respectivement les propriétés page-break-before et page-break-after, dont la syntaxe commune est la suivante :

```
page-break-before: auto | always | avoid | left | right | inherit
page-break-after: auto | always | avoid | left | right | inherit
```

Voici la signification de leurs paramètres :

- `auto` : les sauts de page ne sont effectués que si nécessaire ;
- `always` : le saut de page forcé est toujours autorisé avant ou après un élément quelle que soit sa hauteur ;
- `avoid` : aucun saut de page forcé n'est autorisé ;
- `left` : le saut de page n'est autorisé que si l'élément figure dans une page de gauche (page paire ou verso) ;
- `right` : le saut de page n'est autorisé que si l'élément figure dans une page de droite (page impaire ou recto).

L'exemple 15-3 permet de tester ces propriétés en définissant une mise en page particulière pour un document dans sa version imprimée. La figure 15-5 montre l'aspect de la page dans un navigateur afin de bien mettre en évidence, par contraste, les différences avec la version imprimée (voir figure 15-6).

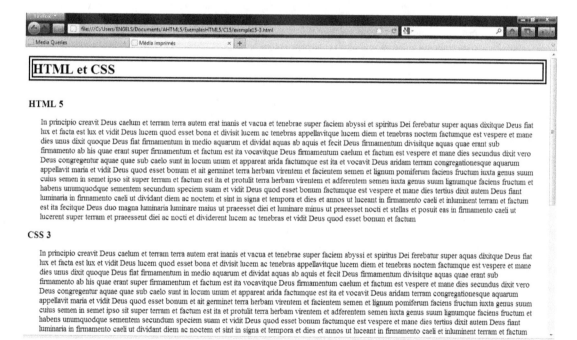

Figure 15-5

La page affichée dans un navigateur

Pour la version imprimée, notre objectif est de faire apparaître le titre `<h1>` (repère **❼**) seul au milieu de la première page, le titre `<h2>` (repère **❽**) et le contenu du paragraphe `<p>` de la première section (repère **❾**) sur une nouvelle page (la page 2), et chacune des sections suivantes (les titres et les paragraphes, repères **❿** et **⓫**, puis **⓬** et **⓭**) sur une dernière page. Pour y parvenir, nous créons des styles propres à l'impression dans un élément `<style>`

spécialisé (repères ❶ et ❷). Pour centrer verticalement le titre <h1>, nous lui attribuons une marge haute de 130 mm, et la propriété page-break-after permet d'insérer un saut de page immédiatement après lui (repères ❸ et ❹). Pour tous les paragraphes, y compris le premier, nous créons un saut de page avec la propriété page-break-after (repère ❺) pour que le paragraphe suivant soit toujours imprimé sur une nouvelle page. Nous annulons le saut de page du dernier paragraphe (repère ⓭), qui donnerait une page blanche en fin d'impression, en définissant la propriété page-break-after avec la valeur avoid (repère ❻). Notons que les résultats obtenus présentés en figure 15-6 sont valables aussi bien dans Firefox, Opera que Internet Explorer, ce qui est assez rare pour être signalé.

Exemple 15-3 Insertion de sauts de pages

```
<!DOCTYPE html>
<html>
 <head>
  <meta http-equiv="Content-type" content="text/html;charset=UTF-8" />
  <title>Média imprimés</title>
  <style type="text/css"> ❶
   @media screen{
     *{font-family: Arial sans-serif;}
     h1{font-size:2em;margin-bottom:40px;border: 10px double; }
     h2{font-size:1.4em;}
     p{font-size:1.2em;margin: 0 30px 0 30px;}
     }
   @media print{ ❷
     *{font-family: Times serif;}
     h1{font-size:46pt;margin-top:130mm ❸;text-align: center;
     ➡ page-break-after: always ❹;border:double 5pt gray; } /*OK opera et Moz*/
     h2{font-size:20pt;}
     p{font-size:14pt;font-style:italic;text-align:justify;
     ➡ page-break-after: always;} ❺
     p#dernier{page-break-after: avoid;} ❻
    }
  </style>
 </head>
<body>
 <h1>HTML  et CSS </h1> ❼
 <h2 id="premier">HTML 5</h2> ❽
 <p> ❾
   In principio creavit Deus caelum et terram terra autem erat inanis et vacua et
   ➡ tenebrae super faciem abyssi et spiritus Dei ferebatur super aquas dixitque
   ➡ Deus fiat lux et facta est lux et vidit Deus lucem quod esset bona et divisit
   ➡ lucem ac tenebras appellavitque lucem . . .
 </p>
 <h2>CSS 3</h2> ❿
 <p> ⓫
   In principio creavit Deus caelum et terram terra autem erat inanis et vacua et
   ➡ tenebrae super faciem abyssi et spiritus Dei ferebatur super aquas dixitque
   ➡ Deus fiat lux et facta est lux et vidit Deus lucem quod esset bona et divisit
   ➡ lucem ac tenebras appellavitque lucem . . .
```

```
    </p>
    <h2>PHP 5</h2> ⑫
    <p id="dernier"> ⑬
        In principio creavit Deus caelum et terram terra autem erat inanis et vacua et
        ➡ tenebrae super faciem abyssi et spiritus Dei ferebatur super aquas dixitque
        ➡ Deus fiat lux et facta est lux et vidit Deus lucem quod esset bona et divisit
        ➡ lucem ac tenebras appellavitque lucem . . .
    </p>
    </body>
    </html>
```

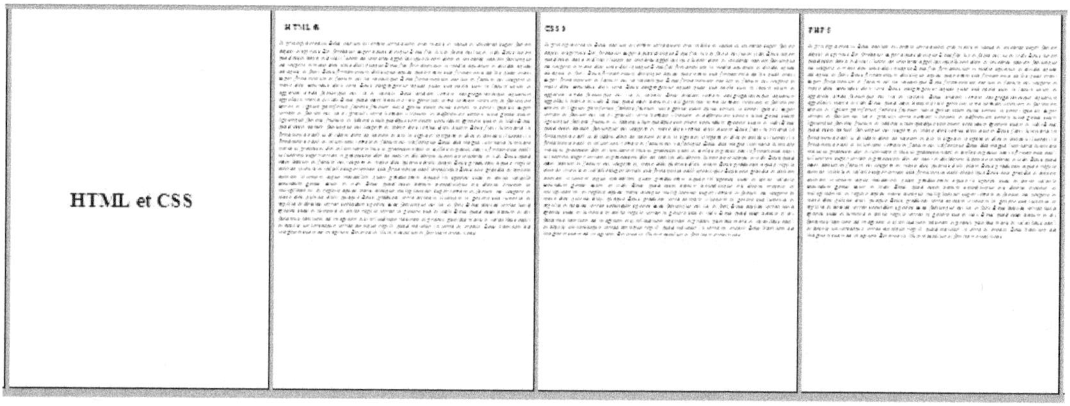

Figure 15-6

Réalisation des sauts de pages à l'impression

Les sauts de pages effectués à l'intérieur d'un élément de bloc sont automatiques quand le contenu est long, la suite du texte étant de fait imprimée sur la page suivante. Pour éviter d'obtenir des coupures qui risqueraient de ne faire apparaître que quelques lignes orphelines en haut de la dernière page, CSS offre la possibilité de placer des sauts de pages à l'intérieur d'un bloc. Cette possibilité reste assez théorique, car pour l'instant elle n'est que peu exploitée par les navigateurs. Nous la signalons cependant à titre informatif, en espérant que tous les navigateurs la prendront en compte de manière précise dans un avenir proche.

Pour gérer ces sauts de pages, nous disposons de plusieurs propriétés qui doivent être utilisées conjointement. Pour autoriser ce type de saut de page, il faut définir la propriété page-break-inside dont la syntaxe est la suivante, avec la valeur auto, la valeur avoid interdisant ces sauts :

```
page-break-inside : auto | avoid |inherit
```

En complément, la propriété widows, dont la valeur est un nombre entier (par défaut, elle est de 2), permet d'indiquer le nombre minimal de lignes d'un bloc qui peuvent être placées en haut d'une page. Si la coupure automatique d'un texte contenu dans un élément

<p> ou <div> conduit à faire apparaître moins de lignes que la valeur fixée dans widows, alors le paragraphe entier est placé dans la page suivante, créant ainsi un saut de page forcé à la suite de l'élément.

De même, la propriété orphans permet de définir le nombre minimal de lignes d'un bloc qui doivent apparaître en bas d'une page. Si la coupure automatique du texte conduit à afficher un nombre inférieur de lignes, alors tout le paragraphe est imprimé sur la page suivante.

Si nous définissons, par exemple, les styles suivants :

```
p {orphans: 15; widows: 10; page-break-inside: auto;}
```

et que nous visualisons le résultat de l'aperçu avant impression dans Opera, nous obtenons le résultat présenté à la figure 15-7 dans laquelle on voit bien dix lignes sur la dernière page et l'avant-dernière page incomplète.

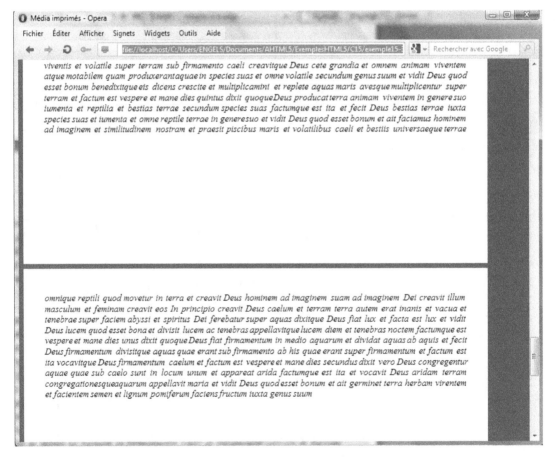

Figure 15-7

Les sauts de pages internes

Les pseudo-classes d'impression

En vue d'améliorer encore la présentation des documents imprimés, les concepteurs de CSS ont défini les pseudo-classes :first, :left et :right, afin d'ajouter des fonctionnalités dignes d'un traitement de texte évolué. Elles s'utilisent conjointement à la directive @page de la manière suivante.

- @page:first{Définitions des styles;} pour que les styles ne s'appliquent qu'à la première page imprimée.
- @page:left{Définitions des styles;} pour que les styles s'appliquent aux pages de gauche (les pages paires).
- @page:right{Définitions des styles;} pour que les styles s'appliquent aux pages de droite (les pages impaires).

L'exemple 15-4 utilise ces pseudo-classes pour créer une mise en page particulière qui s'applique à la première page en y créant une marge haute de 100 mm (repère ❶), puis des marges gauche et droite différentes selon qu'il s'agit d'une page gauche ou droite, en supposant que les feuilles pourraient être reliées ou agrafées. Pour les pages de gauche (les pages paires), la marge droite est de 40 mm et la marge gauche de 10 mm (repère ❷). Pour les pages de droite (les pages impaires), ces valeurs sont inversées (repère ❸). Ceci peut permettre de relier les pages en ayant la grande marge du côté de la reliure quand on imprime en recto-verso bien sûr, ce qui est plus pratique à lire.

Exemple 15-4 Les pseudo-classes d'impression

```
<!DOCTYPE html>
<html>
 <head>
  <meta http-equiv="Content-type" content="text/html;charset=UTF-8" />
  <title>Média imprimés</title>
  <link rel="shortcut icon" type="images/x-icon" href="../images/favicon.ico" />
  <style type="text/css"  media="screen">
   h1{font-family: Times ;font-size:2em;margin-bottom:40px;border: 10px double; }
   p{font-family: Times ;font-size:1.2em;margin: 0 30px 0 30px;}
  </style>
  <style type="text/css" title="impression" media="print">
   @page:first {margin-top: 100mm;} ❶
   @page:left{margin-right: 40mm;margin-left: 10mm;} ❷
   @page:right{margin-left: 40mm;margin-right: 10mm;} ❸
   h1{font-family: Arial ;font-size:20pt;margin: 0cm 3cm 2cm 0cm;
   ➡ background-color: #EEE;  }
   p{font-family: Arial ;font-size:12pt;font-style:italic;text-align:justify;
   ➡ width: 150mm;}
  </style>
 </head>
<body>
 <h1>HTML 5 et CSS 3</h1>
 <p>
  In principio creavit Deus caelum et terram terra autem erat inanis et vacua et
  ➡ tenebrae super faciem abyssi et spiritus Dei ferebatur super aquas dixitque
```

```
     ➥ Deus fiat lux et facta est lux et vidit Deus lucem quod esset bona et divisit
     ➥ lucem ac . . .
   </p>
   <p>
     In principio creavit Deus caelum et terram terra autem erat inanis et vacua et
     ➥ tenebrae super faciem abyssi et spiritus Dei ferebatur super aquas dixitque
     ➥ Deus fiat lux et facta est lux et vidit Deus lucem quod esset bona et divisit
     ➥ lucem ac . . .
   </p>
  </body>
</html>
```

La figure 15-8 montre le résultat obtenu, qui correspond bien à l'objectif visé, mais seulement dans Explorer 9 pour l'instant.

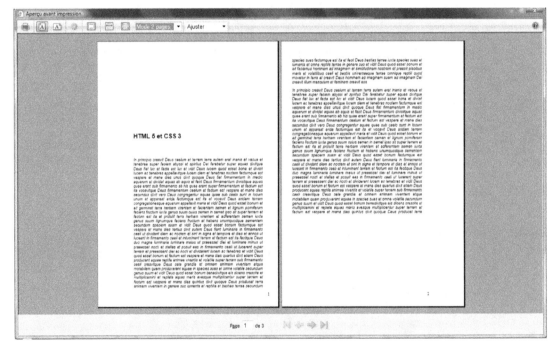

Figure 15-8

Utilisation des pseudo-classes d'impression

Stockage local de données

Afin de faciliter l'utilisation d'un site par un visiteur on lui propose souvent (ou on l'effectue sans le lui dire) de stocker ses informations personnelles sur le poste client, par exemple pour gérer un panier. Celles-ci seront ensuite utilisées, soit pendant la même session pour lui éviter de les saisir de nouveau, soit dans une prochaine session à partir du même poste. Le stockage local de données n'est donc pas une nouveauté en soi car il existait sous la forme des cookies depuis longtemps. Ceux-ci ne permettent qu'un stockage d'information limité à 4 Ko par cookie et un nombre de cookies limité à 20 par domaine.

Pour cette raison et aussi parce que les cookies posaient quelques problèmes, a été mis au point dans HTML 5 une nouvelle solution de stockage local (Local Storage), là aussi sur le poste client. Le volume de données est maintenant de 5 Mo généralement (jusqu'à 10 Mo sur Explorer). L'API de stockage local utilisable avec JavaScript offre deux possibilités, les objets `sessionStorage` et `localStorage`. La première permet l'enregistrement juste le temps de la session de connexion au site et non pas tant que le navigateur est ouvert ; ainsi, aussitôt que dans un onglet du navigateur on quitte un site, les données enregistrées localement pour ce site ne sont plus accessibles, ce qui est tout à fait adapté à la gestion de panier. En particulier si on se connecte au même site dans un autre onglet, les données issues de la précédente visite du site ne sont plus lues, contrairement aux cookies.

La seconde possibilité, `localStorage` permet un stockage des données sans durée à préciser, par opposition aux cookies dont on peut dater explicitement la péremption. C'est à ce mode de stockage que nous allons nous intéresser plus en détail ici. Notez que pour créer des données de session, il suffit, dans notre exemple, de remplacer le nom de l'objet `localStorage` par `sessionStorage`.

Enregistrement des données

Les données établies avec `localStorage` sont toujours liées au domaine dont est issu le code qui les crée. Tout autre domaine n'y a pas accès ce qui assure leur sécurité (à confirmer selon l'expérience des *hackers* !). De plus, elles sont visibles par toutes les pages de ce domaine et par tous les onglets du navigateur qui accèdent en même temps ou successivement à ce même site. Comme elles sont persistantes, on peut y accéder à partir du même poste, bien sûr, même plusieurs jours ou mois après leur création, mais seulement avec le même navigateur, ce qui peut être un inconvénient par rapport à un stockage distant dans une base de données. Autrement dit, avec un autre navigateur sur le même site on n'a pas accès aux données !

Avec JavaScript nous pouvons accéder aux objets `localStorage` et `sessionStorage` par leurs méthodes et attributs qui sont identiques dans les deux cas et que nous allons étudier ici.

Les données sont stockées sous une forme similaire à celle d'un tableau associatif avec une clé et une valeur.

La méthode `localStorage.setItem('cle','valeur')` stocke un enregistrement sous la forme `cle`→`valeur` à la suite du précédent. Chaque donnée a aussi un indice numérique allant de 0 à N ce qui va faciliter la lecture de l'ensemble. En écrivant par exemple :

```
localStorage.setItem('jean','0778899000');
sessionStorage.setItem('jean','0778899000');
```

nous enregistrons un nom et un numéro de téléphone (n'appelez pas !). Notez que les deux données sont stockées sous forme de chaînes et que '2'+'2' ne fait pas '4' dans ce cas mais '22'. Pour effectuer des opérations arithmétiques, il faudra utiliser les fonctions de conversion de JavaScript.

La méthode localStorage.getItem('cle') retourne la valeur associée à la clé passée en paramètre. Si le paramètre est une variable, comme nous le verrons en exemple, il ne faut évidemment pas de guillemets. En écrivant par exemple le code suivant :

```
var tel;
tel=localStorage.getItem('jean');
tel=sessionStorage.getItem('jean');
```

la méthode va retourner la valeur '0778899000' dans la variable tel.

La méthode localStorage.key(i) (ou sessionStorage.key(i)) est très utile pour lire l'ensemble des données à l'aide d'une boucle. Elle reçoit en paramètre un entier naturel (de 0 à N) et retourne uniquement la clé de l'enregistrement placée à la position i dans le tableau des données. Si nous avons une seule donnée enregistrée, en écrivant le code suivant :

```
var nom;
nom=localStorage.key(0);
nom=sessionStorage.key(0);
```

nous obtenons la valeur 'jean' dans la variable nom.

Également indispensable, l'attribut localStorage.length contient un entier qui correspond au nombre total d'enregistrements effectués. Notez que si la valeur retournée est N, c'est la valeur N-1 qu'il faut utiliser avec la méthode key() pour obtenir la clé du énième élément (parce que le premier a l'indice 0). C'est la connaissance de ce nombre total d'enregistrements qui permet d'écrire une boucle de lecture de l'ensemble dans un tableau en l'associant à la méthode key() de la manière suivante :

```
max=localStorage.length;
//Tableau des clés
tabcle=new Array();
for (i=0; i<=max-1; i++)
  {
  tabcle[i] = localStorage.key(i);
  //ou encore pour les sessions
  //tabcle[i] = sessionStorage.key(i);
}
```

Le tableau tabcle contient alors l'ensemble des clés des données. On peut ensuite les lire et les afficher en parcourant ce tableau avec une nouvelle boucle de la manière suivante :

```
for (i=0; i<=max-1; i++)
  {
  cle = tabcle[i];
  valeur=localStorage.getItem(cle);
  //Ou encore pour les sessions
```

```
// valeur=sessionStorage.getItem(cle);
document.write(cle+" : "+valeur);
}
```

Effacement des données

Étant persistantes, les données demeurent tant que l'on ne les efface pas. Pour cela nous disposons de plusieurs méthodes. Tout d'abord par programmation nous pouvons utiliser les méthodes des objets localStorage et sessionStorage.

La méthode localStorage.removeItem('cle') (ou sessionStorage.removeItem('cle')) supprime l'enregistrement dont la clé est passée en paramètre. En écrivant par exemple le code :

```
localStorage.removeItem('jean');
sessionStorage.removeItem('jean');
```

nous supprimons l'enregistrement complet 'jean'->'0778899000' effectué plus haut, et non pas seulement sa valeur. Notez que les clés sont sensibles à la casse : il peut exister une clé 'jean' et une autre 'Jean' qui correspondent à deux enregistrements différents.

Plus radicale, la méthode localStorage.clear() (ou sessionStorage.clear()) ne prend aucun paramètre et supprime l'ensemble des données pour le site et le navigateur concernés. À manier avec précaution donc !

Cette opération peut aussi être effectuée manuellement, donc sans programmation, dans les navigateurs qui possèdent une console d'outils de développement (exemple pour Opera : menu Afficher>Outils de développement>Opera Dragonfly, puis menu Stockage et onglet Stockage local). Cette opération affiche le contenu du fichier de stockage local tel que l'on peut le voir à la figure 15-9. Avec cette interface on peut manuellement ajouter ou enlever des données.

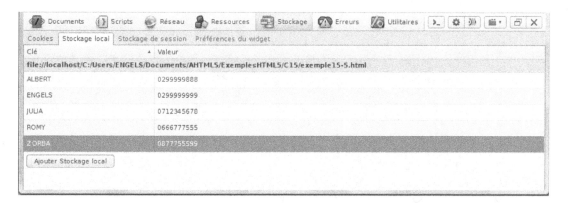

Figure 15-9

L'interface de gestion des données dans Opera Dragonfly

Une application de gestion de contacts

Pour illustrer le stockage local de données, nous allons créer une petite application de gestion de contacts téléphoniques. L'interface présentée à la figure 15-10 comporte deux zones, une de saisie créée par un formulaire (repère ⑱) et une d'affichage des contacts (repère ⑳). La partie qui concerne le stockage local est le code JavaScript de gestion de l'objet localStorage qui contient trois fonctions (repères ❶, ❿ et ⓯) que nous allons détailler dans l'ordre d'exécution.

- La fonction stocke() (repère ❿) est appelée par un clic sur le bouton Stocker. Nous récupérons d'abord les valeurs saisies dans le formulaire dans les variables nom et telephone (repères ⓫ et ⓬), puis nous les stockons avec la méthode setItem() (repère ⓭) et enfin nous créons un message de confirmation (repère ⓮).

- La fonction print() (repère ❶) va réaliser un affichage sous forme de tableau. La variable tableau contient le code de l'en-tête de celui-ci (repère ❷). Nous récupérons ensuite le nombre d'enregistrements (repère ❸) et nous créons une variable de type tableau nommée tabcle qui va contenir toutes les clés (repère ❹). Une première boucle remplit ce tableau avec toutes les clés (repère ❺) ; il est ensuite trié par ordre alphabétique avec la fonction JavaScript sort() (repère ❻). La seconde boucle lit les clés (repère ❼) puis les numéros de téléphones avec la méthode getItem() et crée le code des lignes et les cellules du tableau HTML (repère ❽). Quand elle est terminée, tout ce code est incorporé à l'élément <table> ce qui affiche toutes les données classées. (repère ❾)

- La fonction effaceun() permet l'effacement d'une donnée si la valeur de sa clé est saisie dans le champ nom du formulaire (repère ⓰) en appelant la méthode removeItem() (repère ⓱).

- L'appel de la méthode clear() est effectué directement après un clic sur le bouton Tout Effacer (repère ⑲).

Exemple 15-5 Application de gestion de contacts

```
<!DOCTYPE html>
<html>
 <head>
  <meta http-equiv="Content-type" content="text/html;charset=UTF-8" />
  <title>Gestion de répertoire téléphonique</title>
  <style type="text/css">
    legend,label,th,td{font-size:24px;}
  </style>
  <script>
    //Fonction d'affichage
    function print()  ❶
    {
      var tableau="<tr><th> Nom </th><th> Téléphone </th></tr>";  ❷
      max=localStorage.length;  ❸
      tabcle=new Array();  ❹
      //Tab des clés
```

```
        for (i=0; i<=max-1; i++)
        {
         tabcle[i] = localStorage.key(i); ❺
        }
        //Tri alphabétique des clés
        tabcle.sort(); ❻
        //Lecture des valeurs et création du tableau HTML
        for (i=0; i<=max-1; i++)
        {
        cle = tabcle[i]; ❼
        tableau += "<tr><td> "+cle+"  </td><td> "+
        ➡ localStorage.getItem(cle)+"  </td></tr>"; ❽
        }
        document.getElementById('tableau').innerHTML = tableau; ❾
       }
      //Fonction de stockage
      function stocke() ❿
      {
       var nom = document.forms.form1.nom.value; ⓫
       var telephone = document.forms.form1.tel.value; ⓬
       localStorage.setItem(nom, telephone); ⓭
       alert("Engeristré :\n"+nom+"\n"+localStorage.getItem(nom)); ⓮
      }
      //Fonction d'effacement d'un élément
      function effaceun() ⓯
      {
       var nom = document.forms.form1.nom.value; ⓰
       document.forms.form1.tel.value=localStorage.removeItem(nom);⓱
       print();
      }
  </script>
</head>
<body>
 <div>
  <h1>Nouveau contact</h1>
  <form name="form1"> ⓲
   <fieldset>
    <legend>Entrez le nom et le téléphone</legend>
    <label>Nom : <input type="text"  name="nom" /></label>
    <label>Téléphone : <input type="tel" maxlength="10" pattern="^0[0-9]{9}"
    ➡ name="tel" /></label>  <br />
    <input type="button" value="STOCKER" onclick="stocke()">
    <input type="button" value="EFFACER UN" onclick="effaceun()">
    <input type="button" value="TOUT EFFACER"
    ➡ onclick="localStorage.clear()"> ⓳
   </fieldset>
  </form>
 </div>
```

```
  <div> ⑳
   <h1>Mon Répertoire</h1>
   <button onclick="print()"> VOIR </button>
   <table id="tableau" border="1"></table>
  </div>
 </body>
</html>
```

La figure 15-10 montre une phase de saisie et la boîte d'alerte de confirmation de l'enregistrement. La figure 15-11 montre l'affichage du répertoire après un clic sur le bouton Voir.

Figure 15-10

Application de gestion de contacts

Mon Répertoire

VOIR

Nom	Téléphone
Allan	0677777777
Bill	0877777777
Fuyon	0655544444
Jean	0666666666
Kukoi	0655543333
Marchal	0655123456
Zarka	0655555555

Figure 15-11

Affichage des données stockées

Dessin vectoriel SVG

Le langage SVG *(Scalable Vector Graphics)* est une application XML qui permet de créer des dessins vectoriels, aussi bien des figures géométriques que des textes et même des images complexes, ce qui peut être facilité en utilisant des logiciels de dessin spécialisés, comme Inkscape. Il se place en concurrent de Canvas pour la réalisation graphique y compris en termes d'animation.

Inclusion dans le code HTML 5

Nous pouvons inclure les images obtenues de deux façons différentes. Tout d'abord en écrivant le code SVG dans un fichier à l'extension .svg puis en l'incluant dans une page HTML à l'aide de l'élément <embed/> en tant qu'image ou encore, ce qui est possible avec HTML 5, en écrivant le code directement dans la page à l'aide de l'élément <svg>. C'est cette dernière méthode que nous utiliserons ici. La structure d'une page contenant du code SVG est donc la suivante :

```
<!DOCTYPE html>
<html>
 <head>
  <meta http-equiv="Content-type" content="text/html;charset=UTF-8" />
  <title>Document avec SVG</title>
 </head>
 <body>
  <svg width="400" height="300" version="1.1">
   <!-- Eléments de création des figures -->
  </svg>
 </body>
</html>
```

Les attributs width et height définissent, par défaut en pixels ou dans une autre unité (à préciser dans ce cas), les dimensions de la boîte qui va contenir le dessin créé par les éléments inclus dans <svg>. On pourra utiliser les propriétés CSS comme on l'effectue avec une image ordinaire, par exemple pour la positionner.

Les formes

Nous disposons de plusieurs éléments qui permettent de créer des formes géométriques élémentaires.

Rectangles et carrés

On crée un rectangle avec l'élément <rect/> ou <rect>...</rect> s'il a un contenu. Il faut définir au moins quatre de ses attributs.

- height et width exprimés en pixels même sans l'unité px pour la hauteur et la largeur dans le cadre SVG défini plus haut.

- x et y les coordonnées en pixels de son sommet supérieur gauche par rapport aux bords supérieur et gauche de son conteneur.

Si l'on veut arrondir les angles, on peut y ajouter rx et ry pour définir en pixels les rayons des arcs de cercle ou d'ellipses des coins. Contrairement à ce que l'on peut réaliser avec la propriété CSS border-radius les quatre angles sont ici identiques.

Pour remplir le rectangle avec une couleur, on lui ajoute l'attribut fill="code_couleur" (mot-clé ou code hexadécimal) qui peut aussi être utilisé pour les autres figures. Nous pouvons aussi définir une épaisseur et une couleur de bordure avec respectivement stroke-width="N" et stroke="code_couleur". Pour chaque couleur nous pouvons définir une opacité avec l'attribut opacity="N", N prenant toute valeur entre 0 (transparent) et 1 (opaque).

Avec le code suivant nous créons un rectangle de 400 pixels de large sur 200 de haut (repère ❶) avec des coins arrondis (repère ❷), rempli en orange (repère ❸) et doté d'une bordure bleue (repère ❹) d'épaisseur 5 pixels (repère ❺).

```
<body>
 <svg width="800" height="600" version="1.1">
  <rect x="30" y="50" width="400" height="200" ❶ rx="50" ry="40" ❷
➥ fill="orange" (❸) stroke="blue" (❹) stroke-width="5" (❺) />
 </svg>
</body>
```

Cercle et ellipse

On crée un cercle avec l'élément <circle/>. Il faut définir au moins trois de ses attributs.

- cx et cy pour l'abscisse et l'ordonnée du centre relativement aux bords supérieur et gauche du conteneur, exprimés en pixels.

- r le rayon du cercle.

Pour une ellipse, l'élément à utiliser est `<ellipse/>` avec comme attributs à la place de r les valeurs rx et ry des axes horizontal et vertical de l'ellipse. Les attributs fill, stroke et stroke-width abordés précédemment sont applicables aux cercles et ellipses. Dans le code suivant nous créons un cercle de centre (400,300) (repère ❶), de rayon 100 pixels (repère ❷), rempli en rouge (repère ❸), avec un bord bleu (repère ❹) et d'épaisseur 10 pixels (repère ❺). De même, nous pouvons créer une ellipse centrée en (200,500) (repère ❻), de grand axe 100 pixels (repère ❼) et de petit axe 60 pixels (repère ❽) de couleur jaune (repère ❾) avec un bord noir (repère ❿) de 5 pixels (repère ⓫).

```
<circle cx="400" cy="300" ❶ r="100" ❷ fill="red" ❸ stroke="blue" ❹
➡ stroke-width="10" ❺/>
<ellipse cx="200" cy="500" ❻ rx="100" ❼ ry="60" ❽ fill="yellow" ❾
➡ stroke="black" ❿ stroke-width="5" ⓫/>
```

Lignes droites et polylignes

Pour créer un segment de droite nous disposons de l'élément `<line/>` pour lequel il faut définir au minimum les attributs suivants :

- x1 et y1 représentent les coordonnées du point de départ en pixels toujours par rapport aux bords supérieur et gauche du conteneur ;
- x2 et y2 sont les coordonnées du point d'arrivée du tracé ;
- stroke est pour la couleur du segment et stroke-width son épaisseur.

Le code suivant crée un segment d'origine le point (50,300) (repère ❶) et qui a pour extrémité le point (650,550) (repère ❷) ; il est rouge (repère ❸) et d'épaisseur 3 pixels (repère ❹).

```
<line x1="50" y1="300" ❶ x2="650" y2="550" ❷ stroke="red" ❸
➡ stroke-width="3" ❹/>
```

Une polyligne est une suite de segments, l'origine du second étant l'extrémité du premier et ainsi de suite. On pourrait la créer avec une suite d'éléments `<line/>` mais il existe l'élément `<polyline/>` qui nous permet de gagner du temps. Son attribut principal est points qui contient une suite de couples x,y séparés par un espace, pour désigner chaque point origine ou extrémité des segments. Les attributs d'épaisseur et de couleur s'appliquent comme pour les segments. L'attribut fill avec la valeur none empêche que les angles créés par deux segments consécutifs soient colorés par défaut en noir. Le code suivant crée une figure en escalier.

```
<polyline points=" 150,375 150,325 250,325 250,275 350,275 350,225 450,225 450,175
➡  550,175 550,125 650,125 650,75 750,75" fill="none" stroke="blue"
➡ stroke-width="7"/>
```

Polygones

À la différence des polylignes, les polygones sont des figures fermées. Nous les créons avec l'élément `<polygon/>` et son attribut point comme pour `<polyline/>`, mais il n'est pas nécessaire de préciser un dernier point qui serait confondu au premier, la figure étant automatiquement fermée du dernier point de la liste jusqu'au premier. On a donc une syntaxe identique à celle de `<polyline/>`, l'attribut fill permettant ici de colorer l'intérieur de la figure. Le code suivant crée une étoile rouge à cinq branches et à bordure noire, donc un décagone.

```
<polygon  points="650,275  679,361 769,361 697,415 723,501 650,450 577,501 603,415
➡ 531,361 621,361" fill="red" stroke="#000" stroke-width="5" />
```

L'exemple 15-6 contient les codes des différents dessins créés plus haut ; on y retrouve le rectangle (repère ❶), le cercle (repère ❷), l'ellipse (repère ❸), le segment (repère ❹), la polyligne (repère ❺) et le polygone (repère ❻).

Exemple 15-6 Création des formes de base en SVG

```
<!DOCTYPE html>
<html>
 <head>
  <meta http-equiv="Content-type" content="text/html;charset=UTF-8" />
  <title></title>
  <style type="text/css">
  svg{background-color:#DDD;}
  </style>
 </head>
 <body>
  <svg width="800" height="600" version="1.1">
   <rect x="30" y="50" width="400" height="200" rx="50" ry="40" fill="orange"
   ➡ stroke="blue" stroke-width="5" /> ❶
   <circle cx="400" cy="300" r="100" fill="red" stroke="blue" stroke-width="10" /> ❷
   <ellipse cx="200" cy="500" rx="100" ry="60" fill="yellow" stroke="black"
   ➡ stroke-width="5" /> ❸
   <line x1="50" y1="300" x2="650" y2="550" stroke="red" stroke-width="3"/> ❹
   <polyline fill="none" stroke="blue" stroke-width="7"
   points=" 150,375 150,325 250,325 250,275 350,275 350,225 450,225 450,175 550,175
   ➡ 550,125 650,125 650,75 750,75 " /> ❺
   <polygon  points="650,275  679,361 769,361 697,415 723,501 650,450 577,501
   ➡ 603,415 531,361 621,361"
   fill="red" stroke="#000" stroke-width="5" />❻
  </svg>
 </body>
</html>
```

La figure 15-12 montre l'ensemble des tracés de base réalisés avec les éléments que nous venons d'étudier.

Figure 15-12

Tracés de base avec SVG

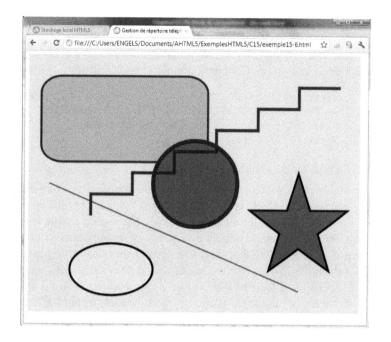

Nous pouvons attribuer des styles aux figures créées, soit au moyen des attributs d'un élément, comme fill ou stroke que nous avons rencontrés et qui sont qualifiés de style XML, soit à l'aide de propriétés CSS. Dans ce cas, ils peuvent être placés dans l'élément `<style>` inclus dans `<head>` ou dans l'attribut style propre à chaque élément. On préférera bien sûr la première méthode plus facile à gérer quand on veut opérer des modifications. Il est possible de grouper des éléments dans l'élément `<g>`...`</g>` en vue de leur appliquer globalement des styles particuliers, ce qui évite d'avoir à répéter ceux-ci pour chacun.

Le texte

Avec SVG il est également possible d'afficher du texte grâce à l'élément `<text>` dont la fermeture est `</text>`, le contenu étant le texte à afficher sur une seule ligne. Il faudra prendre des précautions sur la taille et la longueur du texte car tout ce qui dépasse du cadre n'est pas affiché ; il n'y a pas de retour à la ligne automatique comme en HTML. Pour que le texte s'affiche, il faut préciser dans les attributs x et y les coordonnées du début de la ligne support du texte qui sera par défaut en noir. Le code minimal est donc :

```
<text x="100" y="250">Avec SVG il est possible d'afficher du texte
</text>
```

Pour améliorer les choses nous pouvons agir sur la couleur de fond des lettres avec l'attribut fill, la largeur du trait de contour avec stroke-width, la couleur du contour avec stroke et même les propriétés CSS propres aux polices que nous connaissons déjà, comme font-size, font-family, font-style et font-weight, à condition de les écrire avec la syntaxe propriété="valeur". Nous pouvons même incliner les lettres en donnant à l'attribut rotate une valeur d'angle en degrés dans le sens horaire si elle est positive, et dans le sens trigonométrique sinon. Ceci peut donner le code suivant :

```
<text x="10" y="450" fill="red" stroke="#000" stroke-width="2" font-size="50px"
➡ font-family="Arial" font-style="italic" font-weight="bold" rotate="20">
  Avec SVG il est possible d'afficher du texte
</text>
```

Le résultat est visible à la figure 15-13.

Pour écrire plusieurs lignes de texte ou donner des styles différents à chaque partie, nous pouvons diviser le texte en morceaux, chacun étant contenu dans un élément <tspan> lui-même enfant d'un élément <text>. Dans un élément <tspan> il faut au minimum préciser la position de départ du texte avec les attributs dx et dy, qui ont le même sens que x et y dans <text> mais qui fournissent un positionnement relatif à l'élément précédent. L'exemple 15-7 présente une utilisation de ces deux éléments. L'élément <svg> est d'abord dimensionné (repère **2**) et doté d'une couleur de fond avec un style CSS (repère **1**). Il inclut un rectangle jaune qui sert de fond (repère **3**). Le premier texte correspond au code exposé plus haut (repère **4**). Nous créons ensuite un groupe d'éléments <g> (repère **5**) qui contient le texte HTML 5 dans un élément <text> et trois <tspan> avec pour chacun un positionnement et une couleur, ainsi qu'un changement de taille pour le dernier (repères **6**, **7**, **8** et **9**).

La figure 15-13 présente l'ensemble.

Exemple 15-7 Le texte en SVG

```
<!DOCTYPE html>
<html>
 <head>
  <meta http-equiv="Content-type" content="text/html;charset=UTF-8" />
  <title>Le texte en SVG</title>
  <style type="text/css">
   svg{background-color:#EDF;}❶
  </style>
 </head>
 <body>
  <svg width="1500px" height="500px" > ❷
   <rect x="10" y="10" width="1200" height="400" fill="yellow" /> ❸
   <text x="10" y="450" fill="red" stroke="#000" stroke-width="2" font-size="50px"
   ➡ font-family="Arial" font-style="italic" font-weight="bold" rotate="20"> ❹
    Avec SVG il est possible d'afficher du texte
   </text>
   <g font-family="Times" font-size="100" font-weight="bold" stroke="black"
   ➡ stroke-width="2"> ❺
    <text x="100" y="250" > H
```

```
            <tspan dx="1em" dy="-50"  fill="#FFC" >
             T
            </tspan>
            <tspan dx="1em" dy="30"  fill="#F33" >
             M
            </tspan>
            <tspan dx="1em" dy="20"  fill="green" >
             L
            </tspan>
            <tspan dx="70" dy="50"  font-size="2em" fill="orange">
             5
            </tspan>
           </text>
         </g>
       </svg>
      </body>
    </html>
```

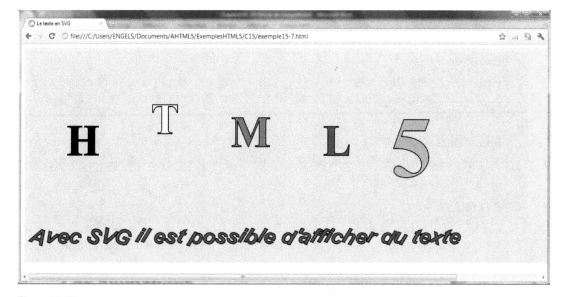

Figure 15-13

Texte manipulé dans SVG

Cet aperçu de SVG devrait vous avoir donné envie d'approfondir le sujet qui est trop vaste pour être traité entièrement dans ce chapitre. Si c'est le cas, vous trouverez la documentation complète sur le site du W3C à l'adresse http://www.w3.org/Graphics/SVG/.

Exercices

Exercice 1

Quelles sont les différentes méthodes permettant de créer des styles particuliers pour un média donné ?

Exercice 2

Écrire les styles pour que les écrans de largeur inférieure à 500 pixels aient une couleur de fond blanche et un texte rouge, et l'inverse pour les écrans supérieurs à 500 pixels.

Exercice 3

Afficher un texte sur trois colonnes si l'écran est plus grand que 1000 px, sur deux colonnes pour une largeur comprise entre 500 et 1000 px et sur une colonne pour ceux de largeur inférieure à 500 px.

Exercice 4

Afficher un texte sur deux colonnes si l'écran est plus large que 600 pixels et en mode paysage.

Exercice 5

Créer des styles différents pour l'écran et l'impression en utilisant la directive `@media`, pour que le texte soit affiché en jaune sur fond bleu à l'écran, et en noir sur fond blanc à l'impression.

Exercice 6

Adapter les polices de caractères et leur taille avec des valeurs différentes pour l'écran et l'impression.

Exercice 7

Créer un document dont le contenu est inclus dans plusieurs éléments `<div>` et définir les styles permettant d'obtenir des sauts de pages à l'impression après chacun de ces éléments.

Exercice 8

Stocker les coordonnées d'une personne à partir d'un formulaire puis utiliser ces données pour compléter automatiquement le même formulaire lors d'une autre session.

Exercice 9

Dessiner trois carrés de couleurs différentes ayant le même centre et des tailles dégressives.

Exercice 10

Dessiner deux cercles tangents extérieurement avec des couleurs différentes.

Exercice 11

Dessiner un triangle isocèle de base verticale.

Exercice 12

Écrire le texte HTML 5 en gros caractères, verticalement à gauche de la page, puis verticalement et des lettres tournées de 90 degrés sur la droite de la page, avec une couleur différente pour chaque lettre.

A

Référence des éléments HTML 5

Notations

- Les attributs en gras soulignés sont obligatoires.
- Le symbole | signifie ou.
- Le symbole || signifie et/ou.
- (élément)* signifie 0 ou plusieurs fois l'élément.
- (élément)? signifie 0 ou une fois l'élément.
- (élément)+ signifie 1 ou plusieurs fois l'élément.

Élément <a>...< /a>

Définition	Lien hypertexte ; catégories flow, phrasing, interactive
Enfants	Texte
Parents	flow
Attributs	**Définitions**
Communs	Tous les attributs globaux
href	Contient l'URL du document cible
hreflang	Le code de langue du document cible
media	Expression de Media Query
rel	Type de relation entre le document et la cible
target	Indique le type de fenêtre dans laquelle doit s'afficher la cible du lien (valeurs : _blank, _self, _parent, _top)
type	Type MIME du fichier cible (text/html ou image/gif par exemple)

Élément <abbr>...< /abbr>

Définition	Abréviation ; catégories flow, phrasing
Enfants	phrasing
Parents	phrasing
Attributs	**Définition et valeurs**
Communs	Tous les attributs globaux

Élément < address >...< / address >

Définition	Adresse e-mail en général ; catégorie flow
Enfants	flow
Parents	flow
Attributs	**Définition et valeurs**
Communs	Tous les attributs globaux

Élément < area />

Définition	Définit une zone sensible au clic ; catégories flow, phrasing
Enfants	Aucun
Parents	map
Attributs	**Définition et valeurs**
Communs	Tous les attributs globaux
alt	Texte descriptif de la cible du lien
coords	Liste d'entiers séparés par des virgules définissant la zone
href	Contient l'URL du document cible
hreflang	Code de langue de la cible
media	Expression de Media Query
rel	Type de relation avec la cible du lien
shape	Définit la forme de la zone (default|rect|circle|poly)
target	Type de fenêtre d'affichage de la cible (valeurs : _blank, _self, _parent, _top)
type	Type MIME de la cible

Élément < article>

Définition	Divisions de texte ; catégories flow, sectioning
Enfants	flow
Parents	flow
Attributs	**Définition et valeurs**
Communs	Tous les attributs globaux

Élément < aside>

Définition	Division annexe latérale ; catégories flow, phrasing
Enfants	flow
Parents	flow
Attributs	**Définition et valeurs**
Communs	Tous les attributs globaux

Élément < audio>

Définition	Lecteur audio ; catégories flow, phrasing, embedded, interactive
Enfants	source
Parents	phrasing
Attributs	**Définition et valeurs**
Communs	Tous les attributs globaux
src	Adresse du fichier son
autoplay	Démarrage automatique
controls	Affiche ou cache les boutons de contrôle (chaîne vide=affiche, absent=cache)
loop	Lecture en boucle
muted	Indique une coupure du son (chaîne vide=vrai, absent=faux)
preload	Préchargement du fichier none, metadata ou auto

Élément <b>...< /b>

Définition	Mise en gras du contenu (préférez un style CSS) ; catégories flow, phrasing
Enfants	phrasing
Parents	phrasing
Attributs	**Définition et valeurs**
Communs	Tous les attributs globaux

Élément <base />

Définition	Définition de l'adresse de base pour les URL relatives ; catégorie metadata
Enfants	Aucun
Parents	head
Attributs	**Définition et valeurs**
Communs	id
href	Contient l'URL de base
target	Type de fenêtre d'affichage de la cible (valeurs : _blank, _self, _parent, _top)

Élément < bdo>...< /bdo>

Définition	Indique le sens de lecture du texte ; catégories flow, phrasing
Enfants	phrasing
Parents	phrasing
Attributs	**Définition et valeurs**
Communs	Tous les attributs globaux

Élément <blockquote>...</blockquote>

Définition	Bloc de citation ; catégories flow, sectioning
Enfants	flow
Parents	flow
Attributs	**Définition et valeurs**
Communs	Tous les attributs globaux
cite	URL d'une ressource précisant le contenu

Élément <body>...</body >

Définition	Corps du document ; catégorie sectioning
Enfants	flow
Parents	html
Attributs	**Définition et valeurs**
Communs	Tous les attributs globaux

Élément

Définition	Saut de ligne ; catégories flow, phrasing
Enfants	Vide
Parents	phrasing
Attributs	**Définition et valeurs**
Communs	Tous les attributs globaux

Élément <button>...</button>

Définition	Crée un bouton personnalisable ; catégories flow, phrasing, interactive
Enfants	phrasing
Parents	phrasing
Attributs	**Définition et valeurs**
Communs	Tous les attributs globaux
autofocus	Focus donné au bouton dès l'affichage de la page
disabled	Bouton désactivé. Valeur = disabled
form	Id du formulaire associé
name	Nom du bouton
tabindex	Entier donnant un ordre de tabulation pour l'élément
type	Rôle du bouton (button|submit|reset)
value	Valeur associée au bouton qui sera transmise au serveur en cas de programmation dynamique (PHP par exemple)

Élément <caption>...</caption>

Définition	Titre d'un tableau
Enfants	flow
Parents	table
Attributs	**Définition et valeurs**
Communs	Tous les attributs globaux

Élément <cite>...</cite>

Définition	Citation courte ; catégories flow, phrasing
Enfants	phrasing
Parents	phrasing
Attributs	**Définition et valeurs**
Communs	Tous les attributs globaux

Élément < code >...</code >

Définition	Code source ; catégories flow, phrasing
Enfants	phrasing
Parents	phrasing
Attributs	**Définition et valeurs**
Communs	Tous les attributs globaux

Élément <col />

Définition	Définition d'une colonne de tableau
Enfants	Vide
Parents	colgroup
Attributs	**Définition et valeurs**
Communs	Tous les attributs globaux
span	Nombre de colonnes identiques dans un groupe

Élément <colgroup>...</colgroup>

Définition	Groupe de colonnes
Enfants	(col)*
Parents	table
Attributs	**Définition et valeurs**
Communs	Tous les attributs globaux
span	Nombre de colonnes du groupe

Élément <dd>...</dd>

Définition	Définition d'un terme dans une liste
Enfants	flow
Parents	dl
Attributs	**Définition et valeurs**
Communs	Tous les attributs globaux

Élément <del>...</del>

Définition	Signale un contenu modifié ; catégories flow, phrasing
Enfants	texte
Parents	phrasing
Attributs	**Définition et valeurs**
Communs	Tous les attributs globaux
cite	URL du fichier donnant des précisions sur la modification
datetime	Date de modification

Élément <dfn>...</dfn>

Définition	Contient une définition ; catégories flow, phrasing
Enfants	phrasing
Parents	phrasing
Attributs	**Définition et valeurs**
Communs	Tous les attributs globaux

Élément <div>...</div>

Définition	Crée une division structurelle dans la page ; catégorie flow
Enfants	flow
Parents	flow
Attributs	**Définition et valeurs**
Communs	Tous les attributs globaux

Élément <dl>...</dl>

Définition	Liste de définition de termes ; catégorie flow
Enfants	(dt I dd)+
Parents	flow
Attributs	**Définition et valeurs**
Communs	Tous les attributs globaux

Élément <dt>...</dt>

Définition	Terme à définir dans une liste
Enfants	phrasing
Parents	dl
Attributs	**Définition et valeurs**
Communs	Tous les attributs globaux

Élément ...

Définition	Texte mis en évidence (préférez un style CSS) ; catégories flow, phrasing
Enfants	phrasing
Parents	phrasing
Attributs	**Définition et valeurs**
Communs	Tous les attributs globaux

Élément <embed>...</embed>

Définition	Contenu multimédia ; catégories flow, phrasing, embedded, interactive
Enfants	Vide
Parents	phrasing
Attributs	**Définition et valeurs**
Communs	Tous les attributs globaux
src	Adresse de l'objet lié
type	Type MIME de l'objet
height	Hauteur de l'objet visible
width	Largeur de l'objet visible

Élément <fieldset>...</fieldset>

Définition	Groupe de champs d'un formulaire ; catégorie flow
Enfants	flow, legend
Parents	flow
Attributs	**Définition et valeurs**
Communs	Tous les attributs globaux
disabled	Pour désactiver le groupe disabled
form	Id du formulaire dont dépend le groupe
name	Nom du groupe

Élément <figcaption>...</figcaption>

Définition	Titre de figure
Enfants	flow
Parents	figure
Attributs	**Définition et valeurs**
Communs	Tous les attributs globaux

Élément <figure>...</figure>

Définition	Conteneur d'images ; catégories flow, sectioning
Enfants	flow, figcaption
Parents	flow
Attributs	**Définition et valeurs**
Communs	Tous les attributs globaux

Élément <footer>...<footer />

Définition	Pied de page ; catégorie flow
Enfants	flow
Parents	flow
Attributs	**Définition et valeurs**
Communs	Tous les attributs globaux

Élément <form>...</form>

Définition	Parent de tous les éléments de formulaire
Enfants	flow
Parents	flow
Attributs	**Définition et valeurs**
Communs	Tous les attributs globaux
accept-charset	Indique un jeu de caractères (exemple : iso-8859-1)
<u>action</u>	Nom du fichier de traitement des données du formulaire côté serveur
autocomplete	Autocomplétion on ou off
enctype	Type d'encodage des informations à transmettre sur le serveur Valeur par défaut : application/x-www-form-urlencoded
method	Méthode de transfert des données : get (par défaut) ou post
name	Nom du formulaire
target	Fenêtre cible d'affichage après la soumission du formulaire

Élément <h1>...</h1> à <h6>...</h6>

Définition	Titres de niveaux 1 à 6 ; catégories flow, heading
Enfants	phrasing
Parents	flow, hgroup
Attributs	**Définition et valeurs**
Communs	Tous les attributs globaux

Élément <head>...</head>

Définition	En-tête du document
Enfants	(title & base?) + (script|style|meta|link)
Parents	html
Attributs	**Définition et valeurs**
Communs	lang, dir

Élément <header>…</header>

Définition	En-tête de page ou de conteneurs divers ; catégorie flow
Enfants	flow
Parents	flow
Attributs	**Définition et valeurs**
Communs	Tous les attributs globaux

Élément <hgroup>…</hgroup>

Définition	Groupe de titres ; catégories flow, heading
Enfants	h1 à h6
Parents	flow
Attributs	**Définition et valeurs**
Communs	Tous les attributs globaux

Élément <hr />

Définition	Ligne de séparation ; catégorie flow
Enfants	Vide
Parents	flow
Attributs	**Définition et valeurs**
Communs	Tous les attributs globaux

Élément <html>…</html>

Définition	Élément racine du document
Enfants	head, body
Parents	Aucun, c'est l'élément racine
Attributs	**Définition et valeurs**
Communs	lang, dir

Élément <i>...</i>

Définition	Texte en italique (préférez un style CSS) ; catégories flow, phrasing
Enfants	phrasing
Parents	phrasing
Attributs	**Définition et valeurs**
Communs	Tous les attributs globaux

Élément <iframe>...</iframe>

Définition	Cadre destiné à un contenu externe ; catégories flow, phrasing, embedded, interactive
Enfants	Texte
Parents	phrasing
Attributs	**Définition et valeurs**
Communs	Tous les attributs globaux

Élément <img />

Définition	Image ; catégories flow, phrasing, embedded, interactive
Enfants	Vide
Parents	phrasing
Attributs	**Définition et valeurs**
Communs	Tous les attributs globaux
alt	Texte descriptif en cas de non affichage de l'image ou pour les navigateurs oraux
height	Hauteur de l'image
ismap (ismap)	S'il existe, définit une carte de zones sensibles
src	URL du fichier image
usemap	URL de la description de la carte des zones sensibles si elle est située côté serveur
width	Largeur de l'image

Élément <input />

Définition	Crée un champ de formulaire ; catégories flow, phrasing, interactive
Enfants	Vide
Parents	phrasing
Attributs	**Définition et valeurs**
Communs	Tous les attributs globaux
accept	Type MIME des fichiers acceptés
alt	Texte explicatif si le type est image
autocomplete	Autocomplétion autorisée
autofocus	Attribue le focus dès le chargement de la page
checked (="checked")	Coche d'office une case à cocher
disabled (="disabled")	Rend un champ inactif
form	Id du formulaire lié à l'élément
height	Hauteur du composant
ismap(=ismap)	S'il existe, définit une carte de zones sensibles
max	Valeur maximale
maxlength	Nombre maximal de caractères autorisés dans un champ texte
min	Valeur minimale
multiple	Autorise les choix multiples
name	Nom du champ
pattern	Motif d'expression régulière
placeholder	Texte par défaut
onblur	Événement qui se produit quand l'élément perd le focus
onchange	Événement qui se produit quand le contenu d'un élément change
onfocus	Événement qui se produit quand l'élément reçoit le focus
onselect	Événement qui se produit quand un texte est sélectionné dans l'élément
readonly (readonly)	Rend le champ non modifiable
required	Saisie obligatoire
size	Taille d'un champ de saisie en nombre de caractères
src	URL du fichier image si type vaut image
step	Pas d'incrémentation

type= (text | date | datetime | month | week | time | password | color | number | email | checkbox | radio | search | submit | range | reset | tel | file | hidden | image | button | url)	Détermine le type du champ de formulaire
value	Valeur associée au champ
width	Largeur du champ

Élément <ins>...</ins>

Définition	Contient un texte marqué comme nouveau ; catégories flow, phrasing
Enfants	phrasing
Parents	texte
Attributs	**Définition et valeurs**
Communs	Tous les attributs globaux
cite	URL donnant la description de la modification
datetime	Date de la modification

Élément <kbd>...</kbd>

Définition	Signale un contenu à saisir au clavier (par exemple un raccourci) ; catégories flow, phrasing
Enfants	phrasing
Parents	phrasing
Attributs	**Définition et valeurs**
Communs	Tous les attributs globaux

Élément <label>...</label>

Définition	Définit un libellé. Souvent employé dans les formulaires ; catégories flow, phrasing, interactive
Enfants	phrasing
Parents	phrasing
Attributs	**Définition et valeurs**
Communs	Tous les attributs globaux
for	Contient l'identifiant d'un autre élément auquel il est associé
form	Id du formulaire associé

Élément <legend>...</legend>

Définition	Contient le titre d'un groupe de champs (de formulaire en général)
Enfants	phrasing
Parents	fieldset
Attributs	**Définition et valeurs**
Communs	Tous les attributs globaux

Élément <li>...</li>

Définition	Item d'une liste
Enfants	flow
Parents	ol I ul I menu
Attributs	**Définition et valeurs**
Communs	Tous les attributs globaux
value	Entier donnant la position dans une liste

Élément <link />

Définition	Lie un document annexe au document principal (une feuille de styles par exemple)
Enfants	Vide
Parents	head
Attributs	**Définition et valeurs**
Communs	Tous les attributs globaux
href	Contient l'URL du document cible
hreflang	Le code de langue du document cible
media	Type du média concerné
rel	Type de la relation entre le document principal et le document cible
type	Type MIME du fichier cible (text/css par exemple)

Élément <map>...</map>

Définition	Crée une carte de zones sensibles pour une image ; catégories flow, phrasing
Enfants	area
Parents	phrasing
Attributs	**Définition et valeurs**
Communs	Tous les attributs globaux
name	Nom servant à identifier la carte

Élément <mark>...<mark/>

Définition	Surlignage de texte ; catégories flow, phrasing
Enfants	phrasing
Parents	phrasing
Attributs	**Définition et valeurs**
Communs	Tous les attributs globaux

Élément <menu>...<menu />

Définition	Menu de commandes ; catégories flow, interactive
Enfants	flow, li
Parents	flow
Attributs	**Définition et valeurs**
Communs	Tous les attributs globaux
label	Texte du menu (non encore opérationnel)
type	Type de menu (non encore opérationnel)

Élément \<meta /\>

Définition	Contient des méta-informations sur le document ; catégorie metadata
Enfants	Vide
Parents	head
Attributs	**Définition et valeurs**
Communs	lang, dir
charset	Encodage des caractères
content	Contenu de l'information
http-equiv	Équivalent du nom dans les en-têtes http
name	Nom de l'information

Élément \<meter\>…\<meter /\>

Définition	Jauge ; catégories flow, phrasing
Enfants	phrasing
Parents	phrasing
Attributs	**Définition et valeurs**
Communs	Tous les attributs globaux
value	Valeur récupérable
min	Valeur minimale
max	Valeur maximale
form	Id du formulaire associé

Élément \<nav\>…\<nav /\>

Définition	Conteneur d'éléments de navigation ; catégories flow, sectioning
Enfants	flow
Parents	flow
Attributs	**Définition et valeurs**
Communs	Tous les attributs globaux

Élément <noscript>...</noscript>

Définition	Crée un contenu alternatif pour les navigateurs n'acceptant pas les scripts
Enfants	texte
Parents	head, phrasing
Attributs	**Définition et valeurs**
Communs	Tous les attributs globaux

Élément <object>...</object>

Définition	Objet multimédia ; catégories flow, phrasing, embedded, interactive
Enfants	param
Parents	phrasing
Attributs	**Définition et valeurs**
Communs	Tous les attributs globaux
data	URL du fichier de données de l'objet ; pour une image c'est l'adresse du fichier image
form	Id du formulaire lié à l'objet
height	Hauteur de l'objet
name	Nom de l'objet
type	Type MIME du fichier cible (audio/mpeg ou image/gif par exemple)
usemap	URL de la carte des zones sensibles applicable à l'objet
width	Largeur de l'objet

Élément <ol>...</ol>

Définition	Liste ordonnée ; catégorie flow
Enfants	li
Parents	flow
Attributs	**Définition et valeurs**
Communs	Tous les attributs globaux
reversed	Inverse l'ordre de numérotation
start	Entier donnant le premier numéro de la liste

Élément <optgroup>...</optgroup>

Définition	Groupe d'options dans une liste de sélection de formulaire
Enfants	option
Parents	select
Attributs	**Définition et valeurs**
Communs	Tous les attributs globaux
disabled= (disabled)	Désactive le groupe d'options (reste visible)
label	Libellé du groupe d'options

Élément <option>...</option>

Définition	Crée une option dans une liste de sélection
Enfants	Texte
Parents	select, optgroup
Attributs	**Définition et valeurs**
Communs	Tous les attributs globaux
disabled (disabled)	Désactive l'option (qui reste visible)
label	Libellé de l'option (les navigateurs devraient utiliser cette valeur à la place du contenu de l'élément, mais ce n'est pas encore le cas)
selected (selected)	Rend l'option sélectionnée par défaut
value	Valeur associée à l'option

Élément <output>...<output />

Définition	Affiche un résultat de calcul ; catégories flow, phrasing
Enfants	phrasing
Parents	phrasing
Attributs	**Définition et valeurs**
Communs	Tous les attributs globaux
for	Liste des id des champs intervenant dans le calcul
form	Id du formulaire lié au composant
name	Nom du champ

Élément <p>...</p>

Définition	Crée un paragraphe ; catégorie flow
Enfants	phrasing
Parents	flow
Attributs	**Définition et valeurs**
Communs	Tous les attributs globaux

Élément <param />

Définition	Paramètre passé à un objet
Enfants	Vide
Parents	object
Attributs	**Définition et valeurs**
Communs	id
name	Nom du paramètre
value	Valeur du paramètre

Élément <pre>...</pre>

Définition	Crée un texte formaté dont la mise en page est conservée (espaces et sauts de ligne) ; catégorie flow
Enfants	phrasing
Parents	flow
Attributs	**Définition et valeurs**
Communs	Tous les attributs globaux

Élément <progress>...<progress />

Définition	Barre de progression ; catégories flow, phrasing
Enfants	phrasing
Parents	phrasing
Attributs	**Définition et valeurs**
Communs	Tous les attributs globaux
form	Id du formulaire lié au composant
max	Valeur maximale
value	Valeur récupérable par un script

Élément <q>...</q>

Définition	Citation courte ; catégories flow, phrasing
Enfants	phrasing
Parents	phrasing
Attributs	**Définition et valeurs**
Communs	Tous les attributs globaux
cite	URL du document donnant des précisions sur le texte cité

Élément <s>...<s />

Définition	Marqueur d'erreur ; catégories flow, phrasing
Enfants	phrasing
Parents	phrasing
Attributs	**Définition et valeurs**
Communs	Tous les attributs globaux

Élément <samp>...</samp>

Définition	Structure un texte d'exemple ; catégories flow, phrasing
Enfants	phrasing
Parents	phrasing
Attributs	**Définition et valeurs**
Communs	Tous les attributs globaux

Élément <script>...</script>

Définition	Conteneur d'un script, généralement JavaScript ; catégories metadata, flow, phrasing
Enfants	Texte du script et commentaires HTML
Parents	head, phrasing
Attributs	**Définition et valeurs**
Communs	id
charset	Indique un jeu de caractères (exemple UTF-8)
defer (defer)	Signale au navigateur de ne pas interpréter le script avant d'avoir fini de charger la page
src	URL du fichier externe contenant le code du script
type	Précise le langage utilisé (text/javascript par exemple)

Élément <section>...<section />

Définition	Division de texte ; catégories flow, sectioning
Enfants	flow
Parents	flow
Attributs	**Définition et valeurs**
Communs	Tous les attributs globaux

Élément <select>...</select>

Définition	Liste de sélection d'options ; catégories flow, phrasing
Enfants	(optgroup|option)+
Parents	phrasing
Attributs	**Définition et valeurs**
Communs	Tous les attributs globaux
autofocus	Donne le focus au composant dès le chargement de la page
disabled (disabled)	Rend la liste inactive
form	Id du formulaire lié au composant
multiple(multiple)	Permet des choix multiples dans la liste d'options
name	Nom de la liste
size	Nombre d'options visibles à l'affichage de la liste

Élément <small>…</small>

Définition	Zone de texte de petite taille destinée à des commentaires ; catégories flow, phrasing
Enfants	phrasing
Parents	phrasing
Attributs	**Définition et valeurs**
Communs	Tous les attributs globaux

Élément <source />

Définition	Adresse d'un élément multimédia
Enfants	Vide
Parents	audio, video
Attributs	**Définition et valeurs**
Communs	Tous les attributs globaux

Élément …

Définition	Conteneur en ligne ; utilisé pour appliquer des styles localement ; catégories flow, phrasing
Enfants	phrasing
Parents	phrasing
Attributs	**Définition et valeurs**
Communs	Tous les attributs globaux

Élément …

Définition	Texte en gras ; catégories flow, phrasing
Enfants	phrasing
Parents	phrasing
Attributs	**Définition et valeurs**
Communs	Tous les attributs globaux

Élément <style>...</style>

Définition	Conteneur des styles CSS dans la page ; catégorie metadata
Enfants	Texte des styles CSS, commentaires HTML
Parents	head
Attributs	**Définition et valeurs**
Communs	lang, dir, title
media	Type du media concerné par les styles
type	Précise le type des styles définis (text/css en général)

Élément _{...} et ^{...}

Définition	Mise en indice (sub) ou en exposant (sup) d'un texte ; catégories flow, phrasing
Enfants	phrasing
Parents	phrasing
Attributs	**Définition et valeurs**
Communs	Tous les attributs globaux

Élément <table>...</table>

Définition	Conteneur des éléments de tableau ; catégorie flow
Enfants	caption?, (col*|colgroup*), thead?, tfoot?, tbody+, tr*
Parents	flow
Attributs	**Définition et valeurs**
Communs	Tous les attributs globaux
border	Épaisseur de la bordure du tableau

Éléments <thead>...</thead>, <tbody>...</tbody> et <tfoot>...</tfoot>

Définition	Créent respectivement le conteneur de l'en-tête, du corps et du pied d'un tableau
Enfants	tr
Parents	table
Attributs	**Définition et valeurs**
Communs	Tous les attributs globaux

Éléments <td>…</td> et <th>…</th>

Définition	Créent des cellules de tableau (respectivement ordinaires et d'en-tête) ; catégorie sectioning
Enfants	flow
Parents	tr
Attributs	**Définition et valeurs**
Communs	Tous les attributs globaux
colspan	Permet de fusionner deux cellules de colonnes voisines
rowspan	Permet de fusionner deux cellules de lignes voisines

Élément <textarea>…</textarea>

Définition	Crée une zone de saisie de texte multiligne dans un formulaire ; catégories flow, phrasing, interactive
Enfants	Texte
Parents	phrasing
Attributs	**Définition et valeurs**
Communs	Tous les attributs globaux
autofocus	Donne le focus au composant dès le chargement de la page
cols	Nombre de colonnes de la zone de texte
disabled (disabled)	Rend la zone inactive (saisie impossible)
form	Id du formulaire lié au composant
maxlength	Nombre de caractères maximal autorisé en saisie
name	Nom de la zone de saisie
placeholder	Autocomplétion activée pour le composant
readonly =(readonly)	Place la zone en lecture seule
required	Rend la saisie obligatoire
rows	Nombre de lignes de texte dans la zone
tabindex	Entier donnant un ordre de tabulation pour l'élément

Élément <time>...<time />

Définition	Conteneur de date et/ou d'heure ; catégories flow, phrasing
Enfants	phrasing
Parents	phrasing
Attributs	**Définition et valeurs**
Communs	Tous les attributs globaux
datetime	Date au format standard

Élément <title>...</title>

Définition	Titre de la page (obligatoire) ; catégorie metadata
Enfants	Texte
Parents	head
Attributs	**Définition et valeurs**
Communs	lang, dir

Élément <tr>...</tr>

Définition	Ligne de cellules d'un tableau
Enfants	(th | td)+
Parents	table, tbody, tfoot, thead
Attributs	**Définition et valeurs**
Communs	Tous les attributs globaux

Élément <u>...</u>

Définition	Conteneur de mots-clés ; catégories flow, phrasing
Enfants	phrasing
Parents	phrasing
Attributs	**Définition et valeurs**
Communs	Tous les attributs globaux

Élément <ul>...</ul>

Définition	Liste non ordonnée ; catégorie flow
Enfants	(li)+
Parents	flow
Attributs	**Définition et valeurs**
Communs	Tous les attributs globaux

Élément <var>...</var>

Définition	Conteneur pour structurer des variables ; catégories flow, phrasing
Enfants	phrasing
Parents	phrasing
Attributs	**Définition et valeurs**
Communs	Tous les attributs globaux

Élément <video>...<video />

Définition	Lecteur vidéo ; catégories flow, phrasing, embedded, interactive
Enfants	source
Parents	phrasing
Attributs	**Définition et valeurs**
Communs	Tous les attributs globaux

B

Référence CSS 3

Référence des propriétés

Quand elle existe, la valeur par défaut de chaque propriété est indiquée en **gras souligné**.

Unités de longueur

Tous les paramètres désignés par l'expression `<longueur>` ou `N%` peuvent s'exprimer à l'aide d'un nombre et de l'une des unités suivantes :

- relatives : em, ex, px ;
- absolues : mm, cm, in (inch), pt (point), pc (pica) ;
- en pourcentage : en référence à une dimension de l'élément parent.

Couleurs

Tous les paramètres désignés par l'expression `<couleur>` représentent une couleur et peuvent être donnés par :

- des mots-clés, par exemple `black` (voir la liste des mots-clés figurant en annexe C) ;
- des codes hexadécimaux précédés du caractère dièse (#), par exemple `#FC34A9` ;
- une fonction `rgb(R,G,B)` dans laquelle les paramètres R, G et B représentent les composantes Red, Green et Blue (rouge, vert, bleu) de la couleur, exprimées par des nombres variant de 0 à 255 ou de 0 à 100 % au choix.

Propriété background-attachment

Définition	Fixe l'image de fond ou permet son défilement
Syntaxe	background-attachment: scroll I fixed

Propriété background-clip

Définition	Détermine si le fond va jusqu'à la bordure ou non
Syntaxe	background-clip: <longueur> I N% I border-box I padding-box I content-box I no-clip

Propriété background-color

Définition	Couleur de fond
Syntaxe	background-color: <couleur> I transparent I inherit

Propriété background-image

Définition	Image de fond d'un élément
Syntaxe	background-image: url (adresse image) I none I inherit

Propriété background-origin

Définition	Détermine la zone occupée par le fond dans le modèle de boîte
Syntaxe	background-origin: border-box I padding-box I content-box

Propriété background-position

Définition	Donne la position de l'image de fond par rapport aux bords gauche et haut de l'élément
Syntaxe	background-position : [[N% I <longueur>] I [left I center I right] [NN% I <longueur>I top I center I bottom] ?] I [left I center I right] [top I center I bottom]] I inherit

Propriété background-repeat

Définition	Répète ou non l'image de fond dans l'élément
Syntaxe	background-repeat : repeat I repeat-x I repeat-y I no-repeat

Propriété background-size

Définition	Détermine la taille de l'image de fond
Syntaxe	background-size : [<longueur> I N% I auto]{1,2} I cover I contain

Propriété border-collapse

Définition	Fusionne ou non les bordures adjacentes des cellules d'un tableau
Syntaxe	border-collapse : collapse I separate I inherit

Propriété border-color

Définition	Raccourci pour définir la couleur des quatre bordures d'un élément
Syntaxe	border-color : [<couleur> I transparent] {1,4} I inherit

Propriété border-image

Définition	Crée une image dans une bordure et gère sa répétition et son étirement
Syntaxe	border-image:url(image) [N]{4} strtch I repeat I round]

Propriété border-radius

Définition	Crée des coins arrondis pour une bordure et définit les rayons
Syntaxe	border-radius: Nx{1,4} / Ny{1,4}

Propriété border-bottom-left-radius border-bottom-right-radius

Définition	Définit individuellement les rayons de courbure pour l'angle bas gauche ou bas droit de la bordure
Syntaxe	border-bottom-left-radius: Nx / Ny

Propriété border-top-left-radius border-top-right-radius

Définition	Définit individuellement le rayon de courbure pour l'angle haut gauche ou haut droit de la bordure
Syntaxe	border-top-left-radius: Nx / Ny

Propriétés border-top-color, border-right-color, border-bottom-color, border-left-color

Définition	Définit individuellement la couleur d'une bordure haute, droite, basse ou gauche
Syntaxe	border-top-color : <couleur> I transparent I inherit

Propriété border-spacing

Définition	Espacement horizontal et vertical entre les bordures des cellules de tableau. Il faut que la propriété border-collapse ait la valeur separate
Syntaxe	border-spacing : <longueur> <longueur> ? I inherit

Propriété border-style

Définition	Raccourci définissant le style de une à quatre bordures d'un élément
Syntaxe	border-style : [dashed I dotted I double I groove I inset I outset I ridge I solid I none] {1,4}

Propriétés border-top-style, border-right-style, border-bottom-style, border-left-style

Définition	Définit individuellement le style d'une bordure haute, droite, basse ou gauche
Syntaxe	border-top-style : dashed I dotted I double I groove I inset I outset I ridge I solid I none

Propriété border-width

Définition	Largeur des bordures d'un élément. On peut donner de une à quatre valeurs pour les bords haut, droit, bas et gauche dans cet ordre
Syntaxe	border-width : [thick I medium I thin I <longueur>]{1,4}

Propriétés border-top-width, border-right-width, border-bottom-width, border-left-width

Définition	Définit individuellement la largeur d'une bordure haute, droite, basse ou gauche
Syntaxe	border-top-width : thick I medium Ithin I <longueur>

Propriété border

Définition	Raccourci pour définir en une fois la largeur, le style et la couleur des quatre bordures
Syntaxe	border : [*border-width* II *border-style* II<couleur> I transparent] I inherit

Propriétés border-top, border-right, border-bottom, border-left

Définition	Raccourcis permettant de définir les caractéristiques (largeur, style et couleur) des bordures haute, droite, basse ou gauche en une seule fois
Syntaxe	[border-width II border-style II <couleur>] I inherit.

Propriété bottom

Définition	Position par rapport au bord bas du conteneur
Syntaxe	bottom : <longueur> I N% I auto I inherit

Propriété box-shadow

Définition	Crée une ombre sur deux à quatre côtés pour la boîte du conteneur d'un élément
Syntaxe	box-shadow: [<longueur>{2,4} II <couleur>?] inset?

Propriété box-sizing

Définition	Définit le modèle de boîte au contenu ou bordure compris
Syntaxe	box-sizing:content-box I border-box I inherit

Propriété caption-side

Définition	Position du titre d'un tableau
Syntaxe	caption-side : top I bottom I inherit

Propriété clear

Définition	Empêche le flottement des autres éléments sur le côté de celui pour lequel cette propriété est définie
Syntaxe	clear : **none** I left I right I both I inherit

Propriété clip

Définition	Définit les dimensions du rectangle de visualisation en cas de débordement
Syntaxe	clip : <rectangle> I auto I inherit

Propriété color

Définition	Couleur du texte et de l'avant-plan
Syntaxe	color : <couleur> I inherit

Propriété column-count

Définition	Définit le nombre de colonnes dans un élément
Syntaxe	column-count:N I auto

Propriété column-fill

Définition	Détermine l'équilibre entre les colonnes
Syntaxe	column-fill: auto I balance

Propriété column-gap

Définition	Détermine l'espacement entre les colonnes
Syntaxe	column-gap: <longueur> I normal

Propriété column-rule

Définition	Détermine les caractéristiques de la séparation entre les colonnes
Syntaxe	column-rule: <'column-rule-width'> || <'column-rule-style'> || [<'column-rule-color'> | transparent]

Propriété column-rule-color

Définition	Fixe la couleur de la séparation entre les colonnes
Syntaxe	column-rule-color: <couleur>

Propriété column-rule-style

Définition	Fixe le style de la séparation entre les colonnes comme pour une bordure
Syntaxe	column-rule-style: <border-style>

Propriété column-rule-width

Définition	Fixe la largeur de la séparation entre les colonnes comme pour une bordure
Syntaxe	column-rule-width: <border-width>

Propriété column-span

Définition	Détermine si un élément de bloc inclus dans un élément à plusieurs colonnes s'étend sur toute la largeur ou est limité à une colonne
Syntaxe	column-span: none | all

Propriété column-width

Définition	Fixe la largeur des colonnes
Syntaxe	column-width: <longueur> | auto

Propriété columns

Définition	Raccourci qui fixe le nombre et la largeur des colonnes
Syntaxe	column-width: <'column-width'> || <'column-count'>

Propriété content

Définition	Crée un contenu généré avant ou après un élément
Syntaxe	content : normal | none | [chaine | <url> | <counter> | attr(attribut) | open-quote | close-quote | no-open-quote | no-close-quote]+ | inherit

Propriété counter-increment

Définition	Incrémentation d'un compteur identifié
Syntaxe	counter-increment : [<identifiant> N?]+ I none I inherit

Propriété counter-reset

Définition	Initialise un compteur
Syntaxe	counter-reset : [<identifiant>]+ I none I inherit

Propriété cursor

Définition	Détermine la forme du curseur dans une situation donnée
Syntaxe	cursor: [[<uri> ,]* [auto I crosshair I default I pointer I move I e-resize I ne-resize I nw-resize I n-resize I se-resize I sw-resize I s-resize I w-resize I text I wait I help I progress]] I inherit

Propriété direction

Définition	Sens de lecture du texte
Syntaxe	direction : ltr I rtl I inherit

Propriété display

Définition	Définit le type d'affichage d'un élément (bloc, en ligne, liste, etc.)
Syntaxe	display : inline I block I list-item I run-in I inline-block I table I inline-table I table-row-group I table-header-group I table-footer-group I table-row I table-column-group I table-column I table-cell I table-caption I none I inherit

Propriété empty-cells

Définition	Permet de gérer la visualisation des cellules vides d'un tableau
Syntaxe	empty-cells : show I hide I inherit

Propriété float

Définition	Définit le flottement d'un élément
Syntaxe	float : leftIrightInone

Propriété font-family

Définition	Un ou plusieurs noms de police de caractères ou de familles génériques du texte
Syntaxe	font-family : [[nom_de_police	[serif	sans-serif	cursive	fantasy	monospace] [,nom_de_police	[serif |sans-serif	cursive	fantasy	monospace]*]	inherit

Propriété font-size

Définition	Taille de la police donnée par un mot-clé ou un nombre et une unité (px, em, ex, mm, cm, in, pt, pc)
Syntaxe	font-size : xx-small	x-small	small	medium	large	x-large	xx-large	larger	smaller	<longueur>	N%	inherit

Propriété font-size-adjust

Définition	Uniformise la taille des caractères quand des polices différentes sont utilisées dans le même élément
Syntaxe	font-size-adjust: <nombre>	none	inherit

Propriété font-stretch

Définition	Détermine l'étirement latéral des lettres
Syntaxe	font-stretch: normal	ultra-condensed	extra-condensed	condensed	semi-condensed	semi-expanded	expanded	extra-expanded	ultra-expanded	inherit

Propriété font-style

Définition	Style de la police
Syntaxe	font-style : normal	italic	oblique	inherit

Propriété font-variant

Définition	Variantes apportées au texte dont les minuscules peuvent être écrites en petites majuscules
Syntaxe	font-variant : normal	small-caps	inherit

Propriété font-weight

Définition	Graisse de la police
Syntaxe	font-weight : normal	bold	bolder	lighter	100 à 900	inherit

Propriété font

Définition	Raccourci pour définir toutes les caractéristiques d'une police en une seule fois
Syntaxe	font : [[font-style || font-variant || font-weight]? font-size [/ line-height]? font-family]	caption	icon	menu	message-box	small-caption	status-bar	inherit

Propriété height

Définition	Hauteur de l'élément
Syntaxe	height : <longueur>	N%	auto	inherit

Propriété image-resolution

Définition	Fixe la résolution d'une image à afficher
Syntaxe	image-resolution: [from-image || <resolution>] || snap?

Propriété image-orientation

Définition	Fixe l'orientation d'une image à afficher par rapport à celle du fichier d'origine
Syntaxe	image-orientation: <angle>

Propriété left

Définition	Position par rapport au bord gauche du conteneur
Syntaxe	left : <longueur>	N%	auto	inherit

Propriété letter-spacing

Définition	Espacement entre les lettres, ajouté ou retranché à la valeur normale
Syntaxe	letter-spacing : normal	<longueur>	inherit

Propriété line-height

Définition	Hauteur totale d'une ligne y compris les interlignes
Syntaxe	line-height : normal	N	<longueur>	N%	inherit

Propriété list-style-image

Définition	Définition de la puce graphique d'une liste
Syntaxe	list-style-image : url (image)	none	inherit

Propriété list-style-position

Définition	Donne la position du symbole de numérotation d'une liste
Syntaxe	list-style-position : inside I outside I inherit

Propriété list-style-type

Définition	Type de numérotation des listes
Syntaxe	list-style-type :circleIdecimalIdiscIlower-alphaIlower-romanInoneIupper-alphaIupper-romanIsquare

Propriété list-style

Définition	Raccourci pour définir en une seule fois le type, la position et la puce d'une liste
Syntaxe	list-style :[list-style-type II list-style-position II list-style-image] I inherit

Propriétés margin-bottom, margin-top, margin-left, margin-right

Définition	Définissent respectivement la marge basse, haute, gauche ou droite d'un élément
Syntaxe	margin-bottom :<longueur> I N% I none I inherit

Propriété margin

Définition	Raccourci pour définir les dimensions de toutes les marges en une seule propriété. On peut préciser de une à quatre valeurs
Syntaxe	margin :[<longueur> I N%] {1,4} I inherit

Propriétés max-height, max-width

Définition	Définissent respectivement une hauteur ou une largeur maximale pour la boîte d'un élément
Syntaxe	max-height : <longueur> I N% I none I inherit

Propriétés min-height, min-width

Définition	Définissent respectivement une hauteur ou une largeur minimale pour la boîte d'un élément
Syntaxe	min-height : <longueur> I N% I none I inherit

Propriété opacity

Définition	Détermine l'opacité d'une couleur de 0.0 (transparent) à 1.0 (opaque)
Syntaxe	opacity: N

Propriété outline-color

Définition	Couleur des contours
Syntaxe	outline-color : <couleur> I invert I inherit

Propriété outline-style

Définition	Définit le style des contours
Syntaxe	outline-style :<border-style> I inherit

Propriété outline-width

Définition	Définit la largeur des contours
Syntaxe	outline-width : <border-width> I inherit

Propriété outline

Définition	Raccourci pour définir en une seule fois toutes les caractéristiques d'un contour
Syntaxe	outline : [<outline-color> II <outline-style> II <outline-width>] I inherit

Propriété overflow

Définition	Gère les débordements de largeur et de hauteur d'un élément dimensionné
Syntaxe	overflow : visible I hidden I scoll I auto I inherit

Propriétés padding-left, padding-top, padding-right, padding-bottom

Définition	Créent un espacement respectivement sur la gauche, le haut, la droite ou le bas entre le contenu et la bordure d'un élément
Syntaxe	padding-left : <longueur> I N% I inherit

Propriété padding

Définition	Raccourci permettant de définir toutes les caractéristiques des contours. On peut définir de une à quatre valeurs différentes
Syntaxe	padding : [<longueur> I N%] {1,4} I inherit

Propriété page-break-after

Définition	Crée un saut de page après un élément donné
Syntaxe	page-break-after : auto I always I avoid I left I right I inherit

Propriété page-break-before

Définition	Crée un saut de page avant un élément donné
Syntaxe	page-break-before : auto I always I avoid I left I right I inherit

Propriété page-break-inside

Définition	Autorise un saut de page au milieu du contenu d'un élément
Syntaxe	page-break-inside :avoid I auto I inherit

Propriété position

Définition	Position d'un élément dans son conteneur
Syntaxe	position : absolute I fixed I relative I **static** I inherit

Propriété quotes

Définition	Détermine le type des cotations (guillemets, apostrophes,...) d'un contenu textuel et particulièrement les citations
Syntaxe	quotes : [<chaine> <chaine>]? I none I inherit

Propriété resize

Définition	Autorise l'utilisateur à redimensionner un élément dans un ou plusieurs sens
Syntaxe	resize: none I both I horizontal I vertical I inherit

Propriété right

Définition	Position d'un élément par rapport au bord droit de son conteneur
Syntaxe	right : <longueur> I N% I auto I inherit

Propriété table-layout

Définition	Détermine le choix de l'algorithme de calcul de la largeur d'un tableau
Syntaxe	table-layout : auto I fixed I inherit

Propriété text-align

Définition	Alignement horizontal du texte dans son conteneur
Syntaxe	text-align : **left**IcenterIrightIjustify

Propriété text-decoration

Définition	Crée des effets décoratifs sur un texte
Syntaxe	text-decoration : none l[underline ll overline ll line-through ll blink] l inherit

Propriété text-indent

Définition	Détermine l'indentation du texte de l'élément
Syntaxe	text-indent : <longueur> l N% l inherit

Propriété text-shadow

Définition	Détermine l'ombrage du texte horizontal, vertical et le flou de l'ombre et sa couleur
Syntaxe	text-shadow : H, V,F, <couleur>

Propriété text-transform

Définition	Transforme la casse du texte
Syntaxe	text-transform : capitalizellowercaseluppercaselnonel inherit

Propriété top

Définition	Position par rapport au bord supérieur du conteneur
Syntaxe	top : <longueur> l N% l auto l inherit

Propriété transform (translation)

Définition	Crée une translation de l'élément
Syntaxe	transform: translate(X px, Ypx)

Propriété transform (rotation)

Définition	Opère la rotation d'un élément
Syntaxe	transform:rotate(X deg);

Propriété transform-origin (rotation)

Définition	Définit le centre de rotation
Syntaxe	transform-origin: X px Y px;

Propriété transform (agrandissement)

Définition	Crée l'agrandissement d'un élément avec des coefficients pour chaque axe
Syntaxe	transform:scale(X,Y);

Propriété transform (déformation)

Définition	Crée la déformation d'un élément par la rotation de chacun de ses côtés
Syntaxe	transform:skew(Xdeg, Ydeg);

Propriété transition-delay

Définition	Détermine le temps en secondes avant que commence une transition
Syntaxe	transition-delay: N s

Propriété transition-duration

Définition	Fixe la durée en secondes de la transition
Syntaxe	transition-duration: N s

Propriété transition-property

Définition	Définit les propriétés auxquelles on veut appliquer une transition
Syntaxe	transition-property:prop1, prop2,…,propN I all

Propriété transition-timming-function

Définition	Détermine la manière dont va se dérouler la transition dans le temps
Syntaxe	transition-timing-function:linear I ease I ease-in I ease-out Iease-in-out;

Propriété transition

Définition	Raccourci pour les propriétés précédentes de transition
Syntaxe	transition: prop II durée II fonction II délai;

Propriété vertical-align

Définition	Alignement d'un contenu dans un élément
Syntaxe	vertical-align : baseline I bottom I middle I sub I super I text-bottom I text-top I top I N%

Propriété visibility

Définition	Détermine la visibilité ou non d'un élément
Syntaxe	visibility : collapse	hidden	visible	inherit

Propriété width

Définition	Fixe la largeur d'un élément
Syntaxe	width : <longueur>	N%	auto	inherit

Propriété white-space

Définition	Permet de gérer l'affichage des espaces blancs multiples
Syntaxe	white-space : normal	pre	nowrap	pre-wrap	pre-line	inherit

Propriété word-spacing

Définition	Définit l'espacement ajouté ou retiré entre les mots par rapport à la valeur normale issue de la police utilisée
Syntaxe	word-spacing : normal	<longueur>	inherit

Propriété word-wrap

Définition	Définit la manière de réaliser la césure des mots en fin de ligne
Syntaxe	word-wrap: normal	break-word

Propriété z-index

Définition	Crée l'ordre d'empilement d'un élément par rapport aux autres en cas de positionnement
Syntaxe	z-index : **auto**	N	inherit

C

Codes des couleurs

Pour visualiser le rendu réel des couleurs présentées ci-après, consulter le site : http://www.funhtml.com/couleur.

Les paramètres des fonctions rgb(r,g,b) ou rgba(r,g,b,a) peuvent être des pourcentages variant entre 0 et 100 % pour chaque couleur indiquée dans l'ordre RGB (Red, Green, Blue) et un nombre entre 0 et 1 pour l'opacité a.

Nom	Code hexadécimal	Code RGB décimal
aliceblue	F0 F8 FF	rgb(240,248,255)
antiquewhite	FA EB D7	rgb(250,235,215)
aqua	00 FF FF	rgb(0,255,255)
aquamarine	7F FF D4	rgb(127,255,212)
azure	F0 FF FF	rgb(240,255,255)
beige	F5 F5 DC	rgb(245,245,220)
bisque	FF E4 C4	rgb(255,228,196)
black	00 00 00	rgb(0,0,0)
blanchedalmond	FF EB CD	rgb(255,255,205)
blue	00 00 FF	rgb(0,0,255)
blueviolet	8A 2B E2	rgb(138,43,226)
brown	A5 2A 2A	rgb(165,42,42)
burlywood	DE B8 87	rgb(222,184,135)

Nom	Code hexadécimal	Code RGB décimal
cadetblue	5F 9E A0	rgb(95,158,160)
chartreuse	7F FF 00	rgb(127,255,0)
chocolate	7F FF 00	rgb(210,105,30)
coral	FF 7F 50	rgb(255,127,80)
cornflowerblue	64 95 ED	rgb(100,149,237)
cornsilk	FF F8 DC	rgb(255,248,220)
crimson	DC 14 3C	rgb(220,20,60)
cyan	00 FF FF	rgb(0,255,255)
darkblue	00 00 8B	rgb(0,0,139)
darkcyan	00 8B 8B	rgb(0,139,139)
darkgoldenrod	B8 86 0B	rgb(184,134,11)
darkgray	A9 A9 A9	rgb(169,169,169)
darkgreen	00 64 00	rgb(0,100,0)
darkkhaki	BD B7 6B	rgb(189,183,107)
darkmagenta	8B 00 8B	rgb(139,0,139)
darkolivegreen	55 6B 2F	rgb(85,107,47)
darkorange	FF 8C 00	rgb(255,140,0)
darkorchid	99 32 CC	rgb(153,50,204)
darkred	8B 00 00	rgb(139,0,0)
darksalmon	E9 96 7A	rgb(233,150,122)
darkseagreen	8F BC 8F	rgb(143,188,143)
darkslateblue	48 3D 8B	rgb(72,61,139)
darkslategray	2F 4F 4F	rgb(47,79,79)
darkturquoise	00 CE D1	rgb(0,206,209)
darkviolet	94 00 D3	rgb(148,0,211)
deeppink	FF 14 93	rgb(255,20,147)
deepskyblue	00 BF FF	rgb(0,191,255)
dimgray	69 69 69	rgb(105,105,105)
dodgerblue	1E 90 FF	rgb(30,144,255)
firebrick	B2 22 22	rgb(178,34,34)
floralwhite	FF FA F0	rgb(255,250,240)
forestgreen	22 8B 22	rgb(34,139,34)

Nom	Code hexadécimal	Code RGB décimal
fuchsia	FF 00 FF	rgb(255,0,255)
gainsboro	DC DC DC	rgb(220,220,220)
ghostwhite	F8 F8 FF	rgb(248,248,255)
gold	FF D7 00	rgb(255,215,0)
goldenrod	DA A5 20	rgb(218,165,32)
gray	80 80 80	rgb(127,127,127)
green	00 80 00	rgb(0,128,0)
greenyellow	AD FF 2F	rgb(173,255,47)
honeydew	F0 FF F0	rgb(240,255,240)
hotpink	FF 69 B4	rgb(255,105,180)
indianred	CD 5C 5C	rgb(205,92,92)
ivory	FF FF F0	rgb(255,255,240)
khaki	F0 E6 8C	rgb(240,230,140)
lavender	E6 E6 FA	rgb(230,230,250)
lavenderblush	FF F0 F5	rgb(255,240,245)
lawngreen	7C FC 00	rgb(124,252,0)
lemonchiffon	FF FA CD	rgb(255,250,205)
lightblue	AD D8 E6	rgb(173,216,230)
lightcora	F0 80 80	rgb(240,128,128)
lightcyan	E0 FF FF	rgb(224,255,255)
lightgoldenrodyellow	FA FA D2	rgb(250,250,210)
lightgreen	90 EE 90	rgb(144,238,144)
lightgrey	D3 D3 D3	rgb(211,211,211)
lightpink	FF B6 C1	rgb(255,1182,193)
lightsalmon	FF A0 7A	rgb(255,160,122)
lightseagreen	20 B2 AA	rgb(32,178,170)
lightskyblue	87 CE FA	rgb(135,206,250)
lightslategray	77 88 99	rgb(119,136,153)
lightsteelblue	B0 C4 DE	rgb(176,196,222)
lightyellow	FF FF E0	rgb(255,255,224)
lime	00 FF 00	rgb(0,255,0)
limegreen	32 CD 32	rgb(50,205,50)

Nom	Code hexadécimal	Code RGB décimal
linen	FA F0 E6	rgb(250,240,230)
magenta	FF 00 FF	rgb(255,0,255)
maroon	80 00 00	rgb(128,0,0)
mediumaquamarine	66 CD AA	rgb(102,205,170)
mediumblue	00 00 CD	rgb(0,0,205)
mediumorchid	BA 55 D3	rgb(186,85,211)
mediumpurple	93 70 DB	rgb(147,112,219)
mediumseagreen	3C B3 71	rgb(60,179,113)
mediumslateblue	7B 68 EE	rgb(123,104,238)
mediumspringgreen	00 FA 9A	rgb(0,250,154)
mediumturquoise	48 D1 CC	rgb(72,209,204)
mediumvioletred	C7 15 85	rgb(199,21,133)
midnightblue	19 19 70	rgb(25,25,112)
mintcream	F5 FF FA	rgb(245,255,250)
mistyrose	FF E4 E1	rgb(255,228,225)
moccasin	FF E4 B5	rgb(255,228,181)
navajowhite	FF DE AD	rgb(255,222,173)
navy	00 00 80	rgb(0,0,128)
oldlace	FD F5 E6	rgb(253,245,230)
olive	80 80 00	rgb(128,128,0)
olivedrab	6B 8E 23	rgb(107,142,35)
orange	FF A5 00	rgb(255,165,0)
orangered	FF 45 00	rgb(255,69,0)
orchid	DA 70 D6	rgb(218,112,214)
palegoldenrod	EE E8 AA	rgb(238,232,170)
palegreen	98 FB 98	rgb(152,251,152)
paleturquoise	AF EE EE	rgb(175,238,238)
palevioletred	DB 70 93	rgb(219,112,147)
papayawhip	FF EF D5	rgb(255,239,213)
peachpuff	FF DA B9	rgb(255,218,185)
peru	CD 85 3F	rgb(205,133,63)
pink	FF C0 CB	rgb(255,192,203)

Nom	Code hexadécimal	Code RGB décimal
plum	DD A0 DD	rgb(221,160,221)
powderblue	B0 E0 E6	rgb(176,224,230)
purple	80 00 80	rgb(128,0,128)
red	FF 00 00	rgb(255,0,0)
rosybrown	BC 8F 8F	rgb(188,143,143)
royalblue	41 69 E1	rgb(65,105,225)
saddlebrown	8B 45 13	rgb(139,69,19)
salmon	FA 80 72	rgb(250,128,114)
sandybrown	F4 A4 60	rgb(244,164,96)
seagreen	2E 8B 57	rgb(46,139,87)
seashell	FF F5 EE	rgb(255,245,238)
sienna	A0 52 2D	rgb(160,82,45)
silver	C0 C0 C0	rgb(192,192,192)
skyblue	87 CE EB	rgb(135,206,235)
slateblue	6A 5A CD	rgb(106,90,205)
slategray	70 80 90	rgb(112,128,144)
snow	FF FA FA	rgb(255,250,250)
springgreen	00 FF 7F	rgb(0,255,127)
steelblue	46 82 B4	rgb(70,130,180)
tan	D2 B4 8C	rgb(210,180,140)
teal	00 80 80	rgb(0,128,128)
thistle	D8 BF D8	rgb(216,191,216)
tomato	FF 63 47	rgb(255,99,71)
turquoise	40 E0 D0	rgb(64,224,208)
violet	EE 82 EE	rgb(238,130,238)
wheat	F5 DE B3	rgb(245,222,179)
white	FF FF FF	rgb(255,255,255)
whitesmoke	F5 F5 F5	rgb(245,245,245)
yellow	FF FF 00	rgb(255,255,0)
yellowgreen	FF FF 00	rgb(139,205,50)

D

Entités de caractères

Caractère	Code	Entité	Caractère	Code	Entité
!	!		"	"	"
#	#		$	$	
%	%		&	&	&
'	'		(	(	
)	)		*	*	
+	+		,	,	
-	-		.	.	
/	/		0	0	
1	1		2	2	
3	3		4	4	
5	5		6	6	
7	7		8	8	
9	9		:	:	
;	;		<	<	<
=	=		>	>	>
?	?		@	@	
A	A		B	B	

Caractère	Code	Entité	Caractère	Code	Entité
C	C		D	D	
E	E		F	F	
G	G		H	H	
I	I		J	J	
K	K		L	L	
M	M		N	N	
O	O		P	P	
Q	Q		R	R	
S	S		T	T	
U	U		V	V	
W	W		X	X	
Y	Y		Z	Z	
[	[		\	\	
]	]		^	^	
_	_		`	`	
a	a		b	b	
c	c		d	d	
e	e		f	f	
g	g		h	h	
i	i		j	j	
k	k		l	l	
m	m		n	n	
o	o		p	p	
q	q		r	r	
s	s		t	t	
u	u		v	v	
w	w		x	x	
y	y		z	z	
{	{				|	
}	}		~	~	
€	€	€	,	‚	

Caractère	Code	Entité	Caractère	Code	Entité
ƒ	&#131;		„	&#132;	
…	&#133;		†	&#134;	
‡	&#135;		ˆ	&#136;	
‰	&#137;		Š	&#138;	
‹	&#139;		Œ	&#140;	
	&#141;		Ž	&#142;	
'	&#145;		'	&#146;	
"	&#147;		"	&#148;	
•	&#149;		–	&#150;	
—	&#151;		~	&#152;	
™	&#153;		š	&#154;	
›	&#155;		œ	&#156;	
	&#157;		ž	&#158;	
Ÿ	&#159;		espace		
¡	&#161;	&iexcl;	¢	&#162;	&cent;
£	&#163;	&pound;	¤	&#164;	&curren;
¥	&#165;	&yen;	¦	&#166;	&brvbar;
§	&#167;	&sect;	¨	&#168;	&uml;
©	&#169;	&copy;	ª	&#170;	&ordf;
«	&#171;	&laquo;	¬	&#172;	&not;
-	&#173;	&shy;	®	&#174;	&reg;
¯	&#175;	&macr;	°	&#176;	&deg;
±	&#177;	&plusmn;	²	&#178;	&sup2;
³	&#179;	&sup3;	´	&#180;	&acute;
µ	&#181;	&micro;	¶	&#182;	&para;
·	&#183;	&middot;	¸	&#184;	&cedil;
¹	&#185;	&sup1;	º	&#186;	&ordm;
»	&#187;	&raquo;	¼	&#188;	&frac14;
½	&#189;	&frac12;	¾	&#190;	&frac34;
¿	&#191;	&iquest;	À	&#192;	&Agrave;
Á	&#193;	&Aacute;	Â	&#194;	&Acirc;

Caractère	Code	Entité	Caractère	Code	Entité
Ã	Ã	Ã	Ä	Ä	Ä
Å	Å	Å	Æ	Æ	&Aelig;
Ç	Ç	Ç	È	È	È
É	É	É	Ê	Ê	Ê
Ë	Ë	Ë	Ì	Ì	Ì
Í	Í	Í	Î	Î	Î
Ï	Ï	Ï	Ð	Ð	Ð
Ñ	Ñ	Ñ	Ò	Ò	Ò
Ó	Ó	Ó	Ô	Ô	Ô
Õ	Õ	Õ	Ö	Ö	Ö
×	×	×	Ø	Ø	Ø
Ù	Ù	Ù	Ú	Ú	Ú
Û	Û	Û	Ü	Ü	Ü
Ý	Ý	Ý	Þ	Þ	Þ
ß	ß	ß	à	à	à
á	á	á	â	â	â
ã	ã	ã	ä	ä	ä
å	å	å	æ	æ	æ
ç	ç	ç	è	è	è
é	é	é	ê	ê	ê
ë	ë	ë	ì	ì	ì
í	í	í	î	î	î
ï	ï	ï	ð	ð	ð
ñ	ñ	ñ	ò	ò	ò
ó	ó	ó	ô	ô	ô
õ	õ	õ	ö	ö	ö
÷	÷	÷	ø	ø	ø
ù	ù	ù	ú	ú	ú
û	û	û	ü	ü	ü
ý	ý	ý	þ	þ	þ
ÿ	ÿ	ÿ	€	€	&euro ;

E

Bibliographie
et adresses utiles

Bibliographie

- *Réussir son référencement web* de Olivier Andrieu, éditions Eyrolles
- *Responsive Web Design* de Ethan Marcotte, éditions Eyrolles
- *Mémento CSS 3* de Raphaël Goetter, éditions Eyrolles
- *PHP 5 Cours et exercices* de Jean Engels, éditions Eyrolles
- *JQuery* de Éric Sarrion, éditions Eyrolles

Adresses utiles

- Les fichiers du livre : vous y trouverez les fichiers du livre à télécharger
  http://www.funhtml.com/html5
- Spécifications HTML du WHATWG
  http://www.whatwg.org
- Spécifications CSS 3 du *World Wide Web Consortium* (W3C)
  http://www.w3.org/TR/CSS/
- Utilitaire pour le choix des couleurs et CSS en français
  http://www.yoyodesign.org/outils/ncolor/ncolor.php

- Des scripts PHP

  http://www.funhtml.com/php5

  http://www.nexen.net
- Des scripts JavaScript

  http://www.editeurjavascript.com

Index

www.ingramcontent.com/pod-product-compliance
Lightning Source LLC
LaVergne TN
LVHW062259060326
832902LV00013B/1962